石斋语痕

吴福辉 著

河南大学出版社
HENAN UNIVERSITY PRESS

图书在版编目(CIP)数据

石斋语痕/吴福辉著. — 郑州:河南大学出版社,
2014.12
ISBN 978－7－5649－1711－1

Ⅰ.①石… Ⅱ.①吴… Ⅲ.①散文集－中国－当代 Ⅳ.①I267

中国版本图书馆 CIP 数据核字(2014)第 247513 号

出 版 人	张云鹏
出版统筹	侯若愚
责任编辑	侯若愚 韩 琳
责任校对	韩 琳
封面设计	侯一言

出　　版	河南大学出版社
地　　址	郑州市郑东新区商务外环中华大厦 2409 室
电　　话	0371－60993151(人文社科出版分社)
	0371－86059753
网　　址	www.hupress.com
排　　版	河南金河印务有限公司
印　　刷	河南省瑞光印务股份有限公司
版　　次	2014 年 12 月第 1 版
印　　次	2014 年 12 月第 1 次印刷
开　　本	720mm×1000mm　1/16
印　　张	22.25
字　　数	376 千字
定　　价	56.00 元

本书如有印装质量问题,请与河南大学出版社营销部联系调换。

目 录

自序 …………………………………………………………（1）

学余随笔

施蛰存对"新感觉派"身份的有限认同 ……………………（3）
费孝通的社会学与我的文学研究 …………………………（8）
抗战期间"文协"作家的重庆集聚地 ………………………（13）
透过解说与检讨的表层 ……………………………………（19）
"独尊写实主义"遭冷却之后 ………………………………（24）
中国文学城市与我的四城记忆 ……………………………（29）
全景与杂陈 …………………………………………………（34）
由野史材料探入"文学现场" ………………………………（39）
作家的多重身份 ……………………………………………（45）
以广告为中心的文学编年史写作断想 ……………………（51）
熊佛西与河北定县的"农民戏剧实验" ……………………（57）
左翼作家展露人性之作《丽莎的哀怨》 ……………………（64）
文学与历史 …………………………………………………（70）
小说《四世同堂》和话剧《四世同堂》 ……………………（76）
张爱玲晚期作品《雷峰塔》《易经》《小团圆》讲读提要 …（84）
沈从文网页词摘选 …………………………………………（92）
谈《雷雨》蘩漪出场提示语的修改 …………………………（103）
海派话剧资料辑录及阅读笔记 ……………………………（110）

广告断想

《创造周报》复刊骤止却引来《文化批判》 …………………… (121)

左翼刊物在政治、文学与营销之间 ………………………………… (127)

《科学的艺术论丛书》出版与

   鲁迅等对马克思文艺理论的译介 …………………… (132)

洪灵菲的《流亡》一度流行 ………………………………………… (137)

被称为"扛鼎"之作的叶圣陶长篇《倪焕之》 …………………… (141)

冰心要求更正她关于普罗文学的谈话 …………………………… (145)

《地泉》三部曲和五大序言的"清算"作用 ……………………… (149)

从《现代儿童》看儿童文学的兴起 ……………………………… (154)

《灵凤小说集》及其他 ……………………………………………… (159)

郁达夫的《她是一个弱女子》 …………………………………… (163)

读者热购《子夜》 …………………………………………………… (167)

丁玲失踪及长篇小说《母亲》的出版 …………………………… (172)

叶圣陶谈《家》的典型性和成书过程 …………………………… (176)

白薇戏剧集《打出幽灵塔》长久引人注目 ……………………… (181)

蒲风诗集《茫茫夜》与中国诗歌会的创作 ……………………… (186)

"大众语文论战"的始末 …………………………………………… (191)

吴组缃处女集《西柳集》深得茅盾佳评 ………………………… (195)

奴隶丛书与萧红的《生死场》 …………………………………… (199)

胡风渐露理论特质和锋芒 ………………………………………… (204)

给各派作家具象的书简集 ………………………………………… (209)

彗星逝影

彗星随笔系列总序 ………………………………………………… (215)

沈从文文学生命的延续流转 ……………………………………… (217)

由《龙须沟》想到老舍与市民的血肉关联 ……………………… (222)

周瘦鹃的务新求变与现代市民文学接受史 …………（227）

丰子恺创作选本导言 ……………………………（230）

施蛰存创作选本导言 ……………………………（234）

萧红:《呼兰河传·小城三月》 …………………（237）

莫言的"'铸剑'笔意" ……………………………（240）

现代作家新编二题 ………………………………（247）

为一个诚实生活的人画像 ………………………（255）

突破·调适·推进 ………………………………（259）

长短新声

从留发、剪辫说到明日之学界 …………………（271）

关于文学"转捩点"涵义的辨析 ………………（276）

"抗战文艺"概念正在文学史中悄悄延展 ……（281）

"平津文坛"漫议 ………………………………（286）

强调基本的语文材料和自主读写 ………………（296）

为大学语文写的知识短文四则 …………………（298）

我们这一拨儿人 …………………………………（316）

给《丛刊》带来品格精魂 ………………………（323）

李欧梵的文学与都市:其书其人 ………………（327）

弄堂深处是吾"家" ……………………………（330）

怀想王瑶先生 ……………………………………（336）

自　　序

　　本书是我近十年来所写学术散文的一个结集。是"语痕"，说得庄严一点，也是"生命之痕"。

　　我写这类短文，如果从青年时代给地方报刊投稿涂鸦，写那些零零散散的教育随笔算起，也已达半个世纪了。那时候似没有"学术散文"这一称呼，札记、评论（后来有一种小评论，实在是大批判，应不在此列）、小品（有科学小品）、笔记、读后感都是有的，因为鲁迅的关系"杂文"一语更是流行，像《门外文谈》《上海文艺之一瞥》等说文论史，均可视为这类学术性杂文的典范。"学者散文"的概念也沿用过，特别是读了王了一先生（王力）的《龙虫并雕斋琐语》，对其十分仰慕。但那些散文偏不谈学术，而只谈战时生计，"学者"仅是作者的身份，并不是文学的身份，虽然字里行间骨子里仍不免透出书斋的底色来。这些年，才渐渐有了"学术散文"一语。我自己早年的几篇谈作家个性化的信纸信封、谈海派京派文化的各种浅陋文字，竟也被执行宽大主义的编者收入几种学术散文选集中去，不知不觉接受了这种文体，以至今日还有了这个专门的集子露面。

　　那么，何谓"学术散文"呢？我想套用唐弢先生他心中的"书话"应写成什么样子的话，来试着分辨阐释一下。唐先生以《晦庵书话》闻名于世。他的书话体，依我看具有浓烈的学术兼散文的色彩，所以他提出的要求是："书话的散文因素需要包括一点事实，一点掌故，一点观点，一点抒情的气息；它给人以知识，也给人以艺术的享受。"（《〈晦庵书话〉序》）我自写这类文章，几乎一开始便遵循着这几个"一点"：大凡挖掘出零星的新材料了，有了些与别人不同的看法了，但料子还不够做大衣长衫，写不成长篇论文的，便作成短文；追求文采却不允矫饰，笔调在松动些的论文和活泼不过分的散文之间。这即是学术散文。

　　回想刚开始写这类文字的时节，一般的环境多半是这样：在两次学术思考的间隙，在完成了一篇论文或一本论著需要喘口气的当儿，正巧有报刊编辑约稿,恰好还有点边角余料,有点想法,于是用一天到两天时间涂抹成一篇小文,三四千字、五六千字不等,正是"瓮牖剩墨"(王了一语)的境地。这么说,并无轻佻之意。我说的是真实的写作状态,是学人文化休息的副产品。什么是"休息"?天天行走的挑夫,坐着便觉是歇着了;日日坐冷板凳的职员呢,当"驴友"钻山过河行走那才叫休息;通俗文学研究者看武侠肯定是正经工作,航天科学家或数学家读金庸方是养脑子。所以说,休憩状态写"学术散文"并不辱没学术和散文。我经常觉得专门的散文家要不得。散文家一旦端起散文架子,尤其是端起了"抒情"架子,咿咿呀呀不止,会让人受不了。最好是不以散文为专业的人一齐跨界来写:小说家写富有细节人间味的散文,诗人写带感情且带韵律的散文,戏剧家写人生纠结不开的散文。这其中,学者就应该保持他那饱满的书生气,有余暇便写点有知识有学问并有长短句的文字。开初不必当回事,可它自会生长,出苗挺茎抽叶,转眼间长成葱茏草木,有了独立的气候,这便是学术散文了。

2010年秋,河南大学的《汉语言文学研究》以全新的面目改版,编辑来找我开一个栏目,我拟了"石斋语痕"这个总题,正式开张,专意写起学术散文来。这里编入第一辑的,便是依时序排列的五年的全部栏目文章。第二辑是我参与写作以文学广告为核心的编年史的产物。第三辑是同时期所写的也符合这种规格的文字。我在这些年里长期尝试这种文体,认为选题不妨杂些,写法可采用材料阐释、笔记批注、实地考证、读书劄记、答读者问、名作重评等多种多样。现在的形式受材料的束缚,显得还不够开放,散文的味道也还不够醇厚。

在确定本书书名时,我顺理成章便采了"石斋语痕"四个字。这并无多少微言大义,仅是"写实"。不过是申明,自己是在一个摆满石块的书房里用功,"杭育杭育"留下了一点文字的痕迹罢了。我喜欢石头,因其坚实,同时不乏圆润,正合王瑶先生所持做人宜外圆内方之说。石头本身便显方圆二体,历来为中国文人珍爱,认为是精魂足可寄托之物。至于书房起名小石居,实在是寒舍狭仄,不堪负重,只宜在书案、台架、文橱上放置细微顽石,无须用厅堂院落来承载的意思。玩石头,最初是受老作家、老馆长李準的影响,跟着他到山东、河南看石;后来是每星期得闲到附近的潘家园旧货市场去访石;现在则是每到一地无论国内国外,先要问石。家中则是凡能放石头的地方都已石满为患。于是坐拥石头城,读写我文学,此为我的幸运,岂有他哉。

说到运气,今日能将几年来的旧作在"学术散文"的名义下而集合,而出书,又逢我年龄上一个可纪念的日子,也算其一吧。感谢师友们的正面相助,学生从旁给予刺激,引我在商业大潮下自顾自走我的学术之路。感谢河南大学文学院和《汉语言文学研究》杂志社同仁的支持,感谢河大出版社及我的责任编辑的辛劳,是你们多年如一日地给我以鼓励、鞭策,才使我有了将拙文汇集起来的勇气!

现在的人,寿命大大延长了。我读过一本世界史,说这是地球的生态使然。人类对于这个生态现状负有责任,也享有成果。所以至今我还可以在这里饶舌。夕阳的年纪,总还存留着中年后期的生命感觉。但这种感觉会不会被某种突然降临的力量所打断,也是不可测的。至少我要在这长长的文化休息时段里,将短文继续写下去。拿得动笔的时候就不嫌笔重,就不封笔。

吴福辉

2014年10月8日于京城小石居

・學余隨筆

施蛰存对"新感觉派"身份的有限认同

这是施蛰存先生1982年复我的一封信。快三十年过去了,今天由旧箧里翻检出来,好像从尘封里泻出一段"秋光"。此信给"海派文学"研究留下了一点历史、一点思考。信不长也不算太短,兹照录如下:

福辉同志:　　　　　　　　　　　　　　　1982,6,13
我去南京开了十多天会,昨日才回上海。见到你的信,迟复,甚歉。

关于我的短篇小说,你们决定选用《春阳》,很有眼力。这篇也是我自己满意的。在二三十年代,我们家乡小城市里,这样的女性不少,我写这一篇,是有现实模特儿的。你们选用这一篇是否可以加一篇分析批判,故事的社会背景,恐怕今天的青年不知道了。

你提的四个问题,简复如下:

(1)二三十年代,精神分析学说是盛行时代,许多人都有机会看到有关书刊,无论中文外文。我能看英文本,所以曾买过一些英译本看。蔼里斯的"性心理研究"全书六大本,我也有,但没有完全看。此书到1962年才卖掉。

(2)我的中间一段时期的小说,在创作方法上,可以说与穆、刘有共同处,但与徐訏似乎不同。

(3)"新感觉派"是三十年代初期在日本盛行的创作流派,我和刘、穆都受到一些影响。楼适夷同志熟悉日本现代文学,他大约当时也多看这一派的作品,因此他把我列入新感觉派。我不反对,不否认,但觉得我和日本的新感觉派还有些不同。因为我写的还是以封建社会小市民为主,而日本的新感觉派所写的是资本主义大都市里的男男女女。

(4)我只知道上海文学研究所有一个姓应的在搜集我的资料。他来过,我叫他不要直接向本人找材料,我也不愿意谈自己的事。

刚回家,有许多事,无暇详述,以后再谈。
祝健安
　　　　　　　　　　　　　　　　　　　施蛰存顿首
捷克有一个人叫迦列克,发表过一篇文章,讲了三个中国作家,茅盾、曹禺和我。此文我未及过目,听说发表在"诺贝尔奖金文学论文集"内。

又及

以后来信,请附详细地址。此信不知能及早收到不?

此信在格式上的特殊之处,一是在信纸右上角用橡皮图章盖了"年,月,日"的时间,而在信的落款处反倒不署了。据我看大概是昔日上海生活留给沪地市民的一种洋派习惯,与穷富贵贱无关,因为我见过丁景唐先生的信函上也有类似的图章用法。二是结尾用了草书的"顿首",令我有点像中学读《两地书》时吃惊于鲁迅称自己的学生为"广平兄"的感觉。此信的内容相当集中,是回答我研究他、研究海派的一些问题的。

我大概在1979年读研究生的时候,对施蛰存开始发生兴趣。起因是读了他三个小说旧集子:《上元灯》《将军底头》和《梅雨之夕》。刚读《上元灯》那会儿(记得封面的"灯"字印作"镫"),只是觉得写少男少女心理写得可爱、细微,微得如牛毛一般。等到看到后两本书,则大惊异,心里说这不就是弗洛伊德精神分析吗?

时值1981年春,弗洛伊德这个名字念起来刚刚有点顺口,《十月》的资深编辑黎汀先认识了凌宇,然后经过凌宇来约我们同学写稿子。我至今还感谢并佩服黎汀,她那么一位瘦骨嶙峋、文雅至极的女性怎么会有如此的魄力,敢在全国上下心有余悸的年代,约我们这些在校的研究生为全国声名赫赫的大刊物写作?而且她的要求很特别,要我们写的一定是过去被忽略的作家,介绍的一定是普遍陌生却在艺术上能经得住历史考验的作品。介绍的办法也颇有讲究,是将我们这些名不见经传的小人物的评论置于前,作为正文;而把现在看来都是大作家的传世之作稍稍擦去点灰土便附在后面。这是时代带来的做法,此前此后都不可能出现。所以施先生在并不知道我们准备如何介绍他的前提下,会在信里提出"你们选用这一篇是否可以加一篇分析批判",也正是此意。那是个向前大力突破、却又必须留意身后的年代,就像一个球队每次进攻时都要准备好防守,否则一不小心就让别人抄了后路了。当年的《十月》何其了得,但它也不能不小心。它虽然只是北京的一个市级出版机构办的大型文学杂志,但多年站在改革开放、解放思想的立场上,同人民文学出版社的《当代》、上海巴金编的《收获》三足鼎立,影响远播全国。记得与我的评论登在同期的,还有《沉重的翅膀》《高山下的花环》《黑骏马》等现在流行叫"重磅出击"的作品。而《沉重的翅膀》在得茅盾长篇奖时有一约定,是必须作一定修改。我就是在这样的时代里开始了我的左翼外的文学研究(我研究过张天翼、沙汀等左翼内的作家,直到今日我还是内外都在研究,没有边界):我给《十月》的第一篇文章写的是钱钟书,介绍的小说是当时谁也不知道的《猫》;第二篇写的就是施蛰存,选定的作品即信中提及的《春阳》。

我选定《春阳》为施蛰存的代表性作品,当时毫无依傍,完全是自己大胆认定的。查施蛰存的自述,仅 1933 年前写的《我的创作生活之历程》一篇,谈的都是前期作品,当时《春阳》还未出世。谁研究过施蛰存呢?文学史已经将这位作者隐去很久了,仅王瑶先生以他开阔的眼界,在 1957 年"反右"前编著的《中国新文学史稿》中把施蛰存收入了其文学视野。那本书的第八章第七节"历史小说"里谈到施蛰存"用力于佛洛依德式的心理分析"①,短短一句已是石破天惊。但所列小说仅有《石秀》《将军底头》《鸠摩罗什》《阿褴公主》,收在《善女人行品》里的《春阳》却被文学史遮蔽了。而我选《春阳》,与施先生在此信中的肯定,表面看来相同,其实两人的理由在当年也是各异的。《春阳》写的是春光明媚的上海南京路,这日竟使年轻时为了财产抱着牌位结亲的邻县富婆婵阿姨的潜伏心思大动,她将银行男职员的彬彬有礼当作是含情脉脉,她要不亏待自己地消费一下、解放一下,但瞬息就发现这不过是个幻象,于是她很快又回到了原来的那个自己。我之所以看中这篇《春阳》,而不选施的《梅雨之夕》《在巴黎大戏院》这样的纯心理分析小说,是因后者只不过是一种新鲜的现代主义引进,只不过是新感觉派里的刘呐鸥、穆时英们用心理流动、意识流动来描写大都市抽象人性的试验品而已;而《春阳》这样的稍后作品,描写困境中的女性照样用得上纯熟的精神分析笔触,但又与对现实社会的批判紧紧结合,密不可分!正是侧重于施蛰存在《春阳》《鸥》《狮子座流星》这些小说中表现出来的对中国现代小说文体的推进力度,我才选择了它,才会拟出我第一篇研究施蛰存的论文题目:《中国心理小说向现实主义的归依——兼评施蛰存的〈春阳〉》(1991 年收入我的集子《带着枷锁的笑》时改为《中国弗洛伊德心理小说向现实主义的归依》)。而施先生自己在信中向我强调的《春阳》的重要性,着重在题材、人物:"这篇也是我自己满意的。在二三十年代,我们家乡小城市里,这样的女性不少,我写这篇,是有现实模特儿的。"对于施蛰存的这句话,我们只要联

---

① 王瑶:《中国新文学史稿(上册)》,上海文艺出版社 1982 年修订版,第 298 页。

系此信后面谈到他与日本新感觉派的不同（实际也是与文友刘呐鸥、穆时英的不同），就可感到他的用心，是有意无意地在突出自己与"新感觉派"的相异之处。

"新感觉派"的帽子最早是楼适夷给施蛰存戴上的。这见于 1931 年 10 月 26 日《文艺新闻》第 33 号，当时楼适夷的文章就叫《施蛰存的新感觉主义——读了〈在巴黎大戏院〉与〈魔道〉之后》。此文从"法国最流行的 Surrealism"（超现实主义）和日本"新感觉主义文学"的影响角度，指出施蛰存的"《在巴黎大戏院》与《魔道》无疑地是中国文学上一个新的展开，这样意识地重视着形式的作品，在我的记忆中似乎并不曾于创作文学里见到过"，"乃是一种生活解消文学的倾向"，"这便是金融资本主义底下吃利息生活者的文学"。我们只要知道楼适夷的权威性评价这么多年悬于施氏的头上，就可体会到当我问及施先生现在你对这篇评论如何看待，承不承认自己是"新感觉派"的时候，他回答的语式是多么奇特，多么的不一般了。施先生在信中说："楼适夷同志熟悉日本现代文学，他大约当时也多看这一派的作品，因此他把我列入新感觉派。我不反对，不否认。"在连说两个"不"字后，他接着又说："但觉得我和日本的新感觉派还有些不同。"

这种表面上认了自己的"新感觉派"属性，然后即刻就谈"不同"的那点意思，在全信几乎贯穿始终，其中至少包含三个要点：第一，他承认自己有受到日本"新感觉派"的影响，但主要不是如刘呐鸥、穆时英那样阅读、翻译日本横光利一、片冈铁兵等的作品，而是直接接受弗洛伊德和蔼理斯学说的影响。他在信中这样说道："二三十年代，精神分析学说是盛行时代，许多人都有机会看到有关书刊，无论中文外文。我能看英文本，所以曾买过一些英译本看。蔼里斯的'性心理研究'全书六大本，我也有，但没有完全看。此书到 1962 年才卖掉。"在写这封信的前三个月，他还说过："大多数小说都偏于心理分析，受 Freud 和 H. Ellis 的影响为多"（施蛰存 1982 年 3 月 2 日致笔者信）。所谓受弗洛伊德、蔼理斯学说的影响是源，在精神分析学说笼罩下产生的日本新感觉派则是"二传手"，是源下之流。施蛰存把自己与现代主义的渊源，讲得十分明白，因而与日本"新感觉派"就会若即若离。第二，施蛰存认为自己的小说虽大部有"心理分析"的倾向，但"心理分析"不完全等于"新感觉"，从创作时间上看也有所分割，真正属于"新感觉派"的时间并不很长。在信中他明确地说："我的中间一段时期的小说，在创作方法上，可以说与穆、刘有共同处。"那么"中间一段时期"以外呢？就与穆时英、刘呐鸥不同了。按照我的看法，他总共创作的9部小说和小说集，可分为三段：《江干集》《追》《上元灯》《绢子姑娘》《李师师》自费出版于1923年至1931年；《将军底头》《梅雨之夕》出版于1932年至1933年；《善女人行品》《小珍集》出版于1933年至1936年。真正的"新感觉派"时期便是"中间"这两年。前面的时期远不是"新感觉"，从1933年出版的《善女人行品》开始明显透露出过渡状态（《春阳》便是过渡的产物），然后两年没有出版小说，直到1936年出《小珍集》完成了过渡，终于从"新感觉"中蜕化出来。第三，为什么施蛰存能够蜕变，而刘呐鸥、穆时英不能？这是因为他们生活的根基相异。刘呐鸥是台湾人却成长于日本，求学于日本，对东京有感觉；穆时英是浙江人，在上海长大，在上海完成大学学业，对上海有感觉。而施蛰存踏上社会后虽长期寓居上海滩，但他幼年在苏州生活，中小学在松江读书，大学一度考入杭州之江大学，而且在离沪地不远的松江县，还有他父亲的宅院和产业，他经常招上海文坛的朋友到松江聚会。所以他的作品并非只有上海的戏院、跳舞厅、饭店、影院、商店，也有许多乡间景象，更有"乡下人进城"的描写（如《春阳》）。他在信中阐述他与日本"新感觉派"的不同，就直接指出"新感觉"的大都会性质，而自己却有许多小城、小市镇的文学经验，说"因为我写的还是以封建社会小市民为主，而日本的新感觉派所写的是资本主义大都市里的男男女女"。

施蛰存在这封信里将他与"新感觉派"关系的有限性，已经说得再明白不过。我受此信启发，随后开始了我长达十多年的海派文学研究，1989年发表了《为海派文学正名》和《大陆文学的京海冲突构造》两篇论文，1995年出版了《都市漩流中的海派小说》。在我的海派研究中，我始终注意着施蛰存作为"新感觉派"作家与其他"新感觉派"的区别，注意海派作家之间的区别，同时反向思考海派与京派、海派与左翼之间拉扯不断的联系。这种套路也适用于研究"京派"内部、"左联"内部、"通俗文学"内部以及中国现代文学的全体。因为这是一条文学史的通则。

2010年8月12日于小石居

费孝通的社会学与我的文学研究

谈起"费孝通和文学"这个大题目，对于我来说，首先想到的不是费先生写过的散文、旧体诗，虽然他在这方面的创作也不俗，也很有特色。我更真切感受到的，是他那符合中国国情和中国社会现实生活的、鲜活而扎实可信的社会学成就，它足能切切实实启发我这样的文学研究者。社会学与文学，本来一个是在社会科学门类里面，一个是在艺术门类里面，两者好像井水不犯河水，但如果论及"文学研究"，那即是文学与社会科学、人文科学的交叉，相互间就有了关联，就有了一个"文化"的共同项了。在理论上侈谈两者的关系自然非本文主旨所在，我对费先生的社会学或许也只能有点皮毛的实用性的领会，不过，我现在所谈的话题应是从我自身出发来纪念他百年诞辰的最好方式，因为我要说的话至少是亲切的，由衷的。

我的这个想法并不是现在才冷不丁地产生。大约 1979 年我在研究生学习期间，一个偶然的机会使我读到了费先生 1948 年出版的两本篇幅不大的社会学旧作《乡土中国》和《乡土重建》。其时，我刚刚进入研究中国现代文学的佳境，探寻的目标正围绕着学位论文所涉及的新领域"京派作家作品"进行。京派是 1930 年代到 1940 年代在左翼文学之外，于中国北方形成的一个作家群体，一向为我们偏狭的文学史眼光所忽略。而实际上，它所拥有的作家包括沈从文、废名（冯文炳）、芦焚（师陀）、林徽因、凌叔华、萧乾、汪曾祺、冯至、卞之琳、何其芳、李广田、林庚、李健吾、朱光潜等，不仅阵容壮大，文学实绩也很可观。研究京派文学给我带来的绝大挑战，便是连京派是否存在、如何界定、包括哪些人物、有些什么特征都需一一从头做起，加以确认。那时，我心里的未知数真不少，比如当时集聚在北平（京）这个城市里写作的京派作家们，为何大部都是长江流域的南方籍人氏？京派作家主要是北大、清华、燕京几个大学的师生，是典型的学院派，为何所写都是偏僻乡村的风土人情？其能够传之久远的文学篇章，不外沈从文的湘西沅水流域的边城，废名的湖北黄梅和京郊的湖光山色，芦焚的中原衰颓的果园城世界，汪曾祺的苏北高邮一带的乡镇风俗民情。他们的叙事作品为何不以栖身的北平（京）为主要表现对象，反倒厌弃现代都市，甚至有人一辈子以"乡下人"

自诩？这些问题在我看到费先生"乡土中国"这一重大命题的时候,就迎刃而解了。何为中国？当时的中国(也可说是"不久前的中国")的社会性质是被什么决定的？他的"乡村社会学"开宗明义第一句话就说："从基层上看去,中国社会是乡土性的。"(《乡土中国》一书的第一篇文章《乡土本色》的第一句)他清醒地认识到"乡土"在现代中国的下降地位,"中国社会变迁的过程最简单的说法是农业文化和工业文化的替易。这个说法固然需要更精细的解释,不能单从字面上做文章,但是大体上指出了中国是在逐渐脱离原有位育于农业处境的生活方式"(《乡土重建·中国社会变迁中的文化结症》)。所以我说费先生在他早期的社会学中,是在乡土走向崩溃的背景下来强调"乡土中国"的性质的。正因如此,才为我认识京派文学的立场提供了支持,并进而认识到北京、上海这两个中国最大的城市之不同。京派作家寄寓于北平(京),这个城市却每日催生着他们对离异乡土的思念、回忆和重新整合的动力。北平(京)这个城市的功能在当时是与乡土中国紧密联系的,而不像上海、天津那样的工商城市,是受西方工业化影响而形成的(那时天津与北京的城市分工明确:天津是北方的金融工商中心,北京是政治、文化、军事城市。毛泽东1949年站在北京天安门城楼上看不到工厂的烟囱,他还说要让未来的北京烟囱林立)。北京与乡土社会的天然联系使得它与上海有了划分:上海和它的海派文化在中国因此长期脱离大陆,让大部分的中国人对上海既羡又厌；而北京成了京派文化与乡土中国长久保持亲缘关系的纽带,成了京派文学的温床。于是才会有我1987年编《京派小说选》时在长篇序言里写下的一段话：

  乡村中国显示出中国特性。由一个端庄而变得衰落、颓败的农村世界,来刻画中国,大概很难突现一个前进中的中国形象,却很能反映我们这个古老、积弱,又不断地在自身内部艰难地酝酿新生的国家和民族。……由于觉出宗法农村的逐渐消失并未伴随着一个健康社会的诞生,京派的历史文化的思考变得丰富而复杂。他们不仅看到中国令人痛心的衰败,礼教、宗族的野蛮统制,还有民族固有美德的失落,未蒙教化的原始文明的淳厚朴实,未遭现代文明侵染之前的一片干净土地。应当说,中国除了东南沿海小块发达地区之外,广大内地的城镇莫不是乡村社会的延长。从这个意义上看,无论是思想文化面貌、经济面貌与生活面貌,旧北平岂不是更像一个放大的县城？京派岂不比左翼和海派集中表现的沪杭宁地区和东南沿海较发达的城

乡,更像那个正在逝去的大多数人的中国?(《京派小说选》前言)

于是,在这篇前言单独发表需要另拟一个独立的题目时,我从费先生的社会学中毫不犹疑地做了大胆借用,就叫做《乡村中国的文学形态》。

费先生对中国社会结构的"乡村、市镇、都会"的三分法,对我的城乡地域文学研究的启发也很大。现代文学中"乡土文学"的发达历来如此。除了上述的京派作家,"五四"时有以鲁迅为首的浙东籍作家写乡土,如王鲁彦、许杰、许钦文,延及安徽的台静农、贵州的蹇先艾、湖南的彭家煌等。到了三十年代左翼的乡土文学成就可不小,仅其中的青年作家如萧红、沙汀、艾芜、端木蕻良、叶紫、吴组缃,就无一不是携着独特的乡土人物故事跃上文坛的。这从一个侧面也证明了"乡土中国"的强大。海派也不是没有乡土描写,比如施蛰存就写过苏州和松江。但海派究竟是以表现现代大都会上海的摩登世界为己任的,最突出的是新感觉派,到1940年代由张爱玲作为代表才推向尖峰。而"都市文学"的后起及一定程度上限制在上海租界范围内这点,是很容易让人窥测到它的"殖民色彩"的。我这样理解一百年来中国现代文学中的城和乡,本无可厚非,但费先生又进一步提出中国乡村社会的中间地带"市镇"来,让我们深思。费先生说,"乡村是传统中国的农工并重的生产基地","传统市镇并非生产基地"(《乡村·市镇·都会》)。市镇的主角是脱离了土地的地主,他们经营的是贸易,是"贸易里发达出来的市和镇"(《论城·市·镇》)。"市镇"原本应当是将农村的产品(生活资料与工业原料)输送给都市,再把工业品(机器工具与消费品)输送给乡村,起到沟通的作用。但据费先生的研究,中国的特色不是这样。农产品倒是经过市镇输送给了都市,而都市的工业品仅仅到了市镇就被消费了(农民没有消费能力);都市还直接打击了农村的手工业,市镇的高利贷又兼并了破产后的乡村土地,都市和市镇联合起来并不致力于同乡村的经济沟通,它们只是盘剥乡村。"乡村和都市应当是相成的,但是我们的历史不幸走上了使两者相克的道路,最后竟至出现了分裂"(《乡村·市镇·都会》)。关于乡村、市镇、都会概念的最早提出,费先生也承认他起初更多考虑的是"历史",而较少考虑现代工业影响下的"现实"。我们外行可以不去管它。我们从文学实际出发,看费先生对"江村经济"最初的社区调查和后来的整个"小城镇研究",让我注意到乡土文学当中是可以剥离出一个市镇文学来研究的。

从此我读现代乡土文学,对于乡镇、城镇、市镇的故事,都会注意它们之间的细微差别。像沙汀笔下的市镇,《代理县长》《为了两升口粮的缘故》写的就是他在四川北川县的所见(即汶川地震的北川,沙汀家乡是附近的安县),在兵灾过后只余二十多户人家,县长还要在瘦狗身上炼出三斤油来!这里的县长和保甲长、村长没有多少区别。这仍是一个乡土故事。而茅盾的《春蚕》《林家铺子》,王鲁彦的《黄金》《许是不至于罢》《屋顶下》所写的则是浙江的市镇。老通宝的农事是围绕春蚕结茧后的茧行行情起落的,茧的行情牵扯到上海的丝厂、日本东洋丝的涌入和世界市场生丝价格的下跌。我们如到今日的旅游旺地、茅盾的家乡乌镇一看就明白,那种市镇当年会有怎样的茧行林立的商业规模。王鲁彦所写的我的故乡镇海市镇"小硖头",有多少条商街,有每年赚两万到五万块的商铺在开市。外出打工者与乡村留守者不同的境遇和观念引发的故事,早就在王鲁彦的小说里得到表现。发达农业地区先期地出现含有许多商业因素的市镇,这是中国社会的现实,与今日的社会变迁关系密切(比如农民工进城和农村人与人关系的变化,以及市镇扩张、新市民的形成给人们带来的新的生活方式),是非常显然的。我现在的博士生就依据自己的阅读和生活经验,选择了现代市镇小说作为研究课题,让我十分欣慰。

社会学所牵涉的社会政治、文化的问题,在文学当中会有暗合、映衬,甚至于引发反向的思索,这都是可能的。我个人觉得费先生的社会学令我印象深刻的,还有乡土中国的权力结构和人民精神这样两个问题。

关于乡土社会存在皇权、绅权、帮权、民权的结构,存在横暴权力、同意权力、长老权力、时势权力或称知识权力等形式(见《无为政治》《长老统治》《名实的分离》各文,均收入《乡土中国》),费先生的理论已相当细致,对我们研究表现乡土中国权力的文学很有启发。我只举他论及"绅权"的例子。费先生不同意"绅权乃是皇权的延长"的说法,也认为"绅权并不是民权",他说绅权"是社会经济的产物","皇权和绅权可以发生冲突"(《对于各家批评的总答复》)。这里已包含了"绅权"在中国的两面性:在经济不发达的地区,绅士可以包含"皇权意识",因为经济不发达的地方,政治暴力横行无忌,沙汀和赵树理写的乡村"绅士"多为帮凶形象,就是这个道理;而在经济发达地区绅士参与经济活动,则会代表部分"民意"。王鲁彦小说里破落绅士家庭的第二代外出打工寄不回钱来,也会在农村受到奚落。还有代表商业行帮的"帮权"在发达地区,也会包含一点"民意"。《林家铺子》里的林老板破产,就和乡民息息相关。因此,费先生提及未来的民主社会,期望"绅权变质而成民选的立法代表","帮权变质而成工商业的公会和职业团体"(《对于各家批评的总答复》)。这让我想到过去我们分析乡镇小说里的有权人物时,往往是过于概念化了。

那么,不发达社会的文化症结是什么？费先生也有大体的答案:"在匮乏经济中主要的态度是'知足',知足是欲望的自限。在丰裕经济中所维持的精神是'无餍求得'。"(《中国社会变迁中的文化结症》)"欲望自限"当然有违背人性的一面,"知足"的病态发展只与阿Q的"精神胜利法"剩一步之差。我们利用"知足"来分析我们民族劣根性在文学人物身上的体现,也是可行的。而一旦将"欲望的自限"反转过来,将"欲望"从魔瓶里放出,演变为"欲望的失控",那便是海派文学表达的主题了。"欲望"在文学中的地位,在这里与社会学自有相通处。

毕竟社会学与文学都牵扯到"人文"。在《乡土重建》一书中,费先生用《中国社会变迁中的文化结症》作为"代序"是有深意存焉。更早一点,在他1938年写的《"江村经济"前言》里,也提到了"文化",说:"文化是物质设备和各种知识的结合体。人使用设备和知识以便生存。为了一定的目的人要改变文化。"还说:"社会科学应该在指导文化变迁中起重要的作用。"费先生直到晚年还反省说:"我过去有关社会学的研究工作最大的缺点是见社会不见人。"(《小城镇研究十年反思》)文化变迁是社会变迁的必要组成,这都是为了人。人和文化,把社会学与文学联手了,费孝通先生的语音仿佛还响在我们耳畔。

2010年9月13日写于小石居

抗战期间"文协"作家的重庆集聚地

去年年末我曾到重庆开会,会议所在地沙坪坝及附近的红岩嘴已经变得不认识了。开幕式上我发言历数了曾经到过的重庆地方,却发现当地的年轻人也听得茫然一头雾水。世事变化之快,如果不用适当的文字记载下来,重庆抗战文人的足迹将很难实地寻觅了。

我自己25年前是寻过的,起因是为写《沙汀传》。当时我发了个愿,为了能把作家的生活状态和写作情境结合得更紧密,决心下力气把沙汀一生走过的地方都走上一遍!后来因为各种缘故,这个"走上一遍"难免打了点折扣,但多数地方真的去过了。比如从偏僻的沙汀故乡安县县城一直走到睢水镇(与地震的北川县近在咫尺)和秀水镇;比如找到了艾芜、沙汀同班读书的成都盐道街省一师原址(还剩下一堵墙是原物),还有两人"文革"遭囚禁的昭觉寺;比如"左联"时他在上海的居住地闸北德恩里、青岛的距野路等,加上抗战期间重庆的角角落落,我都一一踏访过。

重庆访问的地方都与"文协"有关。"文协"全称"中华全国文艺界抗敌协会",是抗战中团结了大多数作家的一个民间组织。1938年3月于武汉成立,老舍为总务组组长(后改称总务部主任)。这个会没有设会长、副会长,老舍就是名实相符大当家。同年7月底,老舍、萧伯青("文协"前期专职干事,继任者为梅林)、老向、何容四人携"文协"印鉴文件上船,标志着"文协"西迁。8月中辗转到达重庆,先在青年会落脚,两个月后由会员蒋碧薇、郭有守等介绍租得临江门横街33号的三层楼屋四间,做了"文协"总会在渝的第一个会所,对外正式办公。1939年的"五三""五四"日寇首次对陪都进行大轰炸,临江门离重灾区很近,所幸文协总会得免于火。这年年底沙汀由延安回川,安置好家属后到重庆报到,他的工作一是为延安"鲁艺"物色教员,二是在周恩来的助手徐冰指导下联系、团结"文协"的作家。所以他到红岩南方局接上关系,在曾家岩50号八路军驻渝办事处即"周公馆"报到后,当日就到临江门"文协"总会去了,一进门便撞见剧作家宋之的。他们在上海认得,一起在四马路的绍兴馆子喝过花雕。宋之的为人豪爽热情在戏剧界是有名的,人称"宋大爷",当他听说沙汀还没有找到住所落脚,便立刻邀请他住到他们华裕农场去。

华裕农场位于重庆铜元局,那里住的清一色是刚从慰问前线返渝的"文协"作家战地访问团的成员,包括访问团副团长宋之的和怀孕的妻子王苹,罗烽、白朗夫妇,葛一虹等。铜元局是个地名,在长江南岸。1986年6月13日重庆市文联的王觉帮我安排一位熟悉地理的郭同事,不辞辛苦陪我从菜园坝与当年沙汀他们一样的摆渡过江(现在有了大桥),到达对岸的铜元局。农场已成明日黄花,但作为场部的扁长的四合院仍在。农场为胡子昂抗战中所建,我去铜元局的当天就先采访了胡子昂的侄子胡甫臣,听他讲那个农场由他哥哥胡甫章和一名姓陈技师管理的情况。陈技师亲友的故事是沙汀写兵役题材的原型,而允文化人来住都是经过其兄同意的。四合院的住法:正房是他们家和罗烽夫妇,左厢房是宋之的夫妇和沙汀,右厢房是农场办公室。我都一一"参拜",自然已是破败不堪。当时胡甫臣是个中学生,一家人和作家们关系融洽。他母亲会开中医方子给文人瞧病,他自己帮罗烽抄过《满洲的囚徒》的稿子,替沙汀抄过《H将军在前线》。这个H将军即贺龙,是在香港发表个别篇章时不得不用的隐名,后出版单行本改作《随军散记》。《雾重庆》的作者宋之的1956年早逝,1987年3月12日我在八一电影制片厂的宿舍访问这段往事时,面对的只能是宋的夫人、著名导演王苹了(导过电影《槐树庄》等)。她回忆了"文协"作家们的居住情况:平时各自闭门写作的写作、编杂志的编杂志,吃饭在王苹这儿搭伙(沙汀说王苹的烹调拿手好戏是"黄豆红烧牛尾"),休息时一伙人也会打麻将。这很有点集体宿舍的味道,自由散漫,但很是抱团。另一同住者葛一虹,抗战前在上海是左翼戏剧家联盟成员,这时是"文协"的候补理事、《中苏文化》常务编委,后来曾对向林冰的"民族形式的中心源泉是民间形式论"提出驳难,一时引人注目,为抗战文学史的一大事件。1987年4月28日我在北京虎坊桥他的住所访问过他,他提出华裕农场的文人还有名导演章泯和其夫人萧三的妹妹萧昆,章泯一度是与蓝苹(江青)有关系的。这样一算,住在农场的戏剧家就占了上风,可见在抗战中话剧作者与小说作者互相无成见地往来,关系比战前、战后都要密切。老舍自述拿起笔写剧本的经过,其中就包括与戏剧界朋友的往来增多,影响所及,才会和宋之的合写《国家至上》,和赵清阁合写《桃李春风》。葛一虹回忆自己在华裕农场约过沙汀的稿子,沙汀那时将在延安写完的贺龙长篇报告拿出去发表,并写了连续性的华北敌后见闻。王苹、葛一虹都看了我在铜元局拍的照片,对华裕农场自己住过的院子、房间做了确认,然后在背后郑重签名。这些照片现在成了我的珍藏。

临江门的"文协"总会虽然简陋,老舍却形容为"开窗面江,清风徐来",有好风景看(见《中华全国文艺界抗敌协会会务报告·一九三八年十月十五日报告》)。但这个会所我已经无从寻找。因为1940年雾季(冬季)一过,4月日机恢复轰炸,临江门会所难逃此劫,两间半房子遭毁,但总务部与两三会员仍然在那里坚持工作。到6月再炸,市内房屋大片烧毁成废墟,水电系统悉被破坏,覆巢之下岂有完卵?这楼就葬身火海了。我们读老舍的"文协"报告,有这次轰炸的叙述:

到六月十九与二十两日,重庆变成了火海。总务部无法不退出城去。幸而,我们在春初即在南温泉预备下了几间房——这几间房就发生了很大的作用。总务部把重要的文件都运到南温泉,干事与有家眷的会员们也都移到那里去。这样南泉便成了文协的第二个家。(老舍《一九四一年总务部报告(三月二十日)》)

这第二个会所的房子均是草舍。四川的草舍简易极了,立四根木头为柱,竹片糊泥为墙,竹篾绑在梁柱上盖了茅草便为顶,现在要寻这些房子当然是不可能的。但也还有踪迹可循,因为"桃子沟"这个名称还在,沙汀记得很清楚,梅林、欧阳山、草明、杨骚、白薇、臧云远、陈学昭曾住在那里,他自己也短期在此栖身过。我1986年寻到南温泉容易,可要看建文峰下的桃子沟景象就难了。因为年轻人已经不知道何谓桃子沟。但当我根据沙汀提供的线索说出张恨水也住了"文协"的三间房,而且是与他们隔沟相望的时候,南温泉管理处竟然杀出个老师傅来,说那他就知道了。靠了通俗小说大家张恨水的名声,我才站在了一条干涸的沟边,想象当年两岸居住的"文协"作家们谁赚了笔稿费就在河坎上吆喝一声,于是从各间茅屋檐下就会冒出些衣冠整齐或衣冠不整的文人来,相邀走到附近茶馆、饭铺去的情景。后来我在张恨水的传记里也读到了对桃子沟张宅的描写:"这是个四时有花的美丽地方,前有建文峰,后有仙女峰,门前有条沟,有根独木桥通向对面山腰,每当山洪暴发,洪水像一条浑黄的巨龙,呼啸着从他家门前翻滚而下。大雨过后,林木格外清新葳蕤,清晨雾霭如缕缕轻纱缭绕着群峰。"如果说到文协的"国难房子",就不那么美妙了:"关门稍出一点力,全屋摇动,黄泥纷纷下落。风一吹,茅草萧萧。若遇大风,茅草就要被卷走。要有雨来,外面下大雨,里面下小雨,拿出所有的盆盆坛坛接漏,书案上要盖上油布。恨水把它题作'待漏斋',他又仿陆游诗意,把他的书斋兼卧室题为'北望斋'。"(石楠:《张恨水》)这即南温泉"文协"草舍足够继杜甫草堂之全部意境处了。

躲避空袭的另一重庆文化重镇是北碚。我曾数次到过这个距市区50多千米,但已完全城市化的昔日嘉陵江边小镇,参观被称为"老舍故居"的小洋楼。这次又去,却因是周一停馆,弄得许多第一次慕名而来的中外青年教授只能怅惘地绕房团团转。这房实际上应称"林语堂老舍故居"才比较准确,它本是林语堂买下的一幢小楼(北碚蔡锷路24号),周围还有附属性的平房,但现在是孤零零地立在高耸的住宅大楼群中央,如我们许多建筑文物一样被割断了周边的文化带,哑在那里。后人已不大知道老舍最初来这里偶住,是因为这里聚集了黄桷镇复旦大学、东阳镇通俗读物编刊社、北碚国立编译馆、礼乐馆的众朋友。直到1943年11月胡絜青和孩子由北平赶来与他团聚,老舍才在此定居下来,并开始创作《四世同堂》。老舍说得一点不含糊,原先"文协"便计划在北碚安家的:"在碚的会员比在南温泉的还要多,大家都以为有设会所的必要,并推老向、以群、萧伯青等几位先生负责租房。"待到1940年"六月中,林语堂先生奉命出国,即将北碚寓所的大部分房屋让与文协,作为北碚会所。林语堂先生所有的木器都未带走,他声明借给文协使用,这样,没有费什么事,北碚的会所便成立了。"(老舍《一九四一年总务部报告(三月二十日)》)

但是"有了北碚与南泉作文协的两翼"(老舍语),重庆城里的会所仍然不可或缺。这时,华裕农场的两位大将宋之的、葛一虹再次发挥作用。他俩不知如何能这般消息灵通,听说范长江的青年记者协会有房子被震坏准备迁出,但房屋稍加修葺其实是可用的,便给"文协"的总务部通风报信,于是总务部当机立断,下手租房。这就是1940年12月"文协"在重庆的另一个总会所在,一直运行至1946年成为著名的战时文艺界集聚地的张家花园65号。

许多人都带了温热的感情忆及这个地址。我在走访华裕农场后,又在王觉指引下走访了张家花园,看到的只是由观音岩下坎起始的一面坡。我沿坡走了几个来回,试着体验一下当年作家们前来要费的力气。我搜集现代文学插图,见过胡风、梅志夫妇与孩子在张家花园高大门板前的合影,后来收进了书里。但是我没法想象门内的一切,无从知道沙汀或茅盾怎样临时挤住在以群的房间里,沙汀还能写出他的短篇代表作《在其香居茶馆里》。

我很长时间以为张家花园是一座大院,里面文人你来我往,充满了故事。可是自从访问了葛一虹,他帮我打破了那些不切实际的文学化图景,还我一个真实的张家花园。据他说,从大门进去是个天井,右手是廖梦醒一家所住的楼房,左手是"文协"的三层楼,而"文协"所租的只是一层的四间屋子罢了。二层与三层并不属于"文协",但都是文艺界的朋友在轮番居住,这简直是临江门的翻版,而集体宿舍的味道,又与华裕农场相近。我说了沙汀回忆的一些"住客",有的葛一虹表示首肯,有的就直摇头。因为他是这所楼房的具体介绍人及真正的房客,所以他当场撕下这一天的台历,为我画了一张草图。过了一星期,1987年5月4日,他突然给我写了封信来,又画了一张更详尽的张家花园"文协"楼房居住使用图(又用了这一日的台历纸)。按图示:这楼每层是四间屋子,中间为走廊,一边两间。一层的四间为"文协"所租用,右手是个套间,外屋是"文协"会议室,里屋是梅林办公室兼卧室;左手两间,一为以群住,一为客房。"文协"的工作并不轻松,但从一开始就立下了规矩,四个部的正副主任都是白尽义务,抗战八年里,他们没有拿过一分钱的工资或津贴!老舍这个主要负责人,不住会址却要自寻出路,为"文协"办公花费的信件、邮资都需自掏腰包。起初租临江门的房子三间,规定只有一个专职干事驻会领薄薪,但老舍坚持一旦可能就再租一间留作客房,供会员随时使用,并将此事写进了文协报告中。现在因业务繁忙虽增了以群,但还是只有"客房"而没有"领导"住房。这个一层的平面图,无疑就是"文协"抗战精神的写照。(见后图)而二三楼自己花房费租用的朋友,仅戏剧界的就有宋之的、葛一虹、史东山、舒绣文、郑君里、陈鲤庭等多人,这也是华裕农场的一个缩影。

那几天,在重庆会议之后,主人请大家去合川钓鱼城参观。路经草街子的时候,高速路的一侧闪出了"陶行知学校"的标牌。我不禁想起八十年代曾经花了一整天的时间,从北碚乘船加步行去踏访过这个当年能大声唱苏联歌曲,给一片树林起名"普希金林",文学系主任是艾青、音乐系主任是贺绿汀的了不起的学校。其实这也是个"文协"文人集中的地方,也有话可说。但因篇幅关系,有朝一日我有兴致再续写个"古圣寺陶行知育才学校访问记"做本文的姊妹篇吧。

2011年1月10日"三九"第一日北京仍无雪

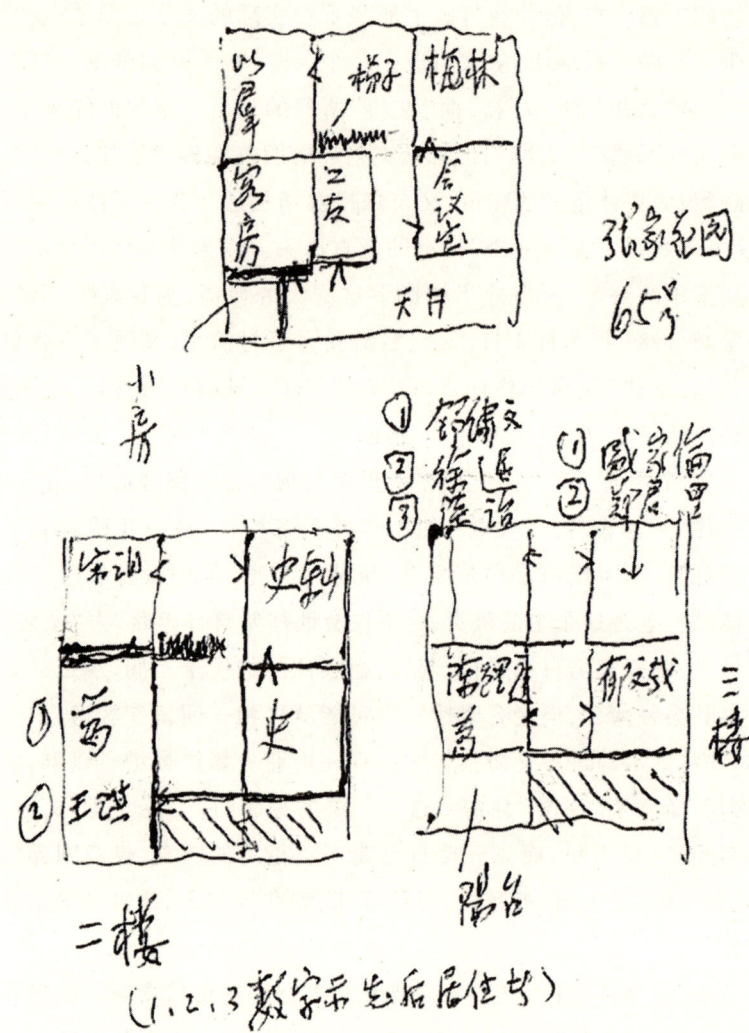

葛一虹手绘"文协"重庆住地张家花园 65 号图

透过解说与检讨的表层

——丁玲《关于〈在医院中〉》的阅读札记

这份少有的作家检讨残稿《关于〈在医院中〉》，经过整理披露于 2007 年 11 月号的《书城》杂志。文章发表后的反响要比预期的小。这是我替编者悬测的。作者丁玲本人 1942 年下半年所采取的检讨姿态既是真诚的，也属于一定压力下的无奈之举。这两种情绪都可以从文本中轻易看出。《在医院中》写的是新到的产科医生陆萍在一个落后的边区医院的遭遇。小说最初于延安 1941 年《谷雨》上首载，原题为《在医院中时》，通是通的，但读起来别扭。1942 年在重庆《文艺阵地》转载时，就改成现在通行的《在医院中》了。丁玲要检讨的是写它的动机、主旨（文中用词为"理想"），所用的创作方法（即"打算和安排"），反映的现实（即"环境"）等文中存在的问题，并深挖思想根子。我们从检讨的用语"小资产阶级"一律简化为"小资级"，"无产阶级"简称为"无级"，就能闻出这两个词汇在当年有多高的使用频率，深挖思想立场就言必称"小资级"了。不过实际上，这篇文字十分吊诡、奇特，在检查的浮面之下，翻动着作者内心的不平静，和并未真正想通的心理波澜。所以其中有直截的文字，也有曲笔，有翻来覆去的述说，也有相互冲突的前言后语，使得此文成为解读 1940 年代解放区知识分子作家创作心态的一个绝好材料。因为丁玲是个说真话欲望很强烈的女性。我在 2008 年 2 月和 2011 年 3 月，两次于阅读之余记下了笔记，现略加整理，将分节评述和总评两部，列于次。这是与论文不同的札记，并无中心论点要展开论证，看法不求完整，而是细碎，片断，芜杂的，尽量保持笔记的原貌。读者应是看了"检讨"才来读此文，当然也可因浏览此文发生了兴味，方去找"检讨"原文的。

检讨草稿的"真实性"：这里不是指草稿本身文物价值的真伪，而是指作者思想在这里表达的真伪。应当是有两种声音：作为一个共产党员会用要革命、求进步的真心实意去检查；作为一个天才作家会倾吐创作的真实思路，不加掩饰地尽露内心。文章最后举在国民政府那里做事的朋友自述的"二重性"，暗示人有一面是虚伪的，有一面是真实的。那么丁玲的真实一面在哪里？即所谓"我须要说明我自己，我要求人能了解我，我也要争取同情者,于是我写了,在医院中是一篇"。写《在医院中》正是为显示自我的真实。

真实文句,因草稿是未定稿故大量存在。划去的字句,原因会很多:内心斗争,斟酌字句,更能看出背后的想法(要检讨,但不能说假话)。但也会有违心的话。作者已经逝去,一一去代作者确认哪句真实哪句不真实,是不可能,也不公平的。总之,大的方面是发表了小说后有《解放日报》燎荧的批判文章在前,自己的杂文《干部衣服》《我们需要杂文》《"三八节"有感》业已引起延安上下的喊喊喳喳。小的方面,丁玲是信仰马克思主义的革命作家,她自身用革命利益一衡量,觉得陆萍所见的医院黑暗面自然不是延安全体。所以她检查女主人公的形象,检查自己的写作动机,越说越道不清,感到语言困窘,但说到"环境"描写有片面性,就爽朗得多(其实谁让一个落后医院代表整个延安了呢?一个坏支部书记代表一个党,一个有良心的警察能美化旧社会的逻辑是何时建立的呢)。等回到女性自身面对的现实时,丁玲又陷入迷茫了。

检讨全文七节,以下是分节的笔记(方括号里是原标题):

["小说的产生"]本来要写理想人物,结果写出的是现实人物!结尾把怀念着的残疾战友的故事补上,但认为离开了本意,写完便感"负疚"。动机是要肯定理想人物陆萍,但与自己血肉相关的人物原型融和(拐茆医院助产士俞武一)却不是那么理想化的。一旦执笔,人物和故事仿佛都站出来违背自己的意愿。如同目的是要写《杜晚香》,却写成了《牛棚小品》。作者故意强调写作动机,是为了说明后来形成的作品中的矛盾,是身不由己的。理想和现实的冲突是左翼文学一诞生就存在的。

["所谓理想"]理想(动机)是写女性的钢铁人物,可是应具备的两个条件,一是了解人物生成的环境,二是懂得选取能刻画人物的事件,作者都不具备。尤其突出指明其主要的根源是不认识那个环境。生活积累还不够,作者是诚心承认的,却不是本文的核心。

["我的打算和安排"]反复强调动机与人物原型之间有差距。这个动机,作者承认"是一个抽象的概念"。空有理想动机,却没有与之相配的人物与故事原型。这时如写,或者陷入概念化的创作,像左翼历来的弊病;或者违背本意。现在,写革命理想人物与写小资产阶级式人物,这两个欲念在丁玲心里纠缠不清了。而使用助产士这个模特,便种下了这篇小说的问题:要写此人物的"转变",却写不好。这便是左翼文学不得不写人物"转变"的缘故。一写"转变"就不太真实,是丁玲所不愿为的。于是她要检讨自己的生

活,使她在现实中没有接触到几个理想的人物。可这样的人物真的存在吗?

进入具体安排的时候,写不好环境。承认用了上百页纸张也写不好(解放区的纸张多匮乏,多贵重)。"开刀"一节,写陆萍"转变"小资产阶级的脆弱性。但这个脆弱性里面,既有对革命严酷性缺乏坚强地面对,也有人性(女性)中应有的柔情、温情,应有的人道,如没有了这些,人物就硬邦邦概念化了。作者承认"开刀"这一段写失败了,写成"党八股"了。当然不可能写好。

所谓"客观了"才能克服小资性,"主观了"就不能克服小资性,是经典的知识分子"改造"主题。革命即是把"主观"都扫除干净。现在的事实证明,这一小资性是顽固到永远克服不了的程度。以上这节与其说是检讨,倒像是说明苦衷。

(第二种写法)强调陆萍已经很"进步"了,但仍是小资,个人主义的残渣余孽仍存在。陆萍的这顶"个人主义"帽子戴了多少年?还要戴下去?

(第三种写法)说明拿陆萍做理想人物,先天就不成。作者认为应为此负责的是自己的思想情绪。假设作者有条件写"迈进"中的女性,还有一救,但是……(潜台词:这种转变人物也不是我能写好的)

["陆萍与我"]标题分外亲切。此段在全稿中短而突兀,如一个制高点:谈起了自己心目中的女性形象。与《"三八节"有感》里的四条标准,与《我在霞村的时候》的贞贞,主动地打通了谈。如不是时代政治的区别,甚至可联系到莎菲女士。丁玲所写的女性,皆纤细、热情、强悍、有憧憬,一以贯之,不必分前后期。如《野草》精神之于鲁迅,也可不分前后期。作者明知陆萍有"缺点",也不算"理想人物",但说:"我却不能不承认我是爱陆萍的",她"正是在我的逻辑里生长出来的人物",我"悄悄的在这一个人物身上放一点我的东西"。这样的倾心,还不包括划去的"陆萍与我是分不开的","她是我的代言人","我以我的思想给她以生命"这三句话!故此,丁玲能把陆萍"改造"成看不到延安的弊病、看到了也不提出的工具人物吗?不能。这叫什么"检讨"?老丁反叛了!

["失败的原因"(原题"主要的错误",后被意味深长地划去)]表面上是重复地谈方法、立场、对延安环境的看法等问题,所谓"个人主义立场",不免翻来覆去的。但给人的感觉,丁玲解决不了的是站在新党员一边批判延安呢,还是站在老干部一边维护延安的一切?解决不了暴露与歌颂的问题。

["关于环境"]再次承认没有写好延安的"环境",但无法修改,因全篇

小说的"气氛"不对,不是小修小补所能解决。而把环境写成"灰色","是因为我心里有灰色"。这种"灰色"感觉因人而异:如面对青年的"灰色"观感,丁玲反而不灰了,会作解释和勉励。面对知识较高者的"灰"感,她更不灰,常常会辩论争吵,被人说是为延安"护短"。她只对极少数的朋友才沉痛一吐胸怀。丁玲解剖自己面对解放区的环境,是屈原式的"行吟泽畔"的心情啊!《在医院中》是自己与陆萍一起揭延安的短,说真话。虽然写出不太好的环境,但"假如我真的把环境改了,我心里一定会不痛快的"。丁玲的检查很复杂,她也将复杂的心境和盘托出了。设想如公开发表,需划去的地方会更多。

["结尾"]引用毛泽东《反对党八股》的话,非常文学化。可以理解为凡错误言论而有了社会影响,影响越大越需肃清余毒,说明检讨之必要。但文中自有陆萍的故事不能按照党八股的教条来写的意思,于是构成悖论。

总评:多声部的未完"检讨"

第一,究竟是创作方法问题,还是"立场"问题?从划掉的字句与改动小标题的情况看,似乎摇摆于两者之间。最后折中为"方法影响立场"。方法是什么?是典型化的方法,还是本质化的方法?作者知道解放区不都如陆萍所见的医院那样,但解放区和医院的一部分是真实存在着的,且是"新党员"(刚入解放区的都市人)凭"五四民主精神"的底子,一眼能看穿的,如政府人员的怠惰,官僚主义,制度上部分支持不公平等。所谓"立场"只是部分老干部、老党员的利益角度,往往被夸大为全党全民的立场。

第二,究竟是人物问题,还是环境问题?丁玲企图说明原来要写的女性是坚强的,已经经历过磨难,是反省后的形象。但写来写去那个助产士出来捣乱,变成了陆萍,成了初出茅庐反挑解放区毛病的人。因而主要问题在于如何看与写解放区这个医院的环境。不过作者又告诉我们,如果陆萍不变,环境也只能按"典型化"写成现在这个样子了。

第三,未发表的原因。陈明说是博古(秦邦宪)不让丁玲检查,可能是真的。政治家考虑检讨不检讨,要从全局出发。但另一面,这也表现出丁玲既未被当做王实味,也不是萧军。她与艾青这一类的帐,要到"反右"才来结算。感谢丁玲当年起草了这份检讨,又写不成,内容零散、原始,反倒留下一份较真实的记录。

第四,一些联想。这是可以切入进去,深入研究解放区文学的。解放区的作家有共同的政治目标和反抗国民党专制的理想,这才走到了一起,而且在反映劳动人民普遍要求经济、政治、思想翻身方面,也是基本一致的(思想上如妇女解放,容易一致)。但在涉及知识分子"改造",围绕着"个人与集体"的关系,以及如何看待歌颂现实还是暴露现实等问题上,就不一致了。丁玲信仰共产主义,又保留了思想深处的个人王国,所以她的解放区作品就容易出格。你可以感觉到她检讨了也没有解决问题。人类在经过解释了的马列主义思想指导下所进行的社会主义实验,解决不好公有制下人保持自由、独立的问题(文学写作就最需要这种自由独立),这就从根本上使得人的解放成为一件遥远的事情。进步知识分子刚进入解放区时有一种解放感,后来便处于各类矛盾之中无法解脱,这无疑是认识解放区作家的重要路径。

2011 年 4 月 7 日整理定稿

"独尊写实主义"遭冷却之后

说起来,学界自提出"重写文学史",至今也有二十多年了。检点一下其间的收获,最要紧的恐怕是人们心目中文学价值的升浮起落吧。文学的独立价值提升了,"人文的价值""人性的价值""文体形式的价值"越来越被重视,而文学的依附价值,文学的工具性价值就相对跌落了。文学大师在文学史中的位置,就在这种评价标准悄然变化的同时(和平的,不是灰飞烟灭的方式)发生了位移。最明显的例子是郭沫若、茅盾文学地位的争议。郭沫若的情况与茅盾的情况又有不同,当另论之。茅盾的问题可都是出在"革命现实主义"走向低谷的上面。

今年是茅盾逝世30周年和诞生115周年,文学界当然会有自己的纪念举动。我长期与茅盾全集、茅盾学会、茅盾故居的实际工作挨得近,因此有一份对他的特殊尊重。文学史称茅盾这派小说为"社会剖析小说",茅盾以外的中坚者还有沙汀、吴组缃等,都是我喜欢读的作家,生前也有些接触。但正因为如此,我也就分外清楚茅盾等人在现代文学史进入"当代"后的遭遇:有名校青年教授斥退座位于前,又有当代硕士博士学位论文选题冷淡于后。最近我领头做了一个"中学语文与中国现代文学"的课题,在对"经典化、多元性的现代文学进入中学教材后被理解的现状及相应产生问题"的研究中,曾和我的学生在安徽、江苏、河南三省六校进行过调查,发现有的统计数据还真使人意外。比如在给7部中学课外阅读推荐书目里划出最喜欢读的作品1至3部时,441份问卷的统计显示:《阿Q正传》119票,《围城》110票,《雷雨》98票,《骆驼祥子》85票,《家》82票,《女神》24票,《子夜》19票;而在给55篇作品划出最喜欢的1至5名的问卷中,前五名依次是:徐志摩的《再别康桥》191票,余光中的《乡愁》115票,鲁迅的《从百草园到三味书屋》102票,老舍的《茶馆(节选)》92票,沈从文的《边城(节选)》91票。这些数字受调查的各种因素影响,可能有它们不够科学的地方,但《子夜》的受喜读程度之低,徐志摩、余光中的受喜读程度之高,不能不给我们留下思考的余地。

《子夜》在历史上曾经是有读者市场的畅销书,是有分量的革命现实主义的代表作。谈到"现实主义"我们可以追溯至"五四",那个文学时期是直接承接晚清向世界文学开放而来的一次大爆发,世界范围内的写实主义(现实主义)、浪漫主义、象征主义(扩大为现代主义)纷纷涌入。比如鲁迅就是个写实主义和象征主义结合的高手,他的小说(包括历史小说)加散文诗都是这方面突出的精品。创造社多的是浪漫主义、唯美主义、现代主义混写的人才。梁实秋就批评过"五四文学"的过于滥情,不纯粹。其实多元纷争正是这个时期的特色。大家都是混写的,文学研究会和创造社各自的倾向也没有后来归纳得那么清晰。胡适提倡"易卜生主义"好像是提倡"写实主义",但最主要的是提倡激烈的社会批判精神。只要是批判社会的罪恶和弊病,就绝不手软,至于是用写实主义的《国民公敌》来批判,还是用后期的现代主义的《培尔·金特》来批判,都一样。决然归向写实主义的,倒是1930年代的左翼文学。《子夜》是第一部真正成功的写实长篇。从它对读者的吸引力看,开明书店初版三千册,出版三个月内就再版四次,每版印五千册,资本家的小姐、太太都买它来看,可见当时是何等的畅销。鲁迅对同辈作家的作品很少赞扬,却对外国人称道《子夜》,认为它能代表左翼文学的实绩。"左联"为《子夜》的出版在上海某小学开过秘密的庆功会,就已经掂出了此作的分量。《子夜》结束了左翼幼稚地实验各种外来牌号的"现实主义"的时期,它的"写实性"成为左翼小说的旗帜。作者了解农村工厂交易所,熟悉各类资本家,依据卢表叔为原型塑造吴荪甫,刻画人物众多,描绘场景宏阔,却都能熟练地运用细节加以摹写。《子夜》的现实性写作的另外一面是,它也开启了主题先行,用社会科学分析来深挖主题,使得文学主题单一化的传统。茅盾接受了瞿秋白的建议,让原来结尾处吴荪甫和赵伯韬的和解变成一个打败另一个,体现了中国买办金融资本家在帝国主义支持下必然压垮民族工业资本家的道理;添加了吴荪甫投机失败后奸污吴妈的情节,体现出资本家绝望中必然以破坏一切来表达性格的特点;甚至吴荪甫既然是大资本家就不应坐当年上海流行的"福特",一定要改成"雪铁龙"这样的细节。这里就包含了用一般代替个别,或一个阶级只能化为一个典型的因子(这不是法国、俄国十九世纪现实主义的传统了)。此后,从左翼的"独尊写实主义"到延安的提倡"现实主义",再到1949年后风行的"革命现实主义"(加"革命浪漫主义"变作"双革"),在某种中国化的"独尊"思想引导下,现实主义的优良性受到压抑,排他性得到发扬,因而被简化,畸形发展,以至于到"文革"前夕甚至出现了"重大题材决定论""三突出"等一套名为"现实主义",其实是"反现实主义"的方法。城门失火,殃及池鱼,人们对现实主义起了恶感,或者腻烦了。

其实以文学史的本来面目视之,1940年代之后,左翼文学有将《子夜》深化的足够经验,如茅盾写出《霜叶红似二月花》代表了现实主义的民族化倾向,路翎代表着左翼写实小说与现代主义、与心理分析结合的路子,而沙汀的社会写实讽刺文学,则将茅盾的社会分析与川西北乡土权力结构和地域文化融合,写出了像醇酒酽茶一样的小说。沙汀、路翎显示了"现实主义"的生命力,他们的意义现在也没有完全过去。而且我们已经有了一个历史地审视"写实派"的良好时机和立场:"独尊现实主义"的时代已然过去,在最近的三十年中,原来非正宗的主观抒情性作品,曾遭受"腐朽资本主义产物"恶名的现代派或仿现代派作品,均大行其道,正所谓物极必反。但我们没有让历史循环,走回头路,再产生一个"独尊现代主义"的时期。历史的经验告诉我们,"独尊"什么都是不可靠的,是错误的,而这种错误首先毁坏的即是被"独尊"的事物本身。如果它本来还是个历史的中间物、过渡物,还有它长期存在的价值,却也会在"独尊"的泥淖中提前被击穿至百孔千疮了。现在我们可以具有比较冷静的、客观的眼光,来看待中国现代文学各种流派、社团、文体、创作方法的"多元共生"的局面。在这样的格局下,我们不妨以沙汀为例,证明他不会没顶,他有力量浮出水面,表现出一个乡土的,喜剧的,风格独异的左翼现实主义作家的当行本色。

沙汀在左翼现实主义作家当中的特殊性,在于他对社会形象的捕捉、融化、提炼过程经由一定的分析,又还原为生活典型的强大具象能力。形象思维掺入理性思维的创作方式,如果得法,自然能够加大艺术作品的开掘深度和力度。我们不能否定艺术的概念化来自那些粗劣的理性干扰,也不能否定调适得当,会给艺术带来特殊的色彩与品味。我们看沙汀的川西北乡镇叙事,他对家乡的人物故事场景真是透骨般的熟稔,加上他对中国底层乡土社会权力结构的深度剖析,对这种"乡土权力"的想象和表现在中国还有谁能超过他呢?比如这种"权力"的强暴性,无法无天到无所顾忌的程度,像《丁跛公》《代理县长》里"瘦狗还要炼它三斤油"的横征暴敛;"权力"的欺骗性如《防空》式中国官场的敷衍成性,扩大为欺上瞒下,走官场形式等;"权力"斗争中大众的缺席是因人民的权益已经无处申诉、被无视收缩为零,于是只见"权力"和"权力"之间的倾轧、内讧,如沙汀最擅长描写的乡土基层势力状况的出色短篇《在其香居茶馆里》,以及杰出的长篇《淘金记》。这是沙汀对中国现代文学的最大贡献,如果细心地阅读当下河南籍作家的小说,那些描写一个村庄为争夺"村长"或某个芝麻绿豆般的位置而发生的生死角逐,我们就知道沙汀还在,沙汀的乡土社会分析小说还可读。

沙汀还是一个杰出的地方风俗史记述者。此为二十世纪中国乡土叙事不可忽视的特点,而且与作家们分别归属何种政治文化无涉。我们见到"五四"乡土小说中的鲁迅、王鲁彦、台静农、许杰、蹇先艾、彭家煌笔下的浙东、安徽、贵州、湖南乡间的风俗如画;见到京派的废名、沈从文更加诗意的湖北黄梅和湘西沅水流域的风俗长幅;而左翼的沙汀确能精心描绘他的四川乡场的偏僻、荒凉又充满戏剧张力的景象。他写川北涪江流域小镇的琐屑日常生活,各色的茶馆、客店、食铺,夜晚的"打围鼓""讲圣谕"(说书),物产之外出产的土匪、哥老会、财主间的江湖事迹。静态风俗外更重要的是兼有动态风俗色彩的乡民生活方式描写,如中国南北都有的"吃讲茶",在沙汀写来就极富川味的麻辣感(沉闷生活中突破性的高亢斗嘴,如川戏的高腔);南北方也同样写保甲长一类人物,可沙汀的联保主任们是多么的狂妄,多么的横行乡里,个个都仿佛是山高皇帝远的土皇帝。他是对于社会世态,执暴露型文体而又懂得喜剧趣味的讽刺家。这很大一部分得力于他是一个天性偏于幽默玩笑的川人。中国自来有暴露的传统,鲁迅命名的近代"谴责小说",所谓"谴责"二字就是这个意思。如果是为暴露而暴露,缺乏了"公心",就会堕落成"黑幕"。左翼的具有政治理想的暴露型讽刺,是富有"公心"的,在1930年代以后,与代表市民暴露、市民幽默的老舍、林语堂有了分歧,但都具积极意义。左翼写实讽刺的社会力度、深度在沙汀这里体现了出来,而它的"软肋",即缺少喜剧的轻松的笑,不分对象地重炮批判,往往显出讽刺的僵硬等问题,在沙汀这里也得到一定程度的克服。沙汀对暴露分门别类,"鞭挞"也分清恶人和庸人,《兽道》对兽兵强奸月子里妇女的恶行予以痛斥,《龚老法团》却是开玩笑般讲述着在政治角斗场边缘稀里糊涂存在的老派官僚龚春官。他的暴露黑暗至极的小说《在祠堂里》,描写将活人钉入棺材的惨剧,环境场面的气氛传诉却含诗意。《一个秋天晚上》更是一篇出名的将欺辱下等妓女的故事演化成善良人性发现的故事,其间充溢着一丝幽默温情。《艺术干事》在沙汀小说里算得是另类,在暴露人与人之间的冷漠的空隙,夹入对无机心的青春活力的礼赞。而《和合乡的第一场电影》,是善意地讽刺抗战文化消费的作品,从头至尾让人苦笑讪笑不止。这样,沙汀就创造出讽刺的各种品类,将暴露与政治评判结合,与轻松玩笑、与诗意、与抒情联姻,作了多方面的探索,大大拓展了中国写实讽刺艺术的内涵。

沙汀还完善了新文学的文体。小说,尤其是短篇小说,在沙汀的手里成了人物刻画圆熟、结构充满戏剧张力、叙事节奏张弛分明的艺术品。它用来"写实",也可以吸收传统艺术以动作白描为主的写法,也可以吸收西方深入挖掘人性的心理用笔。非左翼的现代派诗人卞之琳就称赞他道,"要说写实,这才当真做到了"(《读沙汀小说〈淘金记〉》),那意思是一般的"写实"还远远不够格。无独有偶,茅盾说"沙汀的作品在那时才是货真价实的短篇"(《短篇创作三题》),也是说许多人的短篇还不够真正的短篇。

我还要添点蛇足。在"独尊现实主义"的日子过去之后,我们不能再用"流行观"来看待历史上走马灯一样晃过去的文学运动了。像有些人所持的"过时论":今天现实主义"过时"了,现代主义便当兴起;明天现代主义"过时"了,后现代主义就成了能打倒一切的法宝。这是过于简单化的看法。实际的历史是下一个浪潮汹涌打来的时候,即之前的一切浪潮沉潜的一刻。沉潜并非消失。更何况"现实主义"是一种富有弹性的能容纳各种其他创作方法的方法,他今日能潜伏,明天必浮出。并且,"模仿—写实",又是文学的基本笔法之一,就像"抒情""象征"是基本笔法一样,是会永远存在下去的。所以,依我的看法,茅盾、沙汀的"写实主义"是一笔文学财富,经过更长时间的检验,克服了我们短暂的浮躁情绪之后,除了无法与鲁迅比拟,他们与老舍、曹禺、沈从文、萧红、张爱玲、张恨水、冯至、汪曾祺一样,终会成为文学博物馆里的一段佳话。

2011 年 7 月 2 日于小石居

中国文学城市与我的四城记忆

听说要在开封召开题为"都市想象与文化记忆"的国际研讨会,我便着实想象了一回,看自己可以作怎样的发言。一个文学研究者如果要选择一个"文学城市"来做学问,这中间总是有些机缘的。我是出生在都市、生长在都市的人,农村只粗知一点皮毛:幼时到过无锡的乡下度暑假,仅是嬉戏;成年后就要感谢革命时代了,在"文革"前后到东北农村参加劳动是属于"思想改造"性质的,铲过地,虽免不了将苗草一起铲掉,割过高粱豆子,挑过粪,手肩起泡、肿包是必然的,也算认认真真想要除去"五谷不分"的毛病,却始终不懂得农民。如果是选择研究"文学城市",我的发言权可能多一些。到现在为止,我比较熟悉的中国城市依次为上海、鞍山、北京,或许还可以加一个开封。这四个都市中,上海和北京分别是我的童年及中年以后的居住地。跟着父母家人离开上海的时候我年仅 11 岁,上海对于我却有着浸透骨血一般的余痕,并种下了我日后研究"文学上海"、研究"海派文学"的根子。如今我在北京已生活了 30 多年,于此安身立命,终老于这个古都,并同时研究京派文学。鞍山是我青少年时代的"第二故乡",我到鞍山的时候正是"全国支援鞍钢"的年月,后来则是"鞍钢支援全国"。红色工业化年代留下的记忆始终未曾磨灭,凡表现鞍山的文学如艾芜的长篇《百炼成钢》,我读来都趣味无穷,新获奖的电影《钢的琴》我一眼就能看出是在鞍山拍的外景,且边看边百感交集。我在文学上总觉得欠这个工业城市点什么,但又说不出,最近我的女儿出了一部长篇小说《乐天地》,是写鞍山形成历史的,其中应该也包含了我对它的某些感受,算是部分还了个愿。至于开封,到今日我仍不能够说对这个七朝故都有什么认识,但早已有了感情。从我第一次到河南大学,在合作的博士点上工作起,至今已近二十年。即便是从 1998 年起,如按每年三次或更多次计算,这个数量也已不少。对于古代"城摞城"的地下开封,东京梦华,我很神往。到龙亭散步,去回民聚居区吃鲜美的羊杂碎汤,都能让我领受到待启封的故都之风;而对于现代的开封,我则感觉它如同一个沉睡的美人。这十年,郑州如蛇之蝉蜕,脱去旧皮,灿然一新(或许过新);开封却恰如一株冬笋,外面一层一层的老皮,包藏着丝丝春意与嫩意。开封和鞍山相似,对于我来说还不是研究目标,却都是我的亲近对象,我能用北京、上海这两个城市做对照,来加深体会她们。在这之间,我也体会到了京、沪在现代中国作为标志性都市所产生的独有的文学显赫位置。

每个人都有自己理解一个想象中的城市的文化立场。在我教过的东北学生和河南学生中间,尽管存在差别,但对于现今的京、沪两座城市的体验,却有惊人的类同。北京是可以仰慕的,追念的,第一次或第N次进入都感觉习惯,舒服,好适应,如在同一栋房子里再上一层楼那样。上海就不然了,东北中学生去过那里以后,回来分成了两派:一派在那里受到冷落、歧视,为被上海人看作是"乡下人"而愤愤,不免产生"你又有什么了不起"的反应;另一派觉得那里物质繁华,生活讲究,"中国怎么还有这样的地方,好像去了一趟外国"(这是1960年代学生的说法),"衣食住行、生活节奏,可不像北京那么好融入"(今日的北方学生如是说)。总之,由北京可以顺顺当当进入对开封、鞍山的理解,不打一个嗝;而要由开封、鞍山去理解上海似乎就有一些困难,就要花点时日去跨过某种间隔,这间隔或者是生活习惯,或者是文化历史。我再一次地感到北京、上海是现代中国两个标杆式的都市,理解了这双城,就可以推广理解中国的其他都市。而经过文学家之笔所描绘的、所想象的"文学上海""文学北京",我们可以认识现代的"文学中国"。

都市一旦进入"文学",它就被两种因素所决定。一边是历史与现实的投影,一边是作家个人的体味。我们的"城市想象"可能是历史与现实的给定,和作家主体认识的混合物。而所谓"给定",肯定也包含着前人或他人待修定的前设。最后是每个成熟的都市作家都有属于自己的文学都市,以至就有了各色各样的文学都市。我在自己的论文里曾经谈到曾朴之上海、韩邦庆之上海、茅盾之上海、丁玲之上海、沈从文之上海、穆时英之上海、施蛰存之上海等(见《阴影下的学步:晚清小说中的上海》《多棱镜下有关现代上海的想象——都市文学笔记》诸文)。鲁迅杂文所写上海的文人、少女、儿童,视角独特,《阿金》一篇将石库门房子后门口的女佣写得声情并茂。茅盾《子夜》里的上海更是工商业金融业和政治交汇的大舞台。丁玲写《梦珂》《奔》《一天》,这是"乡下人进城"后梦碎梦破的经历,那里有都会中拥挤不堪的农工鸽子笼棚户,有城市卵石路走尽见到的乡民入城所居的瓦屋泥淖环境;丁玲还写了《庆云里中的一间小房里》那些梦到乡下丈夫的下等妓女们。同样是湖南人,来自湘西的沈从文也自述是"用农民感情活在都市中",不过在《一日的故事》《善钟里的生活》《焕乎先生》等小说里他是更偏于被困在亭子间的文人角色身份而已。在这些"文学上海"的描写中,仍数张爱玲的笔致最为特别。虽然她的全部小说都在诉说一个都市里旧时贵族的式微、没落,没有一个人物不是失败的,但是在她的散文中,现代都市在贫富不公的车道上滚动,呈现的却是一个新鲜、有活力的上海(这里邪恶不是上海的主要面貌)!张爱玲写上海的时装公司、服饰橱窗、食品店、木器店、药铺、照相馆等,都很可爱。我们看《公寓生活记趣》里写的上海菜市:"到菜场上去看看也好——那么复杂的,油润的紫色;新绿的豌豆,热艳的辣椒,金黄的面筋,像太阳里的肥皂泡。"这里的菜场没有了杂乱、肮脏、腥气,只余下漂亮的色彩,如一个画廊。而同一篇文章中写电车傍晚回厂,被称为"电车回家",尤其显得调皮活泼:"你没有见过电车进厂的特殊情形罢?一辆衔接一辆,像排了队的小孩,嘈杂,叫嚣,愉快地打着哑嗓子的铃:'克林,克赖,克赖,克赖!'吵闹之中又带着一点由疲乏而生的驯服,是快上床的孩子,等着母亲来刷洗他们。"哪里像是在描写一个"没有灵魂的机械"呢?还有《童言无忌》里写的肉店,也是没有一丝屠宰的气味:"上海所谓'牛肉庄'是可爱的地方,雪白干净,磁砖墙上丁字式贴着'汤肉XX元,腓利XX元'的深桃红纸条。屋顶上,球形的大白灯上罩着防空的黑布套,衬着大红里子,明朗得很。白外套的伙计们个个都是红润肥胖,笑嘻嘻的,一只脚踏着板凳,立着看小报。"体会都市的味道,包括糕点铺子的香气,《道路以目》一文在叙述后还有一番认识城市的议论:"隔壁的西洋茶食店每晚机器轧轧,灯火辉煌,制造糕饼糖果。鸡蛋与香草精的气味,氤氲至天明不散。在这'闭门家里坐,账单天上来'的大都市里,平白地让我们享受了这馨香而不来收账,似乎有些不近情理。我们的芳邻的蛋糕,香胜于味,吃过便知。天下事大抵如此——做成的蛋糕远不及制造中的蛋糕,蛋糕的精华全在烘焙时期的焦香。"这便是张爱玲心中的上海,它的极致甚至不是看的,而是可以闻的,嗅的。虽然张爱玲也感到大时代的降临将给上海带来莫测的命运,在高处不胜寒的楼上听得见军营简单、凄凉的喇叭声,但上海还是让她感到一种现代的活力,她的上海永远在高压的畸形的生活洪流中保持了一种"奇异的智慧"。

你当然可以不同意张爱玲的文学上海。我想鲁迅、茅盾、丁玲、沈从文也都不会同意这样的上海。我自己的童年上海,本来正是1940年代,就在张爱玲写作高峰期稍稍晚那么一点点的时间里,但我的记忆有上海光鲜的一面,也有败落的一面,而败落似乎正在升腾,在混乱中急剧地打旋。不过,你还是能感受到张爱玲写的上海的魅力,即文学都市的魅力。

而文学中的北京就是另一种模样了。最成功的北京文学代言人自然是老舍。他笔下的旧北京是一派大的气象，由皇家气象里面酝酿出来的宏大气派。这里即便是守旧也守旧得大方、得体、从容，譬如他描写的老商号、积水潭、小羊圈胡同，他刻画的过气的拳师、店主、巡警、旗人，都是如此。他并不替北京讳，老北京培养出来的老北京人的因循、妥协、知足、畏缩、中庸、得过且过、死活要脸和自得其乐，他照样批判，但心底里他热爱北京的平民百姓，爱北京的知礼，讲理，懂义气，大大方方，架子不倒。他写的新北京有些挑好话说，但说的是真诚的自己也相信了的话，是从心窝子里掏出来的话。他在散文里夸北京，赛过伦敦、巴黎、罗马，当然是爱屋及乌，不过北京的市井有序，风景美丽，四季瓜果飘香，可以一整天坐看蜻蜓在海子里飞来飞去而不厌，这也是真的，他做得到，因为他爱北京如同爱生命。中国作家描摹上海的现代化状态，可分化为两极，它既是物质天堂，也是精神地狱；可到了面对北京，亲爱者如老舍，疏远者像海派，却不会各走极端。我多少年前写过一篇《谁之北京乎》的短文，其中列举了叶灵凤、徐霞村、徐訏、姚克这批海派文人们眼中的北平（北京），虽然持了上海的参照系，觉得京戏不如电影，胡同不如水泥路面的新式弄堂，并批评衰败的市面和仍用孱弱骆驼做驮煤炭的搬运工具，但他们几乎异口同声说喜爱夕阳下故宫金黄琉璃瓦的返照，眺望城墙上万古苍凉的烟景而生无限的感慨。这是很有意思的一个差别。

我曾经因为学生研究北京小报而读过极少一点这种新闻纸。我觉得小报的文学和文化角度能够代表一般普通市民对北京的想象。在北京小报里，后来也有了这个城市渐进的现代消费的报道，包括跳舞厅、电影院、滑冰场等等。但是北京一旦模仿上海的物质进步，你就觉得它是一个将自己的脸孔扭歪的都市。而它的版面上，有那么多思古怀旧的栏目和文章，这才应该是它的真面目。一些北京小报如《京话报》《群强报》《实报》，多年来经常登载掌故，以清代为多，兼及明、元，内容包括皇室贵胄、达官名流的逸闻轶事，也有平民对往日市井生活的回溯、老牌商业活动的神聊，以及城市的各种流言传说。除了"时人轶事""北平歌谣"这类栏目自然以北京地方性人事回忆为主外，即便是"谈话""问答"或连载小说这样的栏目，其中也不乏历史性怀旧材料的使用，或者是借助于抗日形势而作借古喻今的发挥、宣传。你可以感到，这是一个历史性的都会。它永远背负着逝去的历史而朝向当下，它永远沉浸于往昔，体味着过去，是一个用历史来消解现实的城市。另一点，是学校的文化消息并不次于都市消费新闻，各大学中学的活动、女性师生的身影、校园文娱体育的动态,都要比上海小报这一方面丰富得多。于是,你会觉得北京是个文化面容浓重,校园新闻和官场新闻、胡同新闻同样得到大力传布的城市。

经过这样的文学北京,你可以更真切地理解古老的开封。它们似乎是一类城市,是具有内在的现代性机制而表面十分传统的,具文化都市特质,又呈渐进的现代化品性的地域。类似的地方还有杭州、西安、南京、扬州、苏州等。此外一类城市可用文学上海为标杆,并扩大到青岛、大连、宁波、广州等,它们都是沿海最早的现代通商口岸,面向世界,开放,而经由外来的现代化动力,促进了它们快速踏入现代城市行列的历史进程。而市民文学、先锋文学曾给这些中国城市留下怎样的影子,如今正是待我们来揭开面纱的时候。

2011 年 11 月 5 日于连日阴晦的京城

全景与杂陈
——"第一回"中国文艺年鉴之回顾

我在撰写《中国现代文学发展史(插图本)》的日子里,有了一个新认识,觉得"文学大事记"才是最逼近文学现场的人为记录呢。于是,我就定下了四个现代文学的典型年头,排列出每年的文学大事并做评述,把它们作为一种"第一性"的、绝不嫌其"杂乱无章"的空间,插入到大的立体的文学全景之中去。当时我使用了两三种文学大事记作为参考,但不知为何,却一次也没有去翻检以往的文学年鉴或文艺年鉴。

这种对"文艺年鉴"的冷漠,直到有一天我忽然意识到它也应该是极具"现场记录"性质的,这才引起我的反省。因为我本不该如此。记得远在1980年代初期,我和现任清华教授的王中忱一起,被大周明(老中国作协有两个"周明",故内部有大小之分)拉去参加过《中国文艺年鉴》的短期编辑工作,并由我执笔写了现尚有手稿留存下来的《一九八一年小说争鸣录》(共收张贤亮、古华、林斤澜、戴厚英、张抗抗、张辛欣、张洁等18位作家的小说,都是赫赫有名的)。如今谈"年鉴"的文章常将1981年该期看作是一新发端的标志,我暗暗觉得光荣。但同时,文艺年鉴虽一年一本地在出着,却总是默默无闻,于学术研究似乎很少发生大的作用,也属不争的事实。比如这么多年我给杂志看稿子,过手过眼的论文可谓多矣,这些文章对"年鉴"引用率之低迷,我是很清楚的。那么我们是否应该从源头上来思考一下"文艺年鉴"编写方面的问题呢?

中国出版"文艺年鉴"自1933年始。这年上海现代书局编写了《中国文艺年鉴(第一回)1932年》,有八百多页那么厚,所编为1932年发生的文学现象及与作家相关的资料。如果今后我们不能再发现年限更早的同样性质的"年鉴",那么此书标明的"第一回"字样,就算不得夸张了。全书使用"中国文艺年鉴社编辑"的名义,但据《鲁迅全集》13卷的鲁迅书信和《茅盾全集》19卷上的有关注释表明,这实为现代书局的杜衡、施蛰存两人所编。后来发生不同意见,也根于此。书前置《中国文艺年鉴创刊缘起》短文,包含两个要点,第一,回顾了近年来各家书店所出与"年鉴"相类似的《小说年鉴》《新诗年选》《小说年选》,指出"单是选录作品,这决不成为年鉴"。这等于是交代"文艺年鉴"的前史,是如实的。据查,1923年中国图书集成公司出版了上海小说研究社编的《小说年鉴》;更早的1922年,亚东图书馆出版了北社编辑的《一九一九年新诗年选》。不过后者附《一九一九年诗坛略记》,表明"新诗年选"并非囫囵的作品选集,已带有某种年鉴意识了。第二,揭示现代书局版年鉴的编写宗旨,"是企图给我国文艺界每年摄一帧清晰的照片"。至于所摄是否够"清晰",是否为一文学全图,则就仁者见仁,智者见智了。

这本"第一回"的文艺年鉴的基本编法,对日后颇有影响。它共分年度文坛总括、年度创作选、年度作家著作索引等三大板块。可以看出,这种从国外引进的"文艺年鉴"结构,是为了让读者在文学现象刚刚逝去的一刻,迅即加以把握,帮助读者完整了解上一年的文学概况,以作"文化积累"。此年鉴可称略具规模,已备雏形。至于这三大部分的内容究竟如何,我们不妨倒数着略加分析:第三部分资料索引是比较客观的。只要搜集该年出版的书籍和报刊尽量全面,少遗漏,就很有用处。这本年鉴既是初创,自然粗疏些,所缺较多也不可免,如缺文学报刊目录(至少应有重点的文学报刊、新的文学报刊目录),缺文学评论目录,缺文学社团目录和新建文学社团介绍,缺一年的文学大事记等等,显示了"第一回"编年鉴的仓促、幼嫩。但我们从索引可以轻易看到这一年的文学创作量,知道每个作家的近作,发现在"总括""创作选"中有所忽略的东西,如鲁迅这年出版了《三闲集》《二心集》,索引罗列了,但前面"创作选"里未予采纳,可见杂文究竟是不是文学在当时仍存疑义。再如索引里有《猫城记》,前面"总括"里却根本未提老舍,这可能包含了文学界当年对幽默和幻想的轻视。次看年鉴第二部分作品选便相对复杂,既需全面挑选,又要独具眼光,现在它占了年鉴的绝大部分篇幅,因实在太多了,不免露出文体年鉴的遗痕来。最后看第一部分的总括,那就主要看编者的文艺立场和他拿不拿"立场"来说事了。立场决定了观点、眼光,决定了如何概括,这几乎是一件冒险的事情。总之,三大部分的结构实际包括了两个主导因素,一个是基本资料的完备性,一个是选择眼光的公正性。从"第一回"开始,矛盾就产生了,如用八个字来概括便是:完备不易,公正尤难。

详尽分析现代书局版的年鉴太费辞了,我们主要来看看那个容易惹祸的"总括"吧。年鉴对于1932年文学总图的描述,反映在《一九三二年中国文坛鸟瞰》上面(下称《鸟瞰》)。《鲁迅全集》《茅盾全集》均肯定《鸟瞰》为杜衡所写。杜衡在施蛰存、刘呐鸥、穆时英这个海派圈子里以批评家著称

(虽然也写过小说散文),后来又与施蛰存共同编辑《现代》月刊。现代书局不编"年鉴"则罢,要编"年鉴",要对1932年度做文坛总评,他自是合适的人选。《鸟瞰》认为这一年的文艺总趋势是"衰落"的,原因是日本侵略造成对"文化中心的上海"的破坏。举出最大的损失有两宗:一是"一九三一以来硕果仅存的文艺刊物《小说月报》与《北斗》的停顿";二是战时文艺作品差不多被"礼拜六派"的东西所占据。后者可参见阿英的《上海事变与鸳鸯蝴蝶派文艺》一文,代表了当时新文学阵营对此事的大体看法。估计通俗作者们不会满意,但他们不大吭声。《鸟瞰》进一层指出,战争带给文艺的只是"暂时的间断",而"一般社会经济的衰落"引起文艺市场的不振及知识分子的普遍失业,才是衰落的"主要原因"。此外"当局检查出版物的日趋严厉","政治势力的干涉"也是另一原因。《鸟瞰》认为,除了少数"民族主义文学家"例外,甚至连非左翼的郁达夫都受到检察官的注目了。我们可以从这些《鸟瞰》内容,嗅闻到本年鉴所持的早年受马克思主义影响,后又倾向自由主义的海派观点。

《鸟瞰》对1932年的理论活动,上溯到1928年,认为由"理论争执的重心的左翼文坛"发起,经历了"盛极一时—零星消沉—重新兴起"的过程。这一过程围绕着两个"问题中心"。一是"文艺大众化"的讨论,提到史铁儿、宋阳(都是瞿秋白)的《大众文艺的问题》诸文,周起应(周扬)的《关于文学大众化》,认为原则上是对的,可质疑处是:对"五四"白话不能否定太过,而且不能叫整个文艺都从大众旧文艺重新进化一遍。这引用了止敬(茅盾)《问题中的大众文艺》的不同观点。同时提出苏汶(杜衡)、鲁迅围绕连环画问题的争议。二是"文艺创作自由"即所谓"第三种人"的讨论。围绕文艺和政治的关系列出了1931年尾以来胡秋原的《阿狗文艺论》《勿侵略文艺》,苏汶(杜衡)的《论文学上的干涉主义》,以及左翼理论家的驳斥文字。评述避开了鲁迅,而以何丹仁(冯雪峰)《关于第三种文学的倾向与理论》中所说的"各种作家有极端充分的创作自由"为结。评述在尽量客观的姿态下,不能说没有它的倾向性。

从《鸟瞰》对1932年文学创作的认识,可见出当年运用创作方法来分析作家作品的强势。概括为:"罗曼主义或一切跟罗曼主义类似的主观主义的衰落和客观的现实主义的抬头。""衰落"举了蒋光慈、郁达夫、郭沫若。认为巴金的突起显示了抒写感情可以"把个人的,特殊的,扩大到全人类","文学上的罗曼主义是因了巴金才可能把寿命延续到一九三二年以后去"。至于

"抬头",指出半数以上的创作可归向现实主义,尤其是左翼。对茅盾的评价极高,举《春蚕》《林家铺子》为例。对丁玲认为她没能突破《水》的高点,《夜会》《消息》是"运用得不确当的政治热忱损坏了对现实的认识的好例子"。其他提到蓬子、魏金枝、沙汀和东平,而对张天翼给予"比任何人都更是独创"的评价,说他在左翼作家中"仅次于茅盾"。在所谓"人生的"现实主义作家中,低调地提出鲁迅、叶圣陶,却过分地推崇杜衡自己,失了水准。现实主义之外,《鸟瞰》用"Stylists"来概括"专注力于文字"的一派作家。首举的是沈从文。沈从文和张天翼一样,"是不容许才力赶不上他的人们模仿的"。而施蛰存以《夜叉》为例,指认他"是把弗罗伊特的学理运用到作品里去的中国第一个作家"。关于废名(冯文炳),提到这年发表的《桥》和《莫须有先生传》两个长篇,说他是"最最肆力于文章者"。最后在"都会主义文学"旗帜下评价"近来中国文坛上重要姿态之一"的作家,即如今被称作"新感觉派"的一群。刘呐鸥这年仅有《赤道下》一篇,但回溯了他的创作《都市风景线》和翻译《色情文化》,认为他是"这一派在中国的开山祖"。叶灵凤是"本年度开始转向这种近代倾向的作风来"。而穆时英更是从《南北极》的倾向移到新形式的创造上,赞美他具有"现代性的灵魂"。这些小说评论最大的遗漏者,是老舍。

之外的年度评价,诗歌分成三派。归入"象征诗派"的有在 1932 年诗坛大放光芒的戴望舒和尝试写作"意象抒情诗"的施蛰存。归入"新月诗派"的是承已故诗人徐志摩遗风,却无复当年盛况的诗人饶孟侃、陈梦家、卞之琳、朱湘等人。属于"新兴阶级诗派"的,认为已无代表诗人,只剩下从象征派转过去的蓬子(属于怪论)。散文小品稀少,提到写《故乡杂记》的茅盾,老作家周作人、俞平伯、早夭的梁遇春,以及叶灵凤、缪崇群等。话剧的状况,认为在时代刺激下社会题材剧大盛,而艺术性剧作终于流产。田汉所作充满通俗罗曼气质,洪深写出了现实剧《五奎桥》可称年度话剧代表作。其他还有白薇、适夷等。全篇《鸟瞰》以不预言今后的文坛发展趋势,告一结束。

这样的年鉴一出版即得到左翼的反应,仅茅盾就先后写了《怎样编制"文艺年鉴"》《一张不正确的照片》两文。茅盾抓住著录作品、期刊、文艺团体有遗漏或缺失,抓住《鸟瞰》判断文艺形势和"文艺自由论争",评价巴金、丁玲和杜衡的不当,进行严厉批评。对这本年鉴所下的结论是"名为客观,而实则'歪曲'","委实是无理解与取巧省力的混血儿,对于读者实在是有害无益"(《一张不正确的照片》)。鲁迅在书信中告诉增田涉,写《鸟瞰》的杜衡"自称超党派，其实是右派"，"在那篇《鸟瞰》中，只要与现代书局刊物有关的人，都写得很好，其他的人则多被抹杀"（《1934年4月11日鲁迅致增田涉》）。这些公开或非公开的批评不能说没有道理，但基本上讲的是如用一种流派的观点来考察文学，不完备、不成套、不系统还在其次，而不公平、不客观，不能准确地拍摄出一张清晰照片或全景图来，则是必然。但是如何能客观公平呢？如果是让比较稳妥的"开明派"作家（文学研究会未加入左翼者）来编，会比海派好，但会不会漠视海派和通俗派也不好说。如是左翼来编呢，我想1949年以后的新文学编撰史已经能够说明问题，绝不会比海派的"第一回"更客观。历史已没有"第二回"了，现代书局出版该书受到左翼猛烈批评后，便缩了回去。吃力不讨好，就索性不编。接着，我读到的有北新书局杨晋豪编辑的《1934年中国文艺年鉴》《1935年中国文艺年鉴》，体例与"第一回"大同小异。杨晋豪有左翼倾向，一个人独立支持连续编了几本年鉴不容易，却又有京派背景的人在《大公报》"文艺"副刊上发文批评，逼得杨在下一本年鉴的《后记》里回答。之后抗战军兴，文艺年鉴的编辑成了断尾巴的蜻蜓，要到1981年才终于接续上了。

现在我们编的年鉴如与"第一回"比较，资料的完备问题不大，且越来越细，但时代、政治、流派给我们带来的非客观性依然。每一个编年鉴的人都会告诫自己要公平客观，但谁也不是超时代、超流派，自己拔了自己的头发能脱离地球的人。所以我在回顾了以上这些之后，想要提出的年鉴编写原则，第一还是完备，第二便是杂陈，杂陈才是客观公平的先导。年鉴要有多声部，要众声喧哗。让有权威的人来对一年的文艺情状发话，一个不够就请两个三个权威人士。光权威人物不够，还要有"民调"，可以有各种名目的调查作业，可以有一年数次的民间问卷。教训是：只有一个驳杂的文学图景，才可能接近一个真实的文学全景啊。

2011年12月27日于小石居改写毕

由野史材料探入"文学现场"

"回到文学现场"这句话究竟起于何时,如今还有待考证,它最初的用意无非是为从头审视以往的文学提供一个结实的起点。研究文学史,原是一件需贴近已逝的事物去触摸故人灵魂的工作,但受各种主客观条件的限制,我们对历史有着诸多隔膜。六斤和七斤嫂和九斤老太的难以互相沟通,从来如此,于今为烈。因为我们遭遇了一个大拐弯的时代。比如不了解汉字繁简历史的人,会很轻易将简体字问题完全归之于政治,忘掉了我们宋代人就写简笔,林语堂的《论语》当年便公布过手头字方案(手头字者,日常顺手写的简字也)。晚间的电视剧里,1940年代的上海人会满嘴"牢好""牢好"说个不停(那时有"交关好""邪气好",就是听不到"牢好")。有一位青年学者读了我的《戴着枷锁的笑》之后,曾对我说,想不到你那时候也那么"左"!我初听不免生出一点点委屈。因为他说的"那时候",其实已是1980年代前期,人们心有余悸的阴影虽还在头上罩着,但"解冻"业已开始。在我所处的学术环境里,一切皆要重新打量的趋向各处萌动,我那个集子自然也留下了痕迹。"左"矣?右矣?很难说清。不过这种细微的差别,是要真正进入历史境地才能感悟得到的。

研究现当代中国文学的人,要进入"现场"会有许多方便之处。毕竟这段历史过去时间不长,又逢现代,有了古代无法想象的众多历史沉积物可寻。除了我上一篇"石斋语痕"提到的文艺年鉴、文学大事记外,期刊、报纸、单行本的出版花絮,作家自传、书信、日记、笔记里的隐秘部分,当事人回忆的昔昔晃晃,甚至耳食的说之者曰有、亲践者或拒或迎且流布久远的传闻,一些入不了正史的杂七杂八的材料,都可发挥出助你进入"现场"的效用。我们读茅盾给《小说月报》写的一则则"海外文坛消息",施蛰存编《现代》写的一期期各种名目的《编后记》,如"编辑座谈""书与作者""社中日记""编者缀语",读沈从文和他的学生萧乾编《大公报》"文艺"副刊所写一栏栏的《废邮存底》(后来部分印成书籍),见到叶圣陶为开明书店的作家新书写下的一篇篇广告,都可以实实在在了解到那个文学时代的人情关节和文化氛围。不妨把它们都看作是文学野史的一部分。

1931 到 1932 年间的上海,有一个叫《文艺新闻》的报刊,就留下了当年文坛的各种面影。可惜它被封闭后,类似这种带有大量史料容量的文艺报刊很少能够存活了,因而弥足珍贵。我举出它在 1931 年 6、7 月用五期登载的《作家绰号一览表》(最后一期改为文学戏剧社团绰号表),来看看这些别致的资料对我们今日了解那段文学史有什么用处。这不是《水浒》好汉们的泼辣绰号,也没有赵树理笔下农民绰号那么富有生活趣味,却是用作品给它们的作者(社团)所起的别名。现照录如下:

作家绰号一览表(以各个译著名称为题)
　　某日某某等数作家聚于某处,谈到作家们的绰号,于是即以各个作家所译著的书名,分别的配合其各个的生活、思想、行为、地位以题其绰号;兹为摘录如下——(恕不加详细说明)
　　鲁迅——苦闷的象征,茅盾——追求,郁达夫——迷羊,夏丐尊——棉被,樊仲云——烟,傅东华——饥饿,许钦文——若有其事,林语堂——Little Cratic,周作人——雨天的书,丁玲——一个人[的]诞生,郭沫若——漂流三部曲,张资平——靡[糜]烂①

作家绰号一览表(以各个译著名称为题)
　　胡适之——白话文学史上卷,胡也频——光明在我的[们]面前,柔石——一个伟大的印象,冯铿——虹[红]的日记,殷夫——伏尔迦的黑渊,陈学昭——倦旅,孙福熙——巴黎捞针,陈望道——断截美学,汪馥泉——初夜权,王独清——圣母像前(欢迎此类投稿)②

　　自十三、十四两号发表作家绰号后,兹接读者伴云及白玲等来稿,特选刊于后。
　　刘复——何典,闻一多——死水,西滢——闲话,周全平——残兵,叶绍钧——倪焕之,刘大杰——支那女儿,叶鼎洛——未亡人,沈从文——不死日,叶灵凤——女娲氏之遗孽,巴金——灭亡,凌叔华——女人,滕[籐]固——迷宫,冰心——寄小读者,章衣萍——枕上随笔,金满成——花柳病

---

① 载 1931 年 6 月 8 日《文艺新闻》第 13 号。明显的错讹用方括号标出,下同。
② 载 1931 年 6 月 15 日《文艺新闻》第 14 号。

春,冰莹——革命化的恋爱,东亚图[病]夫——鲁男子,赵景深——国外文坛消息,徐霞村——嘴上生花的人(待续)①

戏剧家绰号一览表(以各个之著作导演之剧本及表演角色为题)

自作家绰号一览表发表后,接到若干热情读者的此类投稿,谨先将戏剧家们的绰号登出,不日且将有各社团的有趣味的绰号表。

丁西林——一只马蜂,洪深——冯大少爷,田汉——屋上狂人,欧阳予倩——屏风后,马彦祥——戏剧家之妻,余上沅——国剧运动,赵太侔——???,向培良——生的留恋与死的诱惑,熊佛西——洋状元,陈大悲——红花瓶,袁牧之——贤一郎,陶晶孙——木人剧,王平陵——跑龙套左明——小丑,陈凝秋——南归②

自作家绰号发表后,接到许多读者来稿,可惜重复的太多,不能都披露出来。现在把文学戏剧团体的绰号刊出,(以各个所演的剧本或所出的书籍为代表)以后请停寄此类投稿。

新月社——人权论集,创造社——洪水,文学研究会——灰色的马,沉钟社——昨日之歌,未名社——莽原,狂飙社——弦上,语丝社——杂感,幻州[洲]社——上部、下部,广东文学研究会——你去吧!,万人社——文丐论,狂飙演剧部——战士的儿子,南国戏剧部——未完成的杰作,戏剧协社——少奶奶的扇子,辛酉剧社——狗的跳舞,复旦剧社——寄生草,艺术剧社——西线无战事,联合剧社——可怜的裴加,北平戏剧学院——模特儿,广东戏剧研究所——金瓶梅,大道剧社——街头人,山东实验剧院——(不可思议注)③

无需多做解释,这份材料本身的信息量就够大。《文艺新闻》是具左翼外围色彩的一种报刊,它连载作家绰号,最初恐怕只是为求版面生动,扩大影响,但也隐藏了部分思想政治动机。在鲁迅、茅盾、郭沫若、丁玲、陈望道之下,第二份名单中便不动声色地露出"左联五烈士"胡也频、柔石、冯铿、殷

---

① 载1931年6月29日《文艺新闻》第16号。
② 载1931年7月6日《文艺新闻》第17号。赵太侔《???》便是其剧作名。陶晶孙"木人剧"是指他创作、翻译的木偶剧,剧本结集为《傻子的治疗》,并非某剧之名。
③ 载1931年7月13日《文艺新闻》第18号。括号里的"不可思议注",原文如此。

夫等四位的名字，这当然不是偶然的。如果按文学实绩算，冯铿本登不上去。这是一种特殊的纪念方式、抗议方式。另一方面，从全部名单中左翼作家和非左翼作家的比例看，左翼只占三分之一，并不为多。非左翼的作家如周作人、胡适、林语堂、夏丏尊、闻一多、陈西滢、沈从文、凌叔华、冰心、章衣萍、丁西林、熊佛西、陈大悲、王平陵等，其中包括新月派、开明派、京派、海派、独立的民主作家、民族主义文学作家，毫不拘谨地展开了各色各样的创作个体和群体。这名单暗含左翼文学青年的观点和角度，显得较为隐蔽。像胡适的作品所举是《白话文学史》上卷，既突出他提倡白话的功绩，也有暗讽他"擅长"写半本书的味道。林语堂列的是 Littale Cratic（小评论，小品文），因为他当时在英文《中国评论周报》上开小品专栏，用洋文正道出他的外来风貌。刘复(半农)不提他"五四"时期打过的硬仗，不提他《新青年》时代写的杂文、白话诗，甚至不提他后来为之献身的实验语音学，而拎出他新近发现、校点的《何典》，可见在当时人们眼里他落伍了。但总体上，所涉作家并不存在关门主义倾向。到了第五份名单载毕，在定型的左翼非左翼殊死斗争的图景之外，给了我们一种平缓的、宽大的视角。即便是今日看去，也足可补一般文学史记述之空隙吧。

再如从"绰号"名单所包含的当时有名以后仍然有名的作家，或当时有名(姑且把编绰号的作家都看成是成名者)以后没了名气的作家两相比较，那就恰巧倒了过来：在文学史上经沉淀尚能占一席之地的作家要占三分之二，而无名作家反是少数。像樊仲云、傅东华、孙福熙、向培良、左明、陈凝秋(塞克)等就算是缺乏名气的了。至于那些著名作家在 1931 年的当儿，名单所举的代表作许多已相当贴切，均能显示他们独特的文学贡献，但读下来还是觉得颇为特别。比如鲁迅，并不采用《呐喊》《热风》和《坟》，而用他译的厨川白村的《苦闷的象征》，象征意味深长。在 1930 年代的人们看来，鲁迅并不是振臂一呼的"英雄"，倒是个辗转于痛苦挣扎而前行的思想斗士。茅盾不用《幻灭》《动摇》，却采《追求》，显然认为他具有远大的前景。郭沫若用《漂流三部曲》是暗示他被放逐国外。郁达夫用《迷羊》，仿佛提醒他正处于写作的岔路口。丁玲用《一个人的诞生》，赞她这个左翼青年作家破土而出，冉冉上升。而张资平举了《糜烂》，就像故意略去他写出的重要作品，直截了当地在批评他的"堕落"了。这种惟妙惟肖的绰号的编撰，在前两个名单中尤其显著。如果"绰号"反映的是读者的独特接受，那么这五份名单就构成了一种当时当地的文学眼光。

这里所列的作家作品，许多是有代表性的，如闻一多的《死水》、西滢的《闲话》、叶圣陶的《倪焕之》、周作人的《雨天的书》、胡也频的《光明在我们面前》、叶灵凤的《女娲氏之遗孽》、丁西林的《一只马蜂》、熊佛西的《洋状元》等，都至今在文学史上占据一定位置。而沈从文的无名作《不死日》，巴金的处女作《灭亡》，则说明这两位日后名声大震的作家，这时仅小有名气，他们的代表性作品还没有来得及问世呢。对于东亚病夫（曾朴）这位晚清谴责小说家，绰号名单不但将其列入，还举出他《孽海花》之后的自传体小说《鲁男子》，是肯定了一位旧时作家倾向新文学的积极态度（翻译法国作家雨果、左拉、莫里哀的名作，与儿子曾虚白创办真美善书店和《真美善》半月刊等），体现了《文艺新闻》开明、可佩的文学立场。

由于左翼戏剧运动的活跃，也可能是报纸编辑对剧作家内情的熟稔程度，我们可以看到第四份"绰号"名单里有专门的话剧界记录。这里的剧作家皆赫赫有名，写剧、导演、扮演三位一体的人尤多，以至于我们今天会以某个剧本的名字缺失为憾，其实倒可能是被饰演的某个角色代替了。余上沅名下注着的"国剧运动"，是指他与赵太侔等一批同期在美国纽约学戏剧文学和剧场艺术的人，回国后在北京筹划建立演出团体，喊出倾向纯艺术的"建设中华国剧"的口号，并创办了中国第一个由政府主持的现代戏剧教育机构——国立北京艺术专门学校戏剧系。这个系培养出的学生中有张寒晖（兰璞）、章泯（谢兴）、左明等，后来成为进步戏剧活动的骨干分子。

第五批"绰号"名单显示了"五四"以来文学社团的多元。这里夹杂了戏剧社团，呈混合状。21个社团，大部是有名望的，长久开展活动的；少数的社团机构只是大家不熟罢了。如广东戏剧研究所，是1929年2月由欧阳予倩应广州当局李济深等人的邀请创办的，自任所长。此机构以戏剧研究为主，兼办戏剧学校、剧场、刊物等，唐槐秋、马彦祥等参与其间，延续了三年，对南国的话剧事业产生了很好的影响，它所演的《金瓶梅》，是欧阳予倩乘"五四"之风为给古典小说人物翻案而写的，剧名应是《潘金莲》。戏剧协社和《少奶奶的扇子》的演出，可是中国戏剧史上的一件大事。戏剧协社1921年成立，为上海著名的"爱美剧"团体。洪深在美国学成回来后即加入此社。他打破原来文明戏的陈规，提倡男女合演（不是男扮女装），建立正规的导演排演制度（不是幕表制）。1924年他将英国唯美主义作家王尔德名作《温德米尔夫人的扇子》改编为中国的故事《少奶奶的扇子》，并第一次采用立体布景、灯光、音响加以变化配合后演出，取得了巨大成功。《少奶奶的扇子》标志了中国话剧真正走出"文明戏"时代，完成了话剧的现代形态。还有艺术剧社和《西线无战事》这一条，是指左翼的上海艺术剧社1930年3月公演的由日本戏剧家村山知义根据德国雷马克同名小说改编的话剧。这是一出表现第一次世界大战的"群戏"，非常符合当时左翼文学创作追求的风气。其他的文学社团如创造社是用它近期出版的刊物《洪水》代表，文学研究会却以翻译《灰色的马》作标志。幻洲社实际是创造社的分支，用"上部、下部"做绰号，可见其刊物《幻洲》编法的出名（每期分"上部：象牙之塔"和"下部：十字街头"，分别由叶灵凤、潘汉年执编）。未名社用其一贯的刊物《莽原》代表；语丝社不用《语丝》，只写了"杂感"两字，可见鲁迅的影响力。新月社没用它著名的《新月》月刊做名片，反用了《人权论集》。这是新月书店1929年底出版的书籍，收集了胡适、罗隆基、梁实秋等新月派人物针对新上台的国民党政府以党治国、以党代法的专制主义，在《新月》上发表的一系列尖锐文章，如胡适的《人权与约法》《我们什么时候才可有宪法》《知难行亦不易》《新文化运动与国民党》，罗隆基的《论人权》《告压迫言论自由者》，梁实秋的《论思想统一》等。此书遭国民党党部机关围剿，可以想见。它大大提高了上海时期新月社的知名度。这些引申出来的轶闻，正是文学史的外史。

不过《文艺新闻》的"绰号"名单虽能使我们从中窥探到当时文坛的一些信息，却不能代替严肃、理性的文学批评。对于重要的作家作品的衡量，只能是在长久的文学批评的实践中逐渐建立，而且在现代中国，还要有耐心忍受严重的政治环境的穿插、侵染。即便如此，这也不失为一份丰富多样的现代文学野史材料，一份1930年初关于中国文学的活生生的剪影。

2012年3月26日改定于小石斋

作家的多重身份
——萧乾采写旧金山联合国成立大会新闻

文学史的主体皆由作家和他们的作品构成,但写不进去的人与事正多着呢。虽然写不进去,它们又都在背后实实在在地支持着各种多彩的文学潮流的分进和合成。作家的多样身份,便是其中一例。最容易令人想起的便是学西医而没有做成医生的鲁迅、郭沫若,你不能说《狂人日记》和精神病学,《残春》与弗洛伊德精神分析学没有关系。如果举出因写长诗《宝马》而获大公报文艺奖的孙毓棠是位资深的历史学教授,京派文学沙龙的组织者林徽因写诗、写小说却还是个古建筑史家,你或许会觉得毕竟文史哲绘画建筑是相通的,并不为奇。那么,你知道不知道"学衡派"的中坚,写过《中国文学改良论》《评五十年来的中国文学》《评尝试集》的批评家胡先骕,是国内多个生物研究所、生物调查所的领衔科学家,是著名的中国植物分类学的奠基人;写出独幕喜剧《一只马蜂》《压迫》《三块钱国币》的杰出剧作家丁西林在英国学的是数学、物理学,回国后做的是北京大学物理系教授,中国最初的物理研究所都是由他筹建并任所长的。我们自然无力在文学史里测量两位作家的本行专业水平,也搞不清他们的植物学、物理学和他们的文学究竟有什么联系,但相信不会没有千丝万缕的相连处。一个文学家的知识、才情、视野,最后必然统统汇集到他作品的每一个细胞中去,他的各种身份也自然会影响到他的作家人格、脾胃和风度。

萧乾年轻时鬼精灵,好动,倔强,是个什么都要试试的多面手。文学范畴里面,写小说存世的有《篱下集》《栗子》(两集中最初的《蚕》便出手不凡,还有《参商》《邓山东》等),有代表作自传体长篇《梦之谷》;散文成集的有《小树叶》《珍珠米》《北京城杂忆》;理论有《书评研究》;翻译最有名的是1950年代连中小学生都知道的《好兵帅克》(我还看过同名电影)、易卜生晚期的象征诗剧《培尔·金特》(在北京棉花胡同的"中戏"剧场看过演出,印象深刻,因过去只死认易卜生是"写实主义大师"),尤其是与文洁若合译乔伊斯的《尤利西斯》(即使一书在手一遍一遍地读也难读懂的天书)。但他最长时间跨行跨业的,还是新闻从业经历。他在燕京大学读过国文专修班、英文系,最后落脚的却是新闻系。早在"辅仁"期间他就利用假期到偏僻的绥远采访。在"燕京"他遇到的教师中有当时不到30岁日后爆得大名的美国记者斯诺。别的报刊不提,单是他与《大公报》的关系,便是十几年扯不断。1935年萧乾从"燕京"毕业时得老师杨振声、沈从文的介绍,经《大公报》主政的胡霖(政之)赏识,到天津的报馆工作。他编副刊并为新闻版写本市消息。这年夏天鲁西水灾,他和青年画家赵望云被派去山东济宁,一个写报道,一个配速写图画。1939年萧乾应聘至伦敦大学东方学院教书(应该是老舍也教过的地方),《大公报》看到欧洲大战一触即发,便见机助他垫付路费,说好将来用新闻稿费补偿,于是萧乾初到英伦就一篇篇将通讯发往国内了。1943年胡霖作为中国代表团成员访欧,他见到的萧乾正在"剑桥"王家学院攻读英国文学研究生,便动员他不要错失采访欧洲战场的大好时机,使他毅然放弃了即将到手的学位,就任了《大公报》特派员兼伦敦办事处主任。从此中国少了一位留英文学硕士,世界在1944年到1946年间多了一位中国驻欧战地记者。战后萧乾返国,在上海、香港两地的《大公报》写社论,编辑大版新闻,直至1949年参加香港《大公报》起义。可见萧乾的新闻记者身份远比作家身份来得重。他自己也这样看。1947年他在《人生采访》前记中说:"我需要在所有的职业中选定一个接触人生最广泛的,我选中了新闻事业。"所以在70年漫长的大起大落生活中浮沉,顺利也好,失败也好,登上巅峰也好,跌入低谷也好,他填过各种表格,在"本人成分"一栏他从不填"作家""职员",而只填"记者"二字。

萧乾新闻写作的一大特色也是多面。他什么报纸文体都"摸"过,而且颇有成就。他在报馆跑过"外勤",也做案头文字编辑,长期编副刊如"小公园",与沈从文合编声名显赫的"文艺",再到后来独立开创沪版的《大公报》"文艺"。他写给读者的"答辞"曾与沈从文一起出过《废邮存底》一书。他还写过电讯稿、社评、专栏,特别是通讯特写,从早年的《平绥道上》《鲁西流民图》到《血肉筑成的滇缅路》,再到《银风筝下的伦敦》《纽伦堡访狱》,几成历史文献。这些新闻写作,大家略知一二,但纯粹的新闻消息采访,包括我们这些稍稍熟悉萧乾的研究者,也是极其生疏的。我曾经为了到新加坡华文报业集团(由当地华文报业新闻基金会支持)给新马两地的记者讲授"萧乾的新闻写作和文学"这个题目,临时抱佛脚,恶补了1945年7月至1946年3月共计九个月的《大公报》,发现仅署"萧乾"名字的电讯稿即有31篇之多。其消息的覆盖,包括英国大选、攻克柏林、德国华侨境况、原子弹爆炸轰动英伦、法国普选、重建犹太国、欧洲对中国战后局势的反响等等。而在这之前所写的电讯稿,重要者如透露苏联外长莫洛托夫在旧金山宴请宋子文时,利用碰杯机会,表示欢迎中国派团到莫斯科去谈改善中苏关系,是1945年4月28日刊载的,属于报界所称的"独家新闻"。而一天前刚登出的联合国成立大会开幕消息,是国内除政府背景的中央社电讯外,唯一由私营《大公报》独立派遣记者采写的重大新闻稿。这则千字文将作家萧乾的新闻写作推向了一个峰顶。这都是从来没有收入萧乾文集,从来没有进入研究者视野的佚文。

联合国大会消息的采写,对于萧乾也是个意外。那时二战胜利在望,联合国组织的酝酿也在此气氛中一天天加紧。他正在德国前线钻壕沟,却因中国派往参加联合国会议的代表中有无党无派的胡霖(团长宋子文,代表共产党的是董必武),胡霖便火急让《大公报》通知萧乾回伦敦转美国。萧乾会同其他国家的记者登上"新希腊号"过大西洋,同船的还有800多名加拿大士兵的英国妻小,她们是第一次带着孩子去见北美的公婆,好不热闹。而德国的潜艇其时仍威胁着这条海路,同行的竟是由58条大小船只组成的长龙。11天行程包括到东海岸再转火车到西岸旧金山,正好在大会前夕到达。几日后他就在会议未完的时刻,边赶往电报局边写出这则消息。消息不长也不短,文字皆合电讯写法,又处处不同一般电讯写法,读起来感觉新鲜。现不妨全文照录如下(此文萧乾曾在自己的文章里引用过几句,不明白是什么原因所引不尽相同。但我是据报纸影印件抄录全文,标点及用字一仍其旧):

(旧金山联合国会议)大会开幕盛况

[本报特派员二十五日下午五时二十五分旧金山发专电] 在记者发出电讯前的五分钟,联合国会议在简单隆重和戏剧意味的方式下,由美国务卿斯退丁纽斯主持开幕。集会期中,作为会场的歌剧院里充满着罗斯福故总统的精神。除了正在崩溃中的轴心国家与骑墙的中立国,几千的政治家,外交家,专家,观察家,记者,广播员,摄影员来自世界的每一角落,参与盛会。我国提议在未来的国际法典中,应注重公平与正义。杜鲁门总统的广播演辞中,亦强调善邻之重要,似为响应我国的提议。全美各报昨日皆以显著地位,刊登我国提议。加州州长与旧金山市长在他们的演词中,强调旧金山被选为开会地点之重要原因,在其为从美国至前线距离最近之处,同时也是最

后阶段的太平洋战事的供应站。

记者虽于开会前两日抵此,但目击旧金山已充满着紧张的情绪。报纸每日数版,以头条刊载莅会的重要代表消息。新闻记者与摄影记者好像不断留守在机场与车站,以等候政治上的名人随时到临。旧金山的脉搏,今晨达到了最高峰,会场附近,没有证件的行人车辆皆不准通过。下午二时,突然降雨,若干政治的悲观者于是认此为不祥之兆。但刚在会议开幕之前,太阳又照耀着大地。旧金山的行政中心区反显得整洁与爽快。会议虽定于下午四时三十分开幕,但在三时左右,歌剧院已挤满了人,一千八百个新闻记者,尤其是那些摄影记者,都急切的选择好了适中的角度。出席人员凭着不同颜色的票,从不同的大门入座,所有的楼梯口都站着身穿开领海军制服的红十字会女郎,担任维持秩序之责。其中有中国美国及黑人。在这个庄严歌剧院的讲坛上,天蓝色的背景,杏黄色的台柱,影映着四十七国的旗帜。在深灰色的幕下,陈设着浅黄色的桌子,桌子之后,放置着四张黄的椅子。时届四点,铜乐队开始奏乐,令人感觉着歌剧快要开始演奏一样。负责筹备的人,有意的选择些轻松愉快的音乐。当各国代表开始步入会场之际,记者席上已挤满了人,每一次的摄影机亮光,就等于说某一个要人到场,知名人物如莫洛托夫,哈里法克斯和宋子文等到场,电影摄影机拍摄之声更属刺耳。四时三十分音乐突然停奏,身穿军服的美国男女,从主讲坛上两侧步入讲坛,男的身穿卡叽制服,女的穿蓝色制服,稳健和自信的步伐,象征着联合国家的前途。这样的构成了讲坛上的背景后,斯退丁纽斯偕同加州州长与旧金山市长步入讲坛,歌剧院中一时掌声雷动。斯退丁纽斯紧握着桌子上的木锤,郑重的敲了三下,世界性的集体安全实验,于是乃告开始。(萧乾)

——原载 1945 年 4 月 27 日《大公报》二版

任是谁读过此消息,都能一眼看出它的撰写人内含的双重身份。只能既有记者身份又具文学家身份的人才会写出如此的文字。从记者的新闻角度看,无论如何挑剔,它都符合"消息"的基本体式,所谓的"三要素":时间、地点、事件,色色具备,只是"事件"比较复杂一点,它包括了这次大会的前几日、开会当日和开幕式帷幕拉开一瞬等多个层次,极有新闻现场感;"导语"眉目清楚,先概括了新闻的全体,也交代了背景材料;有主线,大会洋溢着正义战争即将胜利的喜庆气味,人类借此历史契机团结起来第一次做"世界性的集体安全"保障方式的"实验",大会宗旨便是新闻中心;还别具中国记者的鲜明立场,也不忘对主办国的尊重,如强调中国的"提议",点出服务的红十字会女郎有中国面孔,莅会"要人"不忘中国团长等。除此以外,你就只余下对此"消息"浓烈文学色彩的浓烈感受了! 全文突出大会的气氛渲染,采取不以会议讲话为主的特别剪裁方式。导语虽然完整却特定地偏长,着重材料的穿插与灵活调动。讲究描写(记述成分几乎被描写压倒),能够像小说家那样抓住细节。而且,很具一个刚刚到达该地的年轻中国人的眼光,视角也像小说家。全文到处洋溢着充沛的文学笔调。这是少见的消息写法,典范性和创造性兼有,从一个老记者看去甚至会觉得突破性不免过了头。这可能不是我们在教科书式的讲课中应举的新闻采写的正例,但你不能回避它所突出的新闻客观性之外也可拥有的新闻个性。记者萧乾用自己的写作要强调的是新闻和文学的一致与结合,来弥补新闻的某种短时效的天然弱点,他说"怎样把新闻文章写得稍有点永久性,待时过境迁后,还值得一读",(《人生采访》前记)是其理想。从这个意义看,这则1945年联合国大会消息,是我们由新闻窗口来观察文学家萧乾的一个绝好角度。这是作家写的新闻,而不是其他。

那么,我们当然也可以从萧乾一生的文学成就来反观他究竟从"新闻写作"那里,学到了什么。第一,他的全部文学观念中特别重视报纸对文学的作用。它不将报纸看得过分狭窄,他提高了现代报纸自"五四"前后开始的兼有"文艺摇篮"的功用。他的新闻特写是中国现代散文的重要组成部分,许多篇目已成经典。他多次提到中国报纸能在新闻版面登载特写这一事实,认为《大公报》就一直坚持这个特色尤为可贵。"抗战"以来,文学性的通讯报道在战争形势与国外特写文体传入的多方促进下大大扩展,这是他多写这类体裁的根本原因。第二,新闻写作从一开始就引导他"关注底层"。萧乾出身于北京东直门内的平民区,后来在京派文学圈里周旋,长期与中上层文化人为友的经历并没有让他脱离下层。他读书期间最早的新闻写作《平绥道上》所写的山西,老百姓的生活状态被推到前景的位置,让他认识到"社会底层是怎样一座取之不尽的金矿"。所以他在文学特写中写山东灾民,写滇缅路工,写大轰炸下的伦敦人民在地铁躲避时的从容乐观,将自空而降的希特勒传单不是撕碎扯烂表示愤怒而是当场拍卖表示蔑视和幽默,他的写作态度都是眼睛向下的。再看他写的小说,有寄人篱下的贫苦母子形象,有街头小贩形象,有各种小人物,便顺理成章了。他理解的文学真实性即"采访人生"(此命题是他一本书的书名),是从新闻学来的。第三,他的民主、自由的文学精神,虽然在一生中坚持得十分艰难,却始终没有消失过,也和他的新闻写作体验息息相关。1945年6月他采访英国大选,"二战英雄"丘吉尔在"二战"还未结束时却遭落选的事实给他极大刺激,让他懂得了何为民意,何为民主。类似的新闻经历,比如本文推荐的联合国会议消息文本所传达出的人类和平、向上的意识,也是他的小说散文中体现的根本内容之一。第四,新闻语言书写的准确、简捷、生动的特性,和文学语言的富想象、挟激情、有雕镂感的优长处,都被他充分认识。萧乾后来经常谈到要破除历来对"新闻语言"的忽视。他反对误认"新闻写作"使用的是低级文字,只要写通就行了,似乎不应该也不可能有发挥个人才华的天地,他重视的就是文学、新闻都应恰当具备的形象性。第五,这也是最个人化的经验,萧乾还认为新闻调整了他的文学个性,如说"新闻工作能够矫正一个人在待人接物方面的各种缺陷"。(《我爱新闻工作》)他自род本来固执、任性,采访使他学会在听取旁人意见的基础上如何坚持自己的看法。他原先头脑活泼过分,性情不长久,长期的新闻采写让他懂得忍耐,注意在创新中也要遵守一定规范。人的个性是很难改的,萧乾的文学个性注入了新闻写作带来的互补元素,是他的福气。

记得萧乾曾写过一部回忆录,叫《未带地图的旅人》。这是个很具文学色彩的题目。它包含作家的自谦,指自己一生长途跋涉难免会有方向不清、忘带地图的时候。但还有一层意思,可以理解为写作无须羁绊,应追求放松、开阔、自由的境地。一个作家如有多方面的身份,是不是也可认为他跨越人为疆界的写作自由度更高呢?我不妨套用萧乾的话,称他是一个带着新闻地图周游世界的文学家,也是一位不可多得的带着文学地图旅行的"名记",不知这样的概括是否恰切。

2012年7月2日于小石居,次日修改
北方少有连雨后之晴天

以广告为中心的文学编年史写作断想

事情的开端大约在两年前,记得理群君和我讨论预备再合作一次,编写一种以文学广告来折射文学万象的大型著作,当时我爽快地答应了。因为我意识到,我们将要从事的是一部全新的文学史。

但是,什么是以文学广告为中心视点的文学史呢?它能否成立?注重商业利益的广告能够在多大程度上公平地、准确地、全面地反映现代文学史的面貌?说句实在话,开始我也没有太大的把握。其时,我刚刚出版了独立写作的《插图本中国现代文学发展史》,转过头来又扎进这样一种集体写作的、前途不可测的文学史中,这是"冒险"。我是完全被一个产生"多样文学史"的时代所召唤,被一种严肃的富有很大学术挑战性的课题所吸引了。回想三十多年前我们读研究生时,凭借着大量翻阅现代报刊,曾直觉地嗅闻到往昔年代的文学空气,眼前仿佛掠过纷至沓来的社团流派和各种姿态的作家身影,这情景有的就是经过"广告"的文字图像而获得的。在我看来,文学广告的视野,就是一种特殊的"读者反应"。这种文学史可说是各样文学史中的独特品类。它可以突破历来文学史的"全知""单一"的俯视文学现象的眼光(实际却是有限),通过广告内含的各种"语言密码",泄露各种声息,发出各种音调。这也应该是现场感极强的一种文学史。我们努力接近文学的原生状态,以使过去因种种缘故遭受歪曲变形的文学史更接近"事实",让后来的接受者也有自己判断的权力。而这正是此种文学史的强项。因为"文学广告"系当时人所写,它包容了当时社会的接纳心理、当时人的文学理想、价值观念,以及文学对当年的人和社会的反作用力,是以历史资料形式保存到今日的活化石。比如在1932年的"化石"上,当时首次给四大作家做评传,对象是郭沫若、茅盾、张资平、郁达夫;而1935年"化石"上留下的印迹,排出的四大作家成了鲁迅、周作人、茅盾、郁达夫;他们与后来的"鲁郭茅巴老曹"都不同。而对于这些不同历史材料的了解、分析、阐释,必将引发今日人们的立场(对"广告"的某种解释必然煽起读者的参与热情,掀起试做另外一种解释的欲望),是既保留了文学现场又被今昔时空充分穿透了的。当然,因为"文学广告"的人文性质、思想文化性质和商业销售性质的掺杂混合,这种文学史必然也是将文学和商业的关系作为线索之一来处理的,是充满了文学与商业的双重张力的。我们可以从中望见文学作为"商品"的现代进程(郁达夫为浙江公路局写游记包含了对方的商业动机,可《履痕处处》是美文,足可传世),以及商业化如何促进文学、改造文学、腐蚀文学的各个侧面。抱着对此种文学史性质的基本的、也是较朦胧的思考,我沉入到编写活动中去了,一晃便是数年。

从寻找文学广告入手,是全书最初"起跑"的要务。我分工负责第三卷,所跨年限为1928年至1937年。大约从我开始研究1930年代的讽刺小说起,我在学术界便经常担当1930年代的文学研究课题,无论是小说史、文学史或者思潮史。就像那句话说的,"从来如此,于今为烈",我已习惯了。与大家一起寻找广告的过程,加深了我对文学广告与文学史关系的认识。这里,广告是全部文学史叙述的出发点。广告按照编年顺序排列,成为全书的基本结构。就像中外作家可以用人物、场所、生活的词条构成小说一样,我们是用广告词条构成文学史。全卷的广告经过"海选",即尽量不带框框地撒下网子去捞取,主要将1930年代散落于报刊书籍上的书面文字广告,从作品、期刊,到重要的文学思潮、活动、宣言、组织章程,发刊词、编后记,新闻及其他杂类,尽量多地收集起来。按照写作分工,由高恒文负责收集京派文学方向的,吴晓东负责海派文学方向的,我负责左翼文学方向的,钱理群补充其他方向的,有专攻也互相协作。待有了一定数量之后,互相传阅影印件,在会上自由讨论,使初选尽量少带主观成见。这样,以广告的实存为第一要素,把特别具有启发性的、格式图样富有创意的文学广告真正遴选出来。比如选了《文艺新闻》发表的五种作家绰号表,来反映当年更加复杂的社会接受心态;选传记文学、儿童文学、文学年鉴、作家书简、内部档案和尊孔、看"萧"(萧伯纳访华)等题目,来反映过去文学史很少注意也无法注意的角落。当然还要防止有广告便为重、无广告便为轻的简单化倾向,在初选后加上纵观全局、全史,进行适当的补充,如《子夜》的北方读者反响、《地泉》三版时左翼自己的"清算"、民族主义文学的提倡及其主要作家作品的分析等,都陆续加以补充。我们发现李劼人的"大河小说"(《死水微澜》等三部)找不到广告,可能与留法归蜀的作家的生活方式有关(他虽把书稿给了中国最大的出版机构商务印书馆,但本人太疏离上海文学界了),便另找替代品。1932年至1937年在河北定县由熊佛西主持的"农民戏剧实验"也找不到广告,这是因为思潮活动不大会登载广告以作自我宣传造成的,也要设法弥补。总之,寻取广告是由个别到全体，再由全局到个别，这样反复进行。我不能说自己在寻找资料的第一阶段所下的工夫有多好，中国图书报刊资料的管理大部分不能"开架阅读"的现状也给这种资料疏漏的可能加码，所以，广告选择从一开始就提醒我们认识到它的局限：是很难做到无遗漏、无盲区的。

接下来的确定条目，促使我们更深入一步去认识文学广告的内在性质与价值。广告含丰富的历史、文化、文字信息，但我们要挖掘的主要是直接间接的文学信息，包括介绍文学书籍、展露文学社团和作家活动、发布文学期刊媒体目录、通报出版发行消息、报道文学思潮沉浮、宣示文学理论动向、记录国内国际的文学交流，以及与文学有关的艺术、教育、文化、历史信息等等。广告可以是作家所写、编辑家所写，也可是编辑兼作家所写，甚至极少数广告是书局出版社的从业人员所写的（后期创造社的青年作家曾同时聚集在"创造社出版部"当伙计），它们的文字内涵、风格不同，文学史的价值也不同。现代文学史上的许多著名作家如鲁迅、叶圣陶、巴金都曾大量写作过文学广告。鲁迅为北新书局，叶圣陶为开明书店，巴金为文化生活出版社都写过，所谓"大手笔写小广告"是我们的一个传统。这类广告简直就与这几位大作家的"文学作品"一样，个性化强，可以从中体味他们的文学生命力和价值。从寻找广告到确定条目，让我们认识到广告对于文学史来说，可能有的囊括面大，包含了多种的意味；有的富于典型性，虽然是小作家、小现象却躲不开，有可能代表着主流以外的次流，或启示多种发展的趋势；有的极具开拓性，很可能打开了这扇窗子就能投进一束强的光亮。当我们去确定哪些是可以写的广告，哪些是可以合并的广告，哪些是必须对比使用的广告时，广告的"史"的价值就更加凸显了。广告即是文学史叙述的"切口"，就像一个称职的外科医生，他要找准动刀的地方，要能开出最小（最适合）的口子，却逮住最大（最要害）的病患。我们在排列中寻找最佳广告，有文学史上的大作家、大事件，却也要以小见大，经过较小的作家作品摸出有代表性的文学脉搏来。被选中的广告条目，它要让你有话可说，有话要说，扣住广告题目有发挥的余地，有广阔的引申空间。这样，在"重写文学史"的视界里，富有意义的广告条目，和能使你有话可说的广告条目，便逐渐地沉淀下来，形成此卷可供写作的文学史条目。

关于这些广告条目，还有一点我本人的想法可说。便是我发现思潮类、事件类的条目眼看着多起来，比如鲁迅与木刻运动、与珂勒惠支，女作家和女明星画报，刘呐鸥的软硬性电影争议，开明的风格和语文教育，作家之死除徐志摩、鲁迅外还有刘半农,真是琳琅满目。相对来说,虽也重视作品,但究竟比例降低。而这就造成文学史作品条目的偏少,涉及的论题看似驳杂的特点。在文学史"重写"的当口,把文学史与文化史挂钩,以至大大扩展了文学史的深广度的同时,我们会不会丢失文学史的特性呢?这其实是在我的《插图本中国现代文学发展史》中已经提出的问题。包括读后的"凌乱"印象(更多的评者强调了"凌乱"能打破"一统江山"的正面意义,但我也想到是否有负面),"驳杂"印象(我提出当今写文学史"驳杂"自有它特别的学术价值,有评者深表同感。自然也无需否认最后我们应该将文学史写得"简约""清爽"和"骨是骨,肉是肉",如黄仁宇说的他写"中国大历史"采用的是远距离的"综合"方法)等等。现在这套文学史依我看来,与传统的(苏式和欧美式)文学史所给予的阐释空间完全不同了,它从"凌乱""驳杂"出发,以期展开全方位的立体的文学图景。是耶?非耶?

进入具体写作后,我更体会到本书叙述的一大特点:史迹虽有内在连贯性,每一个条目看上去却都是独立的、自足的。现在是一段一段地写,将来是一段一段地读。文学史呈现编年大事记的外形,内部要构成史的系统。因此,抓住条目之间的"似连非连"的关系来写,就显得特别重要。如冰心给报社写信,要求更正她关于普罗文学的谈话一节,本身就典型地代表了当时站在中间的"五四老作家"的文学立场:他们不会像年轻的左翼作家一样随声附和,也不会同意将自己对左翼文学说的话混同于"新月派"。看似写冰心一人,实际关联到多条线索(文人的左、中、右政治倾向);从冰心要求"更正"的这面镜子,映照出新兴文学的强势,写冰心即写左翼。此外,我们也体会到"文学广告"可分为"实事求是""夸大其词"和"评价基本适合略有夸张"这样三类。这是广告的文学性和商业性纠缠的结果。写作时应分门别类,对实事求是类型充分肯定,对夸大类给予批评。如施蛰存对自己的朋友戴望舒的诗集所写广告,竟然同意戴删去早期"新月"痕迹较深的《雨巷》一诗,言之成理,并无噱头。而陈铨小说《天问》的广告,竟将陈著与《石头记》相提并论,就受到条目作者的讥刺,称为是《新月》自有广告以来最不靠谱的一则(肯定了《新月》大部分的书籍广告)。这是在已经大量淘洗掉一味吹捧的广告之后的做法。实际上我们发现在1930年代的旧广告中,真正低级趣味的广告并不多,至少不比现在多。而我们形成的条目写法:采用褒贬分明的"书话体"是始终坚持的。有好说好,有差说差,扣住广告话题加以发挥,每一发挥都着边际(挖掘文学的"史"的深意),文字尽量活泼,好读。我做全卷通读,感受到此文学史的可接受性。而且这好接受是由全书特性带来的,一本文学史你可连读,也可跳读,足以享受自由阅读的乐趣。

现在,因我负责为第三卷统稿,我便成了这卷文学史的真正第一读者。能进入这一角色,我十分愉悦。我通读的第一感觉是"宽阔"。在我们面前展开的是一幅广阔的1930年代文学全景。这里有左翼文学、京派文学、海派文学、市民通俗文学;有国民政府推动的文学(甚至包括了它为与左翼争夺读者而推动的"通俗文艺运动")和穷乡僻壤的苏区文学;还有都市文学和乡土文学。作家地图包括著名的文学史地位显赫的作家,也包括白薇、王文显和30年代涌现的女性作家群、大公报作家群、左翼外围作家群等。文学作品扫除的死角有儿童文学、战争文学及反战文学、旅游记、作家传记、文学年鉴、作家来往书信、报告文学选本及翻译选本等。刊物有《骆驼草》《文学杂志》《文化批判》《北斗》《现代》《良友》,出版社和出版人有"开明""现代""文化生活",一直伸展到社会的文学教育,大中小学的文学教育(朱自清、沈从文、废名、叶公超、梁宗岱等在清华、北大、武大带头所开的新文学课程)、大学周边培植叛逆的"精神流浪汉型"文学青年的"拉丁区"等。思潮联系到"孔子观""陶渊明观""剧税制""女明星画报""中国的高尔基"等,真是洋洋大观。依仗了文学广告体的文学史,我们才有可能看到如此宏大的1930年代的文学场景。这是20世纪中国文学的繁盛期,从晚清尤其是"五四"变革期播种始,至此初次集成。因为"五四"这个地震中心辐射之广且深,由外而内,由内而外,才成就了1930年代的收获之丰。有人说1980年代是20世纪中国文学的第二个繁盛期,当然也像。但我总觉得1980年代只是变革而已,它的发难目标在短时期内曾重复了"五四启蒙"传统,待要实施自己独特的文学使命时,任务和机遇都变了,复杂化了,和社会的经济、政治扭曲错位得太厉害,所以真正的繁盛期还需等待。一部真正"宽阔"的文学史同时便带来边际的模糊、不定,需要"时间"这面大网来做沉淀工作。

我对此卷写出的1930年代文学史的另一感觉,是"转折"二字。透过貌似"破碎"的叙述,突出了一个"转折"的文学时代主题。"五四"时代的最大成就,是形成了"新文学"。后人如我辈一说起"新文学",往往会被它对旧文学摧枯拉朽的巨力所撼;但当时的大部分人只是站在风眼之外,或许会觉得新事物不过如一阵清风吹入莽林也不一定。可到了1930年代,五四"新文学"的威力和活力就显示出来了,便是因这转折而分解的力量。过去的"新文学",部分转为左翼文学("左联"为代表),部分转为自由派文学("新月"

可代表）；极少数转入政府掌控的文学（民族主义文学运动和中国文艺社）。"新月"分前后期，后期也分解了，部分融入"京派文学"；"语丝"分解，转为"京派"却成主体。旧文学呢，分解为其时的市民通俗文学；新文学的一支异类则"长入"市民文学之后，形成新的"海派"。这即是"分解""转折"的基本线索。到了这时期，文学形成了更多的板块。每个板块都不小，互相冲突，互相渗透，你中有我，我中有你。大转折中又有小的转折，如创造社和它的刊物、南国社和田汉向左翼转折，左翼内部还有一种切实的转变，如《北斗》为克服政治僵硬性而向吸收非左翼作家支持的文学性办刊方针的转变。由激进向中性倾斜的，如《语丝》中人向《骆驼草》转化，林语堂由"叛徒"向"叛徒与隐士"转化。从浪漫向写实转移的，有王统照《山雨》的出现。洪深则是从现代主义的奥尼尔向写实转移，遂有《五奎桥》的创作。而许多的"转变"并非一定是180度的，它可能是微变，却也显示了这个文学时代的转型性，像"五四"时期的"学衡派"大将吴宓，这时经过与徐志摩、朱自清、叶公超等人的交往，而调整了和"新文学"作家的关系，便是一例。而卷中对"开明人"面临大转变的矛盾心理，对"开明人"的笃厚文品做深入剖析，指出他们敏感于"革命"的破坏性，而选择继续走"文化启蒙"一路，致力现代文学出版和文学教育的拳拳之心，是另一类"不转变"的例子。这样，1930年代激烈转折的文学气氛，被准确地烘托出来。所谓"新文学"独大的情势全然改变了，20世纪中国现代文学的全景全身、基本轮廓，终于浮现出来。

这套文学史不论有多少不成熟，至今却是独一无二的。文学广告资料的重新发现，是新；从材料的实证研究，到引申发挥的历史叙述，每一执笔者所追求的是要比过去的文学史深一点，有差异一点，这也是新。我想依仗了这样的"冒险"，文学史或许可望跨进一小步吧。

2012年10月14日草于小石居
次日再修订

熊佛西与河北定县的"农民戏剧实验"

熊佛西1930年代上半期曾主持过定县的"农民戏剧实验"。这个表面上让后人有些难于理解的事情,实际是事出有因的。熊佛西这个在西洋学习戏剧的留学生,能成为中国早期话剧的创始者之一这并不奇怪,可他会在乡村推行话剧的大众化、农民化,就离不开当时中国总体的政治、文化环境了。

中国的出路在于农民。通过改变农村、依靠农村来救中国,大概是百年来许多有识之士的共同见解。到农村搞武装斗争是一条道路,但它不应完全掩盖住另一种试图用和平方式改造农村的方略。后者知名的,如梁漱溟在邹平创办"山东乡村建设研究院",陶行知在江苏创办晓庄师范进行"乡村教育"实践,晏阳初在全国多处推行"平民教育运动"和"乡村建设实验",他们的志向是不谋而合、相互呼应的。而熊佛西的农村戏剧事业就附着在晏阳初1920—1930年代领导的中华平民教育促进会(简称"平教会")总会之下,是其中不可或缺的组成部分。平教会的宗旨是改造民族生活,对象虽称是"全民",但重心后来都放在了"农民"身上,可以说是进行"乡村建设实验""农民教育实验"的机构。晏阳初本人的大学学业是在香港大学和美国耶鲁大学完成的,又获得普林斯顿大学历史学硕士学位。他眼界阔大,对建设民族国家有持久的热情。平教会是个民间组织,不拿当时国民政府的钱,主要经费均募自美国洛克菲勒基金会等处,所以他的活动相对独立,手脚也比较放得开些。自1926年起,选定河北定县作为"乡村实验"的主要区域,这一"实验"属于全方位的性质,包括政治、经济、卫生、文化各个方面,其重点放在"人"身上,这是中国近代以来的传统,力图将旧式农民转化为"新民"。据熊佛西回忆说:"平教会最初以识字运动开始,以后该会干事长晏阳初又发现我们的民族不仅缺乏知识,而且缺乏经济,缺乏健康,缺乏合群的习惯。简而言之,可用愚穷弱私四个字来代表我们民族的病源"。因为重点在人,"教育"便成了中心,"以文艺教育救愚,以生计教育救穷,以卫生教育救弱,以公民教育救私,期使我们的全民族,尤其是大多数的农民,人人都有知识力,生产力,强健力及团结力","改进生活,改善环境,而达到农村建设乃至民族再造,民族复兴的最大企图"。① 这设想不可谓不纯正博大。所谓的四大教育,是将"文艺教育"放在了前面的。而最适宜于农民的"文艺"历来便是"戏曲"。于是,在中共于苏区根据地到延安解放区积极实行大众化戏剧革命的同时,定县的"农民戏剧实验"便在1932年到1937年间平行地展开了另一条戏剧大众化的路径。1937年熊佛西写出《戏剧大众化之实验》一书,就是这项运动获得显著成果的一个标志。

《戏剧大众化之实验》一书现在已很难找到了。此书书前有晏阳初的短序一篇,应当是评价这场戏剧改革的权威发言。他说:

> 戏剧是艺术教育的一种,在广大的民众教育上占有重要的地位,因为它是直接影响民众生活的。我国昔日有所谓"高台教化"之说,足见戏剧与教育关系之密切。可惜现在流行的传统戏剧不能适应这一时代民众生活的需要,且现在一般人都把戏剧看成一种消遣品,实已失去了戏剧的教育使命。我们平教会有鉴于此,特在定县实验区从事戏剧的研究与实验,请熊佛西先生主持其事,以期在农村中创造一种适应时代需要的大众戏剧。我们除作戏剧本身的内容与形式的研究实验外,尤着重戏剧与教育的效力的研究。整个的定县农村就是我们的实验室,就是我们的大舞台。定县四十万农民的生活就是我们研究实验的对象。

> 熊佛西先生著的这本《戏剧大众化之实验》,就是我们在戏剧方面研究实验的经过——亦可以说是我们的得失经验。我希望这本书出版之后,不但能影响整个的中国剧坛,并且还能予以我国教育界极大的启示。书中第七章所说的戏剧制度或"戏剧网"的建设,尤有深长的意义。②

受命主持这项实验的熊佛西,自称"农家子弟",他在燕京大学读书期间曾与欧阳予倩、茅盾等人组织过民众戏剧社,写过话剧。之后赴美国哥伦比亚大学研究文学、戏剧,回国后担任中国第一个戏剧教育机构国立北京艺术专门学校戏剧系主任。晏阳初所聘平教会各部门负责人多为专家型的欧美留学生,熊佛西各方面都符合条件,成为平教会教育部"农村戏剧研究设计"

---

① 熊佛西:《戏剧大众化之实验》,正中书局1947年6月沪一版,第19~20页。
② 晏阳初:《戏剧大众化之实验》晏序,《戏剧大众化之实验》,正中书局1947年6月沪一版,第1页。

的负责人,也是顺理成章。1932 年 1 月定县的乡村戏剧实验第一批进入的人员有陈治策、张鸣歧、杨村彬等,最初重视的是挖掘、提高乡村固有的戏剧形式,改编了许多秧歌,出版过新编秧歌选本。这很像后来延安"鲁艺闹秧歌"的情景。熊佛西并不是完全忽视农民秧歌,不过他认为旧的形式浸透了旧的内容是很难彻底改变的,所以他力主放弃重编民间戏曲的方针,"不但不改革传统的戏剧,也不硬抄袭西洋的戏剧,虽说它们的一部分原则和原素也是我们在创造过程中所要参考的资料"。他继承"五四"的启蒙精神,选择话剧这种新型样式来加以改造,"主要的依据只是大众,只是大众的生活及其环境",目标是"要把戏剧大众化,要致力于大众戏剧的实践","根据中国今日农民的现况,在农民当中创造一种新的农民戏剧"。①

熊佛西等人致力的"农民戏剧"是个什么样子的呢?他们是通过改编、改译、创作这三种途径来改造剧本的内容;再通过训练农民剧团、设计农村剧场来改变话剧在农村的演出方式。综合起来,完成定县农民戏剧实验的样本并加以推广,使其成为全社会的财富。

对于剧本,他们提出以"向上的意识"来做写剧本的原则。这包括"必须钻到农村里去,必须深入民间,在那里观察,在那里体验,观察体验农民的生活,体验观察农民的心理(政治的与经济的心理)。这样才能了解农民的情感,不,我们才能有农民的情感"。而在中国的农民"未具现代生活最低的条件"之前,主张不宜进行政治党派的思想训练。认为"在农民的生活和意识都向上了之后,他们才能理解左或右的问题,他们才能明白向左或向右的意义,他们才能有力量担当左或右的行动"。② 这种貌似中间的、抽象的立场,因为有了结合广大农民切身利益的前提,所谓"向上意识"的剧本便必然成了能够表现农民生活、具有农民思想感情的剧本。定县农民戏剧"改编"的历史故事和民间传说,如《卧薪尝胆》《兰芝与仲卿》,显然都是发扬民族正气和人民自由精神的。"改译"的剧,如将爱尔兰女作家葛瑞格雷夫人的代表作《月亮上升》改成东北爱国志士的逃亡故事;俄国果戈理的代表作《巡按》的改编是将官场的腐败尽数暴露给农民看,都是运用人民眼光来观察世界,欣赏趣味尽量接近农民,又要提高农民的。尤其是"创作"的话剧,如熊佛西的《屠户》《过渡》,杨村彬的《龙王渠》,陈治策的《鸟国》等,都是站在农民一

---

① 熊佛西:《戏剧大众化之实验》,正中书局 1947 年 6 月沪一版,第 18~19 页。
② 同上,第 21~23 页。

边,来反映农村不公平的、痛苦无保障的生活,及群起斗争的事实。以《屠户》为例,"此剧是对于农村中土豪劣绅剥削贫苦农民的描写,尤其着重于今日中国农村一大问题的高利贷罪恶的暴露"①。剧中主要人物孔大爷向农民重利借贷,拨弄是非,欺压良善,横行乡里,乡民呼之为"孔屠户"。孔屠户的阴谋诡计终于败露,天人共愤,老百姓忍无可忍地向县政府告发了他。这个剧在定县农村巡回演出了二十多次,有一次在某村演到孔屠户强夺还不起高利贷的王大的房屋时,台下一个青年农民突然站起来,脸红耳赤地朝台上高声骂道:"搂他妈的老浑蛋!"同时各乡出现了流行语,凡碰上放印子钱的人就在后面指点说:"他简直是孔屠户!"可见演出影响力之大。熊佛西的《过渡》更是定县农民戏剧的代表性作品。此剧围绕某村庄之间横隔河道的修桥问题,表现乡民和乡绅的矛盾:乡民要解决河东河西交通的便利,乡绅胡船户要把持渡河船资可以随意勒索的权力。下乡服务的某青年学生带动大家筑桥,胡船户除了公然设法驱逐外来青年,暗地里还鼓动受蒙蔽的保守船夫谋杀青年桥工。船夫寡妻索钱葬夫反被踢死,事败后横行霸道的胡船户受到官厅的拘捕,船夫们觉悟了,也加入了建桥工作。建桥是为了解决河的"过渡"问题,农民从不觉悟到觉悟也有一个逐渐"过渡"的过程,剧目的含义就此突现。这剧的"教育意义"指向非常明显,剧中人物众多(需要更多的群众演员),场面气氛热烈,适合于广场演出。在县里东不落岗村晚上排练的时候,吸引了本村和周围三里五里村庄的人来围观。一天,有五六里外的唐城村人来参观,看后感叹地说:"我们村里的事都编出戏来了!编得真快!"实际上熊佛西等人并不知道邻村真的发生了农民搭桥、本村乡绅反对的事件。后来农民戏剧实验者们去县政府调集邻村的案卷,才知道那个村的乡绅手段更加厉害,是先发制人一纸反告了农民,造谣说是本村无赖们修桥勒索过桥费,这才发生斗殴,要求政府取缔来维持治安。现实的事件比原来的剧情更加丰富。这件事振奋了所有的编演人员。因为《过渡》的剧本在前,唐城村此案在后,等到依据案情进一步完善了剧本,大大调动起演出者的情绪之后,有人总结说这是"实事模仿了戏剧"。后来就更加认识到,这是定县农民戏剧的真谛,即"戏剧模仿了实事","的的确确的把握住了真实的社会性"。②《过渡》在定县演出后,剧中的《造桥歌》开始在各村传唱,男女

---

① 熊佛西:《戏剧大众化之实验》,正中书局1947年6月沪一版,第24页。
② 同上,第26~27页。

老幼都会哼吟,一时成了农村流行歌曲。东不落岗村的农民保卫团还以《造船歌》为团歌。除此之外,这些剧在写作中还遵循了"技巧要以农民能读能演为原则"。具体做法是:多写故事,少抽象,把现实农村的人物类型化(典型化),写活,注意动作性,对话符合人物的口吻,简单不复杂等。而且每一剧本在"写好之后先由参加农民戏剧实验的工作者加以批评,删改;然后请几位农民来读念,依照他们的意见,在这时也许有更大的改动;最后,则表演给多数的农民看,听取他们的意见,作再番改正的根据"①。经过这样一个贴近农民观众的修改过程,试图写出一种表现农民、让农民观看并启发农民积极向上的"农民剧本"来。

在排练《过渡》的时候,定县农民戏剧实验还发生了从开始"我们演剧给农民看","到农民演剧给农民看"的自然转变。他们认为,农民自己演剧与否是戏剧大众化有无根基的大事。平教会刚到定县时,是由职员中的戏剧玩票者担当话剧演员,在城里往日的贡院现今的礼堂做过售票公演(售票的目的主要不是为收入,而是为培养农民凭票看戏的习惯。以至于免费的农民专场演出,也照样地发票对号入座)。不久,便开设戏剧训练班,以两年为期培训当地学员。到1933年2月9日,当地尧方头村的农民演员在县城考棚礼堂第一次演出《车夫之家》《穷途》《屠户》三剧,成功之后又到水磨屯、西平朱谷村做巡回演出,一时轰动,引起农民对新剧的兴趣。于是各村纷纷效仿,要求平教会派人指导培训农民演员。西平朱谷村一下子成立了男女两个农民剧团,一个月后便打破女子不能登台的当地陋习,在本村庙会演出熊佛西的《四个乞丐》《兰芝与仲卿》等剧。到1934年年底,全县发展到13个村成立了自己的农民剧团,能上演13个以上的新剧,达到了全盛期。

接着,农民开始打破源于西方的镜框式舞台,自发地提出要建设适于农村演戏、开会、选举、检阅、议事,具有多样用处的大众化露天剧场的要求。熊佛西认为大的村庄本来就有唱戏的舞台,现在只是要将其改建为永久或半永久性的,适合于演戏和演剧多用的场所便成。他考虑到农民剧场应具备的经济、适用、坚固、美观四原则,联系到古希腊的剧场,做出了如下规划:利用村庄坡地二三亩,让观众席后高前低,舞台在观众席的最低处,台后建土房做化妆休息室,台前设阶石三层到五层,演员观众上下可无大的间隔,两边有泄水通道,周围植树,同大自然浑然一体,作为农民剧场的基本构想。

---

① 熊佛西:《戏剧大众化之实验》,正中书局1947年6月沪一版,第30页。

后来根据这一设计,挑选具有较好农民剧团的村庄,在东不落岗村和西建阳村先后建设了示范性的农民露天实验剧场:一个能容纳一千五百人到两千人,一个能容纳三千人。这两个露天剧场的最大缺点是舞台功能差,于是1935年10月又对东不落岗村的剧场加以改造,舞台分主台和副台,利用墙头和柱子解决了灯光问题,场型由长方形变为卵型,容量扩大到能装三千到四千人。修建这种剧场时,农民自动献工捐料,往往只用极少的钱(西建阳村的剧场建设仅花了一百元)就能办完,让人着实感动。修好后由农民自己来管,成为周围几村的政治文化活动中心和公共空间。演出人员、演出方式、演出场地的这些改革,都是向着农民大众化的方向发展的。到了熊佛西写《戏剧大众化之实验》一书时,他分章论述了"实验的动机""剧本问题""剧团问题""剧场问题""演出问题"等,最后还提到建立农民戏剧教育的制度,主张改散漫的、自生自灭的艺术教育为在一定政治力量推动下的有计划、有效果的社会行动,形成自县到省再到全国的"戏剧网"。这已经是具有训练人才和经济投入计划性质的国家决策了。由于晏阳初的观点正是从改造全社会出发,戏剧只是其一个角落而已,所以他在序言中说对这部分制度性的提议更有兴趣,就是很自然的了。

现在我们已很难想象,如果没有一场抗日战争,定县的农村实验包括农民戏剧实验会发展到何等的程度。是战争,硬性打断了这个戏剧教育实践,使农民话剧的式样也未得到更广泛的确认。后来,熊佛西到大后方办四川省立戏剧教育实验学校,可以看作是他定县事业的继续,但究竟气魄、规模都大不同了。延安后来的新秧歌剧运动,新编平剧(京剧)的试验,是偏于传统和民间的,与定县话剧不尽相同。沙汀跟随贺龙到过冀中根据地,他在《敌后七十五天》、《敌后琐记》里多次描述了120师战斗剧社和其他部队剧团,怎样利用军民联欢会、祝捷会经常演出话剧的情景。河北老乡文化水平比较高,喜欢看话剧,这让他惊讶,给他很深的印象(在日记里曾真实记载农民观话剧的景况:"话剧开演时,大家都看得很认真,有的把嘴闭紧,有的张开,一个没有包帕子的老头儿则嘴唇痉挛着,仿佛无时不在担心会出什么意外一样。一个只有三枚长而整齐的门牙的老人,半信半疑地小声问我:那位正在舞台上表演的可真是个女人?"[①])不知沙汀当时是否听说过河北发生过的这场农民话剧实验,但他感受到了它的后劲。后来在解放战争中风起云

[①] 沙汀:《敌后七十五天》,《沙汀文集》第6卷,上海文艺出版社1991年版,第146页。

涌的文工团话剧演出,连同观看它们的农民/市民观众,都该是这戏剧大众化的余脉吧。

2013 年 1 月 24 日改定于小石居

左翼作家展露人性之作《丽莎的哀怨》

写《丽莎的哀怨》的,即早期出过大名的左翼作家蒋光慈。蒋光慈谢世过早,只活到30岁,其有效的文学创作生命更短,仅有6年,却不止"井喷"一般汹涌,还给我们后人留下了足够多的文学史话题,其中包括最初的"政治抒情诗""自叙传体革命小说""革命加恋爱倾向"以及"受争议的左翼创作"等等。《丽莎的哀怨》1929年出版不久,即遭到自己阵营内部的严词批判。至今文学史对这部中篇(约六万字,当年称为"长篇")的评价仍是模模糊糊。一个资深的左翼作家,竟然向世间提供了一部被认为是异类的作品,而我们今天又该如何看待它呢?这确实是考验后人的鉴别力,和重新审视1930年代左翼文学的一块试石。

回溯《丽莎的哀怨》问世后的各方反应,堪耐寻味,其社会阅读效果并不简单。出版者现代书局是个中性的商业机构,它出过许多进步书籍,也出过南京当局压过来的有"民族主义文学运动"背景的书刊。它的《丽莎的哀怨》广告语说:"此书系蒋光慈先生近著。内容叙述一个俄国贵族女子,因为俄国政变的经过,把她驱逐出国,漂流到上海来,本来是贵族的妇人,一变而惨度卑微的贱业,谁说不是受着赤党的毒害吗?谁说不是受着金钱的祸胎呢!"①这则广告将无产阶级的"赤党"和资产阶级的"金钱"各打五十板,也算得是一种商业策略了吧。而起初,左翼刊物《拓荒者》所载《丽莎的哀怨》广告,可没有提出什么问题。如果这广告就是作者自己执笔(蒋光慈即该刊主编),那倒能揣摩出作者自我期许的写作动机来:"读者要知道白俄妇女在上海的生活吗?要了解旧俄之何以殁落,新俄之何以生长吗?要读富于异国情调之作品吗?请一读蒋光慈先生的这一部长篇《丽莎的哀怨》!"它还透露此书几个月来的畅销状况,说"本书出版后,风行一时,业已再版出书"。②不过从后来可以见到的资料表明,蒋光慈的这部小说在中共内部是事先得过警告的,只是他并未听取而已。③ 至于左翼内部的评论,最初正面肯定的

---

① 见现代书局《丽莎的哀怨》的广告,载1929年2月20日《大众文艺》第6期。
② 此广告可见1930年1月10日《拓荒者》创刊号。
③ 见《蒋光慈被共产党开除党籍》,载1930年10月20日《红旗日报》第3版。

如冯宪章的《〈丽莎的哀怨〉与〈冲出云围的月亮〉》①，反驳的有华汉（阳翰笙）的《读了冯宪章的批评以后》②，都属于正常的讨论范围，蒋光慈也心平气和将它们发表在自己主编的刊物上。但后来事态突变，"组织"出面批评此书，加上他一直抵制飞行集会，让其参加反提出退党要求，终于酿成了被开除党籍的严重结局。上海共产党地下刊物《红旗日报》的消息当时是这样报道的：

《丽莎的哀怨》，完全从小资产阶级的意识出发，来分析白俄，充分反映了白俄没落的悲哀，……给读者的印象是同情白俄反革命后的哀怨，代白俄诉苦，诬蔑苏联无产阶级的统治，经党指出他的错误，叫他停止出版，他延不执行。③

非左翼的报刊似乎作壁上观，未置一词。直到后来1932年重版华汉的《地泉》一书，被邀为此书写序的多位左翼作家中有人在评价那段革命文学的错误倾向时，还以蒋光慈或是《丽莎的哀怨》说事儿。阿英（钱杏邨）便说："这种感情主义的发展的结果，是产生了一部出人意外的蒋光慈的对白俄表示同情怜恤备至悲天悯人的长篇——《丽莎的哀怨》。"④此话若与"组织"下的结论相比，"感情主义"的说法还属于朋友间的批评，所持的"同情"说，即在描写了白俄女性沦落的同时错误地"同情"了反革命的阶级，这几乎占了一般左翼批评的主流。

可是蒋光慈是个非常早的共产党员作家，他犯的这种"错误"，究竟是不是一种"错误"呢？

蒋光慈1901年出生于安徽霍邱，家境贫苦。"五四"时期在省五中读书，受《新青年》等影响思想进步，成为学生领袖，担任过芜湖学生自治会副会长等职。后结识陈独秀、恽代英，1920年于上海经陈独秀介绍参加了社会主义青年团。1921年与刘少奇、任弼时、韦素园等成为第一批派往莫斯科劳动大学学习的学生。1922年在苏联转为中共正式党员。1924年归国，受派

---

① 冯宪章：《〈丽莎的哀怨〉与〈冲出云围的月亮〉》，载1930年3月10日《拓荒者》第3期。
② 华汉（阳翰笙）：《读了冯宪章的批评以后》，载1930年5月10日《拓荒者》第4、5期合刊。
③ 《蒋光慈被共产党开除党籍》，载1930年10月20日《红旗日报》第3版。
④ 阿英（钱杏邨）：《革命的罗曼谛克——序华汉的三部曲〈地泉〉》，《阿英全集》第1卷，安徽教育出版社2003年版，第674页。

回故乡大别山地区建党。因为他既懂俄语又了解苏联文艺界的现况,后来便在共产党创办的上海大学任教,遂成为最早发表"革命文学"理论、提供"革命文学"创作成品(诗歌、小说均很风行)的作家。他发表的相当激进的论文有《无产阶级革命与文化》《现代中国社会与革命文学》等。他根据自身经历写成小说《少年漂泊者》,诗集《新梦》和《哀中国》,1927年"四一二"政变前夕又根据瞿秋白和自己亲历的上海工人武装起义的生活,写成了中篇《短裤党》。1928年成为革命文学团体"太阳社"的主将,"太阳社"到了1930年便构成"左联"的基础之一。这样的革命作家会写出一部主观上替白俄诉冤、诬蔑苏联的作品,是很难令后人接受和相信的。

说蒋光慈在《丽莎的哀怨》里是站在"白俄"立场上同情主人公丽莎,是以片概全。蒋光慈的创作在某种意义上能代表初期革命文学的全部得失处。他从自叙传出发写农、写工、写自己,受贫苦或受爱恋熬煎皆以实际经验为本,写到革命便掺杂了概念,文笔落在情绪发泄之后,心灵燃烧是真实的,呼喊式的虚夸和知识者的感伤也是有的。他在革命文学阵营里还有些寂寞,对党内错误路线用个人行为来抵抗。作品虽然畅销(根据当时报纸广告上的零星统计,《少年漂泊者》到1933年已印16版;与宋若瑜的通讯集《纪念碑》到1932年已印10版;"革命加恋爱"的典型作品《野祭》在1927年至1929年两年间至少印了5版),但文学界并没有给他这些意识、技巧还尚嫌粗糙的作品以较高估价。与他有过从的郁达夫就曾当面对他提出不客气的批评。① 他的写作在寻找突破,婚姻屡遭挫折也使他情绪波动,某种自我哀怨的心绪加上想要突破一般革命文学老套子的努力,怕是他选择这一白俄题材的根本缘由吧。他采用第一人称来讲述丽莎的故事,当然要符合这白俄女性的想法和口吻,在总体上就很容易把叙述者的感情立场与主人公的感情立场相混淆。比如写从来不问政治的丽莎回忆波尔雪委克(即布尔什维克)的革命如何打碎她旧时的美丽梦想,自然她是否定革命的,就并不等于叙述者也在否定革命。丽莎"怨恨"布尔什维克的描写在小说中多次出现,跟丽莎因患梅毒绝望而自杀的结局一样,都是蒋光慈把握住的大关节,都是按"白俄"必有的阶级仇恨和阶级灭亡去写的。但是所有批评他"同情"贵族女子的人实际上都无视这些,他们实际要求将丽莎按照流亡白俄的身

---

① 见郁达夫的《光慈的晚年》所忆:"我倒很愿意对死者之灵,撤回我当时对他所发的许多不客气的批评"。载1933年5月1日《现代》第3卷第1期。

份给予妖魔化,而蒋的小说写出来的偏偏是人性化颇足的白俄人物。丽莎在做姑娘的闺房内曾有过单纯的幻想,她的父亲、丈夫都是旧军官,她却读过"革命的书,也曾听过许多关于革命的故事",想过"革命也许是很可怕的东西,革命也许就是把皇帝推倒",但还想过"也许革命是美妙的东西,也许革命的时候是很有趣味,是很热闹"。① 她的善良有时竟超阶级,她丈夫白根抓来老百姓屠杀,她会发问:"你把这些可怜的乡下人捉来干什么呢?"② 她的俄罗斯民族和国家的观念根深蒂固,在丈夫认为俄罗斯与其落在布尔什维克的手里,不如交给日本人管理时,她甚至说"但是波尔雪委克究竟是俄罗斯人啊"!③ 她临终前想的只是"如果上帝鉴谅我,或者会把我的尸身浮流到俄罗斯的海里,令我在死后尝一尝祖国的水味"。④(白俄"爱国"是完全可能的,而且也是很正常的。)就是这样一个"白俄贵族"妇女,蒋光慈在描写她毫无出路、必然为反动阶级殉葬的同时,挖掘出一点她的人性的复杂内涵。她"怨恨"布尔什维克,但不彻底。书中安排丽莎的姐姐走上了革命,虽写得概念,却渗透了作者对同样出身贵族阶级的人可有不同出路的观点。而丽莎回忆起家里曾经出现过的青年木匠及自己的单恋一节,可说是全篇刻画此人物的高点。每日充当娼妓来养活精神垮掉的丈夫的严酷现实,让丽莎想到:"如果当年我爱上了那个卷发的木匠伊凡,而且嫁了他,那我的现在的境况将要是怎样的呢?做一个劳苦的木匠的妻,是不是要比做一个羞辱的卖淫妇为好些呢?……如果他能用他的劳力以维持他家庭的生活,能用诚挚的爱情以爱他的妻子,而且保护她不至于做一些羞辱的事情,如我现在所做的一样,那他在人格上是不是要比一般卑鄙的贵族们为可尊敬些呢?……天哪,我现在情愿做一个木匠的妻了!我现在情愿做一个木匠的妻了!"⑤ 请看,作者同情的并不是白俄的没落、灭亡,而是同情白俄妇女被羞辱、不能自拔和非人的命运。丽莎不仅有白俄反动军官家属的身份,而且有沦落女性的另一身份。实际上,丽莎与白俄军官丈夫是有区别的,她目前的境遇和思想也是复杂的。不能说这种分寸感蒋光慈拿捏得有多么成功,但他那大胆尝试的勇气还是可嘉的。

---

① 蒋光慈:《丽莎的哀怨》,《蒋光慈文集》第3卷,上海文艺出版社1985年版,第9页。
② 同上,第15页。
③ 同上,第20页。
④ 同上,第94页。
⑤ 同上,第68页。前一个省略号是引者加的,后一个省略号为原作所有。

《丽莎的哀怨》出版挨了批判之后，蒋光慈的身体已经很差。他到日本休养了三个多月，勤奋地写出了《冲出云围的月亮》（还译完苏联长篇小说《一周间》，写了日记《异邦与故国》等）。这部中篇也很特别，其核心故事是写现代女性曼英在大革命失败后精神一度堕入病态，竟用患梅毒的身体作为反抗资产阶级的武器来使用，本人也陷入了迷茫。最后在坚定的革命者李尚志的带动下，终于克服了个人报复的盲动，走出困境。如果这最后"转变"的一笔，势必成为革命故事扭曲的一个公式，那它虽然牺牲了文学，却可以避免许多粗暴的政治"批判"。这故事也是有"大革命"后真实的现实为根据的，此类人物的气味我们还可以从茅盾等作家那里嗅闻到。不过这题材在蒋光慈笔下还是演变为"革命和恋爱"最终统一的结局了。待到他写最后一个长篇《咆哮了的土地》时（易名为《田野的风》，单行本出版却在身后），他已被自己的党开除，病势日重，但他仍坚持写完了。应当说《咆哮了的土地》是蒋光慈最后的也是相对成熟的革命作品：地主之子李杰和矿工出身的革命者张进德一起来到家乡开展土地革命，李杰面临着革命与个人感情的严重冲突。这里既有男女之情，更有面对父亲发生的大义灭亲的考验，尤其是农民自卫队要他下令火烧李家老楼时，面对病床上的母亲和未满十岁的妹妹有可能被活活烧死的事实，作者所写的李杰的心理、行为，基本还是可信的。

但蒋光慈已看不到《咆哮了的土地》的出版了。他在被开除出共产党几个月后，在作品遭到自己同志严厉批判的压抑环境中，走完了他短暂的人生之路。直到1953年，因蒋光慈被开除出党是有立三左倾路线的背景在内的，遂被平反，并将其遗骸迁葬于上海的虹桥公墓，陈毅还书写了"作家蒋光慈之墓"的碑文。《丽莎的哀怨》则在2000年代，被今人选入《中篇金库》。这当然不能代替文学史的评价，它只能说明今日的读者有可能从另外的角度和价值标准来重新认识这篇小说了。

蒋光慈用生命写作的文学，不能仅仅留下"革命加恋爱"始作俑者这样一个文学史的单面影子。他所尝试的人性的写作，在后来革命文学发展史上，一直是个症结。如何对待《丽莎的哀怨》，就像如何评价巴金《家》里"五四"青年觉慧在临终的爷爷（封建家长高老太爷）面前动了感情，或者怎样评价胡风派小说家路翎的《财主底儿女们》；在世界革命文学的历史上，从鲁迅称道的苏联作家拉甫列涅夫的《第四十一》，直至"文革"还在批判它的同名"毒草"电影，到对肖洛霍夫《静静的顿河》里的主人公格里高利的长时间分歧,这个"人性"的魔鬼真是厉害已极啊。在这个意义上,如同蒋光慈曾经同情丽莎一样,我们是不是也该"同情"蒋光慈的出格创作呢?

2013 年 4 月 13 日改定于京城小石居

文学与历史
——留下抗战前夕逼真社会面影的《中国的一日》

有一本书现在已经很少有人能仔细地、从头到尾读一遍了。文学史在谈及散文创作的时候,顶多也就是略提一笔,写上个书名而已。这就是茅盾等人在全面抗战前夕 1936 年编辑的,从发起之日始仅用五个月便由邹韬奋的生活书店出版了的大型报告文学集:《中国的一日》。

此集子的成书过程并不复杂,且是公开透明的。该年,茅盾等一批文化人模仿当时世界知名度很大的苏联文学家高尔基发起的"世界的一日"征文做法(并没有谁亲眼见过高尔基此活动的具体情景),决定展开一次中国式"一日"的征文。主编为茅盾,编辑委员会成员皆当年的社会名人如王统照、沈兹久、金仲华、柳湜、陶行知、章乃器、张仲实、傅东华、钱亦石、邹韬奋等。茅盾以文学社和《中国的一日》编委会的双重名义,起草了征稿启事,首载于 1936 年 4 月 27 日的上海《大公报》,它宣布说:"《中国的一日》意在发现一天之内的中国的全般面目。这预定的一日是随便指定的。我们现在指定的日子是'五月二十一日'。"也即"凡是'五月二十一日'二十四小时内所发生于中国范围内海陆空的大小事故和现象,都可以作为本书的材料。这一日的天文,气象,政治,外交,社会事件,里巷琐闻,娱乐节目,人物动态,无不是本书愿意包罗的材料。"①这就像现在社会调查的"问卷测验"一样,日子先予确定,根本不在乎这"一日"有何典型性,也就是认为任何一个随机的平常的日子都有表现中国的典型意义(有点"新历史主义"的味道)。此启事发表后,连茅盾本人也没有想到,居然会引起全国各阶层人民的广泛响应。到 6 月 10 日左右,在上海已收到三千篇以上(不下六百万言)的应征稿件。作者来自中国的广大地域,除新疆、青海、西康(此省 1955 年后分别归入西藏、四川)、西藏、蒙古(实际指"内蒙古",原为中国的"外蒙古"已于 1921 年独立,即今之蒙古人民共和国)五个边远地区之外,连同 1931 年后逐步陷于日本

---

① 茅盾:《〈中国的一日〉征稿启事》,《茅盾全集》第 21 卷"中国文论四集",人民文学出版社 1991 年版,第 109~110 页。

军国主义铁蹄下的东北和华北部分地区,还有华侨聚居的南洋等地,都参与进来,踊跃投稿。其作者的身份,原先预计的征稿对象主要是"全国的作家,艺术家,各职界的人,学生,电影演员,戏剧演员"①,总之是最能执笔的那些城市文化人,但结果被大量的基层大众所突破,纷纷寄稿者计有工人、商人、农民、军警各种职业,甚至还有"僧道妓女""跑江湖"等特殊人群。最后到9月出版《中国的一日》时,作者竟来自4市、20省,军人是海陆空俱全,以及各地的华侨。编辑时由茅盾再三斟酌,不得已数次删节,最后遴选出五百篇文章来。选入的作者比例,"学生的来稿约占总数百分之三四又九,教员占百分之一五又五,工人占百分之一又七,商人占百分之九,农民占百分之小数点四,文字生活者占百分之四又七,其他自由职业,军警及属性不明者占百分之三又八"。平时不以文字为生的作者居然远远超过"文字生活者"。这不能不使编者惊呼为"脑力的总动员",见出了"我们民族的潜蓄的文化的创造力有多么伟大"!② 于是,全书加上张仲实编定的"全国鸟瞰"栏目,孔另境任助理编辑选定的"一日间的报纸"栏目,到该年9月,近百万字厚厚一巨册的《中国的一日》便奇迹般面世了。

在《中国的一日》出版当时,生活书店的广告是做得相当活泛的。事先就有各大报纸的预告,临到出版前在各文学刊物上多有登载,而且同一刊物各期广告的形式、内容也不尽相同。我们可以从这些不同的广告中窥探到此书的基本面貌。如《光明》的广告题目是《现代中国的总面目》,其中一则的文字如下:

本书共十八编:一、全国鸟瞰;二、南京;三、上海;四、江苏;五、浙江;六、江西·安徽;七、湖北·湖南;八、北平·天津;九、河北·绥远·察哈尔;十、"失去的土地";十一、山东·河南;十二、山西·陕西·甘肃;十三、广东·福建;十四、广西·贵州·云南·四川;十五、"海·陆·空";十六、侨踪;十七、一日间的报纸;十八、一日间的娱乐。除第一第十七第十八三编为富有历史意义之统计材料,余十五编皆属一日间各地各项生活之素描。插图方面,计有精美木刻七幅及全国各地之风景及生活摄影等八组,现摘录本书主编茅盾

---

① 茅盾:《〈中国的一日〉征稿启事》,《茅盾全集》第21卷"中国文论四集",人民文学出版社1991年版,第111页。
② 茅盾:《关于编辑〈中国的一日〉的经过》,《茅盾全集》第21卷"中国文论四集",人民文学出版社1991年版,第174、169页。

先生序文的一段,以证明本书内容的丰富与人人都有一读的价值。

内容一斑(下列各要目尚不及全书五分之一)

蔡元培先生序／关于编辑的经过／全国鸟瞰／一个童子军教育的工作者／关饷／民众识字教育会闭幕后之感想／巡捕日记的一页／被遗忘的人们／看护们／在国恩寺／盗用公款者／女性的彷徨／百货商店的一日／商品检验员的一日／绸厂工人的日记／我是排字学徒／在香烟厂里／救国的自由／法庭上／"特别留置所"里／一封从监狱来的信／大家庭中的冤鬼／队伍开到的一晚／医务日记／匪警／抽丁／青年微弱喊声的又一韵／逮捕／慰劳大会／这一日走的私货／永不能忘记的一晚／悲惨中的一幕喜剧／平凡的荒村生活／晨会训话速记／修堡速写／塞外的一日／绥远的一日／喇嘛／这一日包头河西的农民／这碗饭真不容易啊／抢人／这天我在作禁烟论文／也是放赈①

对《中国的一日》的概括,列举要目是一种形式,拟用标语文字也是一法,比如另一则广告便说:"这里有:富有者的荒淫与享乐 饥饿线上挣扎的大众 献身民族革命的志士 女性的被压迫与摧残","落后阶层的麻木 宗教迷信的猖獗 公务人员的腐化 土豪劣绅的横暴"②等。有人还将主编所写《关于编辑的经过》一文摘要刊出,措辞更为详尽、全面:"以文字内容言,有在'中国的一日'都市及农村所发生之富有社会意义的事件,有在此一日间各色人群——军人,警士,公务员,工人,店员,学生,农民,知识分子,商人,各种各样的生活记录。以文字言,有速写,有报告文学,有小说,有日记,有通讯,有诗歌,乃至短剧。在其中将一日间的中国人生的面影已经相当地表现得明显了。一方面是商业的不景气,一方面是农村的崩溃,一方面是帝国主义侵略的加紧,一方面是民气奋扬,一方面是荒淫与无耻,一方面是严肃的工作。"③看到这些宣传文字,读者很易受编辑者、出版者思想情绪的感染影响,领会到他们的立场。又因主编茅盾的作用,左翼的色彩遂加浓了。

其实,因此书是一次发动广大民间的破天荒征文的结果,由民众书写,由民众阅读,它在"一日间"的限时规定文体中,更透露出它的广泛性、普适

---

① 原载 1936 年 8 月 10 日《光明》第 1 卷第 5 期。
② 原载 1936 年 9 月 10 日《光明》第 1 卷第 7 期。
③ 可参见茅盾:《关于编辑〈中国的一日〉的经过》,《茅盾全集》第 21 卷"中国文论四集",人民文学出版社 1991 年版,第 174、169 页。

性,社会的人民性来。而报告文学这种在1930年代仍属新颖的外来文体,它兼有新闻实录的历史性和文学典型的形象性,两者也是特别突出的。如从今天的角度重读《中国的一日》,我们会发现它远比上述广告词的概括要丰富复杂。由于各篇报道相对接近事实,它所含有的时代生活容量是相当大的;所择取的多样叙述形式,也往往更能传达出当时人们的普遍心理。这中间,社会名人的报道如黄炎培、陈子展、卢冀野、沈兹九、陈伯吹、陈独秀、包天笑、邹韬奋等所写,反显得书生气足了。而工人所写的纱厂、煤矿、码头、筑路,农民所写的催租、械斗、打饥荒,兵士壮丁描写的营房、出操、清乡,囚犯执笔写出的逮捕、监牢、反省院,游客所见所闻的影戏、进香、赶会,灾民亲见的大水、放赈等灾难,是异常多姿多彩和生动立体的。它们真实地发挥出报告文学足够表现"现代中国的一个横断面"的功能。报告集里还不乏特殊的生活材料,像江苏苏州《长生库里》一文,用学徒眼光旁观那"当汛"期间每日从三百号降至五十号以下的典当业萧条场景,朝奉先生应付烟馆伙计、水上公安、乡庄(即种田人)押当的各种花样,以及当铺老板小心伺候中间商"买包客人"的嘴脸,就非内里的熟悉者不能够随意写出。还有像河北赞皇《抢人》一文,写守寡的章氏横遭大伯小叔所卖,外逃后反被判刑,期满释放当日仍在监狱外面被男人们强抢的现实,简直比《祝福》里祥林嫂的故事更令人发指。而甘肃平凉的《一件事实》,反映当地有资产的知识家庭也守着产妇于秽土中跪伏分娩的陋习;河北的《定县的五月二十一日》反映定县农民教育的实况(有宝贵的孙伏园工作状态的侧面描写);山东邹平的《一封家信》、山东济宁的《一天》所记载的梁漱溟乡村建设实验的具体事迹,都留下了今日很难复原的真实历史面影。《中国的一日》众多选文,从现代大都会到传统县城,从东南沿海到内陆广漠高岭,虽然同在1936年的危机四伏气氛下,全国不同地区俱有面对日本侵略的共同严峻形势,外观景象却是不尽相同的:华北是高气压下带有不做亡国奴的愤慨,也有冀东贩毒走私猖獗和汉奸的丑行;山西却处在老百姓要抗日、日机天天空袭以及上层分子积极防共,仿佛还未"睡醒"的情势;广东福建是商机照样浓厚,城乡之间百怪丛生,移民、自治的谣言四起;广西、贵州、云南、四川一面在振兴战时工业、训练壮丁、演习国军,一面是偏远地区百姓吃观音土、吃人,成都三分之一人的失业,二分之一人是文盲的局面。我们从中看到《中国的一日》具有的社会历史档案的性质,以及编辑者本来便预定的对中国做全方位观察的立足点。茅盾自述:"例如上海之部我们收了写纱厂生活的稿子两篇,一为职员所作,一为工人所作。(要是有纱厂老板也来一篇,我们觉得更好;我们最初'发动投稿'时本来是这样计划着的,不幸效果等于零。)"①可以见出编辑者多元表现中国的强烈企图,曾得到时代大多数人(投稿者)的支持,又因当时一部分阶层的人不加理会而受限制。不过在当时有这种企图和没有这种企图,究竟已是不同了。《中国的一日》的可贵处是推崇一种记录体,原原本本写下来,尽量备存。极其迷信愚昧的材料如广西梧州《救国良方》所谓玉皇大帝御赐良方的传单,就全文照录。抄录日记在此书也可谓大宗,如南京的《医学生的日记》《水兵日记》,上海的《巡捕日记的一页》《戏剧从业员的一日杂记》《印花厂图案画者的日记》《一个绸厂工人的日记》,江苏的《集训日记之一日》《土地清丈一日记》,浙江的《助产日记》《乡村小学教师日记》,山东的《不常记的日记》,山西的《演剧者的日记》等等,客观上增加了全书的多元实拍视角。最典型的如浙江对蚕桑业的集中反映,《桑叶与蚕》(杭州)、《茧市》(硖石)、《在乡镇上》(长安镇)诸篇,与茅盾的著名小说《春蚕》一样,都把东洋和国际市场的压迫,茧价大跌,逼使蚕农将吃不起桑叶的僵蚕烂蚕倒掉的现实,作一倾诉;而从《蚕事通信——一个巡回指导员一天的生活行程》(双林镇)、《农村杂记》(诸暨)等篇看,当时的民国政府为提高丝价竞争力,在指导浙江农民改养日本种方面所下的工夫也很可观,仅湖州一区即分发三万五千张"东洋种",每一合作社约有二百余张,都需指导员经过烘爨到二眠才能分配给蚕户的,这是一项繁重的工作,是《春蚕》故事之外的另一面事实,在这些征文里也作为社会资料为我们保存着。

《中国的一日》兼有一日时事的横截性与文学创作的生动性两面。这些大部是非文学工作者的执笔人,一旦拿起笔来,以他们对材料的熟稔程度,自然进入到对艺术稍稍加工的境界。近五百篇报告文字中,对话体、自白体的大量运用,十分显眼。山东《枣庄的一日》,由煤矿的职员、中小学生、工人、伙计等集体创作,各写煤井、擦车、脚行、拾煤渣、学校、实习、掘炭夫与发牌子工头的谈话、杂货店顾客与店伙、乞丐的谈话,就像是小说与剧本的合成,非常逼真。江苏泰县《退回来的礼物》,模拟小学生的口气给告诫学生要讲"卫生"的老师写信,倾述自家门前便是垃圾堆、厕所,日日吃馊饭,实在无法接受这一"礼物"的心情,说:"因为我是穷人家的孩子,没有资格谈卫生的

---

① 茅盾:《关于编辑〈中国的一日〉的经过》,《茅盾全集》第21卷"中国文论四集",人民文学出版社1991年版,第171页。

孩子哩！"①河北磁县的《晨会训话速记》以教员训话的"不可靠叙述人"的身份，来谈当日政府推行农村教育的结果（河北省一年花几百万办短期小学，一个小学一年经费需三四百块钱，不能说没有施行），却是农民家长认为读书填不饱肚皮，学生则纷纷逃学。全篇的语气模拟完全脱离人民的公务员，是这样的："最后，我总结一下：明天，手脸洗净，谁没来把谁弄些来，叫李科长看一看就算。不许光脚，不许傻笑，捉虱子，啃糠团子，更不许！都不要听毛金贵娘吴有富爹那种没学问人的傻话，都要学吕蒙正饿着肚子读书！听明白了的举手！放下！完结！"②以上两篇的讽刺运用都很纯熟老到，文学价值不低。总之，《中国的一日》虽涵盖了如此幅员广大的中国土地，各省市的经济、政治、文化发展又极不平衡，征文所能显示的中国的"真面目"及由小聚大的中国"总面目"，毕竟是有限的。但就当时的条件来说，终究达到了前所未有的水平，发挥出报告文学应有的轻型、快速、具象、生动，并贴近人民大众的作用，这是应当肯定的。

之后，《中国的一日》对群众性报告文学创作的热潮更发生了直接的推动作用。抗战初期的孤岛上海，便有朱作同、梅益发起、主编的《上海一日》，征集写"八一三"事变一周年以来任何一日的文字，编成集子也达百万言。只是"任何一日"显然与"确定"的一日不同，日常的意义有别。还有1941年在河北八路军控制的抗日根据地，曾发起过《冀中一日》征文活动，发动群众广泛，共收到五万多篇稿件，后由王林、孙犁等选择了其中的二百余篇，分为四辑，在极简陋的印刷条件下坚持石印或油印出版。正是《中国的一日》为这些后继者做了准备。而它在文学和历史之间所拥有的个性为后来者无法超出，是因编辑者站得较高，文学材料的客观性较大，给后人无形中增加了阐释的空间。举凡这样的作品，如鲁迅《阿Q正传》的人物空间、萧红《生死场》的生活空间、茅盾《蚀》三部曲的历史空间、钱钟书《围城》的讽刺主题空间等，都是相当开阔、硕大，它们离开了特定的写作环境，仍可被我们不断地加以阐发，永无止境。这正是文学永久性存在的一个例证。

2013年6月30日改写

---

① 曼流（泰县）：《退回来的礼物》，茅盾主编：《中国的一日》，生活书店1936年版，第四编第4~87页。

② 郭大风（河北磁县）：《晨会训话速记》，茅盾主编：《中国的一日》，生活书店1936年版，第9~18页。

小说《四世同堂》和话剧《四世同堂》
——与北京话剧观众问答

【开头的话】 我们近日所看的话剧《四世同堂》大家都知道原作是同名的老舍长篇小说。其版本稍稍复杂,我并无专门研究,大体的情况是这样:小说分三部,对于老舍也是少有地采取了边写边发表的方式。第一部从1944年11月开始在《扫荡报》连载,单行本1946年1月由上海良友公司初版,用的都是《四世同堂》的名字。直到上海晨光公司1946年11月再出,才有《惶惑》一名,而《四世同堂》则升为总名。第二部《偷生》1945年5月始载于《世界日报》,1946年的晨光版即初版。第三部《饥荒》曾在1950年的《小说》杂志连载过,最早是香港文化生活出版社1975年版本;我读的是所购1979年10月天津百花文艺出版社的合本。以上三种《饥荒》均到87段便戛然而止。这个"段"字是老舍自己1945年4月作《四世同堂·序》时所用的,即是长篇里的"节"或"章"的意思。他说计划要写"一百段。每段约有万字"。[①] 到87段终止任谁都能看出小说未完,但中文手稿不幸已遗失,直到后来找到美国的英文版缩写本,1982年由曾把英文版《鼓书艺人》译成中文的马小弥模仿老舍的京味文字,将后13段译毕送回"娘家",全本方才补完。现在我们要读《四世同堂》100段的全文,只需去翻1999年人民文学出版社的《老舍全集》第4卷和第5卷。至于田沁鑫、安莹改编的同名话剧《四世同堂》便简单得多,它收入《田沁鑫的排练场之四世同堂》一书,北京大学出版社2011年出版。

"四世同堂"是以往中国人的传统理想,是一大家子健康团圆,日子和和美美,子孙绵延不绝的意思。但这很难!过去的人早婚早育,四五十岁就能当爷爷奶奶,最多的可达"五世同堂"(成都就有一条"五世同堂街"),表面是能达到的。话剧剧尾祁老太爷跟钱默吟的对话,让我突然悟到:祁说的"咱们当老百姓的不就图个消消停停过着不愁吃不愁穿的日子",那是普通市民对"四世同堂"的解释;钱说的"假若人类的最终目的是相安无事的活

[①] 老舍:《四世同堂·序》,《四世同堂》(上),百花文艺出版社1979年10月版,第5页。

着,我想,我会得到永生",这"相安无事"指和平地、尊严地、公平地度日,就是知识者的说法了。因此对于"四世同堂"可有不同层次的理解。不过当时连最低的愿望也无法实现,祁老太爷最后便说出:"天佑、瑞丰、小妞都走在我前头了。生日?这就是忌日!我的八十大寿,我的四世同堂……"①于是落幕。

1. 小说《四世同堂》的文学地位为什么越来越高了?

老舍的《四世同堂》是他篇幅最长的小说,近百万字,堪称巨制。但过去文学史谈老舍的时候,长篇首推《骆驼祥子》,其次是《正红旗下》(可惜是个残篇,不然成就会高于《骆驼祥子》),再下来轮到《离婚》也不一定是《四世同堂》。过去对小说《四世同堂》的基本看法是:它有史诗般的结构,拥有北京市民活生生的人物,但人物命运不如《骆驼祥子》"抓人";写抗战八年北平(北京)胡同里的世相、人生相,把市民生活写进史诗,但专门看情节的读者往往会经不住它的长度的考验,读到半途放下来。这是因为,写北平(北京)的沦陷老舍自己一天也没有经历过。卢沟桥事变爆发后他从青岛至济南,后来从济南只身流亡到武汉、重庆,他写此小说,主要靠的是1943年11月从北平携子女逃来重庆北碚与老舍会合的胡絜青讲述,及其他耳闻(所以《四世同堂》里有事情而缺少故事)。开写的时候离抗战胜利还有一年多呢,到1945年4月1日《惶惑》杀青,要印书了,便写了上面提到的全书序言(话剧结尾"说书人"念的老舍序言,后四句"我不敢保险能把他写完。即使幸而能写完,好不好还是另一问题。在这年月而要安心写百万字的长篇,简直有点不知好歹。算了吧,不再说什么了!"都是原文。只落款"重病中",原文是"打摆子中"。这患病在短篇《贫血集》、散文《多鼠斋杂谈》里皆可寻到说明)。此序言正因后两部还怀胎未生,谈的是写作预想。当年确定的写作字数,日后证明一点都不差。抗战胜利后1946年3月老舍和曹禺应邀去美国讲学,回北京已是1949年末。这时1948年在纽约已写完全书的100段,并帮助译者把《四世同堂》译成英文。后13段汉字手稿如何毁于"文革"至今没有实证。《四世同堂》的写作,依仗的是老舍向来对故乡的魂牵梦绕,加之对北京市民人物、胡同环境、满汉习俗、中华文化闭上眼也想象得出的熟

---

① 田沁鑫、安莹:《话剧〈四世同堂〉剧本》,《田沁鑫的排练场之四世同堂》,北京大学出版社2011年8月版,第101、123页。

稔程度,这样虚构出来的。如写小羊圈胡同的地势地貌,写胡同里各家的生活场景,那就是他的出生地小杨家胡同,有什么难写。但说到日本坦克碾在北平的街道上,占领军胁迫市民和学生在天安门参加"庆祝"保定、上海、南京陷落的大会,说到西山的抗日游击队,说到大清早让中国人排队买"共和面"……这些他究竟未曾亲历过,写来就未必那么逼真,扩展的想象也究竟有限了。直到电视剧《四世同堂》出现,利用现代媒介极大地扩大了受众,又用连续的戏剧放大了人物和情节,发挥了原小说经由钱默吟等的烘托本来就不少的堂堂正气,把韵梅等平凡市民的传统美德在抵抗外来侵略中的表现给予了高度评价,把被讽刺的汉奸人物充分夸大,这样就将《四世同堂》的影响在大众层面上极大地提升了。研究界同时跟进,对《四世同堂》进行学术"重读",文学史地位也提高了。今天,话剧《四世同堂》面世的时候,正是电视里日日上演共产党、国民党、日本侵略者多重纠葛的间谍抗战戏的时候,我们用什么来阐发《四世同堂》,用什么来吸引大家看这个话剧?便成为编导们需着力解决的问题。我觉得现在已解决了部分,就是透过抗战中北平市民的日常世相,来看北京的文化,北京的精神,叫中国人通过这个戏来深一步理解北京!这是文艺的各种形式可以互相发明、互相创造、互相解释、互相促发的一个尖端的例子。我所在的中国现代文学馆做的工作之一就是"向社会推广和普及文学",《四世同堂》由小说到电视剧、到话剧,就是"文学的推广普及",将来必是很有意义的文学事件。

2. 话剧《四世同堂》与原著比较,改编有什么特点?它凭据什么来站住自己的地位?

话剧《四世同堂》是一个再创造。田沁鑫是个在话剧越发边缘化、知性化的时代,有创造力的新一代话剧编导。在现代文学时期,话剧曾在不同时段被大众市民、知识者和农民等不同观众接受过,不像今日这么惨。这可以从 1936 年 5 月《雷雨》在卡尔登连演 3 月票房不衰,1939 到 1942 年延安演出《日出》《上海屋檐下》、果戈理的《钦差大臣》、莫里哀的《悭吝人》、包戈廷的《带枪的人》,以及河北定县的农民戏剧实验及以后冀中根据地部队文工团的广场话剧演出中看出。我原来看过田编导的《生死场》,惊异于她用话剧言语、话剧空间理解萧红的巨大胆识,和现代表现冲力。《生死场》是抓住几点加以发挥的改编办法,现在看她受命改编的《四世同堂》走了另外的路子(现代文学的改编史是丰富的),感觉她最大的成功有两点:一、与舞台美术设计家共时地来把握并创造舞台胡同叙事的日常性和空间性。大幕升起,看到胡同里祁家、冠家两个院子一打开,便觉得这部戏以日常的胡同生活方式,来表达不寻常的中国式"生存文化"(包含忍受和反抗两方面)就基本成立了。不过"市民聊天"与"胡同吵架"有异有同,我看话剧里冠家已经够吵,加上祁家孙子辈的老二瑞丰和胖菊子吵,胡同里的下层市民吵,聊天有点压不住似的。我想如果多加点小文夫妇的文静戏份,节奏感起伏了,演出效果会更佳。二、比较接近原著精神,充分挖掘了小说原来就有的戏剧因素,且发扬、扩展得不错。我不是说改编越接近原著越好,《生死场》就不是那种太接近原著式的改编,而是一种深挖原著精神、虽有线迹可寻却是做出绝大变形的改编,也是成功的。而《四世同堂》的话剧又是另一个风格。作者起初称自己的舞台本只是"浓缩的格局",确实有点像:人物是群像,一胡同的人,舞台表现也适宜,身份各异,人名记不得也不妨碍观众看戏;时间地点本就高度集中,在舞台上不必改;小说的人物事件是流淌片断式的,简要的,无大高潮的,现在话剧也不必增加,适当减少些还需让人物来补叙、插叙;对话从小说里尽管挑有生命力的北京话移用;有删有增,像祁瑞宣这样的主干人物,话剧要比小说压缩很多,觉得不细的地方便将他的心理活动转化为对话便是(瑞宣"模糊"的层次性差了一点,从第一幕起就过于鲜明,是怎样想的?)。还有一点与原著特别具有继承性的,是老舍作品喜欢在叙述的行文中穿插叙事人的议论。这种议论涉及面颇广,诸如对人物命运性格的阐释、对北京城市品性的理解、对故事与中国文化的对接关系等等,在《四世同堂》小说中比比皆是,到了话剧就尽量化开,用各种方式融入到全剧中去,包括人物独白、对话,场景气氛的渲染,和说书人的幕前提示。所以看剧的时候,凡觉得不像是北京人嘴巴上的话了,那就是从老舍小说里的议论文字搬来的。我举几个例子。如对老三瑞全的人物解释:"被压迫百多年的中国产生了这批青年,他们要从家庭与社会的压迫中冲出去,成个自由的人。他们也要打碎民族国家的铐镣,成个能挺着胸在世界上站着的公民。他们没法有滋味的活下去,除非他们能创造出新的中国史。他们的心声就是反抗。"[1]对北京这个城市,说的是:"最爱和平的中国的最爱和平的北平,带着它的由历代的智慧与心血而建成的湖山,宫殿,坛社,寺宇,宅园,楼阁与九条彩龙的影壁,带着它的合抱的古柏,倒垂的翠柳,白玉石的桥梁,与四季的花草,带着它的最清脆的语言,温美的礼貌,诚实的交易,徐缓的脚步,与唱

---

[1]老舍:《四世同堂》(上),百花文艺出版社 1979 年 10 月版,第 42 页。

给宫廷听的歌剧……不为什么,不为什么,突然的被飞机与坦克强奸着它的天空与柏油路!"①(省略号原有)至于经北京市民议论到国民性,再议到中国文明和中国文化,请看下面并不费劲的举例:"钱先生就好像一本古书似的,宽大,雅静,尊严。"②祁老人"他没读过什么书,但是他老以为这种吃亏而不动气的办法是孔夫子或孟夫子直接教给他的。"③"他们的消遣变成了生活的艺术。他们没有力气保卫疆土和稳定政权,可是他们会使鸡鸟鱼虫都与文化发生了最密切的关系。他们听到了革命的枪声便全把头藏在被窝里,可是他们的生活的艺术是值得写出多少部有价值与趣味的书来的。"④"在大中华的历史上,没有过成千上万的学生在敌人的面前庆祝亡国的事实。在大中华的历史上,也没有过成千上万的学生,立在一处而不出一声。"⑤"应当先责备那个甚至于把屈膝忍辱叫作喜爱和平的文化。那个文化产生了静穆雍容的天安门,也产生了在天安门前面对着敌人而不敢流血的青年!"⑥"北平人,大难临头的时候,能忍,灾难一旦过去,也想不到报仇了。他们总是顺应历史的自然,而不去想创造或者改变历史。哪怕是起了逆风,他们也要本着自己一成不变的处世哲学活下去。这一哲学的根本,是相信'善有善报,恶有恶报'。"⑦这些话我们在话剧《四世同堂》里都能寻找到蛛丝马迹,许多都被细心的编导保留了下来。这样,《四世同堂》不仅是写八年抗战中北平市民的生存方式,也写了"中国文化"(以北京文化为代表)所经受的战争炮火正反两方面的熬煎、锤炼。解剖北京、批判北京和颂扬北京如此生死不分地胶合在一起,话剧《四世同堂》在这方面得了老舍文化精神的真髓。这个思想是我们了解全部老舍的核心,就像祥子的悲剧不仅是源于虎妞、车行老板、军阀大兵、便衣侦探与整个社会的,还有他老舍自己,和他身上的北京文化性格("体面的,要强的,好梦想的,利己的,个人的,健壮的,伟大的,祥子","堕落的,自私的,不幸的,社会病胎里的产儿,个人主义的末路鬼"——《骆驼祥子》结尾所批判的祥子包含了老舍),也是同理。

3.《四世同堂》话剧如何承传并发扬了"平民史诗"的平常味、京味和

---

①老舍:《四世同堂》(上),百花文艺出版社1979年10月版,第38页。
②同上,第110页。
③同上,第141页。
④同上,第270页。
⑤同上,第304页。
⑥同上,第315页。
⑦老舍:《四世同堂》,《老舍全集》(第5卷),北京人民文学出版社1999年1月版,第1143页。

诗味？

《四世同堂》写的是北平抗战历史，却不是英雄史，而是普通的市民史。所谓"平常"，主要表现在胡同每日酱米油盐的生活方式，最平常的人及人物和人物的关系。如果日本人不侵占北京城，钱诗人的理想便是过"相安无事"的日子；祁老太爷是只要能让阖家齐齐整整庆他的七五大寿、八十大寿就好；瑞宣是全剧的重要人物，中国大多数人的反抗性就像这个大家庭里的"长子"一样（像《家》里的觉新），很长时间都是模模糊糊的，因为他有对全家老小背负起重担的责任，浑身套着枷锁；瑞全却是一束光，从头打到尾。所谓"平常"，就是写最不想抵抗的人心里也慢慢生了抵抗了（这在《四世同堂》里比瑞全、钱诗人的表现力更重要）。祁老太爷、祁天祐、韵梅，延伸到胡同里拉车的小崔、干"窝脖儿的"（扛大件）李四爷、旗人票友小文夫妇，大部分人到最后都死了。汉奸也是平常人，也死。大赤包是个挑明的人，投机害人公开明朗泼辣，并不藏着掖着。冠晓荷是个例外，是个漂漂亮亮的心思绵密的汉奸，所以他反而连个小官都做不成。"平常"状态在老舍笔下用京味来表现。何为京味？京味包括北京话的使用，把口语从原著中提炼出来，写成一句一句如诗的语言。还有老北京的建筑、老北京的风花雪月气候、老北京的生活风俗，在小说《四世同堂》里都太丰富了，像北京四时的风景和水果，北京粽子的流脉，北京老店铺的做派等，现在挪到话剧里，集中到胡同里的人情世故，像做寿，出殡，好礼，尊老，互敬，家长里短，尤其体现北京人的德行。但是更重要的京味是对北京人的理解。全剧充满中国性的北京人味道，这是最主要的北京味。老舍擅长写的就是北京城的老市民，善良，因循，忍受，守旧，妥协，平和，忍受中逐渐抵抗了，抵抗中仍然带着忍受。所以《四世同堂》里演示北京人的品格，演示抗战沦陷中北京百姓的日常事物，都带着中国的文化色彩。又因全剧的京味是浓缩的，台词是浓缩的，舞台时空感的极致，便是诗，是从生活的散文中抽出来的生活的诗。

4. 祁天祐之死和老舍之死是否同义？

我每读到《四世同堂》祁天祐跳护城河而死，就会自然想到老舍"文革"自沉太平湖而亡的一幕。这冥冥中是有关联的。话剧观众如不熟悉原著，或许会以为祁天祐的结局是今日改编者加上的，其实那正是60多年前老舍自己写就的。祁天祐的死，在全书、全剧中不比钱诗人一家次要（现在的处理弱些）。钱默吟是北京胡同里的"士"（原著还有一个"士"是牛教授，在家门口遇到暗杀后出任了伪教育官员，明显是影射周作人的，话剧中删去了），应当明理。传统的"士农工商"排列,士打头而商在后,祁天佑便是接管祁家祖上传下的布店却经营并不成功的商人。他三个儿子中的两个因为心理上、行动上的抗日,都有理由死,另一个却真是死了,唯独他没有死的理由。他为什么要死?很简单,因为不愿搭卖日货反而被诬,穿了写有"奸商"两个红字的坎肩游街,还要自喊"我是奸商",他受不了这个侮辱。这种戴了高帽、涂了花脸(八十万禁军教头林冲面颊刺字)的惯技,历史上我们看过多少?做过多少?许多人都忍受过去,但祁天佑和老舍却忍受不过去。老舍当年是可能与祁天佑一般地想的,觉得"他的世界已经灭亡,他须到另一个世界里去。在另一世界里,他的耻辱才可以洗净"。只有跳到水里去,他才会觉得"自由,清凉,干净,快乐,而且洗净了他胸前的红字"。① 他们死的方式是如此相像,死因也是相仿的,就是无法忍受人格上的耻辱,而要保有做人的尊严。这个保持尊严,也是《四世同堂》全部剧情中比外表的"八年抗战"更加重要的"精神抗战"的意思,就是表达要在抗战中借着民族灾难来建设中国现代文化精神的主旨。这尊严即民族灵魂不死!我们看老舍全部作品的核心所在,都是通过对北京人的精神批判,要求将中国传统文化痛痛快快"盘底"之后,不能在荒地之上,也不能在原地之上,而是要在一块彻底清理过的文化基地上,建立起中国现代的文化精神。骆驼祥子几经奋斗后的堕落也好,老字号和断魂枪的衰亡失传也好,四世同堂几乎要崩溃的坚守也好,说到底,都是要坚持住这个"尊严"。如果没有尊严,那就不如瓦焚玉碎。北京的市民如果没有了钱诗人可以作为"革新的基础"的"那一套旧的"("诗歌,礼义,图画,道德",包括"为一个信念而杀身成仁"),而仅有传统的忍耐、保守,凭什么可以抵抗住日本的侵占呢?② 所以说老舍的文学,形象地表达了现代中国人所面临的各种危机,亡国亡种,生死杀辱,文化跌落,一蹶不振,面对此他没有现成的药方可开,他只是让人们坚守。这是一笔巨大的文学财富和精神财富,《四世同堂》正是在这一意义上显得厚重无比。

5. 编导田沁鑫还很年轻,她话剧的新目标在哪里?

她是要创造自己的中国现代戏。有新的舞台时空,新的结构表达,新的人物思想的演绎。《四世同堂》话剧和《茶馆》的京味不尽相同,算是新京味。它有老京味的底子,又加上了新成分。这还是老舍的理想,让旧京味在"革

---

① 老舍:《四世同堂》(下),百花文艺出版社 1979 年 10 月版,第 851 页。
② 同上,第 526 页。

新的基础"上成新京味。拉开一点与现实的距离,有象征的、超时空的东西,胡同的墙屋是穿透的,历史写实的院落里有今日话剧《四世同堂》的海报贴着。这些成分一时也不能解释得十分清楚,它还有待于认识,使其趋于成熟。也在于新的北京人(包括一年年的大学生"北京移民"。我即是已有35年之久的"北京移民"。过去的"京派作家"也多半是知识移民)如何接受,不知道他们买不买账。"新京味"话剧的观众不是一般市民,它不像电视剧《四世同堂》和电影《骆驼祥子》那样能动员北京胡同的居民来踊跃观看了。这是田沁鑫的一道难题,可以和"北京人艺"共同探讨"北京气派"的现代话剧的发展路径。这是给新一代市民观众看的雅俗结合的京味艺术品。如果明天有人经过如此的文学,来表现北京精神、北京文化,与老舍并行了,超出了,那他就是第二个老舍了。

据2013年7月27日在北京国家大剧院所作讲座整理
于同年10月30日改订

张爱玲晚期作品《雷峰塔》《易经》《小团圆》讲读提要

【题记】

2011年2月27日我曾在中国现代文学馆的星期讲坛上做了题为《张爱玲晚期作品陆续浮出水面》的讲演，主要是解读《小团圆》和《异乡记》的。待到《雷峰塔》和《易经》于当年4月在大陆出版发行后，应了听众（读者）要求，2011年7月10日便又在文学馆专门补讲了这两部小说。这样算是比较完整了。我非"张迷"。做"张迷"要对张爱玲的生平、文字、故事、人物烂熟于心，张嘴就来，且对张无限崇拜，我都不够条件。我非"张批"（这是我拟的词）。那是些不顾历史事实硬说张为"汉奸"，将其一笔抹杀的人。我不过是个张的欣赏者，文学史的评价者而已。现在我将这两次讲演当时所写的提要，略加整理作为一篇"石斋语痕"发表，为的是与读者扩大交流。关于《异乡记》，因早在2010年参加在北京大学百年讲堂召开的张爱玲诞辰九十周年、逝世十五周年的集会专门作过发言，后收入宋以朗、符立中主编的《张爱玲的文学世界》一书，故而这次略去了。

我觉得阅读张爱玲有两类读者的身份应做些调整。一是思想比较简单的政治性读者，读张会有障碍。他们钻进"汉奸"这个梦魇魔障再也出不来：对与汉奸存在婚姻关系的非汉奸女性作家应如何看待，应该不应该执行"连坐法"，始终想不明白；而对文学应如何表现汉奸，可否深入汉奸人物的内心对人性弱点加以揭示，也存绝大的疑义。《色·戒》连同改编的电影，《小团圆》等，都是这样卷入口舌之战的。二是对中国旧日贵族大家庭生活隔膜的读者，也难以读张。这种中国特有的现代社会中的封建性大家庭，人与人的紧张关系由相互倾轧到相互警惕、当心，似乎世界充满了暗器和白眼，属于张爱玲最为熟稔的世界。就像《小团圆》里的女主人公送母下山的情景，前有母亲情人不便撞见，后有教员嬷嬷冷眼旁观不便得罪，于是九莉进退失据，不知如何走路才好。这是《红楼梦》里的丫头晴雯、小红、金钏们的人生处境，是张爱玲文学的一个总观察点，也是理解她晚期作品的一个重要关节。

本文的整理原则是在可读性前提下,尽可能地保留通俗讲演的"提要"原貌。自然要照顾底下的听众,包括上述的两类读者,要为他们作疏导。当时大陆版的张爱玲晚期作品刚刚面世,自然还需照顾到大部分听众尚未读到原著这一现实,所以需摘出作品的字句,加以解读,而分析性的内容仅留下一些痕迹,无从扩展了。今天,它适宜于对张爱玲有基础却仍不够熟知的读者随意一翻。

除了中学时代的习作和一些初作,张爱玲自 1943 年以一篇小说《沉香屑:第一炉香》登上文坛,迅速蹿红,进入她的创作高峰期。到 1952 年离沪至港,又在 1955 年离港赴美,便进入后期。称这个"后期"为"晚期"实在不忍,因晚期来得过早,从她 35 岁到 75 岁逝世为止,十分漫长。张爱玲的文学生命显然仍在中国,美国时期受环境所迫,写作已呈破碎状,为稻粱谋状,连作家姿态也是隐性的、不确定的。这些文字(许多属未完成稿)在她辞世后陆续出版,便是晚期作品。

未来可能成为张爱玲重要作品的《小团圆》《雷峰塔》《易经》,大陆版封套冠以"自传小说三部曲"之名,那纯是广告。这是在两种创作动机下产生的两套作品:《雷峰塔》《易经》是 1957—1964 年为西方读者用英文写的,出版后却在西方受到冷落;《小团圆》是 1975—1976 年为中文读者而写,原稿差一点被作者销毁,但张爱玲遗嘱执行人已经意识到那是舍不得毁去的。正因为它们并非作者统一构思的三种连续性作品,其中的香港读书和回沪写作、恋爱、婚姻等情节才会如此严重重复。人物姓名也是两套,女儿琵琶成了九莉,母亲杨露成了蕊秋等等。而且,迟写的《小团圆》在中国早出,先写的《雷峰塔》《易经》由赵丕慧译回,反而后出,也给大陆读者带来特殊的阅读入口。严格来讲,后者就如林语堂的《京华烟云》、老舍的《鼓书艺人》和后 13 段的《四世同堂》,都经过了翻译,中文文本只能算是"准著作"了。怎能把这样的三本书硬捏在一起叫作"三部曲"呢?

要说三书的一致性,它们都是"自传体"作品不假。读自传小说如一味索隐虽不可取,但原型的纪实性如果分外突出,也就不必避讳。这三书甚至可说是张爱玲对自己一生情感的"总清算"。这很像一个人临末的倾诉。人到了晚年,爱做童年少年时代的梦,常常回顾一生,讲自己几十年或过五关斩六将或败走麦城的事,皆无顾忌,不必隐瞒什么了。张就在这时,通过无情俯视自己的生命来俯视这不彻底的人类以及由它派生的现代文明。她说过:"我在《小团圆》里讲到自己也很不客气,这种地方总是自己来揭发的好。"①要较好地了解这三部晚期作品,需加强对张爱玲晚年心理、性格的理解。这是一个天才作家写作高峰已过的"困兽犹斗"。她的晚年生活环境的非正常性,没有朋友和社交,不接受采访,年事越高越深居简出,像是一头躲在洞中舔伤的动物。与唯一的弟弟1989年终于通信却表示极度的冷漠。听说比较亲近胡兰成的朱西宁酝酿要写她的传记了,知道阻止其写"当然不会生效",才想到为何自己不写,于是有了"赶写《小团圆》"的"动机"。② 这些都不是无关的。

《雷峰塔》解题。从女主人公沈琵琶(原型张爱玲)的天津幼年,直写到在上海如何逃离再婚后父亲沈榆溪(原型张父张廷重)的家,投奔到再度返国的生母杨露(原型张母黄逸梵)身边。民间故事及涵义通过暑天纳凉佣人夹杂的谈话透露:照顾沈陵(原型弟弟张子静)的保姆"说了白蛇变成美丽的女人,嫁给年青书生的故事"。"人家说只要宝塔倒了,她就能出来,到那时就天下大乱了。""雷峰塔不是倒了么?""几年前倒的。""俄国老毛子杀了他们的皇帝的那一年。""连皇帝都想杀。""只听说宣统皇帝不坐龙廷了。""多得是蛇精狐狸精一样的女人搅得天下不太平。"③鲁迅很早就讲这故事,是完全同情压在塔下的白蛇姑娘的,这是囚禁反抗女性之塔。也有另外的比附:"她都在挣不脱的家族记忆之塔攀附,回旋,无休无止。"但还是佣人们的保守的、暗示了女性与乱世之缘的解释,最合本书本题。

《易经》解题。从沈琵琶香港求学,写到二战港地失守回到上海的生活。书中写英港降日后,琵琶在战后学校宿舍楼梯口看到一堆书,"有中文的,《孔子》《老子》《孟子》。她想找《易经》,据说是公元前十二世纪周文王所作","这是一本哲学书,论阴阳、明暗、男女,彼此间的消长兴衰,以八卦来卜算运势"。"五经里属《易经》最幽秘玄奥"。最后只寻到一本《老子》,"《老子》是乱世的贤哲,而中国历史上总是乱世多于治世。孔子学说就只有在较太平的岁月才实用。"④可见对老庄的看重。在此书的开头写琵琶所受的童年教育,在"世上最多记忆包袱的国家",在"从往事中寻求慰藉"的父亲家

---

① 张爱玲1975年7月18日致宋淇夫妇信。转引自宋以朗《〈小团圆〉前言》,皇冠出版社有限公司2009年3月香港二版二刷,第4页。
② 见张爱玲1975年10月16日致宋淇夫妇信。同上,第5页。
③ 张爱玲:《雷峰塔》,赵丕慧译,北京十月文艺出版社2011年4月第一版,第18~19页。
④ 张爱玲:《易经》,赵丕慧译,北京十月文艺出版社2011年4月第一版,第272页。

里,知道了历史上商朝覆灭后"他们的后人老子教导世人这支宗族的求生之道"。"阴阳不歇的冲突中,老子显然相信阴是女性,多数时候弱能胜强。""民族心理上多的是老子而不是孔子。历史上天灾人祸频仍,老子始终是唯一的支柱。"[①]中国化的家世,面临现代乱象的巨厦将倾,以《易经》为代表的东方哲学思想究竟能有多大的挽救能力,作者也是模模糊糊。但《红楼梦》"补天"与"倾天"兼有的复杂情怀,显然渗透在这两部小说的题旨里面。

有人给予"《雷峰塔》与《易经》形同《红楼梦》民国版"[②]的评价,有一定道理。此外,还可举卢梭的《忏悔录》,因为它们都是从自身出发加以无情自剖的创作。但张做的不是政治忏悔、思想忏悔,而是情感忏悔和人性忏悔。还有巴金的《家》,路翎的《财主底儿女们》可相比,都是对旧家和旧我的清算。《雷峰塔》和《易经》爱恨交加、人鬼纠缠地写了四个有门望家族合成的家世:主线沈家(原型是张爱玲张家,曾祖父安徽按察使张印塘,祖父晚清名臣张佩纶),侧线罗家(原型外曾祖父李鸿章李家)、杨家(原型外祖父长江水师提督黄翼升黄家)、唐家(原型后母的父亲北洋政府国务总理孙宝琦孙家)。书里不断回归大家族的人事,如到沈二爷、沈六爷(父亲大排行是十二爷)住地拜年,是破落大户一朝颓败的景象。自揭家丑到无法控制的程度,这是一种从童年积淀而来的文字报复力量。她将华丽外衣褪下露出了大家族满身的虱子:琵琶父亲姑姑与二伯父谨池大爷有家产纠纷,表舅爷罗雪渔挪用船运局公款终因汉奸嫌疑遭蓝衣社暗杀,舅舅杨国柱暗示是抱来的,弟弟沈陵暗示是母亲与意大利人生的,姑母沈珊瑚与表侄明哥哥乱伦,母亲和姑母可能是同性恋,母亲和多个外国人同居并多次打胎,这些一般人认为的丑事,构成了小说的多面线索和场景。这些当然是虚构的,但又与家族原型故事交叉存在。大厦之倾覆无需三代以上。

《雷峰塔》里琵琶与父母姑姑弟弟的关系是核心。到《易经》增加了女友比比(原型炎樱)。母亲出国透出琵琶童年孤寂。弟弟是半个陌生人,只能反衬孤寂。母亲第一次回国显露出的现代女性的正面形象:找房子让孩子决定颜色,做健康检查,讲受教育男女平权,营养学训话,圣诞节洋习俗让孩子快活等。特别是与母亲在街上拉手一幕,写得细致入微,"琵琶没想到她

---

① 张爱玲:《易经》,赵丕慧译,北京十月文艺出版社 2011 年 4 月第一版,第 25~26 页。
② 张瑞芬:《童女的路途——评张爱玲〈雷峰塔〉与〈易经〉》,收入《雷峰塔》,北京出版集团公司北京十月文艺出版社 2011 年 4 月第一版,第 10 页。

的手指这么瘦,像一把骨头夹在自己手上,心里也很乱。这是她母亲唯一牵她手的一次。感觉很异样"①(《童言无忌》《小团圆》都重复此节)。张爱玲书信里说到《雷峰塔》,"里面的母亲和姑母是儿童的观点看来,太理想化,欠真实"。② 她的这种想法后来在《小团圆》里便充分发挥了,但我们初读《小团圆》时却吃了一惊(怎么母女是这样的关系?),因为大陆的中文读者是先读《小团圆》,后读这两本书的。现在返回去寻《雷峰塔》《易经》的蛛丝马迹,便能发现母亲对琵琶的伤害也已经显露无遗:比如训斥其笨,不懂现代都市行为标准,搬动沙发不得法都会遭母亲一字骂语"猪",母亲觉女儿拖累的最严重气话是"你活着就会害人",800元奖学金被母亲随意赌输掉还怀疑奖学金得来怕是琵琶献身历史老师的结果(《小团圆》更是扩大来写)。母女关系的链子于是断了!没有爱过父亲也就不太伤心,从小爱母羡母故受伤害亦深。亲情需爱而这个大家庭却是缺爱多仇,张爱玲成长期的伤痛延续了一生。

还可着重思考的问题:颓家乱世的感觉(被遗弃感);香港轰炸下的生命感觉(琵琶差一点被炸死,想到比比不在,整个香港加上这世界有谁在乎她?);死亡的荒唐感觉(历史教师不是应征打仗而死,是被自己卫兵问口令心不在焉被打死);古老民族的古老邪恶文化(当时的香港上海比较论:港粗鲁得多,沪讲究手腕不那么讨厌,却是"古老的邪恶");少有的将原型做大跨度虚构,如写弟弟的死,表面记在父亲和后母的账上,也是姐弟两人陌生化的结果即凋零;自传小说历史真实性和虚构真实性的关系。

《小团圆》解题。宋淇在一封与张爱玲讨论此作的长信中,说得最清楚:"才子佳人小说中的男主角都中了状元,然后三妻四妾个个貌美和顺,心甘情愿同他一起生活,所以是'大团圆'。现在这部小说里的男主角是一个汉奸,最后躲了起来,个个同他好的女人都或被休,或困于情势,或看穿了他为人,都同他分了手,结果只有一阵风光,连'小团圆'都谈不上。"③这是对书中人物邵之雍(原型胡兰成)的反讽。

过去我们了解张爱玲的生平,总以为她是恋父也弑父的。所以第一次

---

①张爱玲:《雷峰塔》,赵丕慧译,北京十月文艺出版社2011年4月第一版,第144页。
②张爱玲1964年5月6日致宋淇夫妇信。转引自宋以朗《〈雷峰塔〉引言》,北京十月文艺出版社2011年4月第一版,第4页。
③宋淇1976年4月28日致张爱玲信。转引自宋以朗《〈小团圆〉前言》,皇冠出版社有限公司2009年3月香港二版二刷,第11页。

读《小团圆》印象最深的是作者的弑母情结！九莉爱母、羡母十分明显。从小认为母亲蕊秋美,看她别翡翠胸针的样子,羡慕万分。但这些都化为对九莉的压抑。自丑自卑混合着自尊,全都因母而起。压抑感就像空气一般无处不在:九莉觉得母亲一生都在离她而去,印象中总是在整理行李(出国远行);常听母亲聪明的数落,"你有些笨的地方都不知道是哪里来的,连你二叔都还不是这样"。①(因大家庭过继关系,从来称生父生母为"二叔""二婶",今人闻之不免大感叹);成了母亲的累赘和多余物,"反正你活着就是害人！像你这样只能让你自生自灭！"②于是九莉反抗地去打开母亲的抽屉看她给情人的书信;赴港上船后偏不听比比劝说去甲板与母亲告别,"九莉倒在舱位上大哭起来。汽笛突然如雷贯耳,拉起回声来,一声'嗡——'充满了空间。床下的地开始移动。她遗下的上海是一片废墟。"③便是她遗下了对母亲的爱恨情仇。

关于九莉和母亲,还有个"金钱"细节,也是几本书里反复写的。800元港币的奖学金被母亲当赌资不明不白输去,过了许多年一个偶然的机会告诉了姑姑楚娣,楚娣说其母为她花了不少钱,九莉回答:"二婶的钱我无论如何一定要还的。"④还有一次与母亲姑姑谈起去英国,大人说女孩子会不会在国外闹起恋爱不念书白白花钱,九莉又坚决地说:"我不会的。我要把花的钱赚回来,花的这些钱我一定要还二婶的。"⑤再到九莉写作成名,问清楚姑姑,母亲为她花的钱相当于二两金子,这天就真的拿出金子来还。蕊秋坚决不要,九莉坚决要还,当母亲的于是"流下泪来",抽泣着说"就算我不过是个待你好过的人,你也不必对我这样。'虎毒不食儿'嗳！"⑥翻来覆去地、不厌其烦地写这些女儿要还母养育钱的细节,透出作者的"残忍",非要把这不堪的一幕曝光不可！人的一生父母不能选择,本来蕊秋是中国现代职业女性早期具有独立人格的代表,九莉也是现代女性的精英,却反而造成互相伤害的悲剧,谁之罪？

《小团圆》下半部转入对九莉和邵之雍婚恋、纠缠、分离的描写。九莉自

---

①张爱玲:《小团圆》,皇冠出版社有限公司2009年3月香港二版二刷,第134页。
②同上,第149页。
③同上,第152页。
④同上,第33页。
⑤同上,第137页。
⑥同上,第288页。

始至终不存在对邵的汉奸身份的批判角度,她只有人性批判的角度。而且不管如何批判,内心深处都有温柔一角,哪怕这点温柔已被对方的背叛打击得所剩无几。最明显的是分离后九莉的那次赴温州相见,九莉自认是看清了邵,但还要去问个明白,岂非仍不甘心,滥情一片吗? 实际上,九莉和邵的感情旅程一直是双轨的。一条是求真爱、依恋难得的感情(母亲姑姑都觉九莉的性格很难找到能喜欢她的人)却不断被愚弄的心迹;一条是欺瞒、自我中心和近于无赖的性格线索。未识邵以前,小说做了多少铺垫:九莉相信人间有爱情(同学讨论"没有爱情这样东西,不过习惯了一个男人就是了",九莉却说"有"①),相信柏拉图式爱情(长辈讨论有没有,九莉"第一次插嘴",愣说"有"②),22岁了才第一次恋爱("从来没恋爱过"③),认为无功利的爱才是真爱("她一直觉得只有无目的的爱才是真的"④)。等到与邵相识,九莉的爱的感觉被比喻成,"过去未来重门洞开,永生大概只能是这样"。但邵之雍行的是另一条轨道:毫无"重新来过的决心","没有这天长地久的感觉"。⑤只有对女性的"占有性",甚至"他对他的朋友都是占有性的,一个也不肯放弃"。⑥当面对九莉声称"我不喜欢恋爱,我喜欢结婚"。⑦所以,书中多次暗示九莉喜看邵的"半侧面"而不喜看正面。听邵讲华中的小康终于知道是真的了,"心里乱刀砍出来,砍得人影子都没有了"。⑧自此,心才千回百转地一步步地离开邵。漫长的"痛苦之浴",付出巨大精神代价的九莉这才认识到:"现在海枯石烂也很快"。⑨这是女性的乌托邦理想爱情者,碰上了现代浪子加才子加男子中心主义者,碰得个遍体鳞伤无从躲藏的故事。有比九莉更高的视角,更看清这场悲剧的,是那木雕鸟俯视芸芸众生的场景。那时九莉还在热恋中,"他们在沙发上拥抱着,门框上站着一只木雕的鸟。对掩着的黄褐色双扉与墙平齐,上面又没有门楣之类,怎么有空地可以站一只尺来高的鸟?""雕刻得非常原始,也没加油漆,是远祖祀奉的偶像? 它在

---

① 张爱玲:《小团圆》,皇冠出版社有限公司2009年3月香港二版二刷,第57页。
② 同上,第96页。
③ 同上,第162页。
④ 同上,第165页。
⑤ 同上,第172页。
⑥ 同上,第175页。
⑦ 同上,第176页。
⑧ 同上,第235页。
⑨ 同上,第324页。

看着她。"此结构性的意象,几乎预示全部的惨痛结局。

《小团圆》《雷峰塔》《易经》作为张爱玲的总结性作品的意义是显然的。仅从这三部作品的辐射力,从它们和前期小说散文的血肉连结就可见一斑。它们与《倾城之恋》里的沪港生活,《金锁记》大家庭围绕金钱的亲情同罗家舅母(李鸿章孙媳),《花凋》同杨家亲戚(母舅三女儿),都牵连攀附着,密不可分。更别说和散文《私语》《童言无忌》《对照记》《烬余录》等千丝万缕的关联了。我们这代读者是读了众多张的早期作品,最后汇拢到她的晚期的。将来的读者可能先看这三部书,然后倒过去一一咂摸细部,那也不失为一种读张的办法。

2014年1月8日于小石居
是日旧历腊八

沈从文网页词摘选

一、总体构想

沈从文(1902—1988)的文学生命贯穿了整个20世纪。他是20世纪中国最重要的小说家、散文家之一,是京派文学的代表作家,显示了中国现代文学多元、多样发展的丰富性。他由中国城乡对峙的特殊角度,来批判现代文明进入中国后所显示的复杂的一面。美国汉学家、沈从文传记作者金介甫认为,应当"把沈从文、福楼拜、斯特恩、普鲁斯特看成成就相等的作家"。沈从文对当下的中国文学,从汪曾祺到湖南作家群、海南作家群及一切乡土地域作家,至今仍发生着长远的影响。

本网页将通过文学性的说明文字、图书版本、手稿、照片、作者手绘图画、电影剧照等内容,展现沈从文由边城走向世界的历史过程,以让更多的大众读者认识这位大作家。网页包括 A—E 五大部分。A 主页作一整体简略叙述。B"从底层走来"述说他的传奇出身;"建造希腊小庙"概括其文学成就;"主要书目"是他的基本资料。从 C 到 E,是对 B 的细化。在"乡村叙述总体"的标题下介绍他的抒情现实主义小说,用"诗意的生命流淌"来综合他的散文。最后概括他的文化的、审美的思想。正如在美国作家福克纳的笔下曾经创造了美国南方的约克纳帕塔法一样,沈从文提供出他的想象的文学王国湘西。

本网页词参考作者在《中国现代讽刺小说的初步成熟》(1982)、《乡村中国的文学形态》(1987)、《大陆文学的京海冲突构造》(1989)诸文中论及京派和沈从文的观点。文学史合著《中国现代文学三十年》里,"沈从文"一章为作者执笔。重要的参考文献还有:凌宇《沈从文传》、赵园《论小说十家》等。

二、撰写提纲

A 层	B 层	C 层	D 层	E 层
A01 主页	B01 从底层走来	C01 苗汉土家的血缘	D01 湘西凤凰县城	
			D02 家族谱系	
		C02 熟读社会这本大书	D03 沅水流域乡俗民风	E01 上学、逃学——街市巡礼
				E02 我的写作与水的关系
				E03 放蛊、行巫、落洞、游侠
			D04 十四岁入伍当兵	E04 看杀人
				E05 迟来的"五四"之光
		C03 只身闯北京	D05 北京大学旁听生	
			D06 "窄而霉斋"的创作	
		C04 海上漂泊	D07 合办《红黑》《人间》	
			D08 "你是我的月亮"	
		C05 达子营28号	D09 迎来"黑凤"	
			D10 主编《大公报》"文艺"副刊	
			D11 引起"京海论争"	
			D12 省母返乡	E06《老伴》:"翠翠"原型
				E07《一个多情水手与一个多情妇人》:"柏子"原型
		C06 相濡以沫	D13 提携自己的作家	E08 与郁达夫
				E09 与徐志摩

A层	B层	C层	D层	E层
				E10 与胡适
			D14 同辈作家	E11 与胡也频、丁玲
				E12 与巴金
			D15 自己提携的作家	E13 与萧干
				E14 与汪曾祺
		C07 从沅陵到昆明	D16 任教于西南联大	
			D17 云南看云	
		C08 心羁何处	D18 生命转捩点	
			D19 弃文（学）从文（物）	
			D20 回归	
	B02 建造"希腊小庙"	C09 小说:乡村叙述总体	D21 湘西的独特生存方式	E15《石子船》
				E16《萧萧》
				E17《丈夫》
			D22 向往"神性"	E18《月下小景》
				E19《龙朱》
			D23 现代都市文明病	E20《三三》
				E21《八骏图》
			D24 政治的幻影	E22《菜园》
				E23《新与旧》
			D25 梦与真	E24《边城》
				E25《长河》
		C10 散文:诗意的生命流淌	D26 融入山水	E26《从文自传》
				E27《湘行散记》
				E28《湘西》
			D27 心随历史	E29《花花朵朵 坛坛罐罐》

A 层	B 层	C 层	D 层	E 层
		C11 文学、文化的归宿		
	B03 沈从文主要书目			

三、网页说明词

A–01 主页

这里将叙述的是一位中国现代文学史上的著名作家沈从文,述说他的出身,展现他由边城走向世界的历史过程,并介绍他的创作。中国学者称沈从文是湘西人民情绪的表达者和歌者。

B–01 从底层走来

沈从文的生平充满传奇色彩,是一个自称"乡下人"的 86 年的人生足迹。他原名沈岳焕,1902 年 12 月 28 日生于荒僻而风光如画的湖南省凤凰县。他从小熟悉位于湘、川、鄂、黔四省交界的那块土地。他小学毕业便按当地习俗当兵,流浪过许多地方,以自学而达到能写作、能在各大学任教的程度。他娶了苏州名门女子为妻,性格温和却挑起了"京海论争",文学上誉满中国却毅然放弃写作去从事默默的文物考据工作并写出专著,到北京后长期在都市生活却永远拥有一份无可替代的乡土生命。沈从文的文学奥秘正在这里。

C–01 苗汉土家的血缘

沈从文家庭的由来很长时间对他本人来说,也部分是个谜。沈家先人据说是宋代充军到湘西的囚犯。祖父靠武功做了贵州一省的军事长官,到父亲手里就败落了。父亲是一苗族妇人所生,但这个祖母不久便被远嫁出去。所以沈从文小时候逢年过节还在这个"逝世"长辈的假坟前焚香磕过头。沈从文的母亲是土家族人,她在 1934 年去世前将苗族祖母的悲剧故事讲给了沈从文听。这种天然多民族的血缘背景给沈从文带来特殊的气质、多彩的想象和少数民族在长期压抑中积淀而成的沉忧隐痛。

D–01 湘西凤凰县城

凤凰县即"边城",位于湖南省西北部。原名镇筸,一个屯兵的地方。自古以来,苗、瑶、峒、土家各民族聚居于此,与汉族移民逐渐融和。凤凰全城被石头城墙环绕,沱江擦肩而过,城东河面上有一座三拱桥,河边一排吊脚楼,和对面万寿宫相望,逢节时这里赛龙舟、放荷花灯,好不热闹。城里是青石红石铺就的街道,夹种着桃杏树和橘柚果木。过年满城开放梅花,家家打粑粑,人人走街串巷看傩堂戏。沈从文家在往南门去的巷子里,三进的木结构房屋,现辟为"沈从文故居"供人参观。这是他自然生命和文学生命的双重出发地。

E-03 放蛊、行巫、落洞、游侠

凤凰地方特有的蛊婆、女巫、落洞女子和游侠男子,构成了湘西的浪漫、宗教情绪和神秘气氛。放蛊是从蜈蚣、长蛇身上取毒,使人中毒,常作为报复性工具由穷老的妇女担任。行巫多为中年妇女,假托亡灵来言说人间事情。落洞的几乎都是爱美好洁、感情丰富的未嫁姑娘,因地方上极端的性压抑,无可发泄,便爱上"洞神"为之殉情。这三种人神错综的行为,表现出女子的精神病症,背后却隐藏着动人的悲剧。而湘西男人崇尚的是保有古风的扶弱锄强、重诺言、轻生死的精神。山高水急,这些男女性格的样式,对沈从文的影响是显然的。

E-04 看杀人

湘西地方军队的日常生活是很单调的。操练非常马虎,兵士无事可做,主要就是打架、赌博、吸鸦片和杀人。实际只是个少年的沈从文,当然是看别人杀人。这都是在剿灭"土匪"的过程中发生的。在榆树湾和怀化镇"清乡",照例军队并不下去抓匪而是由各乡的团总送上,然后过堂、用刑、砍头。如果拿钱,则可取保释放,而乡绅的仇人却会莫名其妙地成为"土匪"。在榆树湾四个月看杀人两千,在怀化一年里看杀人七百的可怖经历,使得以后的沈从文每一忆及,都不寒而栗。

E-05 迟来的"五四"之光

行伍生活也有另外一面。在怀化第一次看到《辞源》,引起他经过读书直接了解世事的强烈欲望。在芷江熊希龄公馆的藏书室,他读到了《史记》和众多的林(琴南)译小说,中外文学的精华照亮他的眼睛。而在陈渠珍的

军部会议室里,借了为陈整理藏书、藏画和给铜器、瓷器登记的机会,他摸到了中国文化的门径。与他同房居住的长沙印刷工介绍他读《改造》《创造》和《新潮》,使得他在"五四"文学革命发生三年后,在偏于一隅的湘西终于感受到白话文表现新思想的力量。他决心脱离旧军队到陌生的北京求学,追求新的思潮。

E-08 与郁达夫

郁达夫是第一个发现沈从文的名人。1924年冬,正在北京大学任教的创造社作家郁达夫收到了沈从文的求援信,便按照信上的公寓地址找了来。外面飘雪,进了没有生火炉的屋子,只见沈从文用棉被围住下身,在伏案写作。问起才知道这个贫苦青年一心在做着考上国立大学,毕业可求得一个职位的梦。郁达夫既同情他,又对他的简单愚直哭笑不得。大学欠薪,郁本人也在闹穷,但他还是把自己的羊毛围巾送他披上,拿出5元钱陪他在小饭馆花1元7角吃了顿饭,余钱全数留下,才离去。当晚,郁达夫心境难以平静,写了篇文向沈提出上中下三策:上策是找事或革命,中策是返乡,下策是当兵或做贼;做贼如心肠不够硬就从我这个穷教师破题儿偷起。这就是郁达夫著名的散文《给一位文学青年的公开状》。

E-09 与徐志摩

徐志摩是把沈从文真正引入文学界的作家。在沈从文四处投稿无门的时候,最早登载他文字的报刊是《晨报副刊》,就是因编辑者徐志摩看中的。后来他们的关系一直密切。徐曾带沈参加过闻一多屋里的诗歌朗诵集会,进入"新月"的圈子。让沈从文到中国公学教书也是徐推荐的。1931年11月21日沈从文在青岛杨振声处得到徐志摩两天前飞机失事的噩耗,当即决定搭夜车赶赴济南去参加徐志摩的丧事。在济南市内的福缘庵,他见到徐志摩的遗体,被人穿了一身与平时性情爱好不相称的绸袍马褂,头戴瓜皮小帽,静静地躺着。沈从文觉得,很难相信这个爱才的、快乐的、喜交朋友的诗人,永远沉默了。

E-10 与胡适

沈从文认识胡适也较早,当在北京徐志摩的朋友圈子里。翻阅胡适传记,在胡适给予经济援助的青年文人中,是有沈从文名字的。胡适出任中国公学校长,徐志摩向他推荐沈从文当教师,他欣然同意。据说第一堂课沈从文先是有好几分钟讲不出话来,随后又在十多分钟里机关枪一样放完了。有人在背后放风,胡适顶住说:讲不出话学生也没有轰他,就是成功。后发生情书事件,胡适的态度已如前述。如果没有这样一位开明的校长成其好事,沈从文与张兆和的姻缘也就断了。到胡适要离开中国公学,又推荐沈从文到武汉大学任教。胡也频被捕,沈从文首先想到的是请胡适给蔡元培写信,设法营救。对于沈从文,胡适是他人生路上可敬的、可依靠的先生。

E-11 与胡也频、丁玲

1925年,沈从文给《京报》的副刊投稿,胡也频正在那里编《民众文艺》,就认识了。丁玲是经胡也频介绍的。丁玲的才气自然吸引了沈从文,但丁、胡是在同居,沈是两人的朋友。之后,丁玲爱上冯雪峰,发生麻烦时总是沈从中调解。三人在上海办杂志时期关系密切,小报流言属无稽之谈。胡、丁日益"左"倾,加入"中国左翼作家联盟"之后也曾动员沈参加,从此有了思想分歧,但友谊仍存。到1931年胡也频被捕,沈两次赴南京设法营救,又陪丁玲去龙华探监。胡被枪杀后,他写了《记胡也频》,并冒着危险陪丁玲送孩子回湖南。1933年丁玲被捕,沈写了《丁玲女士被捕》《记丁玲女士》等表示抗议。这三人是最早的文学伙伴,可惜以后产生终生的误解。

E-14 与汪曾祺

据汪曾祺回忆,他在江阴读高中二年级时逢抗战避难,身上所带的两本书里就有沈从文的小说。等他考上西南联大中文系,就真的做了沈从文的高足。沈一共开三门课,汪曾祺全选。每周沈从文从呈贡乡下来校授课,住在昆明文林街,汪都去借书、还书、听谈话、看老师新收集的文物宝贝。沈从文特别喜欢这个学生。沈的"各体文习作"课让学生做"我们的小庭院有什么",或"记一间屋子里的空气"这种题目,而评学生的读后感写得往往比原文还长。好文章就做主寄出发表,汪的《复仇》《小学校的钟声》就是经他寄给上海《文艺复兴》的。1946年汪一度失业灰心,沈批评他,还让张兆和就近鼓励他。他们的师生情谊终生不变。

C-09 小说:乡村叙述总体

沈从文的文学成就以小说为最高。其中,湘西农村叙事作品占据着主体地位,他把他的情感、情绪以及童年的记忆,长久地带入当下的记述,讲述了边地的人情之美、风俗之美。另一部分描写都市人生的小说,是作为乡村叙事的一个陪衬或一个补充而存在的,包括城市两性关系的虚假,生命的"萎缩"。沈从文被人称为"文体作家",是因他创造性地发展和运用了一种小说体式。这小说有显著的文化历史指向,浓厚的文化意蕴,强调叙述主体的感觉、情绪在创作中的作用,注重环境和人物描写的一致性,可名为文化抒情小说。

E-17《丈夫》

小说所写是在当年湘西可见,却为别的地方很难理解的现实——黄庄地方太穷,乡下种田为生的丈夫把妻子送到大河码头妓船上,逢年过节,像探亲一样来探妻子。这天,管事的水保就发现"老七"的丈夫来了。老七给丈夫买了新胡琴转来也不能转移男人的气闷。当晚两个醉酒的军爷来闹,巡官留话又要来"考察",男人第一次觉得丧失了做"丈夫"的权利,一定要回家,连妻子给的钱也撒在地上。这是混合了原始男性主义的一次人性的觉醒,具体感受到地位低下的痛楚。湘西人生命的"自在状态",正发生着悄悄的变化。

D-22 向往"神性"

沈从文另一部分的小说是对民间传说和佛经故事的改写。这些故事都用浪漫的手法来宣扬因爱而发现美,发现美即发现神的哲学。所谓"生命之最高意义,即此种'神在生命中'的认识"(《美与爱》)。不妨说,爱与美即神性的思想,便是沈从文心目中的最高的人性。

《月下小景》和《龙朱》就是其中的精品。而对宗教在某种意义压制人性的文化解析,则多表现在他对《法苑珠林》佛经叙事的翻造和演绎上。如《弹筝者的爱》《被刖刑者的爱》《一匹母鹿所生的女孩的爱》,从不同的侧面写女性之爱所含神性的不可逆转。

D-23 现代都市文明病

这是沈从文的第三部分小说。如果说民间故事的改写是乡村故事的升华,那么都市故事便是乡村故事的对照。他似乎有两套笔墨,当他以乡下人的目光来观察商业化城市的时候,就不禁露出讽刺的尖刺来。其中,有的是将都市引入乡村,以乡村的充满活力来暗示城市生命的衰朽,尚留存诗意,如《三三》；有的直接讥刺都市人的爱情和家庭道德面貌，如《有学问的人》《绅士的太太》，刻意而穷相，调侃得十分畅快；有的是面对作者身份以内的城市知识分子，如《焕乎先生》《八骏图》，便用力在人物灵魂的解剖上。总之是为现代都市造一面镜子。

D-24 政治的幻影

沈从文的第四种小说是一个另类。它们的社会现实性颇强，是20世纪中国的政治层面对湘西偏远凝滞社会的投射，很能说明沈从文思想的复杂性。沈从文与左翼知识分子、自由主义知识分子的多侧面的交往历史，也决定了他会有这样一部分创作。这些作品能表明他对党派政治的幻灭，从一个角度反映党派斗争对人与人之间温情的毁灭性打击。许多作品反映了国民党政府对共产党人的屠杀政策，对于沈从文来说，是从对弱势者的同情、对乡村进步知识者的同情出发的。这明显地反映在《菜园》《新与旧》等一批留下历史变动"擦痕"的作品中。

E-24 《边城》

《边城》描写茶峒城边撑渡船老人与他的孙女翠翠的纯朴生活。当地团总的两个儿子天保、傩送同时爱上翠翠，而翠翠一直没有明确的表示。她实际上在端阳赛龙船时节对傩送已经有了含蓄的感情，却像长久处于少女期的梦境状态。两兄弟按习俗为翠翠唱了一夜山歌，翠翠发现了傩送的歌声。天保明白了自己无望，出门闯滩不幸身亡。傩送负疚远行。爷爷担心翠翠步其母亲的命运，在一个风雨之夜塔倒后离开人世。翠翠守着古渡口，等待傩送回来，但傩送可能明天回来，也可能永远不回来。小说将乡情风俗、人事命运、下层人物形象三者统一，锻造成完美和谐的诗境。翠翠的人生纯美、恬静，却被引向了毁灭。这是理想化了的现实，是一个温暖的使人无法忘怀的淡出的悲剧。堪称沈从文作品中一颗晶莹剔透的珠玉。

E-25 《长河》

《长河》是沈从文抗战后的主要作品，描写沅水辰河流域一个盛产橘柚的乡镇枫树坳的生活。滕长顺的橘园远近有名，他的女儿夭夭是天真纯美的湘西少女，看祠堂的老水手满满是个饱经风霜、坚韧达观的人。然而连绵不断的内战、不知所以的"新生活运动"以及镇上的保安队的存在，已经使边远乡村社会保有的那一点正直朴素人情美，几乎就要消失干净。夭夭面对的世界要比《边城》翠翠、《三三》三三的世界,险恶得多。保安队长对天天已起了坏心,由于原定计划的四卷只完成了一卷,我们无法揣测天天最后的结局,但深切的忧虑隐于全篇是很显然的。《长河》表现现代文明侵入湘西,具有更广阔的历史视角,它是《边城》真正意义上的姊妹篇。

C-10 散文:诗意的生命流淌

沈从文被公认为现代散文大家。他的散文描写自身的经历,所见所闻所想,生命的注入更直接,比小说有更切近的现实和历史的感受。可以说,散文中流淌着他的生命活水,是他个人与历史时空的对话。在散文里,他提出"时间这个东西十分古怪"(《一个爱惜鼻子的朋友》),一切在时间下都可改变(变数),也可以凝滞不变(常数)。像他在湘西同一个地方会发现十几年前的事物居然原封不动存在着。家乡的美似乎永远是个常数,近世的衰败、保守也是常数,他批评"湘西人负气与自弃"(《〈湘西〉题记》),他甚至发问:"浦市地方屠户也那么瘦小,是谁的责任?"(《辰河小船上的水手》)他散文的主题是历史性的。

E-26《从文自传》

沈从文的自传写作,当在他自文坛崛起后不久。时间从他的童年到他离开湖南第一次赴北京为止,是他20年的心灵史。仔细考究起来,他在哪些地方写得详,哪些地方写得粗,是能见出作者的本意的。关于他的家庭,他的初学、初恋的经过,都隐去很多,凡一支笔写到了童年家乡的风俗习性,写到逃学,写到当兵所见,便十分的活跃、细微。可以说,自传要交代的是自己的故乡源流,以及闯入文坛前执拗走过的艰难人生道路。这是他之所以能在日后成为一个"诗人"(抒情作家)的依据。他在人间感受温暖,同时体味孤独,在这部心与梦的历史中已经基本酿成了。

E-27《湘行散记》

1934年冬,为探母病,他前后历时三星期回到了久别的家乡。这本散记,采用和作者回乡一致的路径与空间,由沅水辰河的下游至上游,依次记述,初收11篇。着重写的人物有《鸭窠围的夜》《辰河小船上的水手》里如"柏子"式的水手,《一个多情水手与一个多情妇人》里观音般的妓女,《一九三四年一月十八》里的老年纤夫,《虎雏再遇记》里的士兵等,都淳朴耐劳,有生命力。写景致和地方风物描述生动的有《箱子岩》《桃源与沅州》。写法以游记形式为主,只要涉及人物故事便不吝啬笔墨,再加上一些回忆,增添历史的知识的气氛,向读者展现一个未知的天地。

D-27 心随历史

我们简单介绍一下沈从文在文物方面的文字,这可是他20世纪下半时期所从事的主要工作。它们是一个成熟的作家写的,所以看似研究性短小文章,却文采斐然,斑斓悦目。涉及的是中华灿烂文明中一个角落,其中隐藏着他的部分生命。从研究方法看,他将实物和文献两相比证,在突出"现象"这点上正和文学相沟通。所谓"文献"也不仅是典籍,还包括古代诗词等文学作品。从研究成果看,有时也与文学相关,如温庭筠"小山重叠金明灭"句,历来注家对"小山"众说纷纭,沈从文根据出土实物加上文献考证,提出是唐妇女头部插戴的金银牙玉质地的"小梳背"。古代诗人有知,该如何感激他!

C-11 文学、文化的归宿

沈从文在晚年,大约20世纪80年代以后,文学作品在国内重新出版,用英文、日文、德文、法文等各语种翻译的小说散文也更多地流传于世界。研究他的传记、评传和专门的著作多有出现。他终于走向了世界。但他的文学、文化思想并不都为世人理解,因为他不是从社会革命的角度来追寻我们的民族是何去何从的。他全部的文学探索都关注着我们民族精神消失的原因。他经由文化来重造熠熠生光的民族理想,虽然过于沉重,但他的"爱""美""神"三位一体的美学理想和人与自然"和谐共处"的哲学,仍然可给我们以启发。沈从文作为中国20世纪文学大师之一的地位足可确立。

后记

这是我于2002年8月为香港某作家网页所写的《沈从文》部分。总计有二万四千字。这里是摘选版,未作任何增订,只用减法。所以并无沈从文研究新成果可说,只是显示一种向大众传播学术的新文体。有时学者诸人也要拿起笔来写写的。

2014年4月18日识

谈《雷雨》蘩漪出场提示语的修改

现代作家之中很有几位是嗜爱修改自己作品的,如巴金、沈从文、钱钟书诸人,皆几十年如一日有意地不使自己的文字凝固下来。其中包括也曹禺。记得好多年前我参加某研究生的答辩,他做的题目是研究 1949 年后曹禺对他剧作的全部改动,结论是:大部因政治形势而改,且基本归于失败。我当时并无异议,论文通过了。但是后来我接触到一些曹禺创作的第一手材料,觉得问题并不简单,不能就这么"一刀切"。比如曹禺修改《雷雨》一剧最具艺术魅力的人物蘩漪的出场提示,就不是越改越坏,反倒是在长久的时间里不断磨砺自己的文字使之放出光彩的。

关于剧作家所写人物出场的"提示语",是他整个文本不可分割的有机部分,其地位不容小视。一个主要人物登场了,作者就是这个人物的第一创造者,正好比十月怀胎的母亲,要向世人介绍自己的孩子,形容自己的孩子,提出创造的依据,表达对人物知根知底的了解。这个提示语并不供具体演出,却是辅助"演出"的作者宣言,一个集中凝练的阐释,一束打在人物身上的光亮。它的作用,足可让剧本未来的二次创造者包括导演、演员、读者(观众)受到启发,据以掌握剧中的人物。它不仅是了解识别人物的"眼",还可能是显示全剧主旨的"魂"。尤其对于曹禺来说,他是用尽他的全部心思才力来写这些文字的。这是他的创作特色之一。蘩漪这段出场提示语,便几乎迷倒了几代的《雷雨》读者。它对于蘩漪的深知灼见,直如一把解剖刀那样犀利、明快,又满带着激情像一首诗唱响了这个中国现代文学历程中最复杂女性形象(还可举出丁玲的莎菲、茅盾的梅女士、张爱玲的七巧)的主调和辅音。真是不可多得的美文。

现将 1934 年初刊于《文学季刊》上的《雷雨》这段蘩漪提示语,抄录如下。其时,第一幕开场不久,年轻的侍女四凤、她的当仆人的父亲鲁贵、在周家矿上当工人的哥哥鲁大海以及周家小少爷周冲都先后上场,全剧的人物关系和情节线索刚刚展开。这当儿,周公馆现在的太太蘩漪穿着一身黑衣服下楼了:

她一望就知道是个果敢阴鸷的女人，她的脸色苍白，只有嘴唇微红，她的大而灰暗的眼睛同高鼻子令人觉得有些可怕。但是眉目间看出来她是忧郁的，在那静静的长的睫毛的底下，有时为心中的郁积的火燃烧着，她的眼光便会充满了一个年青妇人失望后的痛苦与怨望。她的嘴角向后略湾，显出一个受抑制的女人在管制着自己。她那雪白细长的手，时常在她轻轻咳嗽的时候，按着自己瘦弱的胸前。直等自己喘出一口气来，她才摸摸自己胀得红红的面颊。她是一个中国旧式女人，有她的文弱，她的哀静，她的明慧，——她对文诗的爱好，但是她也有更原始的一点野性，在她的心，她的胆量，她的狂热的思想，在她莫名其妙的决断时忽然来的力量。整个地来看她，她似乎是一个水晶，只能给男人精神的安慰，她的明亮的前额表现出沉深的理智，像只是可以供清谈的；但是当她陷于冥想中，就能忽然愉快地笑着。当着她见着她所爱的，红晕的颜色为快乐播佈在脸上，一对笑涡在心里深深的一笑之后显露出来的时节，你才觉得出她是能被人爱的，应当被人爱的，你才知道她倒底是一个女人，跟一切年青的女人一样。她会来爱你如一只饿了三天的恶狗咬着他最喜欢的骨头，不喜欢你，便恨起你来也会像只恶狗狺狺地狂吠着一个陌生人。不，她就会不声不响地恨恨地吃了你的。然而她的外形是沉静的，忧烦的，她会如秋天傍晚的树叶轻轻落在你的身旁，她觉得自己的夏天已经过去，自己是只残萎的玫瑰在秋风里摇落了，西天的晚霞暗下来了。①

请注意写这些文字的时候，作者才 23 岁。如果没有富裕家庭"公馆"生活的切身经历，如果不是在中外文学海洋里面长期徜徉获得了丰富体验，一个年轻人是不可能有如此深刻的对"人"的繁复感觉和对细节的把握的。这里的蘩漪已经成型，是个可怕的美人，是具有充分"雷雨性格"的女性。所谓"雷雨性格"，包括性格力量孕育已久，储备了足够的能量，只需一个导火线索便可随时爆发等等要素。蘩漪不是这个专制的封建性资本家家庭的唯一受难者（比起侍萍她甚至不是主要的受难者），她不是全部待爆炸的火药，却是火药连着的那根引信。她还代表着一种典型的"雷雨冲突"，即剧中每一个人物都有的、强烈想要留住自己爱的权利，却实际上拼命地奔向恨，扑向了毁灭。而这一"动作"以蘩漪更为突出，更不可控。整体上说，提示语交

---

① 曹禺：《雷雨》，初刊于 1934 年 7 月《文学季刊》第 1 卷第 3 期。

代了一个充分复合体的人物:她是可爱的,也是可怕的;她是一个爱者,也是一个复仇者,一个复仇女神。这段提示语为这种复合型性格的叙述调式、节奏、层次做了根本性的约定,大凡每一次表现复合性格的一个方面到达极致的时候,就该转回了:说完她可怕的种种就该说她的忧郁了,或说她对自己痛苦的管制了;说到她的旧式、文弱,就该讲她的野性了;她似乎是块水晶,又轻易看不透,笑涡都只在心灵深处,但如有一天笑在外面,笑出来了,那你就看明白她不过是一个年青女人,与一切年青女人没有差别;不过你还不能误以为她就是一般的女性,她无论是爱你、恨你都如"恶狗"一般要吃掉你的骨头,只是吃法不同而已;到最后,你几乎就要对她留下"恶"的印象时,提示语用无比形象化的温柔的字眼,总结了繁漪的沉静忧烦,如晚秋的树叶,如萎谢的玫瑰,如西天的晚霞。转折又转折,否定之否定,不断的峰回路转,构成了这篇风光旖旎、含义无限的复合体人物的出色介绍。

两年后,《雷雨》初版出单行本,曹禺对写得如此漂亮的繁漪出场文字仍做了修改。这个改本如下:

她一望就知道是个果敢阴鸷的女人,她的脸色苍白,只有嘴唇微红,她的大而灰暗的眼睛同高鼻梁令人觉得有些可怕。但是眉目间看出来她是忧郁的,在那静静的长的睫毛的下面。有时为心中的郁积的火燃烧着,她的眼光会充满了一个年青妇人失望后的痛苦与怨望。她的嘴角向后略弯,显出一个受抑制的女人在管制着自己。她那雪白细长的手,时常在她轻轻咳嗽的时候,按着自己瘦弱的胸。直等自己喘出一口气来,她才摸摸自己胀得红红的面颊,喘出一口气。她是一个中国旧式女人,有她的文弱,她的哀静,她的明慧,——她对诗文的爱好,但是她也有更原始的一点野性:在她的心,她的胆量,她的狂热的思想,在她莫名其妙的决断时忽然来的力量。整个地来看她,她似乎是一个水晶,只能给男人精神的安慰,她的明亮的前额表现出深沉的理解,像只是可以供清谈的;但是当她陷于情感的冥想中,忽然愉快地笑着;当着她见着她所爱的,红晕的颜色为快乐散佈在脸上,两颊的笑涡也显露出来的时节,你才觉得出她是能被人爱的,应当被人爱的,你才知道她到底是一个女人,跟一切年青的女人一样。她会爱你如一只饿了三天的狗咬着它最喜欢的骨头,她恨起你来也会像只恶狗狺狺地,不,多不声不响地恨恨地吃了你的。然而她的外形是沉静的,忧烦的,她会如秋天傍晚的树叶轻轻落在你的身旁,她觉得自己的夏天已经过去,西天的晚霞早暗下来了。①

这回的改动不是太大,却显示了以后《雷雨》各次修改的三个要点。第一,改正了明显的排印或手植的字句错误。如"湾"改"弯","胸前"改"胸","文诗"改为"诗文","播佈"改成"散布","沉深"改成"深沉"等等。这里较明显地多出一句"喘出一口气",不知是如何衍生的。这证明,人为的印刷品就是人为的,木板印刷也好,活版铅字也好,当今的电子印制也好,凡是人类所为,都不免有错。第二,虽然也属个别字句的小改动,却关系到对蘩漪的认识。如"高鼻子"改为"高鼻梁",一字之差,强调蘩漪之美(这里不妨提前说一下,到后来的版本更改为"高高的鼻梁",往美来形容的意图越发明显)。"野性"之后改逗号为冒号,将"野性"的四个方面:心会狂想、有胆、有识、决断有力都标示清楚。把"理智"一词改成"理解",把"冥想中"改为"情感的冥想中",均有深意。因蘩漪如是"理智"的就无从解释她那疯狂的不管不顾的行为了,而强调了她性格中的情感成分和做白日梦的冥想成分,方是异常准确。而"一对笑涡在心里深深的一笑之后显露出来的时节"句,虽然意思很深,究竟太拗了,不如"两颊的笑涡也显露出来的时节"来得爽快、明了。不过事情总是两分的,此句经此修改也就失了把"笑涡"分成心里、心外两种的细微区别了。第三,这是重头戏,便是为了更好地挖掘出蘩漪性格的根本一面,要改去原来容易发生错觉、或会对人物性格的认识产生偏离效果的字句。如将蘩漪不管是爱你还是恨你都是一只"恶狗"的比喻句,不动声色做了变动:把爱你时是只"饿了三天的恶狗",改为"饿了三天的狗",去"恶"字;而在恨你的句子里仍保留狺狺"恶狗"的字样。恨的对象里,1934年初刊还有将熟人当"陌生人"狂吠的说法,1936年初版却将"陌生人"先从仇恨的队伍里剔除出去,只为真恨的人保留了蘩漪会如"恶狗"吃他的可怖词句。我们在下文将提及,曹禺后来终于下决心将这个"饿狗"和"恶狗"的句子彻底改掉,因为它与蘩漪作为一个被害者的整体形象不合,把"野性"和"恶性"混淆了。而蘩漪之所以是蘩漪,主要来源于她的不屈服,来于她永远的绝地反抗,所以"残萎的玫瑰"一句似也不完全适合她,在初版中便完全删去,并在"西天的晚霞暗下来了"中间独具匠心地加了个"早"字(以后再也没有去

---

①曹禺:《雷雨》,文化生活出版社1936年初版,第62~63页。

掉),黯然的氛围就越发醇厚浓烈。这真正是蘩漪的氛围。

到了 1957 年 6 月和 1959 年 9 月中国戏剧出版社版的《雷雨》,我们读到了更多的修改。这中间的区别是夹了一个"反右斗争"。"反右"对中国现代知识分子的精神重创不是本文所要论及的内容,但就这之后曹禺的作家行为来看,或许有更多的修改是在一种迫力下进行的,它们对周朴园等人提示语的变化影响可能甚巨,但是蘩漪一例在"反右"前即已修改完成,之后的变动一直很小,则是事实。而 1957 年 6 月前的所改却是非常重要的,现录于下:

她一望就知道是个果敢阴鸷的女人。她的脸色苍白,只有嘴唇微红,她的大而灰暗的眼睛同高高的鼻梁令人觉得很美,但是有些可怕。在眉目间,在那静静的长的睫毛下面,看出来她是忧郁的。有时为心中的郁积的火燃烧着,她的眼光会充满了一个年轻妇人失望后的痛苦与怨望。她的嘴角向后略弯,显出一个受抑制的女人在管制着自己。她那雪白细长的手,时常在她轻轻咳嗽的时候,按着自己瘦弱的胸。直等自己喘出一口气来,她才摸摸自己胀得红红的面颊。她是一个中国旧式女人,有她的文弱,她的哀静,她的明慧,——她对诗文的爱好,但她也有更原始的一点野性:在她的心里,她的胆量里,她的狂热的思想里,在她莫名其妙的决断时忽然来的力量里。整个地来看她,她似乎是一个水晶,只能给男人精神的安慰,她的明亮的前额表现出深沉的理解;但是当她陷于情感的冥想中,忽然愉快地笑着;当她见着她所爱的,快乐的红晕散布在脸上,两颊的笑涡也显露出来的时节,你才觉得出她是能被人爱的,应当被人爱的,你才知道她到底是一个女人,跟一切年轻的女人一样。她爱起你来像一团火,那样热烈,恨起你来也会像一团火,把你烧毁的。然而她的外形是沉静的,忧烦的,她像秋天傍晚的树叶轻轻落在你的身旁,她觉得自己的夏天已经过去,生命的晚霞早暗下来了。①

这次的改动幅度较大,但都与对蘩漪的理解相关。"高鼻梁"句直接加上了"高高的鼻梁令人觉得很美,但是有些可怕"。把"美"置于前,也不忘"可怕",两者关系恰当。"忧郁"句,原来分为眉目忧郁和睫毛下有郁积的火在燃烧这两部分,让眉睫如此分工显然不太自然,所以改成了"在眉目间,在

---

① 曹禺:《雷雨》,北京中国戏剧出版社 1957 年版,第 23~24 页。

那静静的长的睫毛下面,看出来她是忧郁的。有时为心中的郁积的火燃烧着",忧郁形于外,内中是一团火,更符合人物实际。"像只是可以供清谈的",整个删去。这是初版本以来一直保留下来比喻蘩漪的最隐晦莫测的句子。什么是"清谈"?说是清纯得可供稀释男人(周朴园一类)的罪恶,可以;说只是男人的小摆设,以供案头清玩,也可。只是蘩漪并没有那么多的闲情逸致可供输出,所以终于删去了。最重要是"狗"句,原来貌似合理的对所爱的人作饿狗咬、对所恨的人作恶狗吃的比方,都不尽符合整体美丽的蘩漪(要删掉这段生动的文字可要有点决心),于是统改为"火"句:"她爱起你来像一团火,那样热烈,恨起你来也会像一团火,把你烧毁的"。简单明快准确,将为了形容蘩漪的爱恨交加而比方成吃人不吐骨头的冷酷性,改为她热火一般烧毁一切的性格,这才算摸到了这个人物的命脉!至于最末一句"西天的晚霞暗下来了",已改成"西天的晚霞早暗下来了",现再改为"生命的晚霞早暗下来了",几字之差,意境却不同,可看作是修辞的佳构。

那么,什么是曹禺在几十年修改中对蘩漪认识始终不变的东西呢?只要把以上三种提示语略作对照,看哪些是不改或改得很少的地方便可一目了然。首先是从外形到内心的观照人物的路径不变。"一望就知道是个果断阴鸷的女人",这个女人深沉不简单的第一印象一直没有变过。从表面的容貌写起,鼻眼眉睫嘴手胸,面颊、前额和脸上笑涡,到痛苦怨望的表情、哀静明慧的习性、狂热矛盾的思想、决断如火般的叛逆力量等等,从外到内的叙述也没有改过。此外,反复地从局部到整体的两面观察人物的视点始终不变,发掘蘩漪的复杂的矛盾性不变。所以蘩漪成为一个多面的新旧交杂的女性形象,一个将揭露人间丑恶、反抗黑暗社会,与个人挣扎的疯狂性、病态性共存的可爱可怕的现代女人,带有绝望的悲剧性质。"雷雨"击毁了一切!善良和丑恶同归于尽!而在这整体的对人物的天才把握之外,作者与蘩漪的关系也显得耐人寻味。他对自己一手创造的人物会表现出某种摇摆。曹禺固然没有动摇于他对蘩漪的基本态度,他同情她,痛惜她,甚至还爱怜她,但是对蘩漪游荡于善恶之间,其根深蒂固的个人主义,惨烈的不择手段的反抗性究竟是否超越其总体的未泯本性,局部的变态会不会干扰她的全体的可爱和不幸,在这个"度"的把握上,作者还是费尽了他不断探索的精力的。这探索,表现为作家的个人感受与时代对把握具体人物的影响的合力,于是有了不同的反应,有了成功或不成功的种种痕迹。最后,能选择对蘩漪充满同情又兼批判的态度,无论怎样批判也不离对人物整体认识的格局,是作家能够达到的创作佳境。而人们在这些文字中能感受到的,是曹禺对人与社会的忧虑、同情、愤懑、怜悯和爱,五味杂陈四字岂能概括?

2014 年 7 月 26 日于大暑后三日

海派话剧资料辑录及阅读笔记

这里所选有关海派话剧的资料,全部是尹诗在写作博士学位论文期间全力搜集的。答辩时,邀请了中国现代戏剧研究的著名学者朱栋霖担任主席。答辩委员会肯定了"海派话剧"这一论题对改写中国话剧史的意义。回想几年前尹诗从上海不断将钩沉的资料发给我阅读的时候,仅仅是浏览一下沪上那些说不清是话剧还是文明戏的众多演出广告,以及零星的评论文字,就让我深切地感受到了文明戏的长期存在并撑起话剧舞台半边天下的真实图景。它们绝非进入1930年代便销声匿迹了的。材料本身的催动、启发作用,让我们师生对海派话剧的认知发生了全局性的变动,包括后来成为尹诗论文核心观点的文明戏改良说、改良文明戏造就海派话剧雏形说、海派话剧即上海市民通俗话剧成熟说等等,都是如此产生的。我在当年便曾做了些摘记,现将资料中1936—1942年间的极少部分梳理成笔记体短文,予以公布,为的是提倡学位论文应老老实实从一页一页原始材料读起,在尽力发掘新资料、建立新观点的基础上加以构筑,以纠正当下那种危害无穷的集纳式研究、剪贴式写作(几乎是半剽窃的程度)的大弊病。至于材料所定的年限,并无太大深意。一方面因材料容量庞大,不得不加删选,另一方面这也正是改良文明戏向海派话剧"过渡"的敏感时刻,过渡性的演出可谓色彩纷呈,过渡性表述的点睛之笔也十分豁然,足够发人思索。全文体例如下:每条资料均含三层,一是序号和小标题,为提示"主题"用;二是资料原文和出处,计分整段抄录和摘录两类,凡原文都以引号标示,出处则在括号内;三为笔者的简要读后笔记。

1. 文明戏和话剧之间

"在读脚本的话剧尚未大众化以前,皇后剧院的新型话剧的确还当得起过渡的责任。他们已经决心革去许多旧式文明戏的通病,水准已在一般文明戏之上,开幕以来,所以能够得到成功,决非偶然幸致。虽则不读死脚本,却有剧本的精神。而活泼生动,则又过之。"(勺红:《幕表剧人"皇后"演员

素描》,载《戏世界》,1936年9月2日)

"话剧的价值,它异于文明戏的地方,是因话剧有了种思想的刺激。不像文明戏般老这样糊糊涂涂下去。"(寒梅:《"演不出的戏剧"与"说不出的话"》,载《戏世界》,1936年9月16日)

"能以文明戏之通俗,而渗入话剧之长处,则成一种适合社会环境之过渡新戏"。顾梦鹤加入皇后剧院提出的约法三章是:"一剧本须经本人审查","二为演员绝对听其指导不得擅改剧情","三为每部戏必须如话剧之有剧本"。(《与白虹同时加入皇后剧院 顾梦鹤居然约法三章》,载《电声》,1938年7卷29期)

"他们鉴于文明戏的观众人数甚多,而他们却因鉴赏水平较低,无法接受话剧"。"计划着演些高于文明戏而较低于话剧的新戏"。(《春雷剧社后日成立》,载《中国艺坛日报》,1941年3月8日)

以上四条资料都从"称呼混杂"的特殊角度,让我们观察到"改良文明戏"是如何处于"话剧"与"旧式文明戏"之间的这一"过渡"现象的。"文明戏",是话剧从欧洲经日本传入中国后,对初期话剧的一个叫法。它是西洋的形式尚未立定脚跟就急于中国化的一例。文明戏迎合传统戏曲大众的欣赏习惯,弃剧本采幕表而即兴发挥,同时随意加唱、加杂技、加与剧情脱节的演说词,以及恢复种种的旧戏陋规等。于是,欧式的有剧本、有灯光布景的戏,遂成纯话剧。曹禺话剧和左翼话剧均属后者,他们批评起一切低俗的市民剧来,就直斥其为"文明戏"!而文明戏在1920年代末和1930年代初兴起"改良"潮时,在"话剧"和"文明戏"这两个概念间游荡,不免失语。到眼前这些资料为止,处境依然。在给"话剧"加上"读脚本"或不读脚本,"通俗""大众"还是不通俗、不大众,"活泼生动"或是不活泼生动的修饰语,在给"文明戏"加上"旧式"或新式的定语之余,对于作为中间物的改良文明戏,只能想出什么"新型话剧""过渡新戏"这样含混的不科学的称谓,最后索性用"高于文明戏而较低于话剧"一语概括之。后者的意思倒能明白:便是既要吸收文明戏的大众通俗性,又要接受话剧的富有"思想刺激",及依据剧本的好处。如果一时没有剧本,也要有"剧本的精神",即坚持从事艺术的严肃性。它不想戴上"改良文明戏"的帽子,却向"话剧"靠拢。这就为日后演变成"海派话剧"指明了路径。资料读至此,竟读出一种无以名之的话剧种类来,也读出"缝隙"来。而发现"缝隙",便是找到研究的切入口了。

2. 话剧先驱之一陈大悲的处境

"陈大悲他是一个缺乏经济力量的人,所以他每干一种计划,没有一次不是借重旁人的金钱,来做自己的事业。干干话剧,编编文明戏,没有一定的见解,这当然是他的苦衷。"(梅蕊:《陈大悲在话剧界》,载《戏世界》,1936年10月7日)

陈大悲的命运很典型。他是春柳社的成员,编演过文明戏,又在文明戏堕落的时候批评过文明戏。他提倡非职业化的校园戏(爱美剧),发表著名的理论著作《爱美的戏剧》,来纠正文明戏的偏颇。无论是成立话剧组织,创办戏剧刊物、戏剧学校,翻译国外剧本,样样在前,算得是早期话剧界的一员先锋。但是他没有能解决得了两件事:话剧这个道地的舶来品,是"中国化"好,还是"去中国化"好?关在校园里的话剧只做游艺节目、赈灾义演,纯是纯了,它的真正观众何在,推向市场就有极度追求票房价值和盲目迎合大众的消极面发生,又该如何解决?陈大悲没有资本来从事他心里的那个事业,克服话剧这些与生俱来的胎病。他写过带有"五四"性质的话剧《幽兰女士》,还写了《西施》《巧克力姑娘》这样迎合市场的剧本。他曾主持过上海剧院"复兴话剧",又替皇后戏院王君达、王美玉的"王家班"为改造文明戏出任编剧。在别人看来,即是"干干话剧,编编文明戏"而已。他在海派话剧发展的半路,终止了自己的脚步,实令人扼腕。

3. 海派话剧代表作家姚克坚持剧本的质量

"'绿宝'这次上演古装戏《阎惜娇》,本来预备加强阵容,大干一下,敦请姚克担任导演,'内子'上官云珠演阎惜娇。一切条件谈得很妥,姚克兴冲冲地跑到'绿宝'后台,拿起剧本一看,眉头立刻皱起,认为剧本写作技巧不够,非改不可,尤其是第三幕为最。于是提出条件,由他执笔改编。但绿宝后台当局,认为剧本尚可差强人意,不必修改,而且修改剧本,又要多出一笔修改费,便婉拒姚克之条件,哪见姚克一见自己提出之要求竟遭拒绝,便一怒而跑出了'绿宝',同时将'内子'上官云珠一起拖出。"(钰:《为了修改剧本!姚克一怒出"绿宝",上官云珠夫唱妇随》,载《大众影讯》,1942年第3

卷11期)

姚克就与陈大悲不同。他是戏剧家吴梅的高足,在耶鲁大学学过西洋戏剧,同鲁迅有交往,眼界自然宽阔。在当时的上海,卡尔登、皇后、辣斐、璇宫、兰心都是出演话剧的大剧场,绿宝却是演改良文明戏的营垒。姚克并不忌讳去那里导《阎惜娇》(他自己创作过《楚霸王》《美人计》,本是写古装戏的好手笔),却偏要坚持剧本的质量,一丝不含糊,不向追求利润最大化、成本最低化的市场法则低头。所以1941年在上海公演他的代表作《清宫怨》,一时轰动剧坛,久演不衰,就不是偶然的了(改编后的电影《清宫秘史》更火爆,后遭新中国批判)。市场有了,艺术也有了,姚克能成为海派话剧的重镇作家是有道理的!

4. 文明戏废除幕表制不易

"近来提倡话剧的人很多,同时也很有人打算把文明戏改良。同是话剧,为什么话剧之中,还要分出文明戏来呢?其实,文明戏也是话剧,所差者,话剧应当用剧本,而文明戏因陋就简,不用死剧本,而根据一张活幕表,所以在演出上有很大的不同了。如果一出戏开演起来,可以演这么二星期以上的,那末,演惯文明戏的,也何乐而不为,自然也高兴用剧本了。万一每一出戏的开演,至多只好五六天八九天,那末,就很为难,即使有好几个人写剧本而不致闹剧本荒,但演员们哪里有排练的功夫呢,这一层是个绝大问题。无论是怎样一个话剧团体,要他们每一星期排练出一本新戏来,总是难事,除非要有二三班人轮流排练,方可以济事;否则,不是弄到剧本幕表化,也只好停演了。在外国,话剧虽都用剧本,但是这是都会中的情形,若是在小地方,不能天天换一班新观众的,他们的剧本也很马虎。那些旅行团,性质又很不同,他们虽然可以天天换戏,但数目不多,只有那几个戏,演了若干日,就要换一个地方了。总而言之,用剧本,用幕表,问题不在演员们,而在该团该地,是否有二三星期以上天天不同的观众。"(李多管:《话剧与卖座》,载《现世报》,1939年第38期)

《话剧与卖座》一文讲到了职业话剧的要害,揭破了一个公开的秘密。为什么文明戏长久顽固地非要用那么一张"活幕表"?如果文明戏一出剧能演两星期以上，那么他们也愿使用剧本。"用剧本，用幕表，问题不在演员们"，而在于一剧的演出"是否有二三星期以上天天不同的观众"。如果话剧每日在都市上演，那么它和观众关系的实质，便决定了话剧的命运和前途。剧本只是提高演出质量的一个重要环节，而不是全部。整整一部中国话剧史，文明戏依靠的是市民观众，左翼话剧的生存依靠的是激进的知识观众、学生观众，而到了一出戏能将全体的都市大众统统动员起来，甘心自掏口袋买票观看，像"中国旅行剧社"的《雷雨》1936年5月起在上海卡尔登大戏院连演三月而不衰，还愁什么？这样的剧本如果一两年能有一部产生，配以二流的剧本若干，每戏都有够水平的职业剧团来接手排演，还怕飘扬不起话剧的大旗，还怕话剧不从游艺场客串的地位升至大剧院的艺术神圣殿堂吗？

5. 改良文明戏对《雷雨》的演出和改编等

《雷雨》卖钱就演雷雨。"在经过一班秋风专家讨论之后，认为新正在宁波同乡会演出的《雷雨》，颇能号召于一时，于是曹禺得天独厚，又将蒙天风专家光顾一次。"(《天风出师不大顺利 秋风专家又演秋风戏》，载《中国艺坛日报》，1941年3月19日)

"中国剧团假大华屋顶戏院演出后，极为人所欢迎，尤以《雷雨》一剧，更为人所乐道，该团原定昨日表演《妻威》滑稽名剧，但因各界要求，再演《雷雨》。"(草：《中国剧团再演〈雷雨〉》，载《戏世界》，1936年8月31日)

当《雷雨》一剧风行海上之时，许多文明戏剧团争相演之。如"大新游乐场励社话剧陈秋风、刘一新通力杰作《谁的罪恶》，《雷雨》改编"。(《申报》：1937年6月27日广告)

将《雷雨》改为申曲。"用中国最优秀的舞台剧《雷雨》改编演出，使我们得到许多更丰富的教训。"(戈戈陆沉：《写在大家庭演出前：给电影界戏剧界同志们》，载《中国艺坛日报》，1941年3月16日)

《雷雨》的成功震动了文明戏界。这里最要注意的不是一窝蜂的演出活动，而是改良文明戏剧团的动向，他们将《雷雨》改编了(改名为《谁的罪恶》，可惜读不到改编的本子或幕表)，还演到游乐场去了(大华屋顶戏院、大新游乐场等)，却仍不失其价值。他们还将《雷雨》改编成申曲(直至前几年苏州评弹团还将《雷雨》改为评弹，我在北京长安大戏院看过他们的精彩演出),实现了话剧与其他民间曲艺的交汇。我在读胡思华的历史回忆著作《大人家》时,注意到他所记海派京剧魁首周信芳(艺名麒麟童)发起上海京剧界和话剧界联合演出《雷雨》的盛况:由京剧移风剧社1940年1月23日在卡尔登上演,周信芳饰周朴园,金素雯(胡思华母)饰繁漪,高百岁饰鲁大海,话剧界桑弧饰周冲,小报界胡梯维(胡父)饰周萍,唐大郎、何海生等也均有角色;海派话剧名导演朱端钧执导。这是话剧与京剧的交汇。那么,文明戏就更不必说了。文明戏吸收优秀话剧的营养(尽管有票房的动机),对海派话剧形成所能发生的作用,应该是一个研究题目。而海派话剧对新文学的借鉴,还可从1940年吴天改编巴金《家》的例子看出(如能找到演出资料可与曹禺改编的《家》作一比较)。因为卖座很火达两个月,本拟继改巴金的《春》和《秋》的,却因病放弃了,结果由海派名家顾仲彝改编了《春》。前后的轨迹,可见出彼此交汇的端倪。

6. 电影演员大量加入文明戏班

从1930—1940年的《电声》杂志看,加入文明戏剧团的电影明星有谈瑛、叶秋心、朱秋痕、宣景琳、黄耐霜、薛玲仙、范雪朋等。

下海演文明戏的众多明星,动机各人不同。她们下海的主因,有的只不过是"为了生活"呵!(《朱秋痕出演文明戏》,载《电声》1939年第8卷20期)

但是你不能说这么多流行的、时髦的电影明星的参与,不会对改良文明戏的演出水平发生影响。其中包括城市风气的不知不觉的变异,人们对文明戏的鄙视心理会逐渐跟随明星而淡化,给文明戏的转化带来有利环境。

7. "中旅"到京剧馆演《雷雨》,同时也演海派话剧

"顷探悉他们本月八日起将在四马路天蟾舞台演日场,天蟾演话剧,此为创举。闻院方已接受中旅的要求,决定改为对号入座,戏台亦有所改良。中旅为最有悠久历史的剧团,她在战前旅行过许多地方,也演过各种不同的舞台。此次在天蟾演出,事实上又是话剧在上海京戏馆演出的第一炮。"(《中旅先与天蟾合作,再履行绿宝合作》,载《电影新闻》,1941年6月21

日）

"《石榴裙下》（空前大喜剧），中旅演出，天宫。"（《申报》广告，1941年9月17日）

"中旅继《葡萄美酒》后，预备公演四幕喜剧《石榴裙下》，由刘莲主演，孙景路暂时休息，在此休息期内，排练《碧血黄沙》一剧，此剧以蒙古作背景，导演吴景平连日在研究该地服装，及风俗人情中云。"（《刘莲主演〈石榴裙下〉，孙景路休息排〈碧血黄沙〉》，载《电影新闻》，1941年8月30日）

以唐槐秋为首的"中旅"是中国话剧第一个职业演出团体。自它演出《雷雨》成功后在国内更是名声大响。但我们看现实的中国话剧环境，依然十分严峻残酷。"中旅"到天蟾舞台京剧馆演《雷雨》已是1941年，证明过去有人说上海已形成了话剧专门剧院的话是带有折扣的。但话剧对京剧剧场、舞台等的改造，又是非常引人入胜的材料。《石榴裙下》《碧血黄沙》是当日许多剧团争演的海派话剧有名剧目，"中旅"也演，意味深长，不如此就不能生存呵！在1940年代初期的上海话剧界，左翼话剧退向了重庆和延安，海派话剧和纯话剧在这里打成一片，都是与话剧市场紧密结合的景象，想想并不稀奇。

8. 海派话剧经典之一《秋海棠》演出票房超纪录

秦瘦鸥长篇通俗小说《秋海棠》由原作者和顾仲彝、费穆、黄佐临合编为同名话剧《秋海棠》，石挥等出演，从1942年12月至1943年5月，连演200多场。（见《申报》广告：1942年12月24日至1943年5月10日）

"《秋海棠》确实可以创造以前未有的记录，无论是装置，服装，以至任何最细微的地方。《秋海棠》有一个非常完整，凄艳无比的故事，如果读者读过原著的话，一定能够对秋海棠，予以十二分的同情。《秋海棠》里，没有死一个人，但是一种生之悲哀，必然会使千万的观众，不自禁地落下泪来！秋海棠是一个学旦的乾伶，而其私底下，却是一表不俗，他有伶人的习惯动作，又有纯洁的灵魂，这使饰秋海棠的石挥不得不下了十分的努力，有人说：石挥是天才艺人，的确，表面看起来，他是有一些天才的，《秋海棠》中，居然还串演戏中戏《苏三起解》，其实这是他的根底深。从《秋海棠》，我们可以知道石挥是一个多方面的演员。在《秋海棠》中，将有五十四个演员登场，实足演四小时,经过修正与删除以后,共计五幕七景九场,开首即是好戏,石挥唱'女起解'呢,所以观《秋海棠》的观众,是不能迟到的,迟到对于你,简直是一种重大的损失!静静地等待着吧,十八日起,那睥睨歇浦的名剧:《秋海棠》,将于我们作初次的相见了!"(立雪:《〈秋海棠〉五十四个演员登场》,载《力报》,1942年12月14日)

看《秋海棠》不应该专门看一个故事,更应该重视秋海棠伟大的人格,与那种大丈夫气概。(明鉴:《石挥从青年演到老年》,载《力报》,1942年12月24日)

《秋海棠》小说问世于1940年。两年后,其话剧改编由原作者和海派话剧的名编剧、名导演联袂完成,连演五个多月不辍,记录竟超出《雷雨》,为话剧史上所仅有!单从剧本的文学造就来说,《秋海棠》不能与《雷雨》比肩,但它有通俗耐看抓得住人的情节,有"戏中戏"这样的演出结构和形式,布景、灯光、服装样样讲究不落套。而且新闻报道提示我们,此剧不凡,是有一定的思想人格表现的。"海派话剧"于是得以确立。

2014年10月6日抄录整理
同月12日修订于小石居

・廣告斷想

《创造周报》复刊骤止却引来《文化批判》

《创造周报》复活了

一、复活预告

时辰滚滚地流去，转瞬之间，在我们的文艺界瞌睡着的当中，时代又已经前进得离我们很远了。文艺应该站在时代的前头，至少也得跟在时代的尾后前进。可诅咒的瞌睡，可耻辱的落伍！我们不甘于任凭我们的文艺界长此消沉，任凭我们的文艺长此落后的几个人，发愿恢复我们当年的，不幸在恶劣的环境中停顿了的《创造周报》，愿以我们身中新燃着的烈火，点起我们的生命与我们消沉到了极点的文艺界，完成我们当年未竟的志愿。我们的文学革命已经告了一个段落，我们今天要根据新的理论，发扬新的精神，努力新的创作，建设新的批评——我们将在复活的《创造周报》开始新的简册。我们在这里正式宣布，我们的休息已经告终，我们决在十七年的第一个星期日再与诸君相见。亲爱的朋友们哟，请听，请听，我们卷土重来的雄壮的鼙鼓！

二、编辑委员

成仿吾　郑伯奇　王独清　段可情

三、特约撰述员

鲁　迅　蒋光慈　张资平　陶晶孙　穆木天　赵伯颜
潘怀素　麦克昂　李初梨　冯乃超　彭　坚　李白华
李声华　袁家骅　许幸之　倪贻德　敬隐渔　林如稷
夏敬农　黄药眠　杨正宗　孟　超　张牟殊　杨邨人
黄鹏基　张曼华　高世华　聂　箕　邱韵铎　成绍宗等

（原载1928年1月1日《创造月刊》第1卷第8期初版）

《创造月刊》的姊妹杂志

《文化批判》月刊出版预告

本志为一部分信仰真理的青年学者，在鬼气沉沉，浊流横溢的时代不甘沉默而激发出来的一种表现,其目的在以学者的态度,一方面介绍最近各种纯正的思想,他方面更对于实际的诸问题为一种严格的批判工作。它将包含哲学,政治,社会,经济,艺术一般以及其余有关系的各方面的研究与讨论。

本社受《文化批判》同人诸君的委托,谨预告《文化批判》月刊将于民十七年元月中与诸君相见。预定函购等概依《创造月刊》办法。

我们深信《文化批判》将在新中国的思想界开一个新的纪元。我们切望海内外觉悟的青年同志们一致起来拥护这思想界的新的生命的力。

创造社谨启

(原载 1928 年 1 月 1 日《创造月刊》第 1 卷第 8 期二版)

上面这两则广告,一个是为复活《创造周报》大造声势,一个是突然预告另创办《文化批判》,除此之外,创造社当年还有一则《〈创造周报〉改出〈文化批判〉月刊紧要启事》,夹在了当中。稀奇的是这三个广告都是登在同一期刊物上的。所不同的,只是恢复《创造周报》的消息是载于刊物的初版,另两个却刊在了二版。我们还可以如此设想:或许就是为了要紧急登载不再出版《创造周报》的消息,才来个二版也不一定。事情的仓促程度,急转弯的决心,都隐隐地透出内幕的颇不平静。这是怎么回事呢?

原来大革命失败后,左派文人急剧地从政治、军事第一线纷纷退下,在上海隐蔽起来,同时也意味着重新结集力量。鲁迅在厦门大学期间就曾在给许广平的信中表示,想"与创造社联合起来,造一条战线"。可见两方都有这种愿望,只是没有机会实现。正好这时大家都到了上海,创造社的部分成员便提出联合鲁迅的建议。1927 年 11 月的一天,郑伯奇、蒋光慈、段可情事先征求了郭沫若的意见,主动来闸北景云里访问鲁迅,并提议合办一个刊物。他们的建议立刻得到鲁迅的响应,鲁迅还积极主张与其筹办一个新刊物,还不如恢复《创造周报》便利。这意见是更尊重创造社的,自然获得大家的赞同。这样也就有了郑伯奇、段可情十天后再次与鲁迅会晤,讨论共同编辑《创造周报》的一些细节的事。这两次见面,在鲁迅日记里均可查到。于是,到了同年 12 月 3 日,上海《时事新报》登出了《创造周报》复刊的广告。在发布的 30 人特约撰述员名单中,鲁迅以第一名的位置领衔,麦克昂(郭沫若)名列其中,很快要另组太阳社的蒋光慈、孟超也在其内。这个名单的广泛性是很显然的。不久,此启事便加上"复活了"这样热烈的字眼,又出现在

《创造月刊》第 1 卷第 8 期上,长长的特约撰述员的名单照登不误。

可是戏剧性的大转弯来了。创造社的骨干之一成仿吾其时正在日本,他成功地动员了冯乃超、李初梨、彭康、朱镜我、李铁声五人放弃学业,提前回国参与创造社倡导"无产阶级文学"的活动,却并不知道这一段时间里联合鲁迅、恢复《创造周报》的过程。这批人于 1927 年年底纷纷回国后,就在创造社内部造反,批评郭沫若的"幻想",断然要求创造社转换方向。按照几个月后成仿吾发表的《全部的批判之必要——如何才能转换方向的考察》所言(我们不妨把这些话看成是当时他们这批人说服郭沫若的理由):如要建立新的普罗文学,必须对过去的文艺做一次"总结算",所谓"全部的批判"必须"沉潜到经济过程的批判","再上升经生活过程的批判与意识过程的批判"。而涉及的批判对象,就包括了"五四"以来的老作家。"《语丝》等早已固结而反动",怎么还能联合?联合岂非倒退?其时,创造社的主将郭沫若本来就既有联合鲁迅的一面,又有批判鲁迅的一面,在内部"创造社小伙计"如此强烈的攻势下,他便也转了向。上述几则广告就联袂出现了。

我们从广告的用词也可以看出,原来停刊的《创造周报》和现在创办的《文化批判》都是以理论批评为主并带一点点创作的刊物。《文化批判》本来的刊名定的是"抗流"二字,可见它的激进态度。1928 年 1 月 15 日在上海创刊时,署丁怼主编,实际是由创造社留日归国分子朱镜我、冯乃超编,创造社出版部自己出版发行的。创刊号成仿吾有《祝词》一篇,引列宁语称"没有革命的理论,没有革命的行动",表明此刊的文化理论性质。"祝"字的语气里有第一代的创造社元老今后做指导者,刊物便交给第二代去打理的意思。创刊号还有编者的《编辑初记》一篇,说明此刊本着输入思想、学说加以通俗化的宗旨。结果它一期期地出版,却离通俗化的目标日远,而理论火力越来越强,与《创造月刊》一起,成了创造社理论战的主要炮口。如若检点一番,仅 5 期的《文化批判》,重要文字如下:

冯乃超:《艺术与社会生活》(1 号)
李初梨:《怎样地建设革命文学》(2 号)
麦克昂:《留声机器的回音——文艺青年应取的态度的考察》(3 号)
李初梨:《请看我们中国的 Don Quixote 底乱舞——答鲁迅〈醉眼中的朦胧〉》(4 号)
冯乃超:《人道主义者怎样地防卫着自己》(同上)

彭康:《"除掉"鲁迅的"除掉"》(同上)

朱镜我:《关于精神的生产底一考察》(同上)

《创造月刊》不愧是《文化批判》的姊妹刊,理论文字相互配合默契。仅1928年全年即有:

成仿吾:《从文学革命到革命文学》(1卷9期)

成仿吾:《全部的批判之必要——如何才能转换方向的考察》(1卷10期)

麦克昂:《桌子的跳舞》(1卷11期)

彭康:《什么是"健康"与"尊严"——〈新月的态度〉底批评》(1卷12期)

冯乃超:《冷静的头脑——评驳梁实秋的〈文学与革命〉》(2卷1期)

杜荃:《文艺战线上的封建余孽——批评鲁迅的〈我的态度气量和年纪〉》(同上)

彭康:《革命文艺与大众文艺》(2卷4期)

克兴:《小资产阶级文艺理论之谬误——评茅盾君底〈从牯岭到东京〉》(2卷5期)

加上蒋光慈1928年在《太阳月刊》1期、2期发表的《现代中国文学与社会生活》《关于革命文学》,钱杏邨在同年同刊物3期所发《死去了的阿Q时代》各文,用冯雪峰后来的话说,一本刊物一半的文字都在批判鲁迅。这一年真是"革命文学论争"的理论年!这"革命文学论争",是在新文学发展到一定历史阶段受政治运动的影响发生的。大革命的失败和国共第一次合作的破裂是其国内条件,世界无产阶级运动造成的"红色三十年"是其国际环境。远在1920年代初,早期共产党人们围绕着《中国青年》等杂志就曾提出过建立"革命文学"或"无产阶级艺术"的命题,引起过一些讨论,为这场理论运动做了先期的准备。现在是为了寻路,为了使新文学得以推进,更进一步提出了左翼文艺运动本身带突破性的目标来。它的理论建设和问题并存:第一,根据文学和经济基础的关系,和阶级、社会的关系,提出"革命文学"存在的必要性、可能性,认为"革命文学,不要谁的主张,更不是谁的独断,由历史的内在的发展—联络,它应该而且必然地是无产阶级文学"。不过却较少讨论在"必然"出现的"无产阶级文学"的萌发期里,应警惕些什么,应预防些什么。第二,初步说明了"革命文学"的性质作用。李初梨就批评了创造社过去"文学是自我的表现"的观念,提出"从新来定义'文学'",明确地说出"一切的文学,都是宣传。普遍地,而且不可逃避地是宣传;有时无意识地,然而常时故意地是宣传"的主张。我们可以在后面读到鲁迅对这个"文学是什么"的意见,来比较究竟哪一种看法更符合马克思主义文艺理论的标准。第三,认定文学要接近、要表现农工大众,认定作家"要努力获得阶级意识",改造自己的小资产阶级的立场,口号是"我们还得再把自己否定一遍"。而这个问题,便是文艺为了谁,表现谁,主要题材应该写谁,最后是怎样改造自己的世界观,"小资产阶级"阶级属性的帽子要戴在谁的头上等,在以后的日子里,一直成为革命文学内部纠结的问题。而今天我们比较能看清楚的,是"革命文学论争"中对待鲁迅等的批判的是与非。由于当时无产阶级文艺思想的不完备,在接受由苏俄和日本传播的新兴文学的思想时,受到苏联"拉普"、日本"福本主义"的"左"倾思潮影响,后期创造社、太阳社等对鲁迅和五四文学的定性,对文学与政治、阶级的关系的认识,都存在很大的局限。自己原本就是激进的"小资产阶级",学了几句革命理论,里面还掺了几分教条,就盛气凌人地指责别人不革命,自己就是"无产阶级"了。比如冯乃超在《艺术与社会生活》中就语带人身攻击地讽刺鲁迅"是常从幽暗的酒家的楼头,醉眼陶然地眺望窗外的人生"。杜荃(郭沫若)在《文艺战线上的封建余孽——批评鲁迅的〈我的态度气量和年纪〉》一文对鲁迅的"上纲",如说"是资本主义以前的一个封建余孽","是二重性的反革命的人物"等,简直登峰造极。

鲁迅的应对是后发制人。从1928年3月以后,他开始写出《"醉眼"中的朦胧》第一篇应战文字。后来随着论争的进程,写了《文艺与革命》《我的态度气量和年纪》等大约十几篇杂文。就创造社诸人对中国、对革命的认识的片面性,急躁情绪,不许别人革命的思想作风,进行深入剖析。对文艺是不是宣传,革命作家是不是革命的留声机等理论问题,也一一给予回答,较少片面性和机械论。如说:"我以为一切文艺固是宣传,而一切宣传却并非全是文艺。"鲁迅既坚持了文艺与社会的一定关系,又强调文艺之所以是文艺的独特性。这与他在这个时期努力学习和译介马克思主义文艺理论,将其引入自己的思想灵魂,引入这场文学论争是有关的。鲁迅的这种情况在下面的条目里我们还将论及。

《文化批判》的诞生,标志了创造社后期的到来。它主动引发的"革命文学论争"是"左联"成立之前的一大事件,推动了马克思主义文艺理论在中国的传播,对左翼内部不同派别关于马克思主义文艺思想的不同理解以及它们之间的团结,都有深远影响。郭沫若在回顾创造社的历史时就说:"新锐的斗士朱、李、彭、冯由日本回来,以清醒的唯物辩证论的意识,划出了一个《文化批判》的时期。"这即《文化批判》这批刊物产生的历史意义。

2010 年 11 月 3 日

左翼刊物在政治、文学与营销之间

广告之一

创造社出版部四种刊物

同时举行一万部突破运动

向来本部所出各种刊物,均备受读者诸君的欢迎,就中尤以创造月刊为特出,除汇刊读者外由常年预订及按期零购者,前后不下万数,于此可见该刊在社会上之声誉,本无庸我们自己来吹嘘的了,至于最近的一年中,我们的新书的突增,杂志的蜂拥,除照常出版创造月刊等外,并印思想月刊,日出旬刊,文艺生活周刊,这无非是随时代的进展,应读者的需要的,我们深望今日的读者,用更多的精神,来注意我们这种种时代的产物。这里又拟定了几条单纯的优待办法,就是:

凡联合预定本部刊物(创造月刊,思想月刊,日出旬刊,或文艺生活)一种全年十份者增赠各该刊物一份,两种十份者增赠全年两份,以上类推。定半年者亦赠半年。

刊物定价,仍照价办法(详见第一期本刊末页)。

此项运动,暂不限定截止期日,由出版者临时通告,但须及早订购,速来参加

突破运动!

创造社出版部

(原载1928年11月15日《日出》旬刊第2期)

广告之二

左联中心机关杂志征求直接订户

自《拓荒者》《大众文艺》《艺术》等杂志继续被封禁过后,经验告诉我们靠书店的合法营业路线,绝对不能出版代表我们斗争活动的杂志,同时本联盟活动的深入,迫切的需要有一个坚强的领导机关杂志。所以我们现在要筹备一个中心杂志,需要读者诸君起来作直接订户。不管压迫怎样的残酷

我们决心把它冲破,绝对不会半途中止,而且每期能够送到诸君之前。

从农村,工厂,战线,一切地下层,同志们,快送你们的报告来!!!

左联中心机关杂志迫切地需要此类文字,火急送来,以一切革命情绪,斗争感情,生活苦痛,来充实革命运动啊!

(原载 1930 年 8 月 15 日《文化斗争》1 卷 1 期)

左翼作家联盟为建立机关杂志《前哨》向广大革命群众的通告

"前哨"是中国无产阶级文学运动之总的领导机关杂志。它的编辑计划已经准备好了,第一期创刊号打算在十月出版。同志们,为促进革命之深入,无产阶级文学运动之前进,拥护我们大家所有的杂志。

起来,做本杂志之直接订户!

起来,把一切斗争记录,从农村,工厂,学校,战线,各地下层寄给我们,充实革命运动。

起来,加入"左联"加入通信运动!

起来,给我们以一切物质上精神上的援助!

(原载 1930 年 8 月 22 日《文化斗争》1 卷 2 期)

广告之三

《北斗》合订本第一卷再版

每册实价一元

北斗发行未久,已被国内外读者大众所称许,公认为一九三一年我国文坛唯一的好刊物。在过去,因我们的发行路线太差,未能普遍于各地各处,以至有的读者还仅闻其名而未见其形的,有的或仅读到一两期而未能窥得全豹的,……这是多么不爽人意的一回事呵!

最近,各埠读者来信补购一卷各期者,日必十数起。但事实上一卷各期,有的都已经售罄,有的所存亦不过几十本了。敝局为应读者需要起见,不惜工本,特再版合订一千本。尚未阅过第一卷,或未窥得其全豹的读者们,都请早日来购,以免向隅!实价每本一元。外埠邮购,不收寄费。(回件如须挂号,另加挂号费八分)同业批发,叨光现钱。

(原载 1932 年 7 月 20 日《北斗》2 卷 3、4 期合刊)

这里的前两则广告乍看很有悖于一般刊物营销的规则,加上第三条《北斗》的广告，就很能看出一条从创造社一直走向左翼文学的线索。这时的后期创造社（以及太阳社）正忙于批判鲁迅，但如从他们所办刊物和行销的方式看去，貌似对立的"左"倾作家的做法，和不久将联合起来的左翼作家们自然是相通的。

  创造社初期的刊物，文学性很强，如《创造》季刊、《创造周报》《创造日》等，发表了众多带有个性的诗歌、小说兼批评文字。虽然附着在资本不大的书局或报纸身上，却都能维持一年到两年以上的出版期，影响都不算小。到了 1925 年至 1927 年间的《洪水》半月刊（1924 年创刊的《洪水》周刊只出了一本就停刊达一年之久，这里不计），大体仍保持着创造社的品位，但已发生了变化。这变化既表现在刊物的管理上，很重要的一件事是 1926 年 3 月在上海宝山路三德里 A11 号成立的创造社出版部，由作家自己经营，《洪水》半月刊自 13 期到 36 期终刊就是由出版部发行；这变化也表现在刊物的风貌上，文学批评和文艺理论本是《洪水》的基本内容，这时却越来越增加思想、政治成分，登载政论，纪念"五一节""五卅节"，为迎接"大革命"、提倡无产阶级文学而宣传，文学团体所办刊物越来越不像文学刊物了。这种风气弥漫开来，原本是"纯文艺刊物"的《创造月刊》到了 1928 年提倡革命文学，开始不"纯"。1928 年曾轰轰烈烈地拒绝与鲁迅合作的《文化批判》，还有《流沙》《畸形》，就一律成了思想文化刊物，一律在出版几个月后即停刊了。所以就有了本条目的"广告之一"：创造社出版部为自家现存的四种杂志发起一个"一万部突破运动"！优待办法之类尚属商业操作，但其"一万部"的指标要由发起一项"运动"来解决，就很特别了。因为 1928 年正是"革命文学"论争之年，创造社的刊物越发地政治化。从广告我们可以知道《创造月刊》原来达到过"不下万数"的骄人发行数字，现在却要与《思想》月刊、《日出》旬刊、《文艺生活》周刊捆绑在一起，设法突破一万发行数的大关，以维持生存。可见创造社的文字越离开文学，它的发行量越低，逼得它只好用社会动员的方式，依仗自己在青年读者群中的声誉来呼吁了。遥想《洪水》半月刊时代，据当时主要编辑周全平回忆，"从第一期到第十二期，《洪水》的定户从五十增加到六百；《洪水》的印数从一千增加到三千"，"《洪水》便缓缓地从上海而泛滥到各处了"。[①] 这三千册的印数显然已够养活一个刊物。如果《创造月刊》《思想》《日出》《文艺生活》四刊能达到当年平均的《洪水》水准，即有一万二千份，就不需要发动什么"一万部突破运动"来补救。而补救的

[①] 全平：《关于这一周年的〈洪水〉》，载 1926 年 12 月 1 日《洪水周年增刊》。

效果显然不灵,《思想》到年底关门,《日出》只出版了两个月,《文艺生活》仅存在一个月,甚至连累及《创造月刊》,到 1929 年 1 月,它也跟着停刊。

当然,"左"倾文学刊物的命运首要在于它的思想政治立场,也派生出了其他。周全平有全力办《洪水》的经历,他说起停刊的原因,认为是"经济力的魔手扼住我们的咽喉。办《洪水》的经费并不十分大,但在衣食不周的我们穷人看来,实在是无可设法的了"[1]。政府当局的高压是垂在"左"倾作家头上的另一把剑,用《洪水》编者的话来说,对于稿子"有的不敢用,有的不敢说。万一天从人愿,把我们头上的高压力除去了的时候,读者诸君或者可以认识真正的《洪水》的本体"[2]。再加上创造社文人的自由散漫、不善经营而又残存着的名士气,他们所受书局老板的盘剥分外多(叫得也响),于是,就构成"左"倾文学刊物处在"政治高压""经济剥削""经费薄弱"三个方面的矛盾交织之中。为了反抗,"想不借资本家的力量来经营","好达到读者和著作家合作的目的"[3],就有了创造社出版部的建立,就有了后期创造社同人要从"商品化,奴隶化的今日艺术求我们的真正的艺术的解放"[4]的呼声了。

1930 年初终于达成了左翼作家的大联合,原来"左"倾文学刊物的以上矛盾自然就带入到"左联"刊物上来。我们只要看"左联"最初的三个文学刊物,毫无例外地都是从后期创造社等刊物转化而来,就能明了一二。如《大众文艺》是原创造社成员郁达夫、陶晶孙于 1928 年 9 月创刊,到 1930 年的 3 月 1 日出 2 卷 3 期"新兴文学专号"时,转为"左联"机关刊物。鲁迅编的《萌芽》月刊是 1930 年 1 月 1 日创办的,到"左联"成立后的第 3 期转为它的刊物。原太阳社的《拓荒者》是 1930 年 1 月 10 日创刊,到第 3 期也变成"左联"机关刊物。它们的命运,在政治高压下没有一种能突破创刊的本年。然后,就是继起的左联刊物《巴尔底山》《世界文化》,一直到上面"广告之二"所举的左联正式独立要办的《前哨》出世。这些刊物都充满了青年人的热情,文学创作之外的思想理论内容夹杂甚多,而且因政治和经济的双重压迫,它们出了几期即不得不停,造成左联刊物多而短命的特点。

《前哨》被称为左联的中心刊物,它的创办最具鲜明的战斗性。所以它否定自己有"靠书店的合法营业路线"之可能。创刊号原定在"左联"成立的第二个月出版,一直拖到 7、8 月间,出来的是"纪念战死者专号",强烈抗议

---

[1] 全平:《我们同声叫喊》,载 1925 年 10 月 1 日《洪水》第 1 卷第 2 期。
[2]《编辑后》,载 1927 年 1 月 16 日《洪水》第 3 卷第 25 期。
[3]《末了的几句话》,载 1926 年 12 月 16 日《洪水》第 1 卷第 7 期。
[4]《编辑后记》,载 1928 年 8 月 10 日《创造月刊》第 2 卷第 1 期。

当局屠杀革命作家李伟森、胡也频、柔石、殷夫、冯铿和宗晖六人。"左联"对这本刊物早有准备,于是我们就看到了利用扩大的政治动员的办法,向广大革命群众征求"直接订户"的广告!

但是,左翼文学刊物所面临的矛盾是多样的,政治之外还有文化、经济、商业等。《前哨》的直接订户究竟有多少,这个独特的刊物广告究竟是宣传还是有实际作用,我们今日已无法认定。不过《文学导报》1931年8月停刊后,第二个月即9月20日即创办《北斗》,在编辑方针上有了变动,可以看出"左联"内部对如何办刊曾经有过怎样的"检讨"。丁玲主编的《北斗》,一出版就站住了脚。到后来居然如"广告之三"所显示的,连合订本都可以加印一千了。它与《前哨》的区别十分明显:第一它是公开出版物,并非"地下"。第二它是文学性刊物,以创作为主,兼发评论与翻译。一共发表了鲁迅的《我们不再受骗了》,茅盾(何典)《喜剧》,丁玲《水》,张天翼《大林和小林》,瞿秋白(司马今等)的《乱弹》和翻译,冯雪峰(丹仁)的评论,白薇的剧本,艾青、葛琴的早期作品,并组织了两次影响深远的以"创作不振之原因及其出路"和"文学大众化问题"为题的征文等。第三它还发表了许多非左翼作家的作品,如冰心、叶圣陶、郑振铎(西谛),特别是京派和自由派作家如徐志摩、沈从文、凌叔华、戴望舒的。所以《北斗》成了"左联"刊物中一颗明亮的星,以至于1934年美国记者伊罗生在鲁迅和茅盾协助下编辑《草鞋脚》一书,提及刊物时,他们对《北斗》的说法是:"这是那时期唯一的公开的左翼文艺刊物。""执笔者除了左联的作家外,也有'自由主义'的中间作家。这是和以前《拓荒者》等不同的地方。以前《拓荒者》对于'自由主义'的中间作家是取了关门的态度,而《北斗》则是诱导的态度。""《北斗》在青年中间很有些相当的影响。"①这些都是客观的评价。《北斗》之后的左联刊物,如《文学月报》注重创作,也发表"自由主义"作家的作品,北方左联的《文学杂志》《文艺月报》也同样重视创作,虽不如非左翼的几个大型文学杂志《现代》《文学》《文学季刊》那么厚重,出版时间那么长,但能在那样恶劣环境下破土生长,也已是不易了。

2011年7月19日

---

① 鲁迅、茅盾合作,茅盾执笔:《中国左翼文艺定期刊编目》,《茅盾全集》第20卷,人民文学出版社1990年版,第92页。

《科学的艺术论丛书》出版与鲁迅等对马克思文艺理论的译介

　　科学的艺术论丛书
　（1）艺术论　蒲力汗诺夫著　鲁迅译　实价六角五分
　（2）艺术与社会生活　蒲力汗诺夫著　雪峰译　实价三角五分
　（3）新艺术论　波格达诺夫著　李今译　实价三角
　（4）艺术之社会的基础　卢那卡尔斯基著　吴谦译　实价七角
　（5）艺术与文学　蒲力汗诺夫著　雪峰译　近出
　（6）文艺与批评　卢那卡尔斯基著　鲁迅译　实价九角
　（7）文艺批评论　列什涅夫著　沈端先译　近出
　（8）文学评论　梅林格著　雪峰译　实价五角五分
　（9）蒲力汗诺夫论　雅各武莱夫著　林伯修译　近出
　（10）霍善斯坦因论　卢那卡尔斯基著　鲁迅译　近出
　（11）社会的作家论　伏洛夫斯基著　画室译　实价四角
　（12）艺术与革命　冯乃超译　近出
　（13）文艺政策　鲁迅译　实价七角
　（14）艺术社会学初案　雪峰译　近出
　上海光华书局发行

　　　　　　　　　　　　（原载 1930 年 2 月 1 日《萌芽月刊》第 1 卷第 2 期）

　又：该刊 1 卷 1 期所登该丛书广告仅 12 种（缺《社会的作家论》、《艺术社会学初案》），每书有内容概述，前总题："全丛书十二本，鲁迅，雪峰，苏汶，沈端先，林伯修，冯乃超，诸先生翻译；雪峰先生负责编辑。"译者中李今署苏汶，吴谦署鲁迅。

　1928 年 12 月 9 日当天的鲁迅日记，曾录下这样短短的一句："柔石同画室来。"①"画室"即冯雪峰,为冯常用的笔名。这是他第一次在私下场合与鲁迅的会见,地点在鲁迅由广州到上海之后最先租住的东横滨路景云里寓所。面见鲁迅而由柔石陪同,是因在此之前他与鲁迅虽已有少许的接触和书信往来,却仍不够熟识;而他和柔石却是杭州浙江省一师的前后同学,因爱好文学而相知。现在的柔石是帮助因躲避追捕上月刚从家乡义乌转移来沪的冯雪峰,去接触鲁迅的。冯其时已是中共党员,在北京大学旁听期间学会了日语,这时去见鲁迅,一是听柔石讲述知道鲁迅对青年非常之好,颇想接近,二是正想请教自己两年来从日文转译马克思主义文艺理论著作过程中所遇到的疑难问题。他听说鲁迅也在做类似的工作,使用的自然也是日语,所以这一次的见面是意料中的事情。那天晚间三人的具体谈话内容我们不得而知,无从猜测,但有一件事是确定的,就是这次短时间的拜访促成了鲁迅与冯雪峰的一次重要合作。他们商定,要来编辑一套马克思主义文艺理论的翻译丛书,那就是半年后即迅速登场的《科学的艺术论丛书》(后曾一度改名为"马克思主义文艺论丛")。

上面这则广告是光华书局所作,实际上这丛书起先在上海水沫书店就印行了。所列的 14 种译本,并未出全,即遭当局查禁。仅出的 8 种都在这个广告里标出了定价。所以这套书虽然有多种广告,此种是最为标准的。从面世的 8 种译本来看,大部是苏俄理论家的作品,计普列汉诺夫 2 种,卢那察尔斯基 2 种,波格丹诺夫、梅林(仅此人为德国理论家)、伏洛夫斯基及综合集各 1 种。其中鲁迅一人就译了 3 本,冯雪峰也是 3 本,占了核心译者的位置。另有一说是《科学的艺术论丛书》共出了 9 种,所差的 1 种大概是冯雪峰译德国弗里契的《艺术社会学》。此书他确实译出了,但是不是这目录里第 14 的《艺术社会学初案》,则有待进一步的考证。丛书的译者阵容强劲,如果再加上瞿秋白(他卷进了中共的政治领导中心漩涡,要稍迟些才会投身理论翻译),可说初期向国内"偷运"马克思主义文艺理论之火的主要人物都在这里了。

在中国,马克思主义文艺理论的最初译介即发生于 1920 年代。这是以翻译公认的马克思主义文艺学经典理论家、宣传家的阐释性著作和介绍苏俄历来文艺论战的情况为早期特色的。这时候,苏俄从十月革命胜利之后政权内部不断发生的文化争议,一直未曾停止过,如最早的列宁与波格丹诺

---

①鲁迅:《鲁迅全集(第 14 卷)·日记》,人民文学出版社 1981 年版,第 735 页。

夫"无产阶级文化派"的论争仍有余波,继之以1923年以来托洛茨基、"列夫派""岗位派"的争论等,都是最现实的状况。马克思主义的文艺理论和政策其时并没有形成绝对的权威,执行中的分歧、纷扰是很自然的。而马克思主义的创始人马克思、恩格斯关于文艺的手稿、书信等文档还保存在德国社会民主党的图书馆内,未得清理与公布,所以对阐释性著作的再阐释就成为争议的焦点。而中国的背景是:早期倾向马克思主义的知识分子先锋人物,已经陆续了解到一些苏俄文艺论争的观点,并根据自己的理解做出了介绍。比较有分量的文字,如中共第一批留苏学生中的蒋光慈(侠僧)1924年写的《无产阶级革命与文化》(载《新青年季刊》3期),茅盾(沈雁冰)1925年发表的《论无产阶级艺术》(连载于1925年《文学周报》172期、173期、175期、196期),都采自苏俄文艺论战的材料和早期马克思主义文艺家的论著。时间到了1928年,国内发生"革命文学"的论争,后期创造社、太阳社的青年作家揭起了"革命文学""无产阶级文学"的大旗,并受到日本"左"倾文艺思想的影响,对鲁迅、茅盾等"五四"老作家发起了猛烈攻击。后期创造社、太阳社批判鲁迅的观点其渊源也来自他们自认的马克思主义文艺理论,发表阵地主要即《文化批判》《创造月刊》等。这样,初期的马克思主义文艺理论在中国的传播,就显示了它的全部复杂性。一方面,它为"无产阶级文学"的建立输送和提供了理论依据,使我们在唯物史观指导下初步建立起文艺从属政治的"阶级的文学"的概念,推行带着各种色彩的新型的"现实主义",张扬了幼稚期的"革命文学"。另一方面,因为从开始就受到庸俗社会学的干扰,它对马克思主义的文艺理论作简单化的解释:在文艺的"性质"上将阶级的文学与阶级的政治做缺乏中介的对接,将文学和宣传混同,要求文学直接为党派政治服务;在文艺"队伍"中,排斥所谓的"小资产阶级",打击"小资产阶级作家"和"同路人作家",造成内部的"关门主义""宗派主义",自我萎缩了而不是壮大团结了革命文学家的阵营。值得庆幸的是,这并非中国初期传播马克思主义文艺理论状况的全部。以鲁迅、冯雪峰为代表的理论翻译界,在某种程度上可能对此做一定的纠正(当然不可能全部纠正)。

鲁迅从"五四"文学革命起,就一向关注苏俄的文学和思潮,到了1920年代更加关心其文艺现状。1925年任国桢选译了《苏俄文艺论战》,为《未名丛刊》之一,鲁迅便曾写《前记》予以推荐。到了"革命文学"倡导期,正如鲁迅所说是这场论争客观上促进了、加快了鲁迅学习马克思主义文艺理论的进程。1928年7月22日他在给韦素园的信中说:"以史底惟物论批评文艺的书,我也曾看了一点,以为那是极直捷爽快的,有许多暧昧难解的问题,都可说明。但近来创造社一派,却主张一切都非依这史观来著作不可,自己又不懂,弄得一塌胡涂。"①这些话,把马克思主义理论的深刻性和当时运用的片面性都说到了。我们看他日记所载1928年的书账,仅马克思主义的经典理论著作就添置达60余种,像《空想的科学社会主义》《史的唯物论》《马克思主义的作家论》《马克思主义与艺术运动》《艺术与唯物史观》《俄国共产党的文艺政策》《列宁给高尔基的信》等。其中有些唯物论辩证法或唯物史观的书名互相重复,可能是要多方比较吧,也照样一本本地购进。直到1932年鲁迅编定《三闲集》撰写序言时,他还总结性地说道:"我有一件事要感谢创造社的,是他们'挤'我看了几种科学底文艺论,明白了先前的文学史家们说了一大堆,还是纠缠不清的疑问。并且因此译了一本蒲力汗诺夫的《艺术论》,以救正我——还因我而及于别人——的只信进化论的偏颇。"②

鲁迅在领衔编辑《科学的艺术论丛书》之前,曾参与陈望道编的《文艺理论小丛书》工作,两者性质极其相近。《文艺理论小丛书》1928年至1932年由大江书铺出版过四种,都是由日本左翼理论家的编著转译的。鲁迅译的是片上伸的《现代新兴文学的诸问题》,1929年4月出版。这年6月,还由大江书铺出版了他翻译的卢那察尔斯基的论文集《艺术论》。然后才是这套《科学的艺术论丛书》里所译的三种。所以加在一起,零星的翻译不算,要谈鲁迅对马克思主义文艺理论的译介,主要是这五本书。在"左联"成立之前,这是鲁迅为中国人民窃天火输入马克思主义文艺理论的一次集中表现,从中明显可以发现鲁迅这时期向左翼革命文学倾斜的一部分思想的来源。鲁迅理论翻译的选目重心,宣示了他介绍、运用马克思文艺理论来解决中国文艺现实的意义,"既是为解除个人思想的困惑,求索新的精神武器,也是为中国草创期的马克思主义批评筚路蓝缕,奠定发展的方向和基础"③。具体的特征如下:第一,追本溯源。经过对马克思主义文艺的经典理论家普列汉诺夫、卢那察尔斯基的介绍,探求马克思主义理论对文艺的发生、文艺是什么、文艺的作用这些问题所做的根本性的解释。既然物质的功利性劳动产生了艺术,那么按照唯物史观的解释,社会、阶级的历史功能必然是会与文艺相关的,宣传便是文学的功用之一,但这是文学的外部属性,并非内在属性。

---

①鲁迅:《鲁迅全集(第11卷)·书信》,人民文学出版社1981年版,第629页。
②鲁迅:《鲁迅全集(第4卷)·三闲集》,人民文学出版社1981年版,第6页。
③艾晓明:《中国左翼文学思潮探源》,湖南文艺出版社1991年版,第196页。本文得到艾晓明此书很多的启发。

内在的属性是与人的美感、审美趣味的来源相关。后来对革命、党派与文学的关系的种种偏离，均始于对文艺内外属性的误解。第二，两面作战。就是在接受马克思主义基本理论的时候，既针对自身的陈旧思想，严格解剖自己，认识到过去进化论不能解释的社会、历史、文艺诸问题，唯物史观能予以解释，进而推进自己的思想达到一个新的高度；又关心1930年代前后在新形势下运用马克思主义文艺理论，来回答革命文学内部（如后期创造社和太阳社的某些人，直至后来"左联"的某些人）和外部（如新月派人）的各种思潮表现。在革命文学内部，由于对中国现实黑暗性缺乏清醒的认识而易犯的左派幼稚病，由于"左"倾狂热而庸俗化、简单化地理解文艺问题，像是否需要团结"同路人"作家和全面继承人类已有文化遗产等，都曾摆在鲁迅的面前。在革命文学外部，有关于文学的阶级性、人性的争议，需确立马克思主义文艺批评的理论鲜明性、实践性，以便毫不含糊地面对。第三，博大而不狭隘。几乎在专心翻译苏俄马克思主义理论家著作的同时，鲁迅还兼顾其他东西方理论的引进。1929年4月出版的文艺理论集《壁下译丛》，就是与这套马克思主义文艺理论丛书的翻译并行的。《壁上译丛》所收25篇论文，除一人是德国作家开培尔之外，其余九人片山孤村等均是日本各种流派的作家、理论家。观点有新有旧。鲁迅在此书《小引》中还特意点明，对旧的不能过分轻视，说"近一年来中国应着'革命文学'的呼声而起的许多论文，就未能啄破这一层老壳，甚至于踏了'文学是宣传'的梯子而爬进唯心的城堡里去了"。而对于集子中"三分之一总算和新兴文艺有关"的呢，鲁迅说他编进了争论双方的东西，"可以看看固守本阶级和相反的两派的主意之所在"。① 这种取精用宏的态度，正是他一贯地对待外来文化的立场。

到了下面的"左联"时期，瞿秋白、郭沫若、周扬、胡风等都有对马克思主义文艺理论的介绍。其中数瞿秋白的成就最高。1932年后，瞿秋白根据苏联国内对普列汉诺夫的批判，提出对机械论的批评，但他还是肯定普氏对待历史文化遗产的正确思想。瞿秋白根据苏联共产主义学院《文学遗产》一、二期公布的新资料，首次翻译了恩格斯的三封论文艺的书信和列宁论托尔斯泰的两篇文章，这是他开启的马克思主义文艺理论在中国传播的新阶段。

2011年1月13日

---

① 鲁迅：《鲁迅全集（第10卷）·译文序跋集》，人民文学出版社1981年版，第279~280页。

洪灵菲的《流亡》一度流行

　　流亡　已三版

　　本书计十万言,为革命文学上之巨著。书中叙一革命青年失败后,亡命四方,历遭家庭和社会各方面之冷眼,穷苦备尝,境遇凄凉;而后来更能坚然决然,再上革命之前线去;真足以代表现代青年之反抗精神也!书中材料,十分丰富;南至南洋,北至北平,各地的社会情形,均有叙述,加以作者生动之笔法,客观之描写,既有趣味,又极深刻!关心社会者,不可不读;关心文艺者,尤为不可不人手一篇也。每册实价大洋七角。

(载1930年3月1日《大众文艺》第2卷
第3期"新兴文学专号")

　　这则洪灵菲《流亡》的广告文字,突出了小说故事的基本矛盾、发生的场景地域、笔法与主题,很有点号召力。仅看其情绪的激越,也与作品的文本正相匹配,留下了时代的情绪面影。洪灵菲1902年生于广东潮安,1924年加入共产党,是一个追随革命的热血青年。他也是早期"革命浪漫谛克"写作的重要一员,"左联"成立前与戴平万、杜国庠等组成我们社,同后期创造社、太阳社并肩投身革命文艺。"左联"成立时,他是发起人与七常委之一。他的写作生命比蒋光慈还要短,仅三四年的时间,其余都在从事实际的革命工作。1933年洪灵菲在北平地下党机构活动期间被捕,遭当局宪兵三团秘密杀害于皇城根大公主府,具体日期已不可考。我们从他生前所有的创作文字,可以窥见他的敏感、坚贞、随时随地都能喷发出烈焰似的性格来。

　　《流亡》的题材来自洪灵菲本人的经历。大革命失败后,他为躲避通缉曾有多半年时间在广东、香港、新加坡、泰国等地漂泊。《流亡》的主人公叫沈之菲,很能显示小说的自传性质。就像"五四"有五四青年文学一样,洪灵菲、蒋光慈、柔石、胡也频等也共同创作了"四一二"政变后革命低潮时代的青年文学。这一段青年文学为任何一段青年文学所不可代替。其中有失败后的困境,动荡不拘的生活,青春期恋爱的放弃或重建,精神的沉沦和勃兴。而《流亡》发挥了"流浪小说""青年流亡小说"体式在叙述上的独特长处,使它的主人公沈之菲在超强的颠沛流离之中,感受到拘留所的铁窗风味,路途跋涉的艰难困苦,殖民地南洋各国的畸形怪状,加上对地方和异国特殊情调的着力渲染,便聚成了小说揭露现实的多彩多姿的画幅。而面对与现代女性黄曼曼双双逃亡的传奇经历,作者加强了一边要坚持革命,一边要追求革命式的恋爱的描写。于是小说开头一对男女革命流亡者,在被追捕的路途中躲入一座停厝棺材的古屋,竟起意要当晚就地结婚。书中的主人公宣称,"革命和恋爱都是生命之火的燃烧材料","因为恋爱和吃饭这两件大事,都被资本制度弄坏了,使得大家不能安心恋爱和安心吃饭,所以需要革命"。作者还借浪漫的自然景物来烘托这种情绪:越是流亡的人儿意志稍有低沉的时刻,越是男女两人显得儿女情长的时候,小说就越发撇开牧歌情调,而表现出壮阔的意境。如沈之菲被关在拘留所一夜无眠,早晨蓦地见到朝阳的壮美,还有沈之菲在湄南河激流单人独木划舟闯滩的力的较量,以及在香港海湾望见夕阳的宏丽,感到的都是"有生命的,自由的,欢乐的浪花"那样的景物,都暗示出革命者在失败中仍然义无反顾扑向光明的气象。这样就给洪灵菲的小说,在失败氛围难免带来的凄婉情调上蒙了一层刚健、壮丽的色泽。两个方面结合得如此之紧,以至于就成为洪灵菲独具的文学气味了。

《流亡》又带动洪灵菲的整个创作,提供了众多流亡者的形象。他以后的《归家》《金章老拇》《气力出卖者》,叙述流落"番邦"的那些穷苦华工;《在洪流中》《家信》等描写的是与《流亡》一样的革命漂泊者。短篇小说《在木筏上》,把这两类流浪者在南洋异邦的环境下聚在一处了。当然,写得最有血有肉的人物,还是像自己一类的革命流亡青年,以沈之菲为代表。沈之菲身处逆境,却仍然保持了一个五四觉醒者对封建礼教的愤怒叛逆,对一切旧事物全力反抗的气概。而对于革命的憧憬,简直是用一种呼喊的方式,一种拥抱爱人的方式,浪漫至极地迸发。《流亡》之后接写的《前线》《转变》,后来被统称为"流亡三部曲",共同构成他的代表之作。其中《转变》里的人物,在幻觉里就有一段"呼喊式"的革命咏叹调出现:

"革命"这两个字幻成一幅美丽的,悲壮的图画在他的脑里闪耀。在这幅图画里,有大旗,有战鼓,有人影,有枪声,有星光,有月痕,有血迹。他觉得革命是科学的,同时也是艺术的;是散文的,同时是诗的。是理性的,同时是情感的……

可见"革命"是多么合乎这类青年的心愿。洪灵菲就是如此礼赞"革命",并将它充分文学化了。而到了描摹这种革命青年的思想感情、心路历程的时候,因为是从自身的痛苦复杂的经验出发的,洪灵菲又能够不是简单化地写出他们的矛盾性,包括对革命兴奋之后的失落,愤激的孤独掺杂着颓伤,想要融入时代和集体却又不能全然忘却自我的矛盾等等。所以像沈之菲这样的人物会这样想:"这一次流亡的结果,令我益加了解人生的意义和对于革命的决心。"决绝献身的英雄主义,与他囿于旧道德的束缚,时时受制于对父母的孝顺和眷顾,是同时描写的。小说粗粝崇高的美感,也是和九曲回肠的缠绵细腻并存的。"革命浪漫谛克"的这种写法,在当年的青年读者那里得了某种共鸣,他们可以在此类作品里得到抚慰,得到心灵的交流和提升,所以十分流行。

　　早就有人指出,洪灵菲和郁达夫的浪漫气质有一定的关系。恰巧,洪灵菲是郁达夫在广东高等师范学校短期教过的学生,文学上受到明显的影响。连《流亡》的出版都是郁达夫向现代书局推荐的结果。洪灵菲的文学修养、气质,自然与郁达夫有许多不同:他的自叙传小说大大加深了"大革命时期"一代青年的政治气味,视角较为宽广,但自我解剖的力度减弱,两性描写比较肤浅(在一定程度上并未涉及两性,只是描摹了两情而已),文字少提炼(郁达夫也有散漫的文字,但代表作就相当精粹)。最显著的是洪灵菲的"浪漫"感情的主观宣泄性更强。为了情感宣泄的需要,甚至可以影响到叙述的详略笔法。《流亡》写逃亡的水路就缺乏节制,无必要地拉长,带出可有可无的人物。人物对话虽然大部晓畅流利,但雕镂性差,洋洋洒洒如一篇讲演词。当人物情感极度扩张时,幻觉和梦魇的插入便成了洪灵菲常用的笔致了。如《流亡》里写狱中的沈之菲梦见自己单枪匹马去解救难友,与军警大战;写梦里孙中山先生前来致词等等。还有在叙述时随处根据人物的感情需要穿插政治性的议论,包括人物的议论和叙述人的议论,在《流亡》俯拾皆是。沈之菲入狱后,深恨出卖自己的叛徒,便插入整段的用反语构成的杂文式议论。沈之菲流落上海时,饥饿使得他忽发奇想,竟说要"减衣缩食去买一瓶白玫瑰,以失望为肥鸡,嘲弄为肥鹅,暗算为肥鸭,危机为肥猪,凌辱、攻击为肥牛,肥蛇,饱餐一顿,痛饮一番"。这类较为幼稚的文字显然是作者得意的,常被夸张地使用。而且,这时的叙述、描写等都被幻想加议论所淹没,小说的叙事节奏遭到破坏。他这种特殊体的"革命浪漫谛克"特色,也就显露无余了。

《流亡》出版后,便即流行。小资产阶级革命知识青年的文学,自有都市激进青年读者的呼应。钱杏邨在评论中就不自禁地说,"在灵菲的著作中发现了我的世界的一部,如在拧着自己的皮肉"①。上面广告所说印三版,即1928年4月初版,同年9月二版,次年三版,在当时就算比较畅销了。与《流亡》有连续关系的自传体长篇,《前线》和《转变》两部,也都在1928年相继印出,销量均不如《流亡》,但也得到广泛的传播。按照当时左翼文学的风气,洪灵菲后来尝试直接表现工人的写法,如中篇《气力出卖者》,比起表现农民的《在洪流中》和《归家》来,稍逊一筹。另一部中篇小说《大海》,是写他熟悉的故乡广东潮汕地区的农民运动的(海丰陆丰合称海陆丰地区的农运很是知名,又出了个领袖人物彭湃),在那里他努力描写新旧两代农民所走过的反抗道路,塑造不同的人物典型,但概念化的毛病仍不能尽避。应当说,他已经非常致力于描写工农了,却究竟赶不上他写"自身"这类的青年知识者来得生动、传神。可以说,洪灵菲始终脱不出"革命加恋爱"的左翼初期文学的光影。

2011 年 1 月 22 日

---

① 阿英(钱杏邨):《中国新兴文艺考察的断片·流亡》,《阿英全集》第 1 卷,安徽教育出版社 2003 年版,第 218 页。此话写在 1928 年。

被称为"扛鼎"之作的叶圣陶长篇《倪焕之》

叶圣陶著《倪焕之》

实价一元二角　三十二开本　四百数十余面　硬面布脊金绘

钱君匋装帧　开明书店

这是一部直接描写时代的东西,茅盾先生谓是"扛鼎"的工作。可作五四前后至最近革命十余年来的思想史读。其中有教育者,有革命者,有土豪劣绅,有各色男女,有教育的垦荒,有革命的剪影,有纯洁的恋爱,有幻灭的哀愁,一切都以写实的手腕出之,无论在技巧上,在内容上,都够得上划一时代。

（原载1930年9月1日《中学生》第8号）

在20年代末,《倪焕之》与《蚀》的创作和发表,在现代长篇小说发展史上是一个重要事件,也是当年的文学大事件。《蚀》的第一部《幻灭》在《小说月报》上刊登,要比《倪焕之》1928年1月开始在《教育杂志》月刊连载略早几个月。《幻灭》《动摇》的单行本也出得快些。《倪焕之》似乎是边登边写,连载12期用去了整整一年,据叶圣陶年谱所记到这年的11月15日全书才写毕。但紧接着它就在1929年8月由开明书店出版了。而茅盾的《蚀》却要等三部曲之三的《追求》面世后,直至1930年5月才合在一起也由开明书店出版。

《倪焕之》初版本署名叶绍钧,附录收有夏丏尊的《关于〈倪焕之〉》、茅盾的《读〈倪焕之〉》（节选）和《作者自记》三文。开明书店是从商务印书馆派生出来的,其中多有文学研究会中人,他们之间的友谊坚牢持久。叶圣陶虽然没有茅盾那么激进,但北伐前已是国民党左派,茅盾的共产党活动就经常借叶圣陶的家来进行,彼此并不掺和,也不回避。所以他们两人在中国带头写起了"时代小说",是有共同基础的。茅盾对《倪焕之》的评论,一直被看做是权威性的,上述广告开头使用的"扛鼎"一词便是茅盾语,所陈小说的本事几乎也是由茅盾文章改述的。我们只要看一下茅盾如下的概括就明白了:"叶绍钧以前有过《隔膜》《火灾》《线下》《城中》《未厌集》等五个短篇集,《倪焕之》是他的第一个长篇,也是第一次描写了广阔的世间。把一篇小说的时代安放在近十年的历史过程中的,不能不说这是第一部;而有意地要表示一个人———一个富有革命性的小资产阶级知识分子,怎样地受十年来时代的壮潮所激荡,怎样地从乡村到都市,从教育到群众运动,从自由主义到集团主义,这《倪焕之》也不能不说是第一部。在这两点上,《倪焕之》是值得赞美的。"①

倪焕之是贯串全书的人物,是从辛亥革命到五四后这一历史阶段中国知识分子的典型。他的追求,无论是走带有个人色彩的教育救国道路,或与现代女性金佩璋建筑在互敬互爱共赴事业基础上的新型婚恋关系,都作为正面的形象得以表现。乡镇土豪如蒋士镳的破坏只是理想教育计划崩坏的一个外部原因,更重要的内部因素是教育队伍本身的鱼龙混杂,意志薄弱,沉醉于平庸生活的信仰的不坚定。这里对倪焕之和金佩璋婚后生活的细致描写让人自然联想到鲁迅的《伤逝》。"五四"浪潮给倪焕之以新的推动,他后来艰难地克服自己,投身到改造社会的群众运动中去,在"五卅"和大革命失败的苦闷中病逝,但仍寄希望于未来的青年一代。许多评论者早就指出,书中影响倪焕之的思想"从自由主义到集团主义"的革命者王乐山,生活原型即是与叶圣陶熟悉的朋友侯绍裘。侯绍裘是早期共产党人,曾任中共江苏省委书记和国民党左派江苏省党部常委,1927年"四一二"前夕在南京遇害。如果当做"思想史"来读《倪焕之》,这种思想影响的路径,在当年极为普遍。很多"五四"知识分子是这样走过来的,叶圣陶周围就有许多共产党人。但因倪焕之是个"小资产阶级",而1928年到1930年正是"革命文学论争"的时期,争论焦点之一便是能不能写"小资产阶级",以及如何写"小资产阶级",所以茅盾评价倪焕之的时候就特别强调他是"一个富有革命性的小资产阶级知识分子",而另外的一种评论就会挑剔,认为"这部创作假如说是新兴文坛划时代的作品,那未免有点夸耀,这正是小布尔乔亚文战营垒中的一幕悲剧"。② 这个"小布尔乔亚"的阶级指向原本符合倪焕之的身份,只是用在这里却带着批评"旧"文学的意思而已。

中国现代长篇小说起于1920年代。创造社作家张资平1922年出版的《冲积期化石》是较早的一部,社会性的自传体色彩很浓,结构松散。同年稍

---

①茅盾:《读〈倪焕之〉》,《茅盾全集》第19卷,人民文学出版社1991年版,第207页。
②华:《新书一瞥·〈倪焕之〉》,载1929年12月15日《现代小说》第3卷第3期。

迟出版的有文学研究会王统照的《一叶》，后来又有 1923 年连载到 1929 年才出单行本的《黄昏》，都用悲哀的情调写从旧家庭突围追求个人婚恋自由的悲凄故事。这些长篇只有十万字左右，包括经常被人当做长篇来看的杨振声的《玉君》仅五六万字，写争取自由婚恋的阻力既有旧式家庭的父母之命，又有同在进步一方的狭隘嫉妒的私利，人生图景虽比短篇开阔，但在结构上都缺乏长篇的控制力量。而《倪焕之》《蚀》都有二十万字左右的篇幅，尤其在围绕一个中心人物或一个人物群体展开并组织时代场景和个人悲欢方面，取得了相当的成功。可以说真正现代意义的中国长篇小说，是从这两部作品开始的。中国时代长篇小说的传统，也是以这两部作品发端的。

　　《倪焕之》的另一意义是能透视中国一部分知识分子的心路，即广告所述的当"思想史"读的价值。国共的第一次合作和分裂，给思想基础原本相仿的共产党人与国民党左派带来极大的震动。仍然坚持无产阶级理想的文人，写小资产阶级知识者的思想经历，最终要达到脱离苦痛、矛盾而追求光明；这里有写尽磨难而不轻设抽象光明前途的，也有于革命低谷时期偏要发不屈不挠革命高调者的。而另一部分人在这历史转折时代，经过沉思，放弃政治抉择，确定从事进步文化工作（包括文学工作）之路。时间在 1928 年到 1930 年间，文人群是在文学研究会、后期创造社及某些个人之间。我们读 1928 年朱自清发表的《那里走——呈萍郢火栗四君》，一群文学研究会的作家就面临选择道路的问题。朱自清要询问的朋友，萍是指茅盾，火是刘薰宇，郢就是叶圣陶。在这封长信里，朱自清站在时代的十字路口，分析自己的出身、阶级属性、个人性格与时代的矛盾，及选择道路的痛苦。他觉得自己在"五四"那个思想革命的时代（所谓三个步骤中的"第一步骤"），"要的是解放，有的是自由，做的是学理的研究"，颇合自己心思；但到了"国家的解放"和"Class Struggle"（阶级斗争）这两个"政治的革命"和"经济的革命"的步骤时，就"动摇"不定了。"我解剖自己，看清我是一个不配革命的人"，"我既不能参加革命或反革命"，就只能"超然"走自己的学术、文学之路了！应当说朱自清的这种处境很有代表性。叶圣陶曾表示过共鸣，回答说："现在这时代，确是教人徘徊的。"倪焕之的某种徘徊性，正可理解为作者这种思想的体现。而茅盾在所有朋友中是走左翼道路的，他深知朱自清，据文中说"见面时，常叹息于我的沉静，他断定这是退步"。最后茅盾越出《蚀》，而写了《子夜》。朱自清在此文对自我的剖析非常典型，还可举几个要点：第一，觉得自己之所以不能革命"小半由于我的性格，大半由于我的素养"，即"我的情调,嗜好,思想,论理,与行为的方式,在在都是 Petty Bourgeoisie 的,我彻头彻尾,沦肌浃髓是 Petty Bourgeoisie 的"(英文:小资产阶级)。第二,心灵深处惧怕阶级斗争会"毁掉我们最好的东西——文化"。虽然他知道这文化的一部分应随着阶级的灭亡而灭亡。第三,懂得"Proletariat(英文:无产阶级)在革命的进行中,容许所谓 Petty Bourgeoisie 同行者;这是我也有资格参加的"。[①] 如果说这种自我定位,叶圣陶与朱自清是比较接近的话,我们就可据此理解开明派作家长期的革命"同行者"的立场,也就明白了当最后悲剧降临时,倪焕之这个小资产阶级人物对未来的希望为何是似有若无了。

2011 年 7 月 25 日

[①] 朱自清:《那里走——呈萍郢火栗四君》,载 1928 年 2 月 7 日《一般》第 4 卷第 3 号。

冰心要求更正她关于普罗文学的谈话

  冰心更正 记事无根而失实

  小说月报社转来冰心女士信,请求更正本报二十号所载彼对《文化新闻》记者之谈话;函云:"文艺新闻记者先生:来信及二十年九月十四日的文艺新闻,早已收到,因忙未即复,甚歉。关于我对于普罗文学之谈话,报章所载,与我与记者所谈大有出入,至于所谓'受了卢布'之语,更无根据,因着无根据的一句话,使我受了批评,是很意外的一件事!年来外边对于我的记事和言论无根而失实者甚多,我从来没有注意过,更正过,这是头一次——希望也是末一次,专此布达,请 撰安 谢冰心 十一月廿五日"。

(原载 1931 年 12 月 14 日《文艺新闻》第 40 号)

  "左联"外围性质的《文艺新闻》所载的这封冰心来信,是一珍贵的文学史料。事情的由来,起于《文艺新闻》22 号所载冰心与《文化新闻》记者的谈话。上面的"更正"把 22 号的事情误写成 20 号了,我们现在可以很容易地从 1931 年 8 月 10 日《文艺新闻》22 号的第 2 版上查到原文,标题为《贤妻良母的冰心说:"普洛文学实难称为文学"——与文化新闻记者谈话》,并配了冰心的头像照片。冰心信中所称收到"二十年九月十四日的文艺新闻",那是另一期,为第 27 号。这 27 号有什么内容,要让编者特意不远千里寄往这时住在北平燕京大学燕南园,并且刚生下第一个孩子(吴平)不久的冰心呢?当然事出有因。原来那期《文艺新闻》的第 3 版上登载了一篇《美国的金元中国人的血肉》的批判文章,署名星虚(显然是化名),批的正是冰心。《文艺新闻》的编者大概执行的是"行不改名,坐不改姓"方针,明人不做暗事,把批判文章直接给被批判者寄去了。批判的依据仍是冰心与《文化新闻》记者的那次谈话,但所引文字与之前 22 号所载的并不相同。这点不同非同小可,它是引起冰心要更正、要抗辩的真正原因。不妨将冰心谈"普罗文学"(无产阶级文学)的两种文本摘录如下。

  第 22 号《文艺新闻》中《贤妻良母的冰心说(略)》一稿所载是:

问：对于普洛文学之意见如何？

答：普洛文学，于今高涨已极，推其原因，亦不过因中国政治之紊乱，一般受生活压迫者之心理的反映。

问：普洛文学究竟有无文学之价值？

答：一种文学决不是有目的的，亦不能用之作宣传，普洛文学实难称为文学。

第27号《文艺新闻》里《美国的金元 中国人的血肉》一文的转引是这样：

南华日报曾载有一篇《冰心女士及其反普罗文学论》。其中引了一段冰心女士的谈话，如下：

"普罗文学，从前虽曾有一度高涨，然推其原因，亦不过因中国政治紊乱，一般受生活压迫者之极端心理的反映，又可说是受了卢布的人，凭空去制造以转移人心，其实这一种变态的文艺，没有什么价值的。"

两者似曾相识，明显的区别是做过标题的"普洛文学实难称为文学"一语在后者《南华日报》的引文中消失了；前面相似的一段话可证《南华日报》之语的出处也在冰心与《文化新闻》记者的那场谈话里，却无端多出"受了卢布"的一席话。

我们现在已很难考证两段话之有无，或哪一句话说了哪一句没说。我们可以看出的问题，第一是冰心更关心"卢布"问题。因为那是国民党当局压迫左翼文学经常使用的语言和借口。作为一个"五四"时期文学研究会的资深作家，有许多老朋友当下转为了左翼，她虽不主张左翼，甚至对左翼的创作风气也可能不以为然，但一向温婉、正直，提倡爱的哲学，十足同情怜悯贫苦百姓的冰心会拿左翼"受了卢布"去攻击普罗文学，是很难想象的。所以她克服了平时的洁癖——对旁人的污言不予理会的态度，决定第一次也是末一次写信抗辩这个"卢布"之说。第二，从《南华日报》后面多出来的"卢布"句，与前面话的承接关系来看，确实有可疑之处。明明冰心前句谈普罗文学的发生，举出"政治紊乱"和"一般受生活压迫者之极端心理的反映"（《文艺新闻》版本无"极端"二字）是比较贴题的，那么在已经承认了这两点之后，怎么可能突然认为普罗文学是"凭空"而来，滑向"卢布"说、"变态"说呢？故从今人看来，至少在语句上是讲不通的。第三，不是说左翼批评冰心都属子虚乌有，也不是说冰心感受不到这种批评。冰心在信中已经表明，"年来外边对于我的记事和言论无根而失实者甚多"，这里就包含着各种对于她的批评以及她置之不理的立场。而左翼媒介的态度也很明显：如果根据某些记者公布出来的新闻，包括这次谈话原来发布的文本，他们是要批判对"普罗文学"的一切诬蔑之词的，是要向冰心抗议的；但他们也尊重冰心现在站出来的说话，在无法证实真伪的情况下，他们愿意客观地发表此信。这起码表明冰心对"普罗文学"的看法，并未到让左翼无法忍受的程度。但既然"记事无根而失实"，此后也没见左翼媒介做过澄清事实的任何努力，更无道歉举动。

但是，这个事件给了我们观察冰心这样的作家与左翼关系的绝好机会。也可以反证左翼文学当时的情况。从冰心一面说，她看出了左翼文学产生与中国政治社会的现实是密切相连的。她虽没有投身其中，却也不愿意与之对峙。实际的情况是她在创作上既不盲从于左翼，又不免受到左翼的影响。而仅从冰心来信分析，她那克制的和冷冷的有涵养的态度又十分明显。而在左翼方面，其表现出来的"关门主义"也够严重：不是去弥合或团结，却是故意制造双方的距离。比如《文艺新闻》刊载批评冰心的"星虚"文章就写得简单粗暴；从几则新闻的标题以及记者发问的倾向性上说，强调的都是冰心过着优裕的生活，似乎就必然轻视左翼文学（22号《文艺新闻》载冰心谈话，记者问其生活状况，回答竟是："我的生活，自始至终都是舒服的。"这哪里像是出身名门的闺秀的用语）等等。不过我们也不要一叶障目，以为这是左翼最标准的态度。我们可以拿茅盾在这之后所写的《冰心论》为例，来说明左翼对冰心的真实评价。茅盾在1930年代大约写了六七篇题为《鲁迅论》《王鲁彦论》《徐志摩论》的作家论，旨在超出一般的评论水平，对"五四"有代表性的作家做带有学术性的研究。冰心被他选作重要的一位。茅盾肯定她第一期写的问题小说，认为五四"激发了冰心女士第一次的创作活动"，"是那时的人生观问题，民族思想，反封建运动，使得冰心女士同'五四'期所有的作家一样'从现实出发'"。又认为她第二期在"基督教教义和泰戈尔哲学"的影响下，写了宣扬"爱的哲学"的小说散文，"'舍现实的'，而取'理想的'"，"乃是一种'逃避'"。茅盾将冰心看做是在"五四"时期跟上了时代的脚步，而在"五四"后已经处于某种停顿状态的一类文人典型，这种评价立场自然是左翼的，但他绝不低估冰心。在文章结尾的地方，茅盾大段地引出冰心的近作《分》,说"在她的小说《分》里头,我们仿佛看到一些'消息'了"。他讲了《分》所写的故事:两个婴儿出生在同一家医院里,一个是大学教授的儿子,一个是屠户的儿子,本无贵贱之分。但大学教授儿子的"我"作为叙事人,已经知道屠户儿子的"小朋友",将来只是"道旁的小草",而"我"将是"房里的一朵小花",两者的命运在出院时立现。评论者说《分》与另一篇《冬儿姑娘》都是"这位富有强烈的正义感的作家"既"悲哀"于"小花",又"赞美着刚决勇毅的小草"的证据。于是茅盾引用冰心过去所说的"领略人生,要如滚针毡,用血肉之躯去遍挨遍尝,要他针针见血",而对曾经同是一个文学团体的老朋友冰心发出期待:"即是像冰心女士那样属于'花房'中的人,也许将要当真'滚着'了罢?"①

  茅盾充满期望的呼声犹在耳际,他代表了左翼和冰心关系的更高层次。而由一次谈话传播失实的正面和负面,有意或无意,我们可以见到左翼文学当时在思想界、文学界、青年界初显的力量。作为中间人士的冰心既感压力,也一直接受影响。《分》就初载于1931年1月《新月》第3卷第11期上,比整个"普罗文学"谈话的时间还在前。可见那种影响早就存在,并非一日、一事之功。后来冰心在抗战时期有所为有所不为,到1950年代之后仍是有所为有所不为,一直是做共产党的朋友的。

2011年8月1日

---

① 茅盾:《冰心论》,《茅盾全集》,第20卷,人民文学出版社1990年版,第153~167页。

《地泉》三部曲和五大序言的"清算"作用

  华汉的三部曲 地泉 欢迎预约
   每册实价一元六角 预定 自取者 诚售每册一元 邮寄者 每册一元一角
   预定期即日起,七月十五日截止 定于七月内出版
  《地泉》是华汉先生的三部曲,即一、深入,二、转换,三、复兴:是一部反映大时代底力作。书前有茅盾,易嘉,钱杏邨,郑伯奇等等诸大家的批评及作者的自序,这不独对于本书给了一个适当的评价,即对于过去异军突起的新兴文艺,也实行了一次正确的清算,诚一切爱好文艺的青年不可不读的一部文艺巨制。预约期间有限,定者请速。外埠以邮戳日期为准。
上海七浦路七三四号湖风书局出版

(原载1932年6月13日《文艺新闻》第59号)

  一书而有五个序言,应当是不大多见的。更何况这本书并非是多了不起的小说精品,它具有的只是文学史某一发展阶段的标志性意义。这就是《地泉》三部曲的第二版。

  《地泉》的作者华汉,即后来作为剧作家为人所知的阳翰笙(1902—1993)。他是创造社的骨干之一,初时写过小说。广告中所称的"大时代底力作",就是他的小说在当年显示的状况。比起蒋光慈、洪灵菲的作品来,《地泉》更加政治化,且并不依仗"革命加恋爱"的套路,而是直接诉诸工农运动的广阔场景。三部曲的中篇《深入》,1928年由创造社出版部初版时题为"暗夜",通过老罗伯一家的觉醒过程表现大革命失败后的农村斗争,显然有那种不甘革命仅处于低潮的一厢情愿式的描写。另一中篇《转换》,1929年初版时原名"寒梅",写的是大革命失败后一群知识者如何经幻灭、颓伤到重新投入追求的历程。我们很容易想到茅盾《蚀》三部曲的同样主题,证明这一题材在当年曾萦回于多少革命者的心头。当然,茅盾对那个共同拥有的时代的感受力、表现力,是要胜过华汉许多的。第三部《复兴》1930年出版同名的单行本,并与前两个中篇合成《地泉》,都由上海平凡书局初版。《复兴》

转而写工人运动,以当年1930年上海法商电车公司工人的罢工为基本线索,用粗放的、狂暴的语言表达都市革命斗争在"左倾"思想领导下的奋力再起。整部《地泉》囊括了广阔的社会图景,表现群众场面颇有力度,但没有像样的人物与故事。作为小说,只觉得充满闪动的画面、口号和革命浪漫主义的情绪。如果要找左翼初期的概念化作品,《地泉》是个典型。

所以,当左翼文学到了一定时刻,准备认识自己、反省自己的时候,他们就把目光也一齐投向了这个"典型"。1932年7月上海湖风书局出了《地泉》的第二版,由作者亲自约稿,印上了这五篇序言。而上述广告的词语也十分明显,光束都是打在这些序言身上的。《地泉》文学史的价值也正在这里,序言超过作品了!

《地泉》的序言,是左翼文学试图摆脱初期幼稚的一种理论努力。因此,经《地泉》而对左翼文学这一时期进行概括,几乎成了每个序文作者的出发点。华汉同意易嘉(瞿秋白)的提法,自称《地泉》是"过去中国新兴文学难产期的代表"。郑伯奇则说是"普洛革命文学第一期的作品"。钱杏邨虽也使用"普洛文学"这一用词,但对它的内质却加以揭示,说"初期中国普洛文学,实际上,都是些小资产阶级的文学"。如果考虑到在"革命文学论争"中创造社、太阳社批评鲁迅、茅盾的那些人里,钱杏邨首当其冲,所执的观点即认为鲁、茅是小资产阶级文学;现在几年的"普洛文学"实行期过去了,下一句"都是些小资产阶级的文学"的断语,确乎要有点勇气。瞿秋白采用了当时和"无产阶级文艺"同义的"新兴文学"一语,却指出《地泉》是它的一个"难产时期的斑点","正是新兴文学所要学习的:'不应当这样写'的标本"。他对左翼文学寄希望之殷,批评之切,可见一斑。① 而茅盾在整个五篇序言中的用语最意味深长。他拒将《地泉》这样的作品和"普洛文学""新兴文学""无产阶级文学"联系起来,他用来概括这一特殊文学时期的词句是:"本书的缺点不是单独的、个人的,而实是一九二八到一九三〇年顷大多数(或竟不妨说是全体)此类作品的一般的倾向。"② 茅盾本是中国最早介绍"无产阶级文艺"的一个人,现在大家又都是"左联"成员,他却吝用此词,显示了与华汉、郑伯奇、钱杏邨几人"与自己算账"稍稍不同的身份。我们只要看郑伯

---

① 易嘉(瞿秋白):《革命的浪漫谛克——〈地泉〉序》,见《阳翰笙选集》第4卷,四川文艺出版社1989年版,第78页。

② 茅盾:《〈地泉〉读后感》,《茅盾全集》第19卷,人民文学出版社1991年版,第332页。

奇用与"华汉兄"通信的形式作序，华汉在自序后半部分一面接受茅盾提出的《地泉》两大缺点，一面说"然而他的批评方法以及基于他这种方法所得出来的我们每个作家应走的道路，我却认为还有探讨的必要"①。"革命文学"倡导者们的战友对白，与山头外的左翼作家的客观批评（茅盾序言的冷静开头是"本书的作者问我对于本书有什么意见。我的回答是：'正和我看了蒋光慈君的作品后所有的感想相仿。'"②）显然是有区别的。

至于对《地泉》的分析，主要观点倒是一致，都用批评"浪漫谛克"来做结。瞿秋白高屋建瓴，用了"革命的浪漫谛克"为题，说它"连庸俗的现实主义都没有做到"。并举出《深入》中雇主和雇工的关系，《复兴》里女学生和浪人转化的"英雄"的关系的描写，认为都是理想化的，没有生命，甚至将"现实神秘化"了。③ 郑伯奇认为《地泉》等类似的作品，"题材多少是有事实根据的，人物多少是有模特儿存在着，然而题材的剪取，人物的活动，完全是概念"。还说"最后的《复兴》一篇，简直是用小说体来演绎政治纲领"④。其他如华汉对"我走过的浪漫谛克的路线"的自我否定，钱杏邨对四种不正确倾向"个人主义的英雄主义""浪漫主义的倾向""才子佳人英雄儿女的倾向""幻灭动摇的倾向"的更宽泛的批判，茅盾所指的"脸谱主义"等，也都在这个范畴之内。细微的差别在于在做了如此分析之后，应该怎样总体评价前一阶段的左翼文学。钱杏邨可能是具一定代表性的，他说还应看到"这些不健康的，幼稚的，犯着错误的作品，在当时是曾经扮演过大的脚色，曾经建立过大的影响。这些作品是确立了中国普洛文学运动的基础，我们是通过这条在道路工程学上最落后的道路走过来的"⑤。用语颇带感情色彩，但基本不失为一种历史主义的评价。

这次的讨论实际还关联到对左翼文学前景的看法。在左翼内部，自然有远视与近视的区分。比如华汉在序言里谈到对瞿秋白观点的修正，说"他只教我们应该怎样走，还没有告诉我们究竟要怎么样才能走得到"。华汉归结到要点是转变阶级立场，"正因为我们的作家的生活观点和立场都是小资

---

① 华汉（阳翰笙）：《〈地泉〉重版自序》，《阳翰笙选集》第4卷，四川文艺出版社1989年版，第75页。
② 茅盾：《〈地泉〉读后感》，《茅盾全集》第19卷，人民文学出版社1991年版，第331页。
③ 易嘉（瞿秋白）：《革命的浪漫谛克——〈地泉〉序》，见《阳翰笙选集》第4卷，四川文艺出版社1989年版，第77～81页。
④ 郑伯奇：《〈地泉〉序》，见《阳翰笙选集》第4卷，四川文艺出版社1989年版，第82页。
⑤ 钱杏邨：《〈地泉〉序》，见《阳翰笙选集》第4卷，四川文艺出版社1989年版，第91页。

产阶级的,所以,他才把残酷的现实斗争神秘化,理想化,高尚化,乃至浪漫谛克化"。这是和未来毛泽东《在延安文艺座谈会上的讲话》直接相通的,是争辩了多年的带有左翼特色的理论兼实践的问题。但华汉、郑伯奇等对近期左翼文艺前途又是短视的,认为消除了"革命浪漫谛克"倾向之后,就可以"走到唯物辩证法的现实主义的路线上去了"①。看不到"唯物辩证法的现实主义"并不是什么康庄大道。

瞿秋白给左翼树立的前景,是他这篇序言开头所引的苏联作家法捷耶夫的话。这段话包括三层意思,即真正的"普洛的先进艺术家",既"不走浪漫谛克的路线",又"不走庸俗的现实主义的路线",也与以往一切"伟大的现实主义者不同"。这是要将普洛文学提高到人类文化迄今为止最先进的水平,"比过去的任何一个艺术家都要更加有力量的——不但去理解这个世界,而且自觉的为着改变这个世界的事业而服务"②。这显示了无产阶级文艺追求者的理想,是带有光环的。后来的事实表明,这在一定程度上也陷入了乌托邦。

比较实际的,是茅盾在《地泉》序言中表达的"一切有价值的作品"应具备的条件(他没有强调是否名为"无产阶级文学"或别的什么文学)。他是从内容和形式两个方面着眼的,却还被华汉硬批评为"只是一个注重作品的形式的基本观点"③。这种忽视形式但又给别人扣上形式主义的做法,在左翼文学的整个进程中一直顽固地存在。这样,反使得鲁迅、茅盾等成为重视文学艺术特性的左翼作家。茅盾的原话被他自称为是序言的"中心论点",是这么说的:

一个作家不但对于社会科学应有全部的透彻的知识,并且真能够懂得,并且运用那社会科学的生命素——唯物辩证法;并且以这辩证法为工具,去从繁复的社会现象中分析出它的动律和动向;并且最后,要用形象的言语、艺术的手腕来表现社会现象的各方面,从这些现象中指示出未来的途径。④

---

①华汉(阳翰笙):《〈地泉〉重版自序》,《阳翰笙选集》第4卷,四川文艺出版社1989年版,第74页。
②易嘉(瞿秋白):《革命的浪漫谛克——〈地泉〉序》,见《阳翰笙选集》第4卷,四川文艺出版社1989年版,第77~78页。
③华汉(阳翰笙):《〈地泉〉重版自序》,《阳翰笙选集》第4卷,四川文艺出版社1989年版,第75页。
④茅盾:《〈地泉〉读后感》,《茅盾全集》第19卷,人民文学出版社1991年版,第331~332页。

这段话不免染有当时苏联牌号的马克思主义文艺理论的颜色,但已具茅盾本人的意思。这是茅盾日后被称为是左翼的一支"社会分析派"的较早阐释。它并非是百分之百的真理,却很合乎茅盾的创作实际。

　　左翼文学的创作实践与理论建设并行,显然不是经过一次《地泉》式的清算就能毕其功于一役的。左翼文学界受机械唯物论的长期影响,概念化、公式化痼疾难以全部消除,在这些要害问题上左翼内部的理论分歧或明或隐的也始终存在着,一直延伸到解放区的延安,直到共和国的文学时期。其中的原委引人深思。

2011 年 3 月 2 日

从《现代儿童》看儿童文学的兴起

三四五六年级小学生的恩物

现代的科学的文学的艺术的儿童读物　文字浅显　图画精美

宋易主编　糜文焕插画

现代儿童　半月刊

本半月刊内容浅显,图画特多,每期有数十幅,执笔者均为著名儿童文学作家,及富有经验的小学教师,为1932年最充实之儿童读物。

第2卷第1期内容

第二卷开始的话

〔童话〕

大林和小林(长篇童话) …………………… 张天翼
盲从的阿三(寓言) ………………………… 黄金菊
妈妈生日的礼物 …………………………… 方　红
象哥象弟(图画故事) ……………………… 宋　易
大鼻子上当(滑稽画) ……………………… 小　萍

〔科学世界〕

山海经博士(常识)　　　　对流的科学把戏
独轮汽车(科学新闻)　　　关于投稿

〔诗歌〕

把花颜色比血色 …………………………… 陈伯吹
谁是大好老(故事诗) ……………………… 蒲公英
飞机(新儿歌) ……………………………… 糜文开

第2卷第2期内容

〔童话〕

两只小鸭 …………………………………… 蒋蘅女士
阿羊顽皮的结果(象哥象弟) ……………… 宋　易

可怜的小囡囡 …………………… 方　红
大林和小林（续）………………… 张天翼
〔游戏〕
红豆与白豆 ……………………… 薇　芗
怎样做纸的桌椅 ………………… 丁　熙
〔诗歌〕
请你歌唱革命 …………………… 陈伯吹
牛奶（新儿歌）…………………… 何公超
〔科学世界〕
儿童科学讲座　　　　　山海经博士（续）
飞机种种　　　编辑者的话/小小百科全书

欢迎预定　本半月刊每期两万余言，月出二期，每卷十二期全年两卷。一日及十五日准期发行。定价每册大洋六分，预定全年二十四册，洋一元二角，外埠另加邮费二角四分，国外一元。

优待会员　凡加入"现代儿童读书会"者，除赠送本半月刊全年一份，计二十四册以外，再有"十四种大利益"，"八大奖赏"，"五大权利"等；详章函索即寄。

现代书局发行

（原载1932年7月1日《现代》第1卷第3期）

这篇广告大张旗鼓宣传的是一种儿童文学刊物《现代儿童》。它的创刊达半年了，第1卷的12期都已出齐。我们从第2卷开始介绍，是因为这一卷的起头就登载了张天翼的长篇童话《大林和小林》，这篇作品标志着中国现代儿童文学的一个新阶段。

我们已经讨论过：为儿童写作始自"五四"时代，冰心、叶圣陶等是最早直接为儿童创作的"五四"文学家。但在30年代鲁迅回顾这一段历史时，却说了这样一段话："十来年前，叶绍钧先生的《稻草人》是给中国的童话开了一条自己创作的路的。不料此后不但并无蜕变，而且也没有人追踪，倒是拼命的在向后转。看现在新印出来的儿童书，依然是司马温公敲水缸，依然是岳武穆王脊梁上刺字；甚而至于'仙人下棋'，'山中方七日，世上已千年'；还有《龙文鞭影》里的故事的白话译。"①鲁迅对中国儿童文学的较少创作和严重的复古倾向给予当头一棒,使我们透过个别的作品更看到普遍的儿童文学贫瘠现象。在此背景下,也就更显示了张天翼等儿童文学作家出现的不易。

本广告所涉及的《现代儿童》,便是当年荒芜的儿童文学园地中的刊物之一。在这类专刊中,大概登载叶绍钧(圣陶)童话的《儿童世界》要算较早而且权威的了。《儿童世界》为商务印书馆1922年1月创刊,初为周刊,后改半月刊,专载给小学生阅读的诗歌、童话、故事、谜语和儿童创作等。因有"商务"的支撑,寿命较长,直到1937年抗战军兴后才停刊。到1930年后,随着整个现代文学的走势,儿童文学略有起色。如1930年1月创刊的《中学生》,开明书店的夏丏尊、丰子恺及从"商务"转"开明"的叶圣陶,都是它先后的编辑。该刊影响很大,但它并非专门的儿童文学刊物。同年陈伯吹主编的《小学生》半月刊由北新书局出版,也是拿"文学"擦个边。还有张一渠集资办的上海儿童书局,这是专门的儿童出版物机构,从1930年成立到1937年,共出版书籍千余种,有陈鹤琴、陶行知、董纯才的教育著作,也有陈伯吹、丰子恺的儿童文学读物。还可将有关"丛书"计算进去,如1930年10月商务印书馆出版《世界儿童文学丛书》,到1950年1月仅出12种;1931年10月上海世界书局出版《世界少年文库》,到1937年3月出版译作47种。以上是围绕当年儿童文学刊物、丛书、出版机构的一些基本材料,也是《现代儿童》发刊前的背景。

由于资料的缺乏,关于《现代儿童》本身的状况我们所知不多。这是现代书局的一种杂志,主编宋易是否本名不清楚,从刊物目录看也从事儿童文学写作,但并不知名。广告说刊物的作者除文学家以外,还有富于经验的小学教师,这个方针不俗。现代书局办有一个"现代儿童读书会","读书会"广告说凡入其会者能获得所谓"十四种大利益",包括得到《现代儿童》刊物全年一套,得到它出版的"现代儿童丛书"。这样我们也就知道这"丛书"包括《中国名人故事》《外国名人故事》《童话》《童谣》《谜语》《故事连环画》《滑稽连环画》《自然科学讲话》《英儿的通讯》《小学生日记》《小学生演说法》等。如果都出版了,洋洋洒洒也很了得。

从上面广告所示的《现代儿童》第2卷前两期的目录,可以看到当年重

---

① 鲁迅:《〈表〉译者的话》,《鲁迅全集》第10卷,人民文学出版社1981年版,第396页。

要的两点儿童文学信息:

第一,张天翼和他的长篇童话《大林和小林》的显著地位。张天翼其时是个青年作家,他是先写成左翼小说,1931年连出了两部集子《从空虚到充实》《小彼得》,特别是发表了用兵士口语写出的《二十一个》,被认为突破了原来左翼的公式而崭露头角的。到了1932年他同时写童话和儿童小说,兼做了儿童文学家。他童年时代是个调皮、灵动、善于恶作剧的孩子,在杭州的小学会给同学讲刚看完的侦探故事,会跟老师捣乱,但有客人来校参观老师还要让他当众表演家传的书法。他成年后仍然保持着好奇、好动、好思的童心人格。在南京生活时期,他亲友中在小学教书或读书的大有人在,造成他想与儿童对话的创作冲动和契机。而他又觉得以往的童话只讲"从前",只讲"国王""公主",不讲"现在"和"孩子自己",从左翼的立场出发是感觉不满足的,于是,新型的长篇童话《大林和小林》就在他笔下产生了。《大林和小林》1932年1月最初发表于"左联"刊物《北斗》第2卷第1期,第2卷第3、4期合刊,没有续完就遭封闭。7月于《现代儿童》重发,这也是少有的。单行本于1933年10月由现代书局初版。1939年文化生活出版社改名《好兄弟》再版。称"好兄弟"其实是个讽刺,因全书写两兄弟在老父母去世后走出家门,遇到巨大怪物被冲散,大林成了富人的儿子,小林被人拾起,按国王的法律成为奴仆,辗转为机车工人收留,也成为机车工人,正是两个阶级的后代了。后大林改称"唧唧少爷",由200个差人伺候穿衣吃饭,不会做任何事。在与国王等出行时因弟弟小林拒开火车而掉在海里,在蜜蜂、蚂蚁工作的岛上无法生存,流落到富翁岛虽宝石满地却无人干活,只能等死。童话的现实性、教育性,所贯串的"穷人创造历史"的观点是显然的。而童话的想象力丰富充沛,人物性格充满童趣,叙述文字夸张、轻快、爽利,把幻想与写实,讽刺性童话和讽刺性小说高度结合,读起来主题外露的缺陷似得到某种掩饰,仍是十分生动。张天翼在童话写作上发挥出自己的天才,他也确实突破了"爱"与"美"的童话,把童话在中国第一次写成长篇,写成左翼的作品。1932年2月南京政府教育部公布《审查儿童文学课外读物标准》,也从一个方面说明左翼儿童文学登台的事实非同小可。

实际上这一年张天翼还写出了有名的儿童小说《蜜蜂》。这是他儿童文学的另一类作品。不仅是用小说文体写"儿童",而且有"儿童视角""儿童情绪""儿童语言"。这些小说多半选择表现下层儿童的题材,比如花匠的孩子、妓女的儿子、流浪儿等等。这里的儿童都写得生动异常,喜剧式的人物速写,叙述节奏活泼多变,能吸引儿童读,也适合成人看。代表作有《小账》《团圆》《巧格力》《奇怪的地方》《把爸爸组织起来》。而长篇童话的写作从《大林和小林》开始,以后又有《秃秃大王》《金鸭帝国》《宝葫芦的秘密》。由童话发展为短篇说理的寓言,有《老虎问题》大约三十则陆续面世。而讽刺性的特色,于幽默机智的说笑中寓理,是一直保持不变的。

第二,出现了陈伯吹这样的专业儿童作家。张天翼无论如何是个兼职的儿童文学家,而专职儿童作家陈伯吹的浮出,是中国现代儿童文学于艰难中成长的另一标志。《现代儿童》每期所载陈伯吹的诗歌这里仅是举例而已,他 1932 年写有童话《阿丽思小姐》,由北新书局出版。1934 年他给北新书局主编《儿童杂志》,这又是一种专门的儿童文学刊物。不少上海的书店出版家这时都瞄准了少年读物,再贫瘠的中国儿童文学土壤,也要结出些果实来了。这一年的《现代儿童》半月刊和张天翼、陈伯吹名字的出现,就是个值得关注的现象。

2011 年 8 月 13 日

《灵凤小说集》及其他

　　叶灵凤先生的创作　　小品　　翻译

　　灵凤小说集　实价每册一元二角

　　现代中国文坛的创作收获极少。在这极少量的收获中,这册灵凤小说集实在是最可珍贵的一粒。本集是叶灵凤先生短篇创作的总集,包括他历年所发表的最精粹的作品。全书共二十万言,近五百页,质与量可说是同等的丰富。

　　红的天使(长篇创作)　实价五角

　　天竹(小品)　实价四角五分

　　白利与露西　实价四角五分

　　法国 R. Rolland: Pierre et Luce①

　　木乃伊恋史　实价三角

　　法国 T. Gautier: The Mummy's Romance②

　　九月的玫瑰　实价四角五分

　　法国短篇小说集

现代书局发行

(原载 1932 年 7 月 1 日《现代》第 1 卷第 3 期)

　　叶灵凤的人生道路比较复杂。如果按照他最后 1975 年于香港逝世的情况来算,他在港地后期是一进步的、有名望的老作家。如从 1930 年代(那时他初涉文坛不久,还是个二十几岁的小伙子)已被政治穿透的文学阵营看,他的身份很特别,是频繁出入于左翼和非左翼的文人之间的。叶灵凤先是后期创造社的成员,俨然站在时代前列。后与创造社文人一起最早加入了

---

　　①罗曼·罗兰(R. Rolland,1866—1944),法国作家。主要作品有音乐史、名人传记和小说等。《贝多芬传》、《约翰·克利斯朵夫》在中国有广泛影响。这里的小说《白利与露西》即《皮埃尔和吕丝》。

　　②戈蒂耶(T. Gautier,1811—1872),法国作家。曾习画,提倡"为艺术而艺术"的理论,写有诗歌和小说。小说《木乃伊恋史》即《木乃伊故事》。

"左联",不过仅一年就被"左联"开除了,可见1931年"左联"常委会公开发布的《开除周全平、叶灵凤、周毓英的通告》。这个通告第二节关于"叶灵凤"的部分,是以叶的"半年多以来,完全放弃了联盟的工作,等于脱离了联盟","竟已屈服于反动势力,向国民党写'悔过书',并且实际的为国民党民族主义文艺运动奔跑"这样两条理由,做出开除决定的。但比较微妙的是在叙述这两条时都带有某种不确定性:第一是"组织部多次的寻找他,他都躲避不见,但他从未有过表示,无论口头的或书面的",第二屈服反动势力云云均"据同志们的报告"。因此开除前十日,左联曾再次给他机会,限其在一个星期内用书面方式回答他究竟有没有上述行为,结果是在"未接到他的答复"的前提下执行开除的。① 这件公案里面有无历史误会,目前尚无当事人出来辨清,后人已很难搞明白,但根据以上材料足可认定叶灵凤当年是主动脱离左翼阵营的,此点属实。如果由之后他的创作倾向、趣味和在文艺界朋友圈子的亲疏情况来看,叶灵凤从此流入了新市民文学的"都市海派"一脉,是无疑的了。以专业兴趣论,他少年时代本是习画,曾在上海美专学习过。后来作小说、写散文、弄翻译,都有些成绩。他是当年上海滩上著名的文学编辑和美术编辑,主编过的刊物单是早期就有《洪水》《幻洲》《戈壁》《现代小说》《现代文艺》《文艺画报》这么多,又是现代书局、上海杂志公司当家的编辑之一,画封面、做插图自不必说,还兼藏书家、书票收藏家等。他带有文学气味的美术事业本来是很有前途的,却因与鲁迅有隙,被揭露模仿英国画家比亚兹莱唯美的擅长表现女体的装饰性黑白画,模仿得过了度,几近于抄袭。鲁迅印了一本《比亚兹莱画选》,内选比亚兹莱的原画12幅,用朝花社的名义出版,等于挖了他的老底,让他狼狈不堪。

现在我们来读这则现代书局的综合广告,就能证明叶灵凤的多才多艺。到1932年的夏日为止,他已写了许多短篇小说和中篇,出了散文集,并有翻译多种。作为小说家,《灵凤小说集》是他的短篇代表作。广告强调它质与量俱佳,是有道理的:质的方面它囊括了叶灵凤六七年中最好的短篇,量的方面竟达五百页,相当于一般短篇集子的两倍到三倍。除了后来良友图书公司给张天翼出的《畸人集》、给沈从文出的《从文小说习作选》才能达到如此的厚度,其他便很难企及。到1934年此集子已印四版,也算比较多的(短篇集子印得最多的当然是《呐喊》)。《灵凤小说集》大体显示了叶灵凤叙事

---

① 《开除周全平、叶灵凤、周毓英的通告》载1931年8月5日《文学导报》第1卷第2期。

作品的风貌和倾向。他所写的都是"五四"之后觉醒的城市男女知识青年争取婚恋自由的心理过程,在得到基本的权利后又向异化的层次延伸,开始处理婚外情和各种变态心理等。写于1925年属叶灵凤成名作的《女娲氏之遗孽》,就是通过一个有夫之妇的笔记描述了交织着幸福感与罪孽感的成年女性的复杂心理。这奠定了他的小说混合知识型、后五四婚恋体和现代市民哀情体的基本色调。《浪淘沙》《浴》都属此类,后者更加上女子手淫和窥阴这样的变态性行为的大胆写法。据作者在此书前言所述,他似乎很明白当时的上海市民读者需要什么,"他们的要求,乃是希望我能不断地写出像《浴》或《浪淘沙》那样,带着极强烈的性的挑拨,或极伤感的恋爱故事的作品"①。但是他不想全部满足这些读者。在这一点上,叶灵凤又显示出与同在创造社阵营中却因倾向现代市民读者已与"革命"分道扬镳的张资平的相异之处。他要有意扩展自己的艺术触角——不断地追随世界新兴文艺的潮流。在那个年代里,革命文学是"新兴"的,现代主义文学也是"新兴"的,后者更是叶灵凤通过学画和翻译阅读所偏爱和真切感受到的。所以《灵凤小说集》里,就有了用二重叙事作性心理分析的《菊子夫人》,有了人性复活导致破戒的《摩伽的试探》。而最能表现他文学特点的是将都市的今与古、现实与幻象、明亮喧闹与冥冥鬼气打成一片的唯美小说。《鸠绿媚》演绎古代公主与其教师的恋情,现实和历史与梦境交相进行;《落雁》写青年作家在都市戏院门口邂逅名门闺秀,被邀夜访深宅,却是冥间,小说渲染出富丽神秘交错的意境。这类作品正像他自己所说的,取材"异怪反常","颇类于近日流行的以历史或旧小说中的人物来重行描写的小说——但是却加以现代背景的交织,使它发生精神综错的效果"②。它们最有叶灵凤倾心的艺术味道,仿佛是穆时英为代表的"新感觉派"没有正式登场前的预演。应该说,叶的意义正在于此。如果回溯,便是将"五四"以郁达夫为代表的创造社男女婚恋浪漫题材,经了他之手向前延伸,转化为现代性十足的心理小说、唯美的神秘小说等等。

当然,这部《灵凤小说集》还不能说明他的全部。广告里所标出的《红的天使》是叶灵凤的中长篇小说,也是婚恋题材的,这与他后来写报章连载长篇小说相关。这种体裁后来就有了《时代姑娘》《未完的忏悔录》《永久的女

---

① 叶灵凤:《灵凤小说集·前记》,《灵凤小说集》,现代书局1931年6月版。
② 叶灵凤:《灵凤小说集·前记》,《灵凤小说集》,现代书局1931年6月版。

性》等三部。1934年他出版另一本重要的短篇小说集《紫丁香》,里面所收的都是更接近"新感觉派"性质的作品,单听名字也能有所感觉,比如《第七号女性》《忧郁解剖学》《朱古律的回忆》等,文字的节奏更加跳荡,擅长造出新奇的、多义的流行语式和意象,甚至将最先锋的电影分镜头剧本写法(分出远景、中景、近景和特写镜头)直接引入小说,以增加叙事的滑动感。这种实验性写作符合叶灵凤追求都市新风的个性,一直是他的主流。

《天竹》是一散文集,1928年现代书局版,收叶灵凤早期小品《天竹》《北游漫笔》《噩梦》多篇。之前还有1927年的《白叶杂记》,光华书局版,将他在《洪水》连载的《白叶杂记》(从"之一"到"之十七")收进。他的《狱中五日记》《太阳夜记》(后者也包括多篇,如"之四"的《指甲》)刚刚有些反应。这个时候他写小品的名声还没有以后那么响,稍逊于小说,但至少已不比翻译差。后来出版了《灵凤小品集》,与《灵凤小说集》配套。他的文笔细致,抒情性强,以风物小品、文艺随笔、读书笔记见长。1938年定居香港后,在编报纸副刊的余暇,主要即写史地掌故、文坛轶事、读书札记诸文,长期开有《霜红室随笔》专栏,成为著名的散文名家。这是后事了。

2011年7月28日

郁达夫的《她是一个弱女子》

她是一个弱女子　郁达夫著长篇小说

　　这是搁笔了多年的郁达夫先生在一九三二年日本帝国主义者炮轰上海时写成的杰作。她,是一个被色情的本能所支配着作了许多无意识活动的女子。她因为"一刻也少不得一个寄托之人",于是演成了她一生的大悲剧,也就是目下中国社会中大多数女子的悲剧。书中穿插着革命青年冯世芬,玩弄女性的资产阶级者李文卿,都能给与读者一个永远不能忘记的印象。实为近来我国创作界的一本名著。

　　每册实价六角　　　　现代书局新出版

（原载 1933 年 2 月 1 日《现代》第 2 卷第 4 期）

　　上述郁达夫小说《她是一个弱女子》的广告,强调的是此作对作家本身的意义,又非常简洁地叙述了本书三个女主人公尤其是郑秀岳的悲剧故事,挑明了小说的主线。1932 年是郁达夫小说的第二个高峰期,与第一期《沉沦》时代不同的是他的眼光更宽阔、更深沉了。就以男女两性的描写为例,这虽仍是他继续描写的中心,但由己及人,能从自己的体验出发更扩大到对别人的体验了。《迟桂花》《东梓关》等都是更成熟的作品,两篇都与《她是一个弱女子》写在同一年里。《她是一个弱女子》1932 年 4 月由上海湖风书局初版。到 1933 年 12 月现代书局易名出版,书名改为《饶了她》。这在 1934 年 2 月的《现代》杂志上也有广告登出,其文字显然是在上述广告词的基础上修改而成的。它有了一个提示性的标题:"以一二八战役为背景的长篇创作　搁笔多年后写成的精彩品"。内中强调"搁笔"的意思,说"《饶了她》的出版,为郁先生重新文艺生活的第一声"[①],并将先前广告遗漏的第一主人公的名字郑秀岳补上,而删除了另两位女性人物冯世芬、李文卿的名字。广告只字未提与《她是一个弱女子》的关联,却在《饶了她》该书的扉页,利用被内政部批令修正改名出版的理由,巧妙地为小说做了进一步的宣传。

[①]《饶了她》的广告初见 1934 年 2 月《现代》第 4 卷第 4 期封面里。

该小说最初的酝酿,据作者1927年1月10日的日记载,当在由广州回上海参与整顿创造社出版部期间。那时连题目都确定了,说:"未成的小说,在这几月内要做成的,有三篇:一,《蜃楼》;二,《她是一个弱女子》;三《春潮》。"①《春潮》原有,是个未完稿,后来一直是个残篇。《蜃楼》《她是一个弱女子》却是因了郁达夫动荡不定的漂泊生活,和他那易受波动的懒散敏感的心思,一直拖到1931年至1932年间才总算相继写完而面世。

《她是一个弱女子》写出后,评价不一。触犯国民党政府当局的原因,说起来好笑,完全在于小说的背景叙述。小说中三位在杭州名女校同学的女性,1927年在上海遇到了北伐战争中的上海工人起义,和接踵而至的"四一二"政变,于是各人有了各人的命运:郑秀岳逃难流连于沪地与编《妇女杂志》的吴一粟恋爱,在去吴淞的大学询问投考章程的时候碰上了李文卿;其时冯世芬却因参加工人纠察队在反抗缴械的战斗中受伤,转向沪东的工厂而掩蔽起来。对于这一历史事件的描述,郁达夫所持的是与左翼文人相同的立场。所用的语句如:"新军阀的羊皮下的狼身,终于全部显露出来了。""一九二七年四月十一日的夜半,革命军阀竟派了大军,在闸北南市等处,包围住了总工会的纠察队营部屠杀起来。""中国的革命运动,从此又转了方向了。南京新军阀政府成立以后,第一件重要工作,就是向各帝国主义的投降和对苏俄的绝交。"②郁达夫的用词用句,如冠以"革命军阀""南京新军阀"这样的头衔,是当局容不得的,这就是需修改后才能放禁的缘故。如从郁达夫的角度说,作者对本小说由一起始就不满意。他在《后叙》中说:"我觉得比这一次写这篇小说时的心境更恶劣的时候,还不曾有过。因此这一篇小说,大约也将变作我作品之中的最恶劣的一篇。"③所谓心境恶劣者是指与王映霞的婚恋,并非"一·二八"的淞沪战争。这在作者1931年的书信中说得很清楚,比如对周作人诉苦称:"自广东回沪之后,迄今五年,因为一时的昏迷,就铸下了大错。""五年来的无心创作,无心做事情,原因都在于此。""近来消沉更甚,苦痛更深,不知者还以为我恋爱成功,不想做事情也。"④他长期搁笔的原因也正在此。而对日作战这一巨大的历史事件,在当时郁达夫的

---

① 郁达夫:《村居日记》,《郁达夫文集》第9卷,花城出版社1984年版,第43页。
② 郁达夫:《她是一个弱女子》,《郁达夫文集》第2卷,花城出版社1982年版,第272~273页。
③ 同上,第300页。
④ 郁达夫:《(1931年7月6日)致周作人》,《郁达夫文集》第9卷,花城出版社1984年版,第421页。

心境上,正好是一大激励,是最终走出个人逆境的兴奋剂。写《她是一个弱女子》的时候,郁达夫还没有摆脱多少困境,所以留下许多痕迹。半年之后,国家大事调适了私事的苦恼不幸,即迎来了自己第二度的小说写作潮。《她是一个弱女子》便成了一个转折点。

历来的文学史跟着作者的自述走,对此作以极低的评价,而没有细心地去辨别作者为何只说"心境不好"是将本应写好的作品写坏的主因。这篇小说并没有许多郁达夫作品普遍存在的结构松散的毛病,三女性的故事以郑秀岳为主线,主副分明。只是结尾以"一·二八"战事中郑秀岳被日本浪人轮奸杀害,冯世芬收敛她的尸身结束,比较仓促。对于郁达夫,这是一部难得的具有时代长篇轮廓的作品。"我的意思,是在造出三个意识志趣不同的女性来,如实地描写出她们所走的路径和所有的结果,好叫读者自己去选择应该走哪一条路。三个女性中间,不消说一个是代表土豪资产阶级的堕落的女性,一个是代表小资产阶级的犹疑不决的女性,一个是代表向上的小资产阶级的奋斗的女性。"①作品不是按照大时代叱咤风云的女性的情节线为主来展开的,冯世芬始终是个正面的副线,李文卿是个反向的陪衬,郑秀岳是个美丽聪慧的女性,但一生软弱,无独立性,"一刻也离不得爱,一刻也少不得一个依托之人",这成了小说的主线,以构成全部故事的悲剧热点(设计得不错,只是写出来不十分理想)。这比起茅盾等的"时代女性"主体描写来,是大不同的,却是社会生活里的常态:一个时代所能给一个普通进步女子的影响,如果沦为"日常"的故事,就可以是这个样子。

在讨论本书的特点时,很难逾越的是女性和男女两性的有关描写。应当说,如果脱离了文学作品形成的历史环境,我们很难准确地给予估价。《她是一个弱女子》里有女校"同性恋"的细致描写,这在其他的"五四"文学作品中也有同类的问题。描写李文卿和郑秀岳半强迫的同性恋,可以刻画一个强势女性与一个弱势女性的性格。同时,在那种时代气氛下,女校的同性恋也带有叛逆的一面。即便是"乱伦",也要具体分析。冯世芬与小舅的私奔,如果脱开近亲结合不利于优生的科学性,而单纯从社会角度来看,舅甥相恋,也有反抗社会的效应。比如直到1930年代的左翼作家,如果深入阅读他们的传记,还能发现这种"舅甥恋"的个别例子是作为叛逆的行为而得到大家同情的。至于李文卿的父女乱伦不足训,是个恶劣的例子。总起来

---

① 郁达夫:《沪战中的生活》,《郁达夫文集》第3卷,花城出版社1982年版,第194页。

说,郁达夫的这类描写也是他小说的时代特征之一。

《她是一个弱女子》在当时的图书审查制度下,被作为"普罗文学"看待,实际上是个误会。郁达夫曾经被鲁迅推举参加过"左联",但他确实不是"左翼"作家。这里的三个女性人物就被他明确地注释为小资产阶级,他要写的是三个不同的小资产阶级人物而已,并没有轻易地将冯世芬定性为"无产阶级"(如果左翼作家来写就可能成了无产阶级英雄)的用意。而现代书局利用郁达夫的书被禁这一事实,乘着改名再出版的机会,反用来大做广告宣传,这也是书商和作者联合起来做出的合法之事,也是一种文学的抗争方式吧。

2011 年 4 月 19 日

读者热购《子夜》

《子夜》的读者

茅盾之《子夜》,不独此书本身之巨大,为过去文坛所仅见;即以销路论,亦前所未见者。据北平晨报月前某日《北平景况》一文中所记,则市场某书店竟曾于一日内售出至一百余册之多,以此推测,则《子夜》读者之广大与热烈,不难想象云。

(原载1933年5月15日《文学杂志》第1卷第2期)

这则消息看似简单,反映的却是《子夜》在上海以外的读书市场,如当时已沦为边缘的北平,所受北方普通读者竞购的情景。纪事并不精确,何市场何书店都较模糊,倒很能从一个侧面让人们了解《子夜》的巨大影响,了解左翼文学其畅销者在当时能与读者建立什么样的关系。

茅盾作《子夜》,大约从1930年后开始酝酿,写的就是1930年代初期上海和上海附近乡镇的现实,几乎是同步的。到1931年10月动笔,一年的时间完成。1933年1月由开明书店出单行本,以左翼作品的面目得到社会上的热烈反响,也奠定了茅盾作为中国左派现实主义伟大作家的声名。茅盾能写出《子夜》,有各方面的条件促成。这时的左翼文学越过了自己初创的幼稚期。鲁迅和茅盾这样的"左联"老作家,本来就对左翼的关门主义,不重视创作而只热衷于开展飞行集会和通讯员运动等政治做法不满,现在在办刊、培养新人等方面就更有所改善。大家对《地泉》等概念化的作品也有了初步的检讨,真正思想激越而又立足于现实生活的大作品呼之欲出。茅盾自日本回来就参加了"左联",两次担任行政书记的职务,但他一直不同意将"左联"办成一个政党,也询问过为什么"文学研究会"的老朋友郑振铎、叶圣陶这样的进步作家都不能吸纳进来?他觉得自己的位置还是在写作方面。正好有一段时间他眼疾、胃病、神经衰弱一起发作,便利用严格不能用眼的机会,在上海卢学溥(鉴泉)表叔的公馆里广泛接触来客中的同乡故旧,其中不乏银行家、企业家、政府公务人员、投机家、商人、军界人士等,他又阅读了"中国社会性质论战"中的各方论文,听到在苏维埃苏区开展的土地革命和反围剿消息，了解了这时期中国社会全方位的复杂情势。于是，就如同写作《蚀》三部曲所显示出来的大规模表现中国城乡历史性变动的文学动机一样，他起意要写一部1930年代初都市和农村斗争交织的社会史诗。最初的写作大纲中，仅都市部分就要写名为"棉纱""证券""标金"的三部曲，但在几次调整的提纲、提要里面，他逐渐收缩下来。他认识到自己最熟悉的特殊题材并不在乡村和土地革命，他无法如在眼前般地有声有色描绘它们。他熟悉的是卢学溥这样有魄力、有才智的商业金融"铁腕"，只需把他移植到一个中国工业资本家身上就行了。他也熟悉在卢表叔家出入的金融家，丝厂、纱厂、火柴厂老板，交易所投机者诸等人物，知道他们的性格、故事，来龙去脉。他听说正在进行的蒋（介石）、冯（玉祥）、阎（锡山）大战中有人以30万元价格买通冯玉祥部沿津浦铁路北退30里，以操纵交易所行情（后写入《子夜》的股市部分）；还听说过某小老板用女儿的身体来套取某人的股市涨落情报，结果落了个赔了女儿又折兵，羞愧自杀的结局（《子夜》冯云卿父女的原型，当然这个进城的土财主在作品里并没有上吊）。他亲临了卢学溥的继母（茅盾的姑表祖母）念"还寿经"的大场面，这为他在《子夜》一开头铺写吴老太爷的大公馆丧礼提供了真实依据。这些材料都使他把原先的计划一再缩小，除了已经写好的第四章双桥镇部分（以自己的故乡乌镇为原型）留在《子夜》中成了一个不太和谐的结构伤痕，其余都归向了以吴荪甫为首的民族资本家和以赵伯韬为首的买办资本家两相斗争，插入的人物达百人以上的庞大都市结构之中。

《子夜》的出版稍有曲折。最初也像《幻灭》等一样，并未写完就交《小说月报》连载，总题为"夕阳"（还拟过《燎原》《野火》等书名，后来才用《子夜》）。第一章排在了1932年1月《小说月报》的新年号上。还署了一个貌似旧派的笔名"逃墨馆主"，取孟子说的天下不归于杨朱即归于墨之意，"逃墨"便是归杨朱，朱便是"赤化"。这个曲里拐弯的笔名可惜没有用出去，突发的上海"一·二八"事变，从头打断了这次连载。日本炸弹的一场大火毁掉了闸北商务印书馆的总厂，老舍的长篇《大明湖》和茅盾的《夕阳》都炸在里面，老牌的《小说月报》就此终刊。幸亏茅盾交给郑振铎的只是副本，后来第二章用"火山上"的题目，第四章以"骚动"为名，先后发表在《文学月报》上。到开明书店出版单行本，第一版印了三千册，很快卖光，三个月内重版四次，每次都印五千册，竟达二万三千册之数，这是绝无仅有的。在上海，《子夜》的买者从一贯爱好新文学的青年学生扩展到都市中上层如公司白领、舞女、电影从业人员等。据参与书店业、本身开着大江书铺的陈望道说,"向来不看新文学作品的资本家的少奶奶、大小姐,现在都争着看《子夜》,因为《子夜》描写到他们了"。茅盾自己的经验也能证明此点:作为卢表叔的女儿、茅盾表妹的宝小姐便是个从来不读新文学的人,她现在逢人便说书中的吴少奶奶是以她为模特儿写的。① 社会上甚至有人专门组织了"子夜会",来阅读讨论这本书。在此情况下,前述北平读者的购读《子夜》的热情,一家书店一日可卖出百余册的记录,就完全可以理解了。

左翼和进步文化界的反响非常热烈。"左联"把它看成是自己阵营的胜利,在一次鲁迅、茅盾、丁玲、周扬、冯雪峰、楼适夷等都参加的"左联"执委会上,"大家在雪峰的提议下,对茅盾《子夜》的出版表示了诚挚的祝贺"②。东京"左联"曾专门召开讨论会,据当事人杜宣回忆,出席者踊跃,后来成为捷克著名汉学家的普实克也曾参加并发言。鲁迅、瞿秋白是从《子夜》写作开始,就密切关注着它的进程的人。为了集中精力写作长篇,茅盾向冯雪峰提出辞去"左联"行政书记的职务,结果没有被批准,只是同意请长假,这些鲁迅都是知道的。鲁迅不仅赞成茅盾创作,还多次询问小说的进展。所以到茅盾从书店拿到样书后,第一个念头就是把《子夜》亲自送到鲁迅手上。在鲁迅1933年2月3日日记里便记有:"茅盾及其夫人携孩子来,并见赠《子夜》一本,橙子一筐,报以积木一合,儿童绘本二本,饼及糖各一包。"③即送书当日的情景。据茅盾回忆,他此前是不在自己新书扉页上签名赠书的,是鲁迅那天当场要求他题签,后来才养成了习惯。鲁迅对《子夜》的称道,可见他受书不久后给在苏联的曹靖华的信:"我们这面,亦颇有新作家出现;茅盾作一小说曰《子夜》(此书将来当寄上),计三十余万字,是他们所不能及的。"④引以为豪的口气,跃然纸上。瞿秋白当年从中共党内斗争退了出来,在去苏区之前隐藏在上海,与茅盾曾多次讨论过《子夜》的写作。一次避住在茅盾家里近一星期,看了部分的手稿,天天研讨不止,对《子夜》的主旨、人物、故事、细节一一提出意见。瞿秋白是个懂文艺的政治家,他对《子夜》创作的影

---

① 茅盾:《回忆录一集:〈子夜〉写作的前前后后》,《茅盾全集》第34卷,人民文学出版社1997年版,第516页。
② 金丁:《有关左联的一些回忆》,载《新文学史料》1980年第1期。
③ 鲁迅:《日记廿一[一九三二年]二月》,《鲁迅全集》第15卷,人民文学出版社1981年版,第63页。
④ 鲁迅:《330209致曹靖华》,《鲁迅全集》第12卷,人民文学出版社1981年版,第148页。

响大多是积极的。比如他建议茅盾将原先吴荪甫和赵伯韬在结尾处握手言和的情节,改成现在的赵胜吴败。他还主张吴荪甫在小说一开头到码头迎接父亲吴老太爷从乡下来沪所坐的不应是福特车,而应是最流行、最气派的雪铁龙。这些都很到位。待到《子夜》出版,瞿秋白连续写了《〈子夜〉和国货年》《读〈子夜〉》两文,给予高度评价,说《子夜》"是中国第一部写实主义的成功的长篇小说"。并预言:"1933年在将来的文学史上,没有疑问的要记录《子夜》的出版。"①

其他作家的反应,如开明派的人都非常看重《子夜》。叶圣陶是经手出版此书的主要编辑,他给该书封面与扉页用两种不同的篆字题写了书名,在与书同月出版的《中学生》第31号上还亲自写了《子夜》的广告。朱自清在北方大型刊物《文学季刊》发表评论《子夜》,说:"这几年我们的长篇小说渐渐多起来了,但真能表现时代的只有茅盾的《蚀》和《子夜》。"②与《子夜》出版同年发生的评论,吴组缃是青年作家中得到茅盾启发最强烈的一位,他在《子夜》一文里几次提到"新兴社会科学者"能用"严密正确""严密精审"的数字或论证告诉我们中国社会政治、经济近况,而他们不能如茅盾的小说那样给我们具体的故事和人物形象。社会科学分析与文学的结合,后来也是吴组缃创作的特色之一。所以吴读完此书的印象,在文中用鲜明的与中国新文学和世界进步文学比较的视野来观照:"中国自新文学运动以来,小说方面有两位杰出的作家,鲁迅在前,茅盾在后。""'中国之有茅盾,犹如美国之有辛克莱,世界之有俄国文学。'这话在《子夜》出版以后说,是没有什么毛病的。"③说得很诚恳很确切。

最奇特的读者是茅盾于五四后期批判过的人物,学衡派的吴宓。他在《子夜》出版三个月后,于《大公报》副刊发表了《茅盾著长篇小说〈子夜〉》一文,客观公正地指出自己"激赏此书者"有三:"第一,以此书乃作者著作中结构最佳之书";"第二,此书写人物之典型性与个性皆极轩豁,而环境之配置亦殊入妙";"第三,茅盾君之笔势具如火如荼之美,酣恣喷薄,不可控搏。而其微细处复能委婉多姿,殊为难能而可贵。"④一直到晚年茅盾写回忆录,仍

---

① 瞿秋白:《〈子夜〉和国货年》,《瞿秋白文集》文学编第2卷,人民文学出版社1986年版,第71页。
② 朱佩弦(自清):《子夜》,载1934年4月1日《文学季刊》第1卷第2期。
③ 吴组缃:《子夜》,载1933年6月1日《文艺月报》第1卷创刊号。
④ 云(吴宓):《茅盾著长篇小说〈子夜〉》,载1933年4月10日《大公报·文学副刊》。

不忘吴宓对他作品体验的别具匠心。

而政府当局对左翼巨型作品的出现及所形成的热浪,要到第二年才做出"查禁"的反应。后虽经书店的通融努力,改为删除后(如第四章写农村的全删,第十五章写工潮的部分删改)才能出第五版。不过很快,坊间就有假托为巴黎救国出版社翻印的未删节本流传开了。这给《子夜》的读者接受史,无疑也添上了一笔重彩。

2011 年 8 月 28 日

丁玲失踪及长篇小说《母亲》的出版

良友文学丛书之七

丁玲女士　长篇创作　母亲

全书都十余万言洋装布面乳黄道林纸精印

每册计大洋九角国内邮费二分半

这是写前一代革命女性的典型作品。作者以一九一一年辛亥革命为背景,叙述自己的母亲在大时代未来临以前,以一个年轻寡妇,在旧社会中遭遇了层层的苦难和压迫,使她觉悟到女性的伟大使命,而独自走到光明去。

准二十八日上午九时发卖

作者亲笔签名计数本一百册售价不增

二十八日本公司门市函购部各半发卖

(广告左上角有丁玲画像,此像后载 1933 年 7 月 31 日《文学杂志》第 1 卷第 3、4 号,署蔡威廉作,为蔡元培之女)

(原载 1933 年 6 月 25 日《时事新报》和 1933 年 6 月 27 日《申报》)

丁玲未完长篇《母亲》的出版,正划出了她前期创作的一个阶段。而此书出版时,作者本人不久前刚遭国民党特务秘密绑架,生死不明。读者们这天到北四川路良友图书公司的门市部去买这本小说的时候,大多人觉得这位富有才气的女作家很可能和她的亡夫、"左翼五烈士"之一的青年作家胡也频一样,已经遇难了。

这则"良友"的广告多半是赵家璧写的。因书稿为他所组,按当时的规矩这样的文字也不可能找别人来写。广告概述了小说的人物故事,简要准确。难得的是小说里三少奶奶曼贞(原型即母亲)的女儿小菡(原型为幼年丁玲)只是一个次要的人物,可广告词通篇却是从丁玲的角度着眼,"独自走到光明去"像是句暗暗的祷词。书中这个柔弱的富家小姐,在突然守寡并体验到家道中落的艰难以及人们的倾轧无情后,终于在新时代风气刚刚萌芽的时节冲破种种禁锢,挺身走上社会,含辛茹苦、百折不回地接受新式学堂教育,随后投身到女子教育的事业中,走完了她的人生道路。是母亲给予丁玲最初的人生教育，让她终生领悟到新女性的时代使命。有了这样一个母亲，才有这样一个丁玲。

而书中"母亲"的形象，完全可以与丁玲其时已经写出的时代女性"莎菲"、由农村进城的女性梦珂、阿毛，和未来将要写出的贞贞、陆萍这些保持着时代和女性双重气味的人物，比较着来解读。坚忍、独立、采取各种形式的叛逆反抗，是丁玲塑造此类女性性格的核心。《母亲》的特出之处，在于细致描写了近代以来最先突围的第一代职业妇女，她们是怎样冒着礼教压力和社会讥笑而挺直腰杆的。小说开头，"母亲"的身世凄凉、无助，但她"是不愿意只躲在里屋过一生的"，她是可以卖掉剩余的田产，带着两个年幼的孩子，干出"一个做媳妇的夹着书包上学"这样的事情来的。为了早一天把脚放大，她忍痛上体操课，跟着年幼的同学一起跑步。小姐们由于吃不起苦一个个退学了，她却读了下来。一个"放大脚"的女人如何走入新时代，这就是"母亲"的意义。书中的曼贞还与年纪虽小却聪明有魄力的夏真仁（原型为向警予女士）结下了深厚的友谊，其中的场景描写很有历史价值。小说的心理笔触是比较欧化、放得开的。而写到衰落的封建地主家族的凄清，内部生长着断裂的力量，涉及农事、土地的个别段落，文字都颇有神采，也不乏传统味道。在大家庭的日常场景描写上，更是有点《红楼梦》的笔意。

不过，这究竟是部并不完整的作品。全书侧面写到了辛亥革命的发生，但"母亲"在这场划时代的历史事件中的表现，她的心理、思想丝毫都没有得到展开，便戛然而止了。小说写作的原初动机，强迫性中断留下的痕迹，在作品的文字中处处可见。此作的由来和出版过程，与胡也频的牺牲和丁玲的神秘失踪直接相关。1931年，丁玲在沈从文的护送下将出生才两月而丧父的孩子送回湖南常德老家，归母亲抚养。在家的短短三天时间里，母亲的镇静表现，所见所闻故乡的变迁，都给予丁玲强烈的触动，她很快就酝酿出一个全新的长篇结构。回到上海后，楼适夷1932年5月主持创办的《大陆新闻》（日刊）约她写长篇，方才正式执笔。最初计划写三四十万字，"从宣统末年写起，经过辛亥革命，一九二七年之大革命，以至最近普遍于农村的土地骚动"（见1932年6月11日丁玲致《大陆新闻》楼适夷的信），算得上是个宏大的构思。当《母亲》以每天发表一千字的速度连载到20天左右时，却因刊物停刊被迫中断了。接着，正好良友图书公司的赵家璧要编辑《良友文学丛书》，闻讯后便向丁玲邀稿，希望她能写完成书。该年秋，丁玲根据《丛书》的体例，将长篇调整为三部曲，第一部就写到"母亲"走出大家庭完成学业，辛亥革命后1914年从长沙女师辍学为止。三部曲分册出版，每册都是独立的，很灵活。丁玲延续了报纸连载时的办法，也可能是考虑到自身生活的不安定因素，每写完一章就随手将原稿送给赵家璧一章。到1933年4月中旬，良友已经拿到了四章约八万字内容，只差一两章便能达到十万字出书了，不料就在此时发生了丁玲失踪事件。

1933年5月14日，在上海昆山路丁玲的临时寓所，丁玲、潘梓年被国民党特务秘密绑架。当天特务继续埋伏在此寓所，另有一位左翼作家应修人进入，在抗拒时不幸坠楼牺牲。此后，良友再也没得到丁玲的《母亲》续稿。5月17日上海的英文《大美晚报》最早透露出这一消息。中国民权保障同盟的蔡元培、柳亚子、鲁迅、杨杏佛等人在报上发表电文，组织丁潘营救委员会，联合文化各界展开营救和抗议活动。到6月18日，杨杏佛惨遭暗杀。鲁迅也上了黑名单，但两天后仍然参加吊唁，并在八天后给王志之的信中说，"杨杏佛也是热心救丁的人之一，但竟遭了暗杀"。作为抗议活动的一个部分，据赵家璧回忆，也在良友图书公司任编辑的郑伯奇很快转达了鲁迅的建议：把丁玲那部未完成的长篇立即付排，书出得越快越好，在书前可有意写个编者按做出交代，并在各大报大登广告进行宣传。鲁迅的意见是非常及时的。（详见赵家璧《重见丁玲话当年——〈母亲〉出版的前前后后》）我们现在看到的《母亲》广告，就是在这样一个背景下产生的。

当时不要说上海的大小报刊，连北方的左翼刊物都纷纷报道，如1933年5月《文学杂志》第1卷第2期"文坛消息"栏里有"丁玲巨制《母亲》正努力写作中"的报道。1933年《文艺杂志》创刊号目录有"关于丁玲女士的被捕"的文章。1933年《今日妇女》第1期特大号目录，在"专载"栏内列有："丁玲小史""丁玲惨死经过""丁玲事件与妇女运动"等题目。1933年7月15日《文艺月报》第1卷第2号"文艺情报"栏有："北平将开丁玲追悼会""丁玲遗著《母亲》《夜会》出版"等消息。

实际上因丁玲被秘密押解到南京软禁日久，外界的消息封锁得铁桶一般，当时盛传丁玲已被处死了。所以在《母亲》售书当天的6月28日，鲁迅在日记上留下了《悼丁君》的诗："如磐遥夜拥重楼，剪柳春风导九秋。湘瑟凝尘清怨绝，可怜无女耀高丘。"

而《母亲》广告里所说的作者亲笔签名本，当天上午九时是如期售出的。那天，北四川路良友门市的铁门一拉开，蜂拥进入的读者就将这种里封衬页裱有签名纸的一百册布面精装本一抢而空。连非签名本也售出许多。当天下午，在门市还发生了两名身份不明的人来责骂书店的签名本是假的，声称丁玲被捕失踪，哪里会在新书上签字的事情。结果，赵家璧和经理出示了良友公司在与这套《文学丛书》作者签稿约时就预先准备下的一百张编号的签名纸样件，给他们看，让可能是"特务"的捣乱者无言以对，灰溜溜地走了。鲁迅日记里也记载清楚，他在该书发卖前一日（6月27日）就得到了赵家璧寄赠的"《母亲》（作者署名本）一本"。

借着凶险的政治风云，和聪明、熟练的现代出版手段，《母亲》出版后成为这套《良友文学丛书》中的最佳畅销书。它也是丁玲早期篇幅较大的重要小说。

2009 年 3 月 4 日

叶圣陶谈《家》的典型性和成书过程

> 巴金著　《激流》第一部《家》
>
> 著者在《激流》的总序中这样说:"在这里我所欲展示给读者的乃是描写过去十多年间的一幅图画。自然这里只有生活的一小部分,但已经可以看见那一段由爱与恨,欢乐与受苦所组织成的生活之激流是如何地在荡动了。"在本书的后记中这样说:"这只是一年以内的事,……然而单从这一年内大小事变的描写,我们已经可以看到一个正在崩坏的资产阶级的家庭底全部悲欢离合的历史了。这里所描写的高家正是一个这类家庭底典型,我们在各地都可以找到和这相类似的家来。"从这两段话中,我们可以知道这本书的内容如何值得注意了。全文曾经在一九三一年《时报》上发表,共二十余万言。现经作者增删修改,排印成单行本,读者连续读去,一定比从报纸上逐日读一小段更能得到此书的妙处。
>
> （原载 1933 年 9 月 1 日《中学生》第 37 号）

《家》是巴金前期的代表作,在中国现代文学史上也是印数最多、影响最大的长篇小说之一。这篇叶圣陶为《家》的"开明"初版本所写的广告词,运用作者的自述来介绍它的基本内容,十分得当(巴金是现代作家中谈论自己作品最多的一位)。一句表现"一个正在崩坏的资产阶级的家庭底全部悲欢离合的历史",只要将"资产阶级的家庭"换做作者后来改的"封建大家庭",就完满了。不过这里已经露头的"激流"名称,和总序称原想写"十多年间"的生活,《后记》说结果只写出"一年以内的事",却把《家》的构思、写作过程的曲折性从一个角度反映了出来。

世人现已知道,《家》是依照巴金从小生活过 19 年的成都北门正通顺街的老家,一个四世同堂的官僚地主家族为原型而写成的。写的目的不是为了当作家,而是为了代那些在封建礼教、宗族制度压迫下,接受摧残、凌辱和不幸婚姻的男女们,道出他们血泪般的痛楚,为包括自己的一代青年发出巴金式的"我控诉"！写这一切,他酝酿已久。1928 年 11 月巴金从法国马赛回上海途中,在邮船的四等舱里便开始思考,打算写这部小说。那时他已将在法国写的处女作长篇《灭亡》第一次用巴金的笔名寄往国内,而且并不知道朋友会将它推荐给《小说月报》的代理主编叶圣陶去发表。他把这部拟写自己家族的小说起名为"春梦",试着涂抹了几个片断。1929年他在上海见到前来探视他的大哥,两人谈起过《春梦》。他大哥回到成都还写信来表示支持,说"我家的历史很可以代表一切家族的历史"①,本是自己也想写的,但写不出,现在听说弟弟能写便要向他鞠躬致敬了。到1931年,巴金在无政府社会主义思潮中认识的一位学世界语的朋友,替上海当时的大报《时报》副刊编辑来约他写连载小说。他意识到这是一个机会,便答应下来。其时他并无全书大纲,没有想好所有的人物及故事结尾,只是写了篇上面提到的总序与前两章"两兄弟""琴",交给报纸试看,通过后便在当年4月开始在《时报》第五版登载,题目也由《春梦》改成《激流》。连载期间还没有"家"这个名字。巴金当年租住在上海闸北宝山路宝光里14号一幢二层石库门房子里,边写边发表,写毕第六章"做大哥的人",却收到老家的电报:大哥服毒自杀。在那个怀念的日子里,巴金更加强了书中以大哥为原型的"觉新"的描写。悲愤的情绪在他胸中燃烧,《家》的生活图景和活生生的人物仿佛在借他的手来说话,来行动。他并不完全清楚下一节的故事如何,只任凭人物按自身的性格往下发展,落到稿纸上的文字如流水一般流淌,眼前最大的敌人是吃人的封建制度和它的代表人物,写得痛苦的是委曲求全的觉新,痛快的是觉慧终于出走。这样,一年后报纸连载完毕。完篇时写了前面广告所引的后记,一计算书里的情节仅发生在1920年冬到1921年夏末的一年内,离写十年的预计差得老远了。也才确定这是《激流》的第一部,定名为《家》。他在后记里还说:"用了二十三四万字我写完了一个家庭底历史,假如我底健康允许我,我还要用更多的字来写一个社会底历史,因为我底主人公是从家庭走进社会里面去了。如果还继续写的话,第二部底题名便是《群》。"②这个《群》后来巴金曾经写过几页,终于停下了,没有专去写觉慧走入社会后的经历,反是仍回到《家》的后事上来。1936年到1937年他写了《家》的续篇《春》,1939年到1940年写了《秋》。到《家》《春》《秋》出齐,才有了《激流三部曲》的总称,但如论长篇的成就,《春》《秋》仍远在《家》之下。

---

① 转引自巴金:《关于〈激流〉》,收陈思和:《巴金自传》,江苏文艺出版社1995年版,第136页。
② 巴金:激流《后记》,转引自陈思广编著《中国现代长篇小说编年(1922.2—1949.9)》,四川大学出版社2008年版,第108页。

《家》主题的典型意义无可置疑。第一，这是一个"崩坏"的家。高老太爷、冯乐山等在这个"家"里维持着封建伦理的陈规，有着最高的经济、道德、话语的生杀权力，专横地反对一切新事物。觉新的理想毁灭，对梅的爱情遭摧残，与瑞珏的婚姻等都操纵在他们手里。也是他们阻止小辈参加进步的社会活动，拆散了觉慧与丫环鸣凤，造成鸣凤投湖自尽。叔辈的克明、克安、克定，或充伪善的封建卫道士或明目张胆地男盗女娼，从两个方面瓦解着封建家庭的根基。直到高老太爷已死，还阴魂不散，以血光之灾为名酿成瑞珏难产身亡的悲剧。青年一代的苦难，造就了他们逐步走上叛逆、反抗的道路；封建家族的每一罪行也等于在挖自己的坟墓，为自己制造掘墓人。第二，腐朽的"长子"继承制度，在日薄西山的背景下使《家》的觉新沦为牺牲品。觉新这个人物是《家》中刻画得最深刻的形象。他的地位决定他要服从高老太爷为他安排的不继续求学深造，反要早生重孙的命运。他受到"五四"的启蒙，本该有所作为，但他善良、懦弱、妥协，既受到叛逆的弟妹们同情性的谴责，又在大家庭的倾轧、斗争、崩溃中勉强挣扎，执"作揖主义""不抵抗主义"，希图通过自己的牺牲来维持住封建大厦之将倾，但已于事无补。而"长子"形象的深远含义令人思索，比如在整个人类中占据古老文明位置的民族国家包括中国在内，现在都处于后发达的状态，这与它们夹在古老和现代之间背负沉重的包袱（如鲁迅说的先前也阔过）息息相关。摆脱历史的"长子"地位，正是现代"觉新"面临的命题。那就是第三，离家，走出家，显示出恒久的寓意。它过去曾激励了千万青年人打破旧家的牢笼、藩篱，奔向光明，奔向革命和新社会的建设。觉慧、觉民、琴的逐渐觉醒，终于迈出离家的一步，成为无数青年思考的出发点。加上读巴金小说会被其中如火的情绪裹挟，受感情大于理性的文字冲击，他的作品便成了自"五四"创造社以来一直持续着"青春气息"（少了创造社唯我独革的霸气和才子气）的读物，成为引导几代青年走向社会的前灯。多少年来，人们都在《家》的魅力面前感到迷惑：为什么一部作者自己也一再声称"无技巧"的小说，故事不吸引人，人物刻画和文字运用不能说是上上乘的，却能被几代青年读者热情接受？上述三点的意义就不可忽视。《家》的经典性由此产生，并影响了此后的文学潮流。单是"家族小说"一项，即可溯源至《红楼梦》（确实有人做过《家》与《红楼梦》的比较研究），下伸到端木蕻良的《科尔沁旗草原》(1939)、林语堂的《京华烟云》（中译本又名《瞬息京华》，1940)、路翎的《财主底儿女们》（共两部，1945—1948)、老舍的《四世同堂》（共三部，1946—1975)，绵延不绝。

叶圣陶广告的后半部分特别提到《激流》(即《家》)在《时报》初刊时的情况,借此突出了单行本阅读的优越性。叶好像知道内情一样,给读者比较了初刊和初版之不同。实际上初刊《激流》是差一点被"腰斩"的。1931年4月18日开始连载时,编者称年轻的巴金为"新文坛巨子",这种与叶圣陶广告语有天壤之别的夸张用词,透露了报纸对《激流》连载的极高期望值。小说逐日以一千字速度登载,巴金每周送一次稿大约够用十天到两星期,从未耽误过。登了6个月到瑞珏惨死,在未通知作者的情况下突然停载。这时编辑换人,新编者与巴金联系抱怨他写得太长。两个月后由于作者提出不要余文稿酬的办法,只求全书登完,问题方得解决。1932年1月26日编者于续载前发表《关于小说》,声称因发生"九一八"沈阳事变多登国难新闻才造成暂停的。小说过长和国难新闻太挤这两条理由,后来成了巴金和所有传记作者都采用的解释,其实都中了《时报》的圈套。战争新闻占据版面造成紧张虽是事实,但一张商业性综合报纸是不会全部都登新闻的。后来恢复了连载,从1月26日到5月22日将《激流》载毕,时间上正值淞沪"一·二八"事变全程,家门口的战事报道比东北的"九一八"还应紧张十分,却并不妨碍《激流》的载完。而据巴金回忆,他是在看到《时报》登了林疑今、沈从文的小说后才发现自己的小说停载的。我们看上海另一张比《时报》还要老牌的《新闻报》,1931年9月到1933年3月,也处在"九一八""一·二八"两事件的全过程,也需多登战时新闻,但毫不影响它不停顿地连载张恨水并不出名的《太平花》。如说小说长度,《激流》的字数与《太平花》相当。再看同时间连载张恨水《金粉世家》的北平《世界日报》(北平离沈阳"九一八"更近),那部小说是110万字,却不受战时影响照登不误。可见关键在于报纸连载小说的本意是什么,这个目的达没达到。只要小说能促进报纸的销量,时局和长度就都不在话下。我们现在得不到《时报》连载《激流》后的销售实际数字,但可以想象并不理想。这不是一个爱国主义的时事宣传问题,而是个经济问题,所以巴金一旦不要余下的稿费,问题就迎刃而解了。但是接下来发生了怪事,1933年,《激流》改为《家》后由开明书店初版,这本小说立即热销了! 粗粗统计,到1951年止,仅开明版的《家》就印了33次。其他的版本、盗印本蜂拥而起。到1951年后人民文学出版社每印都是几万到几十万册,《家》的总印量大概在千万册之间。以至于香港的司马长风在他的《中国新文学史》中称《家》是"中国自新文学诞生以来第一畅销小说",此言不虚。那是为什么? 只有一种解释:《时报》每日读千字小说的读者,与开明单行本读完整部现代长篇的读者,是截然的两批人。都市中逐日浏览报章小说的读者,是抱休闲态度的市民大众,而花钱购买《家》的读者,则是欲获取思想力量的广大青年,是处在幻灭和觉悟间正待选择道路的旧家庭出身的进步青年,是积极思考自己人生意义和价值的光明青年。或许市民读者在未来的岁月里也会开始注意报端出现频率渐多的"巴金",但那也是在青年读者的带动之下了。叶圣陶所说的连续读,要比逐日从报纸读一小段更能得作品之精髓,正是分清了两种读者面向文学的不同情景。是这些青年成为巴金持久的有特色的读者群,参与了《家》作为一部经典作品的形成。

2011 年 10 月 7 日

白薇戏剧集《打出幽灵塔》长久引人注目

新出版书　打出幽灵塔　白薇女士著　实价八角五分

和易卜生底《娜拉》一样，白薇女士底《打出幽灵塔》正是一个叫醒那些沉睡着的，作了半生家庭傀儡的不幸的妇女们底沉痛的呼声。在这几千年来的男权社会里，多少被镇压在幽灵塔下可怜的奴隶们，在没有太阳，没有生命的黑暗里，送掉了她们底青春，她们底花，她们底一切。现在白薇女士站在女性的立场，代表被侮辱与被损害的妇女们发出了这一声"打出幽灵塔"的春雷，这真是多么有力的一个叫喊呀！其他如《姨娘》，如《假洋人》，如《乐土》诸篇，也都是充满了同情那"被侮辱与被损害"的女子的眼泪和积极的反抗性，是她这几年来的得意之作。当各篇发表在《奔流》，《小说月报》，《北（斗）》等大杂志时，曾引起多少青年的赞赏和讨论。至于文笔的美丽，情绪的热烈，对话的生动，则文坛上早有定评，在这里毋用赘述。现汇印成书，共约三百页（卅二开本），道林纸精印。

（原载 1934 年 3 月 1 日《春光》创刊号）

用"新出版书"的名义做足广告的白薇（1894—1987）戏剧集《打出幽灵塔》，实际上是一部早在 1931 年就以面世的旧作。但是三年后甚至直到 1936 年，此书似乎仍带着左翼女性文学的魅力，一版再版，吸引着当年的读者。

从广告的行文中也能看出，《打出幽灵塔》是一奇特的剧本。这部剧按照文后的"附白"称，原名为《去，死去！》，写于 1928 年夏的武昌。那时的白薇在国民政府总政治部国际编纂委员会任日文翻译，是用一星期的时间"拼命写完"此多幕剧的，却被向培良以组织演出的名义将原稿骗走，不予归还。结果作者大病了一场，回到上海于贫病交困中重写，却认为"已像碎瓦难缝的散漫"①。剧本首次揭载，是在鲁迅主编的《奔流》上（第 1、2、4 期连载）。

剧本的故事发生在特定的环境中，是国共从合作到破裂的北伐战争时

---

① 白薇：《打出幽灵塔·附白》，《打出幽灵塔》，湖风书局 1931 年版，第 146 页。

期。正因为有了大革命年代农民运动的宏大背景,这才给剧中的女性、农民以及乡村士绅带来翻天覆地的变化。土豪劣绅胡荣生的家庭就是在这一变革中彻底解体、覆灭的。如果没有农民协会委员带领群众到胡家来清算他无理打伤农民的罪行,要求他开仓粜谷赈灾,清查他私藏的鸦片,就不会有豪绅们外表服从、内心反对和用计逃逸等事的发生。同样的,如果没有农运的强大势头,妇联委员萧森怎么能够到胡家来调查姨太太郑少梅提出的离婚案,并给予批准呢。而且也是农民和妇女的组织公开支持了胡的养女萧月林从家出走,混入农运队伍的受贿农协委员会用权力暗中庇护劣绅,以便在获得胡荣生私藏鸦片的证据之后,农会可以给劣绅以致命的打击!这些都从不同角度反映了那场农民革命的来势凶猛。我们不仅可以从本剧,也可以从蒋光慈的长篇《田野的风》、叶紫的中篇小说《星》里,感受到那个时代的强烈气味。

于是,一个士绅家庭的沉沦便和时代风云紧密相关,以悲剧的面目上演了。剧中的人物均围绕萧月林展开。其养父胡荣生最后证明就是她的生父,却处心积虑地要占据她,逼她结婚。而她所爱的是两个曾经救助过她的恩人。一是胡荣生之子胡巧鸣,他同情农人,主动低价粜谷赈济灾民,在带萧月林逃出家庭时被其父刺死。刺后被胡荣生嫁祸的人,正是萧月林另一恋爱对象农协委员凌侠。妇联委员萧森来胡家办理郑少梅的离婚手续时,意外地发现胡荣生便是多年前侮辱她的胡灿,是造成她产下私生女送育婴堂的仇人。萧森还发现萧月林很可能是自己的亲生女儿。而胡荣生的管家贵一,是这一切的见证人。他本是萧森的恋人,在萧森遭污被迫出国后救出了被胡荣生狠心抛掷河心的女孩,在女孩辗转被卖到胡家做丫环的时候又潜回来暗中保护萧月林。最后也是由他揭开了全部事实的真相,将剧情引向高潮:贵一被胡荣生打死;萧森和胡荣生相互同时开枪,胡被击毙;萧月林为掩护生母身受重伤,在临终前与萧森母女相认。这个剧作出现六年之后才有曹禺的《雷雨》,但两剧家庭伦理关系的错乱情况十分相像,是个事实。《打出幽灵塔》有多个呈三角的男女关系:萧森、贵一和胡荣生;萧月林、凌侠和胡巧鸣。有多个局中人暂时被蒙在鼓里的男女乱伦关系:胡荣生的逼婚对象实际是自己亲生女儿;萧月林以为是和养父之子恋爱,其实胡巧鸣与她是同父异母的兄妹;姨太太郑少梅单恋着胡巧鸣,而胡应叫她小妈。在如此复杂的男女关联中,以胡荣生为首的地方土豪势力构成了强大的压迫阶级,大部分人却是被胡荣生欺侮、损害的对象。他们即便是反抗了,也要付出绝大的牺牲。"幽灵塔"在剧中象征压迫阶级制造的黑暗魔窟。胡家房子的地盘原是一座古塔,作者借剧中仆人挑明:"'幽灵塔'是少爷指老爷的哪。老爷本身虽然不像个幽灵,但他压迫家里的青年,不和雷峰塔镇压白蛇精是一样的吗?"[①]胡荣生一人之死,所对着的是胡巧鸣、贵一、萧月林三人之死。幽灵塔这个封建专制堡垒垮掉的代价是很大的,并不如高歌猛进一般容易。此点表现得较为真实。

而剧中的三个女性萧月林、萧森、郑少梅,无论是处于养女、生父之间游移不定又向往光明的青年女子,或者是饱尝人世间婚姻痛楚的成熟中年妇女,都表现了该剧作者强烈反抗男性社会对女性压迫的不屈精神。女子在社会中所受的多方面压迫,主要是通过不平等的婚姻关系、专制的两性关系来表达的。就连比较柔弱的萧月林在最后一场,面对兽性的胡荣生也不禁喊出:"我做了你的私生女,又要做你的小老婆么?"并在临死前愤激地说道"我'去死''去死''去死'","我们要以死抵抗一切,我们'新生''新生'!"[②]这就是该剧原来题名"去,死去!"的本意:以包括新女性在内的一代青年人的死,来换取整个社会的新生。如果联系白薇创作的原动力,就会发现上述广告文字所强调的此剧"站在女性的立场",像易卜生《娜拉》一样唤醒妇女摆脱"家庭傀儡"的角色,为"被侮辱与被损害的妇女们"发一声春雷的意义,是很有道理的。

我们从白薇自身作为一个被压迫女性的独特生平,从她的其他戏剧、小说作品中,照样能窥探到她极强的女性创作个性。白薇的经历就极富戏剧性。先是反抗包办婚姻,冒死从夫家出走。为了不返回牢笼,在长沙女一师行完毕业礼的第三天,便突破别人组织起来的守卫圈,钻学校围墙的粪洞逃离,只身经上海到日本横滨,上岸时口袋里只剩下两角日元了。她在异国充当女佣、挑夫,勤工俭学,与革命的却也是男性中心主义的杨骚相识相恋,反反复复地遭遗弃,受伤害。最初她考上御茶水女高师学习生物,后自学文学,以文学为武器参与社会斗争,宣泄自己对革命的热情和对社会的不平之气。从1926年始,她在《小说月报》《语丝》发表剧本《苏斐》《琳丽》《访雯》等,以女性剧作家的身份登上文坛。陈西滢当年在读到她为女性冲破爱情藩篱呼号的诗剧《琳丽》时,曾说过:

[①] 白薇:《打出幽灵塔》,《打出幽灵塔》,湖风书局1931年版,第117页。
[②] 同上,第132、141页。

《琳丽》二百几十页，却从头至尾就是说的男女的爱。它的结构也许太离奇，情节也许太复杂，文字也许有些毛病，可是这二百几十页藏着多大的力量！一个心的呼声，在恋爱的痛苦中的心的呼声，从第一页喊到末一页，并不重复，并不疲乏，那是多大的力量！①

评者显然震惊于一个白面弱女子身上的强大表现力。这种强力贯穿于白薇的主要创作。尤其是1926年她放弃刚补上的官费从日本毅然归国，1927年经历了大革命失败的壮阔一幕，1928年以后写出了她的代表作：三幕剧《打出幽灵塔》、长篇小说《炸弹与征鸟》、长篇自传《悲剧生涯》。这些作品无一不具备陈西滢所称许的特征。《炸弹与征鸟》主人公两姊妹余玥、余彬的故事，带有部分自叙性质，描述了冲出重围投身大革命的女性的命运。甘为"花瓶"的妹妹（读书期间的绰号是"炸弹"），及不甘为"花瓶"却被人当做"花瓶"的姐姐（自称"征鸟"），意味深长。还有爆发式的语言，"啊！何处有赤血儿的仪表？啊！何处是如火如荼的群众底愤焰？啊！这影动的夜街，彻彻底底刺着我受伤的饥饿的征鸟之怀！"②和《打出幽灵塔》的"反了，一切都是新鲜的了！我在'生'之摇篮里摇，摇，摇……我生了。我生了！"③这样《女神》式的抗暴语言，却都是同一个女性作家发出的。而在《悲剧生涯》的序言中，她悲痛地说出："在这个老朽将死的社会里，男性中心的色彩还浓厚的万恶社会中，女性是没有真相的。"④沉痛的话语道出她写作的真谛。这在中国已是十分难得了。

白薇是由"五四"过渡到左翼的女性作家。她是"左联"、"左翼剧联"的盟员。其他剧作，如本集所收的《乐土》（原名《革命神受难》）、《姨娘》，均写于参加"左联"之前。《假洋人》写于"左联"时期，刊于1931年的《北斗》。据白薇的《悲剧生涯》中记载，她认识鲁迅后，曾以多灾多病之身向学过医的鲁迅请教：人开刀后会不会丧失感情，以至写不出文章来？可见她的作品是依仗情感的，她自己也十分了然。白薇反抗的激情有时可达痉挛式的程度，她

---

① 陈西滢：《新文学运动以来的十部著作（下）》，《西滢闲话》，新月书店1928年6月版，第346页。
② 白薇：《炸弹与征鸟》，《白薇作品选》，湖南人民出版社1985年版，第162~163页。
③ 白薇：《打出幽灵塔》，《打出幽灵塔》，湖风书局1931年版，第141页。
④ 白薇：《悲剧生涯·序》，《白薇作品选》，湖南人民出版社1985年版，第15~16页。

革命浪漫主义的写法也掺和了表现主义、象征主义的成分。这是生命型女性写作的一种极致。

2011 年 3 月 22 日

蒲风诗集《茫茫夜》与中国诗歌会的创作

《茫茫夜》诗集出版　实价四角
蒲风著　四月廿日出版
　　蒲风集五年来在海内外发表过的诗歌,经诗人杨骚再三精选,而成《茫茫夜》集。全集有诗廿五篇,以农村生活为中心题材,诚不愧称为农村前奏曲。集首有陈子展先生森堡先生的序,集中更插有新波先生的木刻图画,及魏猛克先生代画的像。全书用厚瑞典纸精印,形式非常美观,而定价不外大洋四角。刻该书业已于四月廿号出版。

春光书店发行

(原载 1934 年 5 月 1 日《春光》1 卷 3 期)

　　《茫茫夜》是蒲风(1911—1942)代表诗作的选集。蒲风是早期左翼现实主义诗派的代表性诗人。

　　薄薄的一册诗集,按广告所说,前有于时夏(即陈子展)、森堡(即卢森堡,任钧)的短序,及并未提到的作者"自己的话"。其中卢森堡不愧是挚友,对蒲风诗的理解相当中肯:一、认定"他是一个现实主义的诗人";二、指出其中"找不到所谓恋爱诗或是情诗",虽然绝不反对写情诗,仅仅是反对"情诗过剩";三、集子主要是农村的诗,"描绘了被压迫,被剥削的农民的痛苦和他们的斗争的情绪与生活;有时,还有更进一步地刻画出变革后的新的农村的姿态",但同时"作者的生活究竟还欠充实";四、诗的形式"自然,活跃,绝无雕琢和牵强",却"仍不免有抽象化,概念化之嫌"。说得够诚恳的。

　　蒲风是广东梅县人氏,写农村确乎有一定实感,易懂。用作书名的那首《茫茫夜——农村前奏曲》,穿插母子对话来表达,母亲情重意深却是懵懂地劝儿子回家,加入了"穷人军"的儿子毅然作答:"为什么天灾人祸年年报?/为什么苛捐杂税没停过?/为什么家家使用外国货?/为什么乞丐土匪这么多?""为着我们大众我离开了家,/为着我们的工作离开了你和她!/母亲,母亲,别牵挂!"①语言质朴通俗,人物口气符合身份,跃跃欲动。《动荡中的故乡》也是对话体,是回乡的赤子和家乡父老的对谈。《地心的火》描述急赴起事地点的农民战士如何赶夜路,情景逼真。新波的四幅木刻插图中就有一幅表现此景,说明词引用了诗句"看!那闪闪的星星,/伴着那在黑暗中移动的二条人影。/是二个年青青的战士在兼赶路程"②,显得十分清新。而《农夫阿三》写逃避当兵的农民半路折回,从弃枪到主动要枪,杀回老家。虽然意识形态化更重些,但全诗用阿三的心理做线索,思想变化的脉络是清晰的,容易理解的。这就是蒲风的农村诗,往往有叙事性,擅长于铺叙场面、景象,很有气势。他的诗又常常拟定各种人物的倾诉角色,如回乡者、村妇、兵士、农夫,兵士中有起义兵、逃兵、赶路的兵等等,使得诗歌的抒发具体可见。在蒲风农村诗的意象中,他重视"火",从灯火、星火、电火、天火到所谓心火,无不描写尽致。十二篇乡村诗中仅与"火"有关的诗题就有《火·风·雨》《星火》《地心的火》《闪电》《从黑夜到光明》《扑灯蛾》等六篇。《星火》里的诗句是这样的:

> 小小的火星,
> 出现在荒原中;
> 不用说,人们都对此
> 有不少的惊恐。
> 他们都习惯于
> 没有光没有热的生活中,
> 他们甘愿屈服在
> 这平庸的妥协里。
> 但是,热是摩擦的儿子,
> 又是光明的母亲。
> 现今,日夜不停地
> 齿轮互相接合的转动起来,
> 那(哪)个抑得住这爆发的光明?

将火与光明、与热、与革命联系在一起,是平常得不能再平常的借喻。但是

---

① 蒲风:《茫茫夜——农村前奏曲》,《茫茫夜》,国际编译馆1934年版,第28~29页。
② 蒲风:《地心的火》,《茫茫夜》,国际编译馆1934年版,第50~51页。

在蒲风的诗里它变得深沉、易解,而且能打动普通民众的心灵。

《茫茫夜》集中还有政治鼓动诗、政治讽刺诗,为森堡的序言所忽略。《跃跳·咆哮(一九三二年交响曲)》是部宏大的政治交响诗,它放眼这一年的全球上下,从淞沪"一·二八事件"到东北义勇军,从日内瓦军缩会到暹罗的立宪成功,既有墨索里尼法西斯党建国十周年的现场,又有莫斯科红场庆祝五年计划四年完成的人头攒动。它宣称:"这个世界老早就分成两个——/哦!每一个人都在大时代中跃跳!/每一个城市都在咆哮!"[①]是当年无产阶级世界胸襟的一种张大。《真理》讽刺日本侵略军太阳旗下刺刀的真理。《挖掉奴隶的心》批判中国人"从娘胎"带来的奴隶性。该诗结尾引用两种截然不同的对"谁是主子"的解答,一是"谁的胳膊粗,拳头大,/谁是主子"。注明是穆时英小说《南北极》里的话。另一是"谁团结得紧干得彻底,/谁是主子"。注明是司马今(瞿秋白)杂文《财神还是反财神》的文字。[②]而《见面礼》写了作者亲见的中国人在东南亚出关,被殖民者押往移民厅拘留所的屈辱性场面:"铁的栅门为我们开,/棕色的门警/向我们睁着两对大眼睛。"[③]虽然没写成华人与狗不得入内,但也够惊心动魄。这些诗也很有一股昂扬不屈的雄大气势。尽管粗,但有粗的魄力。

蒲风的诗不是个别的现象。在他之前,有"左联"五烈士之一的殷夫的诗,是比蒋光慈的政治诗更有力量的。殷夫的代表作《一九二九年的五月一日》是一篇都市群众五一大游行的赞歌和史诗,写了游行的全过程以及作为个体的"我"如何融入群体的具体真切的感觉:

> 我突入人群,高呼:
> "我们……我们……我们……"
> 白的红的五彩纸片,
> 在晨曦中翻飞像队鸽群。
>
> 呵,响应,响应,响应,
> 满街上是我们的呼声!

[①] 蒲风:《跃跳·咆哮(一九三二年交响曲)》,《茫茫夜》,国际编译馆1934年版,第66页。
[②] 蒲风:《挖掉奴隶的心》,《茫茫夜》,国际编译馆1934年版,第75~76页。
[③] 蒲风:《见面礼》,《茫茫夜》,国际编译馆1934年版,第97页。

我融入于一个声音的洪流,
我们是伟大的一个心灵。

这种阳刚豁达的诗风,到了"左联"时期的发扬光大者即"中国诗歌会"诗人群。中国诗歌会于1932年9月,由蒲风、卢森堡(任钧)、杨骚、穆木天等人发起组成。它是"左联"下面一个群众性的诗歌团体。除上海总会外,后来在北平、广州、东京还设置了分会。1933年2月办了《新诗歌》旬刊作为会刊,后改为月刊。穆木天为该刊所写的《发刊词》,很能代表这一群人的诗歌观念。诗曰:

我们不凭吊历史的残骸,
因为那已成为过去。
我们要捉住现实,
歌唱新世纪的意识。
……
我们要使我们的诗歌成为大众歌调,
我们自己也成为大众的一个。①

"捉住现实",便要直接表现斗争,表现工农运动;提倡"大众歌调",就是要让群众看得懂,就是要白描、要歌谣化,让诗歌朗朗上口。如果按照这两条要求,杨骚这个曾为《茫茫夜》遴选诗歌的诗人,便写过反映农村斗争的《乡曲》及其他作品。《茫茫夜》序言作者之一的任钧,则写过《起来,黄帝的子孙们!》《当那一天来到的时候》等诗。穆木天曾写了《奉天驿中》《守堤者》《黄浦江舟中》等贴近大众的诗歌。这类诗作都要求诗人汇入大众,无论是思想感情,还是诗歌的语言体式,都要与群众打成一片。有意思的是,杨骚与早先的殷夫一样,都写过同题诗《我们》,来表达这种融进群众中去的愿望。而穆木天在1920年代,曾经是创造社有名的象征主义诗人,现在他隶属于中国诗歌会,就转变方向写出了富有革命群众气势的现实主义诗歌。而成就相对较大的,正是《茫茫夜》的作者蒲风。蒲风对农村的认识优于别的

---

① 穆木天:《〈新诗歌〉发刊词》,《中国新诗库第一辑·穆木天卷》,长江文艺出版社1988年版,第44~45页。

诗人,这一点使他的诗可免于概念化、口号化倾向。可惜他在1940年代初期便早夭了,否则是应有更远大的文学作为的。

中国诗歌会的诗歌,在整个1930年代像一支冲锋号在吹响。它与新月诗、现代诗、象征诗同时并存,占据着特有的左翼诗歌的领地。中国诗歌会现实主义的影响一直向后延伸,指向抗战时期的诗歌,指向延安诗歌,包括广场诗、墙头诗、枪杆诗、朗诵诗,指向未来的政治抒情诗,可谓是波及深远。

2011年3月23日

"大众语文论战"的始末

这是一本大众语文论战的特辑,收集的前后计有七十余篇;而参加此次的战士,也有三十余员,且属一时知名之士;所发议论,多极中肯,实此次论战之良好收获。因此,我们有将它收集起来的必要,作为将来实践的张本。……

本辑材料之收集,以《申报》的"自由谈""读书问答"及"本埠附刊"为中心,间取《中华日报》的"动向"及《大晚报》的"火炬",《晨报》的"晨曦"的几篇。本来,在我底意思,很想把它收集齐全,做一个总的结束,充当此次论战的纪念物;可是,事实上未能如愿,所收集的只是部分的,不过这部分的汇集已将此次大众语文的运动,不仅鸟瞰式的展开,并且已是扼要的把它的意义阐明了。

但,此次论战最初的引子——吴研因先生和汪懋祖先生的两篇文白之争的文章,始终未能寻获,这实是本辑的憾事,虽然后来论战的形态又移到了另一个中心。

(宣浩平:《前记》,原收宣浩平编:《大众语文论战》,
上海:启智书局,1934年9月版)

作为1934年发生的所谓"大众语文论战"的资料集,编者当时在《前记》里便自认并未收集齐全,看来是属实的。他说已寻到了70余篇,实际首编印出的仅只51篇,比发现的数目还要少。好在到了次年1月,同一编者在同一书局又出版了此书的续集(称"续二"),做了补救。这次收入了38篇,估计是由留下的篇目再添加若干新搜罗的合成。我们今天想看到当年争论的真实情景,除这两本集子外,还可参读上海天马书店1934年文逸编辑的《语文论战的现阶段》一书。如以鲁迅、茅盾这两位大家来鉴别此三书的编辑状况,就可知道未入集的文章确实不在少数,足可窥见这场讨论的热闹。这年初,左翼阵营本来最关心大众语文问题的瞿秋白离开上海赴江西苏区,于是鲁迅担起了责任,他一连写了十几篇有关"大众语文"的文字,后都收进《花边文学》《且介亭杂文》中,如《答曹聚仁先生》《"此生或彼生"》《"大雪纷飞"》《中国语文的新生》等。他用"仲度"笔名在《中华日报·动向》上发表的《汉字和拉丁化》被宣浩平收入该书。尤其是用"华圉"笔名在《申报·自由谈》连载的《门外文谈》共计 12 节,其中第 9 节《专化呢,普遍化呢?》,第 11 节《大众并不如读书人所想象的愚蠢》,均以单篇形式收入此集。全篇还与其他谈大众语文的文字,于次年由天马书店出过《门外文谈》的专书。茅盾的情况也很相似,他用"仲元"名字写的《白话文的洗清和充实》《不要阉割的大众语》两文被宣浩平选入了此书,而其他化名写的如《对于所谓"文言复兴运动"的估价》《大众语运动的多面性》《大众语文学有历史吗?》各文,就未入集,现在我们可以在《茅盾全集》第 20 卷将它们轻易地翻找出来。仅鲁迅、茅盾二人就遗漏如此,其他各人的文字一定更不可避免。而使用通常大家熟悉的笔名参加这场讨论者,如编者所说的"一时知名之士",在此书中就有曹聚仁、徐懋庸、陈子展、胡愈之、夏丏尊、傅东华、叶圣陶、王任叔、陶行知、吴稚晖、黎锦熙、汪馥泉等。如果把集内集外的这些材料拢在一起,便可对这场论争有一宽广视角了。

  这场笔仗起因于又一次"文白之争"。文言与白话的争议,原是五四新文化运动的一个漩涡中心。那场硝烟已经过去十几年了,现在重新提起,是缘于汪懋祖 1934 年 5 月在南京《时代公论》周刊第 110 号上发表的《禁习文言与强令读经》一文。光看题目,很容易以为这是一篇正面批评文言和读经的文字,其实不然。汪本人虽长期在大学中学任事,其时正在中央大学当教授,但他在"五四"时期就是个公开反对白话文的教育家。现今所写,是借着学生往往不会写等因奉此的文言公文而影响就业,主张在中小学恢复文言和读经。于是引起吴研因在南京、上海的报纸上同时发表《驳小学参教文言中学读孟子》一文,替中小学的白话教育辩护(以上两文即编者当年未找到者)。于是,再次拉开了文化界关于"文白之争"的序幕。但是时代究竟不同,白话进入小学教科书业已十年,批判文言的声浪一起便淹过了那些认为文言对就业和文化有用的唠叨。以曹聚仁为首的反驳者,或批汪的文字只是梁启超的新民体并非文言,或批个别倡导文言的文章标题使用了"自然性""必然性"的白话词汇,对方似乎也真不堪一击。而且这时的文言主张者已不说白话应当消灭,往往是共存的意思。不久陈子展的《文言—白话—大众语》、陈望道的《关于大众语文学的建设》两文一登场,讨论立刻转向,便是所说的"论战的形态又移到了另一个中心"。

  为什么要转而提倡"大众语文"呢?讨论者指出,文言已经失势(陈子展说"文言白话的论战早已分过胜负了"),问题是白话并没有达到真正"话文合一"的目标。不但没有达到或接近,甚至还有越来越脱离"大众语""口语"的趋势。这个观点就与两年前瞿秋白(宋阳,易嘉)谈"大众文艺"时论及的"五四式的所谓白话"联系起来了。瞿称这种脱离大众的欧化白话简直是"一种新式的文言"(《"五四"和新的文化革命》,着重号为原文所有)。也即是说妨碍白话发展的阻力已经不在外部,而是在白话内部,所以需再一次的革命。不过这一次参与论争的并非都是左翼,范围大大扩展了,所以在论述"什么是大众语"的时候,寻求现代中国语文的民族立场就比较鲜明了。比如陈望道补充陈子展的概括,说是"不违背大众说得出,听得懂,写得顺手,看得明白的条件";《申报》说的"大众语是大众表达自己的生活,从大众自己生活中成长起来的语言"(《怎样建设大众文学》);胡愈之说是"代表大众意识的语言"(《关于大众语文》);傅东华说"可假定拿现在高级小学的教育程度做我们的大众语的标准"(《大众语问题讨论的现阶段及以后》)等。大部分人基本同意二陈的定义,但遗留了两个问题,一是充分的口语化即是大众语吗?二是讨论大众语的人使用的并不是大众语,争论了一大气,大众语究竟能不能拿出"货色"来呢?这样就自然进入如何建设大众语文的讨论。从开始将白话和大众语完全对立,逐渐变成:王任叔认为反对白话与反对文言的性质不同,"反古文是从其对立形态上来说的,反白话则是一种自身底扬弃与调整"(《关于大众语文学底建设》);高荒指出,白话和大众语不是对立的,"大众语会部分地部分地征服白话,部分地部分地把白话变成自己底东西","以学生,知识分子,店员,小市民为对象的文艺作品,这样的白话也是绝对必要的(我曾见过能看《一天的工作》《伪自由书》的工人)","可以成为高级的大众语底前身"(《"白话"和"大众语"的界限》);佛朗说,"五四时代的国语统一运动我以为和当时的白话文学运动一样,是不能一概抹煞其价值的","我们不是把文化的水准降低到大众去,而是要在大众中把大众的水准提高起来"。这些意见与鲁迅匿名文章的观点都十分相近。

  整个讨论历时一年多,也有人在后期试做可充"大众语"样本的作品,一般仅限于多用口语、土语、方言的词句而已,并没有拿出有说服力的成果。论争所引发的问题倒是很多,第一是如何看待"五四"的语文运动?以鲁迅、茅盾为首的作家们,维护五四新文化运动提倡白话、提倡国语,注意向国外先进文化借鉴,以及以知识者为先驱的立场,对右的保守立场和自瞿秋白到这次论战中的某些"左"的思想偏向(鲁迅与瞿秋白的语文观点是同多异少,对"五四"的批评不同是他们的相异之处)都是有所纠正的。鲁迅一再指出,

"精密的所谓'欧化'语文,仍应支持,因为讲话倘要精密,中国原有的语法是不够的,而中国的大众语文,也决不会永久含胡下去"(《答曹聚仁先生信》)。"启蒙时候用方言,但一面又要渐渐的加入普通的语法和词汇法。先用固有的,是一地方的语文的大众化,加入新的词,是全国的语文的大众化。""至于开手要谁来做的问题,那不消说:是觉悟的读书人。""凡有改革,最初,总是觉悟的智识者的任务。"(均见《门外文谈》)第二是涉及对语文的人文性质的认识。讨论中不时可以见到"左翼"的社会学理论对语言的无阶级性的侵袭,以及语言工具性和言语人文性的界限混淆。从当时的语言学界的理论状况来看,这也是不可避免的。比如说"土语是封建社会的产物,大众语乃该是完全反封建买办的语言","我们以为'五四'时代所成就的白话,是官僚买办语"(《申报·读者问答》:《怎样建设大众文学》)。比如说不应把"到现在为止的半封建半民主的'白话文'奉为至上"(陈颉:《对于"文言""白话""大众语"应有的认识》)。而等到语言学家黎锦熙发话,他说"大众语"的定义应是"一国全民族大多数的人同时彼此都能听得懂说得出的语言"。他分离出"全民族",而不仅仅是"下层民众"的概念。"'大众'就是众人不但阶级宗教种种制限都没有,并且也不必聚作一堆。"如果将"大众语"的阶级、上下层的意义都剥离掉,"简直不知道它和'国语'或'白话'有什么异同"(《大众语真铨》)。黎的看法鹤立鸡群,与任何人都不同,但现在看来可能是比较科学的。

这场论战对于现代文学"大众化"的实践具有深远意义,但对民族语言的现代生成也会带来某种困惑。鲁迅在汉语拉丁化、拼音化的想法上与瞿秋白接近,也是当时许多文化人所关心的,在这次讨论中并未成为焦点,因那毕竟是更遥远的汉语未来了。

2012 年 2 月 22 日

吴组缃处女集《西柳集》深得茅盾佳评

创作文库之四

西柳集　　　吴组缃

短篇小说集　　　精装八角　　　平装六角

　　本书著者的作品曾散见于《文学》,《文学季刊》,《清华月刊》,《清华文学月刊》等杂志,结集发行这是第一次。《文学》二卷二期惕若先生评作者的作品说:"这位作者出现于文坛,好像不过一年来的事,然而他的作品有令人不能不注意的光芒,就我所读过的两三篇而言,这位作者真是一支生力军。……委实这位作者的开始已经说明了他是一位前途无限的大作家。……"读者可以自己去证实这几句话。

上海生活书店发行

(原载 1934 年 12 月 5 日《太白》第 1 卷第 6 期)

　　吴组缃出版自己第一个短篇小说集《西柳集》前后,他的文学才情即被茅盾所看中。前述广告的大部分文字即引自惕若(茅盾)在《文学》杂志上对《文学季刊》创刊号发的议论。那期刊物发表了日后给吴组缃带来很大名声的小说《一千八百担》。而只凭读过两三篇作品便评定其作者是"生力军"和"大作家",这对一位早在"五四"时期便执文艺批评牛耳的前辈作家来说,也不多见。如此的评论在吴组缃 1933 年前后迅速走上文坛之后,仅茅盾一人就用"惕若"笔名在《文学》发表的《〈清华周刊〉文艺创作专号》上论了《卍字金银花》;用"仲方"笔名在《申报·自由谈》写了《读〈文学季刊〉创刊号》;在一期大型刊物中明确首推《一千八百担》;在与鲁迅为《草鞋脚》草拟供外国翻译的中国进步文学初选篇目时,又推荐了《一千八百担》并写了作者简介;在《〈文学季刊〉第二期内的创作》一文中更大力赞誉了《樊家铺》(此篇收在《西柳集》之外)。这些评论都发生在吴组缃小说结集之前。到了 1933 年 7 月,生活书店推出阵容浩大的新老作家混编的《创作文库》,《西柳集》夹在许多成名作家佳作之中问世,年底即再版,同时茅盾又在《文学》第 3 卷第 5 号上不厌其多地写了《西柳集》评论,涉及集子里面的《黄昏》《一千八百担》

《天下太平》《金小姐与雪姑娘》《卍字金银花》各篇。《西柳集》共计十个短篇,除今日史家经常提到的《官官的补品》,其余重要小说都在茅盾批评视野之内。后来的文学史将茅盾一路的小说定名为"社会剖析派",即包含吴组缃、沙汀等人,看来他们之间惺惺惜惜,是有渊源的了。

《西柳集》的左翼倾向很明显,吴组缃尊鲁迅、茅盾,并与张天翼友善,但在 1930 年代他始终未同以上三位那样参加"左联"。他是安徽泾县人,熟悉皖南乡村的人情世态,在宣城、芜湖、上海等地读过书,后进入清华大学,先读经济后转中文,毕业后又读研究院,与妻女同住在清华园附近的西柳村。这就是《西柳集》名字的来源。西柳村应当是在精神上直通他的故乡泾县茂林村的。他没有把研究院读完,中途退学去了南京工作,后应聘至泰安担任冯玉祥将军的国文教师兼秘书直到抗战时期。他是个组织外的思想"左"倾的文学家,一个文笔缜密精细,擅长描写农村人物和社会场景,作品不多却精,写作一丝不苟,宁缺毋滥的作家。

我们读《西柳集》的小说,很少会有作者是初出茅庐的感觉。他分析安徽乡村生活的眼光颇为激进,但扎实可信。那个社会的形态是衰败的、凋敝的,经济在外有帝国主义压迫,内有封建主义盘剥的情况下(和茅盾一样写了稻谷、蚕茧、织布的没有出路)今不如昔,农夫、店员、主妇、乡绅都不好过活,民生凄惨。读过《一千八百担》《天下太平》,你不能不佩服作者对皖南偏僻农村上下阶层,乡村里面的和走出乡村的人们的普遍了解,这和他在散文《村居记事二则》《柴》里写帮工、伙计、柴夫之熟稔程度相一致。吴组缃的文学,一切都围绕他的人物展开。社会世态是投影到人物身上,经过人物的细节、命运来表现的。比如《卍字金银花》并不直接写"我"和乡人的"家境大坏",却是将路遇在破屋基、破墙、破竹棚环境中呻吟待产的孕妇的今天,去与十多年前那个迷路的喜爱卍字花的小姑娘的昨天作比较。《天下太平》写往昔丰坦村在外做店家大朝奉的王小福,如何沦落到爬上古庙的尖顶去盗那传说中给乡民带来"太平"的"一瓶三戟"的境地。更是那"七月十五日"在宋氏家族祠堂里集会讨论一个荒旱的坏年成里义庄积谷去留的乡绅们,大小十几个乡村头面人物像义庄的管事、京广洋货布店老板兼商会会长、豆腐店老板、洋学堂出身的少爷、讼师、小政客、区长、塾师、中学教员、小学校长、郎中兼阴阳先生(加上未出场的家族长辈)等人,围绕着这一千八百担稻米大动心思,有的想吞、有的想分的真实原因,背后无非是店门敞不开,街上少了买东西的主顾,欠租农民准备退佃、逃荒、抢粮、下一代出现革命者等严重的经济政治情势。各色人等构成了社会现实的面貌,社会现状辐射到各类典型人物身上,生动多彩,这是吴组缃小说之魅力所在。

《西柳集》的一鸣惊人处,还在于小说文本的精致。吴组缃是晚清至1930年代中期,中国现实主义小说比之前完善成熟的标志性作家之一。其白描的手法,继承中国古典小说运用对话不玩花枪地直接刻画人物、表达人物,在《一千八百担》里收到绝大的成功。因为这么多的人物,要用"速写"方法来描摹,最经济的便是让每个人具有个性十足的话语。"你这个话,我也略知一二。可是,这个义庄,不是我宋柏堂的;要是我宋柏堂的,那,那不谈竹山的话,就是白手借这么二千块,我也放心。"这是极有心计的、左右逢源的义庄管事柏堂,拍着胸脯说假话的口风。而商会会长子寿当着求他说服义庄买竹山的洋少爷松龄(他在等钱用,已经是不会挣钱只会吃祖宗饭的青年)的面,背着管事柏堂,声口是这样的干脆、挖苦:"又是个扶不起来的汉献帝。教他曲子唱不响。柏堂官,那个笑面虎,玩了个手段,摆起了叔叔的架子,六二三,八二四把他教训一顿。我们这位松龄官,就三百钱买了个瘟猪仔,死活不开口。"一笔三面,将三个人物都活活托出。如果换成年老的习惯巴结柏堂的小老板步青,就变成这样:"'这个话你错了。'步青老装着旱烟袋说:'柏堂是个正直君子,人精明,把稳:他是个掰住卵子才肯过河的。他是个天天在铜钱眼里打秋千的。有这个义庄,就少不得这个人。这是一定的宗旨,一定的。'"①这是真心巴结,并不是在做说客。而吴组湘心理刻画的细密并结合场面一节节铺排的结构能力,可见诸《篯竹山房》。此篇很得《聊斋》趣味,但完全是现代写法。新婚夫妻在阴气一层深似一层的"邀月"花园屋里,把受礼教摧残一生的二姑姑的半夜窥探,当作鬼魅对待了。"女鬼"的病态性心理揭示,完全是不动声色的,是逐步加重和恰到好处地达到高潮的,叙事也非常到位。《西柳集》外的《樊家铺》写主人公线子嫂穷困无奈,被解救丈夫的动机驱动着逐步走上杀害吝啬母亲的绝路,心理刻画也堪称深入。《官官的补品》是这些年来受到人们称赞的小说,更是显示出吴组缃的现代叙事技巧在1930年代所能到达的高点。"官官"是小说的主要人物,又兼叙事人身份。他是个农村纨绔子弟,白面孔白手,过惯饭来张口衣来伸手的生活,还向往大城市的"文明",在那里学到更多的毛病。所以他是非正面的人物,他的叙述是不可靠的。他在城市里开车兜风闯了祸,在医院里输了

---

① 吴组缃:《一千八百担》,《吴组缃小说散文集》,人民文学出版社1954年版,第80、92、89页。

来自家乡的打工失业而流浪的小秃子的新鲜血液,回家又让小秃子的妻子扔下新生的孩子挤人奶给自己当"补品"(巧合了一点),他都认为是天经地义般正当的。但是这种故事,经过这样"不可靠的叙述",我们仍然能从左翼文学的"正面"加以理解,甚至更真实,更自然。而小说中的每一人物,少爷官官、母亲富婆、铁芭蕉嫂子女佣、小秃子妻子即奶婆、佃户小秃子、管事大叔,个个性格都被这不可靠的叙事衬托得活灵活现。人称叙事在吴组缃笔下的纯熟使用,也超出一般作者的水平。吴组缃在《西柳集》之后还出版有短篇小说集《饭余集》,长篇小说《鸭嘴涝》(后改名《山洪》),属于少产作家。散文从未结集,以《泰山风光》一篇为代表。1950年代辑印过《吴组缃小说散文集》。

  1930年代出现过一批登上文坛就出手不凡的左翼青年文学家,有其历史的必然,一直绵延至中期。至于这位作家是萧红,还是吴组缃,在继丁玲、张天翼之后面世,自然也有他们天才形成的独特性。

2011 年 12 月 19 日

奴隶丛书与萧红的《生死场》

奴隶社小启

我们陷在"奴隶"和准奴隶的这样地位,最低我们也应该作一点奴隶的呼喊,尽所有的力量,所有的忍耐。——《奴隶丛书》的名称,便是这样被我们想出的。

奴隶社小启(二)

诸同志:只要你是这世界上正被:压迫,绞榨,屠杀者的奴隶;或者是一个人类正义的拥护者,真理的追求者,而不是一个甘心诚意的奴才——我们就有权称作同志,有权请你为自己的运命,为正义,为真理——起来和自己的当前敌人战斗!只有战斗才能解脱奴隶的运命,决定奴隶们的力量;发见真理和正义……

我们也勉力在战斗着……只是力量感到太单!但我们都切盼更有若干部《奴隶丛书》出版,印行……一面要克服无耻者们加来的迫害和艰难,同时也衷心切盼进步的读者们给予一些赤诚的助力。

已印出的书有三部了:《丰收》、《八月的乡村》、《生死场》。《丰收》是六个短篇结成的集子,大都题材取诸中国内地农村。读者想要知道内地农村一些太平盛世的奇闻,就请读这一部。

《八月的乡村》是一部十几万字的长篇。读者要想知道一些东北义勇军的消息,那么就请读读它。至于还想要知道一些关于内在满洲的农民们,怎样生,怎样死,以及怎样在欺骗和重重压榨下挣扎过活;静态和动态的故事,就请你读一读这《生死场》吧。

当然,如果力量够——只要够——我们还要有《奴隶丛刊》第四部献给读者们。

奴隶社

(原载《生死场》1935年12月上海容光书局版)

这里的两种"奴隶社小启",均出自叶紫之手。第一则"小启"真小,但出语不凡,给"奴隶"和"奴隶丛书"下了言简意赅的定义。第二则的言辞充满正义和愤懑之情,并回叙了后来颇引人注目的《奴隶丛书》的全部作者和作品(虽然声明只要力量够便出第四部,但终于没能出)。奴隶社是个虚拟的组织,完全是为了出版以上的几本书而被构想出来的。书出完了,它的使命也就结束了。《生死场》初版本所印以上的《奴隶社小启》,似乎再也没有在任何报刊上登载过。这几位自称"奴隶"的青年作家,就是当年与鲁迅关系密切的来自东北沦陷区的萧红、萧军(田军),以及来自湖南农民运动爆发地的叶紫。据说当年他们三人在十里洋场的上海漂泊,经常饥肠辘辘,一次实在馋惨了,便由萧红执笔写信去建议周先生在"小一点儿的馆子"请大家撮一顿。后来鲁迅真的请他们(加上临时在内山书店碰上的黄源、曹聚仁)在上海北四川路附近的桥香夜饭店吃了饭,席间便谈起"奴隶社"、《奴隶丛书》的事情,得到鲁迅的全力支持,说了"奴隶总比奴才强,因为奴隶是要反抗的"一席话。我们可以由此知道,这三位围绕鲁迅特别近的青年作家(还可加上胡风等人),他们的文学才华,他们的人生经历,以及在一段时间内穷困潦倒、挣扎奋发的状况,是很能代表当时一大群左翼青年作家的个性与处境的。

叶紫,湖南益阳人,原名余昭明(鹤林),笔名里的"叶"字为母姓,这个"紫"字代表了他身世中闪现的"血光"。他家满门都是湖南农民运动时期的骨干,在国共分裂时父亲、二姐惨遭杀害,四叔、大姐出逃,年仅15岁的叶紫侥幸脱身一个人流浪寻找组织,他做过苦工、兵士、车夫、乞丐,吃尽千辛万苦,到达上海后在小学和报馆短期任事开始接触左翼文学。这一段无法想象的颠沛史正如鲁迅所说,"作者还是一个青年,但他的经历,却抵得太平天下的顺民的一世纪的经历"[①]。加入"左联"后,1933年叶紫写出了短篇小说《丰收》《火》《电网外》(初载时名"王伯伯"),因真切描写农村激烈的斗争画面,和几代农民经腥风血雨锤炼而成的不屈灵魂,引起人们的广泛关注,并认识了鲁迅。鲁迅助他读校、推荐作品,为其写序,转达稿酬,还到法租界他蜗居的住处去看望他。《丰收》结集用"奴隶丛书之一"的名义最早出版,所收的六个短篇,就受到鲁迅的称道:"作品在摧残中也更加坚实","也是对于压迫者的答复:文学是战斗的!"[②]后来的中篇小说《星》写农民运动中女性的

---

① 鲁迅:《叶紫作〈丰收〉序》,《鲁迅全集》第6卷,人民文学出版社1981年版,第220页。
② 同上。

觉醒心理更是细腻、复杂,富生活实感。另有《山村一夜》集出版。但终于,他经不住肺病的煎熬,回到家乡后不久便去世了,死时年仅 29 岁。

叶紫的短寿源于他的贫病交困。他在大都会熬着心血创作,过得却是非人的生活,一家三代五口住在法租界的亭子间里,只老母有一张小折叠床晚间可睡,其余的人都打地铺。饥饿更是常态。与鲁迅的通信存留下来的多半是讨论如何卖稿、催稿费。1935 年 7 月的信就是如此:《星》经推荐给《文学季刊》了,一时无着落;《丰收》在内山书店代售,销去不多无从算账;鲁迅认为最"稳当"的办法只有借钱给他度日。信末书"即颂饿安"[1]四字,正是寓悲愤于幽默。

我们也可以从萧军、萧红的作品里找到关于"饥饿"的描写。那些非饿过而写不出的刻骨铭心的文字,是一种共同命运的结合。出身于辽西义县农家的萧军,原名刘鸿霖,天生一副反骨、傲骨,在小学或讲武堂都因反抗教师、上司而遭开除。在哈尔滨萧军交了从事左翼文艺的朋友,他越"左"倾,越为社会不容,就越发反抗。萧红虽生在黑龙江呼兰县(她的家乡呼兰将因她后来在香港写成的《呼兰河传》而名垂史册)的一个大户人家,家里两个大院共有三十多间房子,但为争取女子读书的权利,萧红像"娜拉"一样背叛家庭出走了。这种义无反顾的对抗的结果,便是穷困。"二萧"在哈尔滨的东兴顺旅馆相遇。萧军受《国际协报》的委托去看因缴不出房费而被困为"人质"的文学女青年萧红,于是发生了多少年两人同命运从事左翼写作的热烈感情。两人共有的"财富"是赤贫,是饥饿。萧军写他小说里的人物谈挨饿的感觉:"啊!饿,饿也得要经验!不就是那样:腹内空索索的,什么也不喜欢,什么也没力气干了。由愤怒而仇恨,而抢掳,而斗争,而流血……!"[2]萧红的饥饿体验,心理层次尤深:"那女人一定正像我,一定早饭还没有吃,也许昨晚的也没有吃。她在楼下急迫地来回的呼声传染了我,肚子立刻响起来,肠子不住地呼叫……我拿什么来喂肚子呢?桌子可以吃吗?草褥子可以吃吗?"[3]

从所谓的"满洲"逃到青岛,二萧在这个"祖国"写完了他们各自的第一部中长篇小说《八月的乡村》和《生死场》。带着手稿,坐在轮船的货舱里到

---

[1] 鲁迅:《350730 致叶紫》,《鲁迅全集》第 13 卷,人民文学出版社 1981 年版,第 182 页。
[2] 三郎(萧军):《桃色的线》,《跋涉》(二萧合集),花城出版社 1983 年版,第 3 页。
[3] 萧红:《饿》,《萧红全集(下)》,哈尔滨出版社 1991 年版,第 917~918 页。

达上海见到鲁迅,印出了《奴隶丛书》。在上海他们还是最穷的作家。居无定所,从一个亭子间搬到另一个亭子间。当掉萧红的毛衣,才能让萧军由南至北步行穿过上海去买复写纸誊写修改好的《八月的乡村》。为第一次赴约到梁园豫菜馆见鲁迅,萧红看萧军没有像样的衣服就倾其所有买块布料连夜用手针缝出一件高加索式套头衫来。他们第一次见面就被逼无奈地向鲁迅借钱。鲁迅将叶紫介绍给他们,让比他们早到上海的这个"奴隶"来保护另两个"奴隶",可奴隶都是一无所有。三种书在鲁迅的关怀下,曾经交给有意出版的黎明书店,但终因色彩过于鲜明遭到婉拒。这才有了上述自费出版《奴隶丛书》的提议,并首先出版了《丰收》和《八月的乡村》二书。鲁迅显然是更看重《生死场》的,希望内容上比较隐蔽的这本描写东北农民生与死的书,能够在愿意承印的"文学社"公开出版。可惜最后它还是被书报检查委员会在拖至半年后"枪毙"了。于是《生死场》以"奴隶丛书之三"的名义,同样与另两书一般得到鲁迅的珍贵序言(多了一篇胡风的《读后记》),而非法出版了!

《生死场》比《八月的乡村》隐蔽的地方,是因后者直接写"九一八"后一支名为"人民革命军"的游击队所开展的武装斗争,很容易让人想到法捷耶夫的《毁灭》。鲁迅是《毁灭》最早的中译者,他在序言里虽然明确地说《八月的乡村》不及《毁灭》,"然而严肃,紧张,作者的心血和失去的天空,土地,受难的人民,以至失去的茂草,高粱,蝈蝈,蚊子,搅成一团,鲜红的在读者眼前展开,显示着中国的一份和全部,现在和未来,死路与活路"[①]。评价还是不低的。《生死场》完全是用萧红特别的笔法来写沦亡的东北和它的民众。这时候的萧红虽然不比日后写《呼兰河传》的萧红成熟,但鲁迅在序言中已经点出了她的重要之处:一是表现了"五年以前,以及更早的哈尔滨"。这"更早"就一直指向中国农民恒久的生存方式,至少也是"北方人民的对于生的坚强,对于死的挣扎"。二是"女性作者的细致的观察和越轨的笔致",虽说"叙事和写景,胜于人物的描写"这一句也包含着批评,但她叙事写景笔法的不一般,已经说得很清楚。三是"精神是健全的",便是"深恶文艺和功利有关的人"读了《生死场》也不会无所得。这第三点一向无人强调,其实鲁迅已经讲明了萧红的将来:她的艺术从阶级的"功利"出发,又超越"功利"。

《生死场》最初命名"麦场",是胡风在出书期间从她小说的文句中提炼

[①] 鲁迅:《田军作〈八月的乡村〉序》,《鲁迅全集》第6卷,人民文学出版社1981年版,第287页。

出了"生死场"的概念,得到作者连同鲁迅在内的一切人的赞同,而采用的。我们不能不佩服胡风提议的高明。但是当初大家都没有看明白萧红用印象式、散文的诗意式来叙述小说故事的独特写法,是多么符合她的文学个性,是突破小说既定的现实主义模式而造成1930年代左翼文学丰富性、创造性的重大现象。人们在很长时间里总认为那是她的缺陷,而实际上萧红面对她的乡人、面对大自然——她的后花园、她的麦场、她的大地,那种对下层大众的怜悯理解,对自由生命的向往,搅和着一个女性作家对女性苦难的全部敏感,是十分鲜明的。于是,她对乡民动物一样生生死死的活法的呼喊(文字背后不绝于耳的"还能这样活下去吗"的潜台词),对金枝被男人所昧而生育(其他妇女的生产、难产的描写混合着家畜的生产)、月英瘫死、王婆服毒等作者似与写作对象同等受刑般的描写,二里半、赵三各自以不同的理解和方式汇入李青山的奔腾的反叛洪流,就都在萧红深深体验过的笔下一一呈现了。《奴隶丛书》的青年作家在左翼理论的规约之中,又怀着一颗自由、叛逆的心,走上文坛。叶紫虽早逝,但在1940年代,萧红和萧军还有自己独特的文学道路要走。

2011 年 7 月 23 日

胡风渐露理论特质和锋芒

文艺笔谈　胡风作　批评论文集　实价九角

　　全书共四百余页,分四部。第一部收作家论两篇,就两个作家的思想历程或创作实践展开到文艺本质和创作方法问题,指明了围绕着他们的社会纷扰或时代潮流怎样地造成了他们,影响了他们,也阐明了他们和时代要求的关系。是两幅色调鲜明的肖像。第二部收论文十一篇,就现实的文艺现象或理论问题发表所见,指明了每一个问题底发生基础和解决途径。有的论到文艺样式,有的批评具体论见,有的是论战,有的是答"问"。第三部收创作批评五篇,就具体的论文和作品说明创作实践和生活实践的关联。第四部收外国作品(已有翻译的)底批评介绍六篇,从实例出发,或者说到一个作家底发展历史,或者说到一个文艺样式。附录一篇,是作者怀恋地然而是批判地告白了他和文艺的姻缘。这是一本赠给严肃地想理解文艺的读者大众的书。从这里可以看到一个干粗叶茂的理论体系,也可以感到作者底涌动着然而是控制着的热情。

　　　　　　　　文学出版社出版　　　　生活书店总经售

（原载 1936 年 6 月 10 日《光明》创刊号）

　　胡风自 1933 年 7 月因从事进步活动被日本当局驱逐,停止了庆应大学的学业回国参加左翼文学活动始,一边接任"左联"的宣传部长、行政书记,一边集中力量进行他的文艺理论批评工作。到推出他这第一本理论著作《文艺笔谈》止,为时还不到三年。此著颇为厚实,竟有四百多页。我们可以在上述广告里了解到全书四个部分加附录共计 25 篇文章的大致内容。广告还指出它的受众是想要"严肃"理解文艺的大众,也即左翼读者的意思。其中的评价语已经不低,认为已显现了"一个干粗叶茂的理论体系",又是带有充满理性"热情"笔调的。稍嫌过火的评价也有,比如也属左派文学刊物的《夜莺》更早一个月所载的该书广告,便称《文艺笔谈》的作者,"是中国文艺批评坛上的权威"①。但即便是这种广告语,也能从一个侧面表明胡风的理论崛起在当时是一个显眼的事实了。

中国左翼文学理论现象我们在此前已通过鲁迅、瞿秋白等人翻译马克思主义文艺理论著作,《地泉》重版时瞿秋白、茅盾等五大序言的总结作用等条目做过一些介绍。到了"左联"中后期,钱杏邨唯物机械论批评的残余虽仍存在,但已不占主流。苏联"拉普"的消极影响得到了否定,"社会主义现实主义"的一套新概念传入中国,左翼内部年青一代的理论力量如周扬等人在前已有表现,所以,胡风加入的契机所负以往的理论包袱较轻。等到他最初的两个理论集子《文艺笔谈》《密云期风习小纪》将他在抗战之前的理论活动作一小结,胡风作为左翼内部鲁迅一派的理论批评家的特质,和他在马克思主义文艺理论阵营中与众渐有不同的地方,也就显现出来了。

胡风的理论活动围绕着鲁迅逐步展开。在当时,他与鲁迅的关系是比较密切的。胡风在北大时期听过鲁迅的课,在北京翠花胡同的北新书局多次遇见过先生。当然有了更多接触还是在上海"左联"时期,他在内部的会议和内山书店店堂里经常与鲁迅见面,承担先生的工作,互相通信并到家中访问,连打胎这样私密的事情都请鲁迅介绍过医院。关于评论方面的联系,如本书第一部分两篇带创作路向性的批评文字,其一的《林语堂论》就很容易使人想到鲁迅与他的老朋友林语堂的分道扬镳,以及其他一系列的批评文字。有趣的是写《林语堂论》所用的部分材料,便是鲁迅收藏后来提供给他的。最早用笔名发表此文时,社会上还不知道"胡风是谁",以至于林语堂本人一个时期内都错以为文章是鲁迅写的。本书第三部分对左翼新人新作的推荐,许多也是在鲁迅指导下做的。直到1935年按照鲁迅的意见给萧红第一部长篇小说《生死场》写序,后鲁迅也执笔写了序言,出版时胡风的序就改作"读后记"印出了。至1936年他还帮助鲁迅选编、校订日本进步作家翻译的中国左翼作品,在日本《改造》杂志刊登,并写系列简论。鲁迅逝世前,在"两个口号论争"中胡风与冯雪峰还共同拟就"民族革命战争的大众文学"的口号,经鲁迅同意,后由胡风撰文提出。这些理论事件有的发生在《文艺笔谈》出版之后,但其基本精神的端倪已见该书。

---

① 见1936年5月10日《夜莺》第1卷第3期广告。全文为"文艺笔谈 胡风著 每册大洋九角 作者是中国文艺批评坛上的权威,这里所收的都是近作,爱好文艺者,不可不人手一编。出版处 上海四马路中市 生活书店"。

胡风理论活动另一重要方面表现在《文艺笔谈》的一、三部分里面。第一部分除《林语堂论》外，另一篇是《张天翼论》，第三部分里包含评论欧阳山的《新客》和《七年忌》、澎岛的《蜈蚣船》、艾芜的《南国之夜》等文章。即使今天我们也得承认，胡风那么早发表的对张天翼的评论，堪称经典。胡风提出张天翼的"新"是因由他开始了左翼摆脱知识分子型的"感伤主义"和"恋爱与革命"的"老调子"的努力；张天翼的小市民批判性主题，他的现实主义人物描写的真实夸张，他杰出的世态讽刺，他的融汇了口语的、富有"动力学"（讲究节奏）的劲捷文学语言，都被胡风以评论家的敏感，一一提了出来。以及他后来对萧红、萧军、端木蕻良、田间、艾青等的评论，也都是细致热情的。而他对京派的评价却是自觉地划清界限，如在评澎岛的作品时有意写了"'京派'看不到的世界"的副题，这就可以想象他会如何评价周作人、李长之了。书中第二部分的各种理论议题，和他的这种鲜明理论姿态是一致的，他所感兴趣的题目也是当年左翼文学经常讨论的题目，像大众语、内容和形式、文学遗产、翻译等等，尤其以现实主义和典型论的问题为重。《什么是"典型"和"类型"》一文，预示了不久之后他和周扬在这个问题上的短兵相接，将引出收在《密云期风习小纪》里的《现实主义底一修正》《典型论底混乱》两文。

　　胡风的理论来源基本和左翼是一致的。承续了"五四"文学"为人生"的观念，从苏联或经日本引进马克思主义文艺思想，加上1928年以来提倡革命文学、无产阶级文学的正反面的实践经验，逐渐形成有关普罗现实主义的一些理论认知。中间又经过苏联"拉普"、日本"福本主义"等"左"倾思想的冲击，都是一边吸收着、一边批判着，不断地跌撞着走过来的。胡风在本书的一篇自述《理想主义者时代底回忆》里，就谈过这种杂沓的行进脚步。那么，作为他自己的东西，究竟在《文艺笔谈》中能看出些什么呢？如果从他后来在《文艺笔谈》新版后记里所强调的"从战斗的唯物主义出发的革命文艺"①，你可以说他的理论战斗性很强是一特点。比如前面说过的壁垒分明地评价京派作家和左翼青年作家。不过"战斗性"却是所有的左翼理论家都会具有的，很难说是唯一的。当然还可以举出胡风理论立场的严正性：他明明知道"左联"内部周扬等在批评所谓的"作家主义""作品主义"，但仍把精力用在评价左翼青年作家身上。在肯定张天翼、欧阳山、艾芜等人特殊文学

---

①胡风：《第三次排字后记》，《胡风评论集》（上），人民文学出版社1984年版，第259页。

贡献的同时，他又会毫不客气地指出他们的弱处，甚至恳切地说出艾芜写反帝题材的《咆哮的许家屯》有"主题的分裂"的缺陷，张天翼的讽刺叙述是"冰冷的旁观者"这样严重的评语。不过类似的实事求是的评论作家，恐怕只要是正直的、坦诚的，也都会如此。从《文艺笔谈》能看出的胡风理论特质，大概是在反映论前提下突出的创作主体精神，这是他现实主义理论的精髓。比如他评说艾芜的《南国之夜》远胜于《咆哮的许家屯》，就使用了"作者是把他的对于人物的爱渲染到了他们的生活环境上面"①的句子，力主只有主观性的感情和客观描写高度结合，才为上品。在评价欧阳山的《七年忌》时，用了"作家在描写过程上和他的对象融和"，"用自己肉体和心灵把握到了的真实"，"作者和人物是缠在一起的。是人物也是作者"这样的评论语言。② 这种评论语言不是偶然出现于年轻胡风的作品论文字里面，而是他有意识的说法，自觉的说法。在一篇收入该书的创作理论谈里，他有更明确的话：

> 艺术底根底是对于流动不息的人生的认识，而真正的艺术上的认识境界只有认识底主体（作者自己）用整个的精神活动和对象物发生交涉的时候才能够达到。③

这样的"交涉论"，就和后来胡风长时间遭批判的主观精神"扩张""拥入"客观世界，作者需和现实"肉搏"的"搏战论"，似乎很相仿了。而实际上，这仅是胡风独特的现实主义理论刚刚露出的一个苗头。他到1940年代还有《民族战争与文艺性格》《论民族形式问题》《在混乱里面》《逆流的日子》《为了明天》《论现实主义的路》等论集出版，有十分令人瞩目的批评家的前程。等到他成为一个所谓"反革命"事件的中心，全部理论被扣上"唯心论"帽子的时节，他竟还有"三十万言上书"的理论文献提供给被颠倒的历史。现在的这本论文集《文艺笔谈》是通向未来路途的一个起始。它是一个初步学习马克思文艺理论

---

① 胡风：《南国之夜》，收入《文艺笔谈》，《胡风评论集》（上），人民文学出版社1984年版，第162页。

② 胡风：《七年忌》，收入《文艺笔谈》，《胡风评论集》（上），人民文学出版社1984年版，第164页、169页。

③ 胡风：《为初执笔者的创作谈》，收入《文艺笔谈》，《胡风评论集》（上），人民文学出版社1984年版，第222页。

的青年交出的文卷,当然是在唯物主义的范畴内。但很快,连那些号称马克思主义家的人面对胡风也要失语了,他们不知如何来命名这一反映论里的异端理论现象,只好简单化地把它推到"唯心论"里拉倒。

2011 年 9 月 1 日

给各派作家具象的书简集

现代作家书简　　孔另境编　　鲁迅作序　实价六角五分

　　本书包括现代作家五十八人的书简,共计二百十二通,都是向诸作家直接蒐集而得,从未发表过的。鲁迅先生序文中说:"从作家的日记或尺牍上,往往能得到比看他的作品更其明晰的意见,也就是他自己的简洁的注释。……另境先生的编这部书,我想是为了显示文人的全貌的。"又插有各家手迹十五幅,更可珍贵。

　　　　　　（原载 1936 年 7 月 10 日《光明》第 1 卷第 3 期）

　　孔另境编著过许多书籍,但恐怕连他自己都没有料到,除了属于散文杂文创作的《横眉集》之外,流传至今的这册当年平常的作家书信合集,竟是很多人记得他的重要原因。广告突出了此书的特点,书简涉及的作家人数较多,总量也不少,均来自收信人的未刊稿,是第一次正式发表的。而鲁迅的序言显然加重了此书的分量,鲜明地指出了作家书信对研究文学史的无可辩驳的价值。

　　编者孔另境原是 1920 年代中期上海大学中文系毕业的左翼文学青年,曾因从事进步文化活动遭国民党当局和日本宪兵的逮捕。他是茅盾的亲属,受其影响长期编辑兼创作,还曾协助茅盾编辑大型报告文学集《中国的一日》,后来又在抗战中助编《文艺阵地》等。此时他收集作家的书信并请鲁迅为序,自然是一种机缘。鲁迅对今人书简日记等带有私密性的写作,从来就有独到的见解,在其他文章里也阐述过。他为孔另境所写的这篇序言,内容比上述广告所引的要丰富得多。他一方面认为书简是作家的"简洁的注释",能够"显示文人的全貌","要知道这人的全般,就是从不经意处,看出这人——社会的一分子的真实"。另一方面他也挑明有些书信日记会有做作的成分,会有掩饰的隐秘动机,"别人以为他这回是赤条条的上场了罢,他其实还是穿着肉色紧身小衫裤"。但是即便如此,书信日记的价值仍然是别的史料无法代替的,"比起峨冠博带的时候来,这一回可究竟较近于真实"①。反复强调了书简所含材料的"真实"性质。

我们在下面将按照作序者鲁迅、编者孔另境所提示的如何看待作家书信和文学历史的关系,来分析集子中 58 位现代作家写的 212 通书柬,如鲁迅说的在私人书信里既可"钩稽文坛的故实",又能"探索作者的生平"②,或按照孔另境在书前《钞例》所说的书信可内含"事务""风趣""情致"与"作家生活之一肢一节"③等要素,这些书信可以分作两大类,即表现作家个人性格、独特生平的,和披露文学史上的珍贵稀有材料的。当然许多信可能两者兼得。

表现作家性格魅力的底里和文人全貌的书信,在集子中俯拾即是。我们读鲁迅为与郑振铎两人编辑《北平笺谱》所写的信,就能了解鲁迅那种目光如炬,而做事又极其缜密、细致,对美术、文物真是内行的学者兼办事家的风格。他得了一点北平留黎厂(琉璃厂)当今的笺纸,从绘画、刻印就看出"已比《文美斋笺谱》时代更佳","在日本木刻专家之上,但此事恐不久也将消沉了"。这样才要将它们经过编印保留下来,"不独为文房清玩,亦中国木刻史上之一大纪念耳"。你看鲁迅对小小的信纸看得多么深远。而对于书名、用纸、用色、目录、大小尺寸、署画者刻者如何区分,甚至对页码的颜色建议"任择笺上之一种颜色,同时印之,每页不尽同,倒也有趣",设想得十分周全。④ 如果我们将郭沫若在书信中与书店编辑谈稿酬的语言,同本书几乎有很大比例的讨稿酬信相比,你会对郭沫若的个性有非常鲜明的印象。郭沫若在早期受尽了书店的盘剥是因为年轻没有社会经验,也是因创造社同人傲视独立看不起金钱,可才子型的风格并没有丝毫改变。现在,正在日本流亡的郭沫若急需钱用,他对现代书局的叶灵凤谈稿子,《创造十年》全书要价 3000 元,"你们如仍照从前不爽快,那就不能说定";十万字的《同志爱》稿酬是 1500 元,"此书乃余生平最得意之作,自信书出后可以掀动国内外"。施蛰存约他为《现代》做篇"创造社历史"的文字,郭沫若却说已经有了《创造十年》"我没意趣再写","在时间上没有长久性,在价值上无可无不可的东西,我是没有兴趣做的",断然拒绝。对现代书局计划给他出全集的事,他让

---

① 鲁迅:《孔另境编〈当代文人尺牍钞〉序》,《鲁迅全集》第 6 卷,人民文学出版社 1981 年版,第 414~415 页。此书出版时改题《现代作家书简》。
② 同上,第 414 页。
③ 孔另境:《现代作家书简·钞例》,《现代作家书简》,花城出版社 1982 年版。
④ 鲁迅:《致郑振铎函三通》,《现代作家书简》,花城出版社 1982 年版,第 169~172 页。

叶转告"张静庐愿意替我出全集,只要他改变从前的态度,我是可以同意的"。① 大约除了郭沫若,也不会有另外的作家对出版家说出如此严厉的话,而且写在纸上。此外,我们看郁达夫致赵家璧的信,谈购买英法德文原版文学书如数家珍,可以感受到他在日本留学期间就读过上千册的外国作品,此言不虚,他的外国文学功力我们还可能低估了。② 至于钱玄同谈自己"生平最怕做文章,真与独秀所谓'要我作文,宁担大粪'有同样之发愁"。其中形容写不出的心理,"愈延搁,愈觉不好意思随便写几句,于是愈想多写,愈觉吃力,而愈延搁矣",真是惟妙惟肖,说得一点不差。③ 杜衡分析自己"有着一个傻子和一个通达世故的人底二重人格",并把自己的长篇小说《再亮些》与"我跟与我一'类'的人对中国革命诸姿态的认识"联系起来,说不会将革命者写成"天神",因信奉"世界是因为有缺陷而才有美满,一味盲目地歌功颂德,那是宣传家底本份",就见出杜衡由左派思想脱出后的真实境况了。④

涉及文学史宝贵史料的书信是另一大类。在鲁迅、施蛰存之间发生青年要不要读《文选》《庄子》的争论时期,沈从文、周作人给施蛰存的信都是劝其不要参加任何争辩的。连与鲁迅友善的郁达夫,也称是"意外的唇舌"(见致杜衡信)。沈从文当时借此争论引申出了多创作小说、少作杂论的看法,他的话于有一定道理的论述中夹杂了对鲁迅杂文的轻视心理,这观点有相当的代表性。他在给施蛰存的信里说:"作者间若能有五年'私人攻击'的休战,一定有许多好作品产生。我希望有朋友在这方面努点力,莫使大家尽写局外人看不懂的小评闲话。写杂论自然一时节可以热闹些,但毫无用处。""中国似乎还需要一群能埋头写小说的人,目前同政治离得稍远一点,有主张也把主张放在作品里,不放在作品以外的东西上,这种作品所主张的,所解释的,一定比杂论影响来得大,来得远。"⑤这些现在都是客观地来研究当年文潮的材料了。此外如文人穷困的自述,在全册书中比比皆是。急于低价出卖手稿的求友书信,是种类极多的。连丰子恺在 1930 年代初也曾穷得叮当响,答应汪馥泉译《现代人生活与音乐》一书的同时,为能预支生活费

---

① 郭沫若:《致叶灵凤函十通》,《现代作家书简》,花城出版社 1982 年版,第 139~145 页。
② 见郁达夫:《致赵家璧函三通》,《现代作家书简》,花城出版社 1982 年版,第 92 页。
③ 钱玄同:《致吴文祺函五通》,《现代作家书简》,花城出版社 1982 年版,第 187 页。
④ 杜衡:《致立贞函一通》,《现代作家书简》,花城出版社 1982 年版,第 32~33 页。
⑤ 沈从文:《致施蛰存函四通》,《现代作家书简》,花城出版社 1982 年版,第 42 页。

200元,而向汪承认已欠债"千余元"的事实。① 其余左翼亭子间作家之生活还用问吗? 还有1928年前后上海出现办小书店的潮流,与现代文人纷纷译介社会科学理论著作有关。在陈望道信里可以找到办大江书铺的资料,信中列出的"小书店潮","新开者亦有春野、新月、现代","新近开的又近十家,如金屋、阳春、晓山、人间、爱的、真美善、嘤嘤、爱文、南华等"。② 汪馥泉要从南洋回沪开小书店,向钟敬文了解书籍市场的情况,在通信中留下了当年创造社出版部、北新书局的书籍在广州的销售数字:"创造社的出版物,如达夫沫若资平的小说,每种可以销到千部左右。北新呢,鲁迅的为最好,大约也可以销到千册,其它的,多三数百册,少则一二百册,以至数十册不等。"③这些都是珍贵的文学接受资料。

由于编者的文学活动范围对收集作家书信的特定限制,也会带来这本书信集的某些特色。比如收信人中多两栖的编辑,谈稿件书籍,评价作品,转送稿酬,其中也不乏与了解作家生平、风貌相关的内容。像老舍致良友图书公司的赵家璧的信,透露老舍对刚完成的长篇《离婚》的自我感觉,"比《猫城》强得多,紧炼处非《二马》等所及"④。此书信集还有一个显著之处是,因在上海收集,所选当时正处于风头的海派作家、新感觉派作家的书信较集中,施蛰存、戴望舒、穆时英、刘呐鸥、叶灵凤、杜衡等人的均有,而且书简的质量较高。它们或者描摹了海派青年作家的写作生活状况(在刘呐鸥住宅写小说、乘凉、上马路骑脚踏车、乡间漫步、看电影、借读《尤里西斯》),或记录了戴望舒游欧期间施蛰存如何全力以赴资助他在巴黎、西班牙坚持学习的情景,或概括中国现代主义的美学特质(刘呐鸥致戴望舒的两封信对现代生活美是"战栗和肉的沉醉")异常的精彩,是不可多得的。

1930年代所编的这本作家书信集是兼收并蓄的。编者本有左翼倾向,但集子中海派和非左翼的作家书信反是大宗。请鲁迅写了序言,但书信里面对鲁迅、施蛰存的争论,却很客观,各种观点的书信都照样列入。这种打破狭隘文人圈子的做法,透视了那个年代比较真切的文学场景。

2011年9月7日

---

① 见丰子恺:《致汪馥泉函二通》,《现代作家书简》,花城出版社1982年版,第206页。
② 陈望道:《致汪馥泉函四通》,《现代作家书简》,花城出版社1982年版,第112~114页。
③ 钟敬文:《致汪馥泉函六通》,《现代作家书简》,花城出版社1982年版,第214页。
④ 老舍:《致赵家璧函三通》,《现代作家书简》,花城出版社1982年版,第14页。

·彗星逝影

彗星随笔系列总序

这些年来我自己也经常被人邀着编书，都不出现代作家传记或作品选的范围，算来是我的专业了。编后却多半是不闻不问的，因为好得不得了或坏得不能再坏的情况总有回馈，无需我操心思。怕的倒是泥牛入海无消息。有时寂寞了也会去问问，出版社的回答经常是"不错""挺好的"，最听得进的一句话是"都卖出去了"。这我倒相信。比如老舍的书我就编过好几种，刚编完又有人来邀编另一种；还经常有人不时地来咨询老舍版权应如何解决之类的问题。这就让我相信老舍的书确乎卖得动，是销行得很好的。同样的作家还可开出大约十几人的名单，足以使我们这些研究现代文学的人倍感欣慰：中国现代作家真真切切迈入了"经典"的行列，就像《水浒传》《三国演义》《红楼梦》每隔两三年就要再版印刷一批，供新成长的读者来读一样。

现在的问题是既然已经开启了"经典"之路，那么，中国现代文学是否只需关注几个大作家便可作数呢？我觉得答案并非如此浅薄。单说大作家的经典化过程也存着许多不稳定的因素，比如鲁迅加入左翼阵营之后的杂文究竟怎样评价，茅盾的《子夜》、巴金的《家》在大学生中的阅读兴奋点为何下降，张爱玲是否属于现代大作家之列等等，都明摆在那里，有待解决。而近三十年来文学史地位已被大幅升高的作家，在他们的《全集》早经出版的今日，如沈从文又被发掘出云南时期的重要佚文，丁玲的家属披露了《在医院中》发表后的检讨未刊稿这样紧要的档案资料，这些注定会引起我们进一步探究的兴趣。所以我说过，中国现代文学史今日不宜定型，还需分解，不要过早归纳，正是此意。

对于其他在现代文学发生、发展过程中不同程度留下痕迹的作家，虽不必把任何无名作品都一一挖掘出来，但也不可忽视某些创作生命虽短、却仍照亮后世的文学奇人奇事。正如不必因某些作家长寿就廉价授以"大师"称号，捧杀反而害杀人家一般。我们对所有的作家要问的，都是一视同仁的话：你在中国文学发展的长河中究竟提供了什么新的审美发现、新的人生感悟、新的话语表达？

摆在我们面前的这套书，也属一种现代作家作品选，但所选作家是有专门角度。他们大都是英年早逝者，但在自己的领域内都有独立的建树，像第一批入围的作家里,梁遇春在散文、朱湘在诗歌、谢六逸在新闻和日本文学的研究方面,成就均可圈可点。今一律选择他们的杂谈随笔,让读者来接近他们。这些人在小品、书信、短评这种最见个人心性的文体内,无拘无束,不作伪,讲真话(或说还没到容他们学会说假话的时间),显露出他们的思想和风采。他们的共同点是读书成癖,议论风生,有情趣,有意境。即便每个人又是那样的不同,有的书斋气特重,有的诗意蓬勃,有的文化批评的意识更强劲些。

我不禁想起了王小波。我在北京万寿寺现代文学馆老馆刚认识他的时候,他的小说经我们介绍出去,在出版社居然往往碰壁。直到后来他猝然辞世,其真相才被发见。但仅是"早逝"这一个原因,他就能得到后来那么广泛的当代读者响应吗?我看王小波将来在文学史上也会得到相应的位置的。正如冯至先生所概括:"这是文学史里的一种现象,有少数华年早丧的诗人,像是稀有的彗星忽然出现在天边,放射异样的光芒,不久便消逝。他们仿佛预感自己将不久于人世,迫不及待地要为人类做出一点贡献,往往当众多'大器晚成'享有高龄的作家不慌不忙地或者尚未开始写作时,他们则以惊人的才力,呕心沥血,谱写下瑰丽的诗篇。"(见《谈梁遇春》)信然!

还有一方面的意义,是即使这些作家不争文学史的位置,只要有读者,有愿意阅读的大众存在,他们也有价值。所以这套书是有双重看点的。而编者的编辑动机、心路,我们从已编成的三册各自独立的、超短的、亲切的编后记可以看出,它们都是因某种机缘,让编者"一见钟情",然后热爱上作者,激发起浓厚的阅读兴致,才有今日的出版结局的。这本身就很文学化。同时说明这一类的作家,自有他们接近读者的充足理由。类似的人物,我还可举出滕固、宋春舫、罗黑芷、彭家煌、叶紫等来。毕竟这些"彗星"作家,连同别人,合成了我们这个现代文学的璀璨星空。如果有朝一日,它们不仅仅是电闪般划过,而是穿透大气层落入我们的温热怀中,便可成为沉沉的文学陨石了。

2009 年 3 月 29 日于京城小石居

沈从文文学生命的延续流转

沈从文在当今读者心目中的地位,不仅没有随着20世纪的逝去而有所减轻,甚至可以说是越发加重了。他已经成为中国现代文学史上十足的经典作家。这里使用的"经典"二字,丝毫不存今日电视语言和广告语言里的夸张成分。如今,一部刚刚上演不久的卖座电影就可以被廉价地冠以"经典"之名,几乎等于"很好"的同义词一样在滥用着。而我所说的"经典作家",当然是指那些经过历史无情的大浪淘沙,仍能留存下来的文学大家。这个衡量"大家"的标准并没有难得如上天一般,根据我自己的浅陋经验,理论上的把握有时真不及几种具体尺度的操作来得有效:第一,要有几代的多层次的读者在不断地阅读他们、欣赏他们、热爱他们。他们的书,无论是选本、文集和代表作都有人买,编了又编始终卖得动。虽然未必是畅销书,却必定是"长销书"(沈从文的读书市场一直上佳,能与之相比的也就是鲁迅、老舍、张爱玲)。第二,他们已经有了多卷本《全集》或权威的《文集》出版,但陆陆续续仍有佚文被发现,暗示着他们创作的丰厚、博大(《沈从文全集》32卷出版多年,超一千万字,但近年来学者还能从1940年代的香港旧报刊上找出其故意遮掩的《读书随笔》《梦和呓》《摘星录》等创作原文)。第三,从研究的角度看,各种文学史和学术著作对他们的评价与日俱增,研究不断推进(因上述1940年代沈从文材料的发现,必然带来对他的深入解读)。总之"经典作家"者,人人皆是巨大的文学主体。所谓"巨大",即有质量,也有数量,但主要还是质量。据我看,沈从文完全符合这个标准。如果不算现代诗人和剧作家,我认为可归入现代经典作家行列的人,应有鲁迅、老舍、茅盾、周作人、沈从文、郁达夫、巴金、萧红、张爱玲、钱钟书、张恨水各位,沈从文处于前列。他已过了100岁的生辰,他的文学生命力之恒久,延续而进入第二个百年,应该没有疑义。

据此,我们可以考察沈从文文学的当代意义。所谓中国现代文学的当代性,是原来持近代/现代/当代狭义三段论的时候提出的一个命题。认识沈从文的当代性,首先要关注的是他所代表的中国乡土文学的独立价值。沈从文终身是他的本土湘西那块家园的叙述者、歌者,那是个历史脚步来得迟缓的化外之地,是块文学边地,却经过他的开发,异军突起,建立起一个诗化的"传奇抒情"文学王国。中国的现代乡土文学历来发达,正与原先的"乡土中国"相匹配。整个20世纪乡土文学的成就压倒其他,就中便有鲁迅、文学研究会的乡土写实派;有左翼的茅盾、吴组缃的社会剖析派,左翼中还有萧红等的东北作家群、叶紫等的湖南作家群、沙汀等的四川作家群;到了抗战时期又有冀中孙犁的荷花淀派和山西赵树理的山药蛋派,台湾有钟理和的乡土小说。但是我们很容易识别沈从文的京派乡土文学,因为它别开生面,在《边城》《长河》《萧萧》《三三》等小说里,在《湘行散记》《湘西》《从文自传》等散文里,将湘西的普通农夫、水手、士兵、娼妓引入人们的视域,却又不表现他们的阶级斗争品性,反是表现他们的自然生命,表现他们淳朴善良和谐美丽的生命方式。大概从一开始,强大的左翼乡土作家就质疑这桃花源式的乡土真实性。左翼是现代资本主义文明的批判者,会把如此偏僻的湘西一隅笼统地看作代表了落后的封建文明,是毫不奇怪的,当然就会批评沈从文乡土的"向后看"的性质。而实际上,沈从文描画的传统乡土是一个与丑陋的都市现代世界相对立的,足具补充性的"一种'人生的形式'","一种'优美,健康,自然,而又不悖乎人性的人生形式'"(见《〈从文小说习作选〉代序》)。待到他写现代都市,便换成一副讽喻的笔调,构成了独特的城乡叙述总体。沈从文始终坚持自己的文学立场,不管一时间内是否成为乡土文学的非主流,一个异数,他都不论。他轻视时尚,不随波逐流。认为如果只是跟着文学大潮走,就建立不起具有个性的独立文学,像庙堂文学和御用文学一样生命不会长久。时尚,本来就是个带时间性的概念,文学迎向风头正足的社会时尚或许一时会收获超常,但随后在必然到来的跌落中就会咂摸出年轮的滋味。沈从文乡土文学的独立性正在于甘于寂寞。他1933年发起的那场著名的"京海论争",批判的矛头即指向时尚文学,指向以畅销为第一要旨的市场文学。他又长期地批评政治文学。虽然他也吸收海派表现现代人精神困境的爱欲情爱主题,也不含糊地吸取左翼表现"社会人"的经验(他有《丈夫》《贵生》一类的社会性反叛故事),但他纯文学的理想始终高悬,对商业文学和党派文学的批评坚持不懈(虽也含有偏见)。这种独立的文学姿态,正是当下在经受了正反两方面的足够经验之后又面临商业大潮的文学所应如何自处的好例,值得引起我们对僵化或实利文学必然各处渗透的高度警惕。

在贯串沈从文全部创作的文学精神中,哪些是能够长久流传下去的呢?我觉得他也是一个吃"五四"奶长大的作家。许多人现在都在批评"五四"的负面,"五四"也确乎存在负面,但是纵观上个世纪一百年,能够影响中国人的思想尤其是文人精神的至痛至巨的历史事件,哪一个可与"五四"比肩?左翼文学接受"五四"启蒙,向社会革命、阶级解放发展过去;京派沈从文何尝不是吸取"五四""人的解放"、"人的文学"的精神,而实行开掘善的、美的人性的文学呢?所以说继承"五四",是中国现代文学共同的一份遗产。沈从文表现"人生",由于个人经验及审美趣味的不同,他通过湘西告诉我们的是中国乡土牧歌般的生活,自然、愚昧与质朴同存的一种生命方式。与城市对照虽然落后,却不像城市那样充满欺诈、虚伪、不道德。这只要将《三三》《月下小景》和《绅士的太太》《都市一妇人》一读就明白。他也表现这乡土的变动,虽然更多的是不变,从《边城》到《长河》,还有多次的还乡经验,写出湘西的"常"与"变"。写"常",客观上用最极端的一角表现文明古国全盘的停滞性,"历史对于他们俨然毫无意义,然而提到他们这点千年不变无可记载的历史,却使人引起无言的哀戚"。(《湘行散记·一九三四年一月十八》)写"变",则看到现代文明侵入这块美丽土地后所带来的破坏,或者替当地多方设想寻求进步的方案,寄希望于青年甚至青年军官,后来都被历史搁置,显出空想的成分。但略微变动的乡村是真实的中国呀。"表现中国",永远是中国有良心作家的良知。这个古老农业国处于全球现代化的风潮之中,用表现前现代的湘西人自然生命的方式,来表达理想的人性,借以批判现代人性的丑恶,则是沈从文大部分作品的倾向。无论是直接描写湘西人情美(人和人的和谐相亲关系)、人性美(少女的柔美如水,男性军人的雄强有血性),或与此相映衬的山美水美,如《三三》《柏子》《虎雏》等;或借浪漫民间传说而抒发对最高的人性,即爱、美融和无间的神性的向往,如《龙朱》《媚金·豹子·与那羊》;或干脆借用佛经宗教故事来演绎美好人性,及倾诉对美好人性遭摧残后的悲哀,像这组写女性爱的不可逆反性的《一匹母鹿所生的女孩的爱》《被刖刑者的爱》《弹筝者的爱》等。沈从文是由这些抒写人性美的作品,来批判现代人性的千疮百孔,来向现代文明发话的!他不无激愤地说出他的观点:"农村社会所保有的那点正直朴素人情美,几乎快要消失无余,代替而来的却是近二十年实际社会培养成功的一种唯实唯利庸俗人生观"。(《〈长河〉题记》)这当然是京派现代性的具体内涵之一,寄寓着一个从农村到城市(当今我们的都市里有多少这样的两面人、漂泊者,在经历着现代蜕变),充满爱欲矛盾和心理落差的现代知识者的情智想象。而从表现乡土社会和乡土人性的文学出发,沈从文进一步提出现代人性改造的文学题旨。这是一种文化的思路,用人性的失落来探求"民族品德的消失与重造"。(《〈长河〉题记》)于是,回答民族文学向何处去的问题,便成了沈从文文学思想的内核,以及他的创作原动力。这些都是迄今为止仍然有效的文学话题:从个性化文学到国族文学的不无曲折的道路,究竟应该如何走。

我们还可以从沈从文留下的宝贵文学遗产里面,提炼出一种文化立场来,便是如何面对消失中的固有文明。这是中国、印度、埃及这些后发达的古文明国家必须面对的严酷现实。沈从文曾经从这一角度概括过废名(冯文炳)、施蛰存的创作,说他们都是"以清丽的笔,写这世界行将消失或已消失的农村传奇"。(《论中国创作小说》)这简直是夫子自道。面对湘西世界消失中的真善美人性,是用直线的不断前进的文明观一笔抹杀否定,还是认识到一种文明的发展总是曲折的,总是前一文明中的落后部分终于淘汰了,而前一文明中的精彩部分会留存下来,得到调适,得到扬弃。并不是后一种文明就可以全盘取代前者那么简单的。举个例子,电脑手机的书写是大大进步了,而同时毛笔书法在总体的中国人那里(不时指个别书法家)总归落后了。从这个意义上讲,九斤老太说"真是一代不如一代"局部并无错;"长江后浪推前浪"讲的是总体长远,也是对的。沈从文要从落后的湘西寻觅到美的人性,来改造现代的实际上是总会前进的人性,并不是完全虚幻。

至于以沈从文为首的京派文学在现代文学史上的艺术创造,如今是越来越被后人另眼相看了。沈从文曾遭人蔑称为"文体家",其实中国文学自现代以来,真正的文体创造太少,向西方模仿得太多,难道不是这样吗?沈从文的诗体叙事,他的乡村抒情,他文学笔调的独特文化历史指向,都值得借鉴。在理论上,他有创作家式的阐释,如"现实与梦""情绪的体操""情绪的散步""造境""习惯于应用一切官觉""抽象的抒情"等概念,也有相当的新意。他注重文学语言。初期的文字较生涩,文言底子较鲁迅浅,但到写《边城》的成熟期,小说文字已经纯白明净(理论文字仍露文言痕迹)。即从他的关于锻造语言的名言"扭曲文字试验它的韧性,重摔文字试验它的硬性"(《情绪的体操》),也可看出一个以使用文字为生命的作家的当行本色。这些也是他留给我们的一份遗产。

对于已逝的作家,我们都应当历史主义地给予"同情的理解",并站在当代立场上给予公正评价,肯定或批评,积极地扬弃,在扬弃过程中将他吸入当代的文化生活,成为其中的血肉。假如他是个经典作家,这种当代的吸收就成为我们文化积累的每日进程,须臾不能离开。沈从文已经深深进入我们当下:他的学生汪曾祺继承发扬他,俨然成为大家;还有林斤澜等,被认为是他诗体小说的杰出后继者;而众多的湖南中青年作家,都心仪他,用写作将他发扬光大。我们可以看到,沈从文的文学当然会与其他的中国现代经典作家一同,延续流转下去,生生不已的。

2013 年 4 月 9 日夜于小石居

由《龙须沟》想到老舍与市民的血肉关联

这次《龙须沟》新版首演的时候,我有幸躬逢其盛。坐在不免老式也因此绝对经典、华贵的首都剧场里,真是不胜感慨。五十多年前的那台演出版本,我是在电影里才看到的。小妞之死,一盆金鱼成了龙须沟之痛。于是之饰的程疯子永远和龙须沟一样印入我们的脑际,与《茶馆》里的王掌柜一起,同老舍的名字联成一气了。所以,纪念老舍诞生110周年这次《龙须沟》的演出引出我的思考:这个"人民艺术家"和人民的关联,究竟是在哪里?我已经为某杂志写了篇《市民之子老舍》的短文了,但仍觉得余言未尽。

我的第一观感,新版《龙须沟》是在新型舞台上的一次尊重原作,并加以发扬光大的演出。它的改动是小范围的,如一粒珍珠,在保持原来色泽的前提下增添了光度、韵味。比方刘巡长这个人物,原来的派捐派税却对老百姓心地善良的性格没有大变(除卫生捐外,现在增收分局长三姨太儿子满月的凑份子钱,成了两次,就更加合理了),但原著巡长只在第一幕出现,也没有现在用北平行将解放的大势来阻止狗子进一步报复、劝其留条后路的情节,更没有使后来的人民警察角色让刘巡长一直担当下去的事情。但这几笔改动是符合老舍向来站在市民立场上,认为下层警察基本都是穷人子弟的本意的。中篇《我这一辈子》等塑造的警察形象可以为证。再如丁二嘎子的年龄原作只十二岁,现在大到能与王大妈的二女儿不出院门搞对象了。二女儿一心想嫁离臭沟沿儿的想法就不得不移动一下,她不挑贫贱富贵而与她母亲的一系列守旧思想的矛盾则继续存在。此外,杨立新演的程疯子增加了一句重要的台词,他让过去打过他而来赔礼道歉的狗子伸出手来看看,说了句"原来和人手一样",真正是神来之笔。总之,这些下层的市民人物若要从老舍的全部作品里去寻找需增添的线条、油彩、光影,那是手到擒来,太容易了。这就给改编带来了广阔的空间和无限的生机。

《龙须沟》的关键是两个市民性人物:程疯子和赵大爷,全剧是以这两人为轴心,组织起整个戏的线索、场面的。而这个格局,新版未做大的改动。程疯子软弱,喜欢幻想,有憧憬,对人正直、善良、有爱心,但缺乏行动。这个人物的沉沦遭遇和性格,在老舍其他作品里都能找到许多相似的同类。如《邻居》中那一对受尽小官吏欺负,有修养而又处处忍气吞声退让的唱戏夫妇。如《离婚》里的主人公之一老李,书呆子的怯懦、好心而追求一点生活诗意:"不敢浪漫而愿有个梦想,看社会黑暗而希望马上太平,知道人生的宿命而想象一个永生的乐园,不许自己迷信,而愿有些神秘"。如《四世同堂》里起初闭门养花饮酒作诗不闻世事的钱默吟形象(他后期有了变化)。另一主要人物赵老头是一正派敢讲话的泥水匠,靠劳力吃饭,为人肯帮忙、有行动、讲义气。这是另一类老舍喜欢的敢说敢当的市民形象。可以从《赵子曰》里要救天坛的李景纯,《二马》中的李子荣,《离婚》里杀小赵救秀真的丁二爷,数到《牛天赐传》里帮助一筹莫展的牛天赐的虎爷等等,发展出一系列的"重义"的人物来。一个下层小知识者的"沟不臭,水又清,国泰民安享太平"的梦想,寄托了作者多少美好的愿望;一个下层劳动者的硬气、觉醒,能由祥子走到赵老头这一步,又让作者增加了多少生活小信心?这样两种正直的市民,扯动了北京贫苦满人家庭出身的老舍,与人民心连着心的那根"脐带"。他唱出任何一幕市民社会的悲喜剧,都或多或少有这两种人的面影存在。而《龙须沟》在新旧社会对比的框架之外,如说还能够使得一代代的青年观众继续看下去的,便是老舍对"程疯子"和"赵老头"这些市民小人物的一缕温情!

老舍的"市民性"是他与人民感情的焦点。老舍与市民的关系,这本来是个足够陈旧的题目,但实际上,既然整个现代文学史与市民的问题仍远远是个糊涂的问题,就很难说我们把"老舍与市民"这一节已经单独讲清楚了。"市民文学"和"表现市民的文学"这两个概念是否一样?如果不同有何不同?在此老舍对"五四"新文学有什么继承,又有什么突破?这是我们无法回避的。我本人一直不说老舍的文学是"市民文学",遵守的是鲁迅的说法。鲁迅在1927年4月所谓的"大革命时代",在广州的黄埔军官学校作讲演《革命时代的文学》,谈及"平民文学"时说:"有人以平民——工人农民——为材料,做小说做诗,我们也称之为平民文学,其实这不是平民文学,因为平民还没有开口。这是另外的人从旁看见平民的生活,假托平民底口吻而说的。"(收入《而已集》)鲁迅的意思是,平民自己写自己的文学,才可称"平民文学";旁人看到平民的生活而假托平民写的,不是平民文学。所以中国古代的"悯农诗"不是农民诗,"五四"时期鲁迅、王鲁彦、彭家煌、台静农、蹇先艾、许钦文、许杰写农民的文学也不叫"农民文学",而叫"乡土文学"。"农民文学"直到赵树理出现方才产生。赵树理是农民出身,他写的农村故事是给农村知识者看完可以念给文盲农民听的。那么,"市民文学"的要素自然应该是市民身份的知识者写市民,并给市民读者看的喽!因此可以断定,鸳鸯蝴蝶派作家从事的是"市民文学",而且一直这样叫下去。穆时英出现后就没有人说他是"市民作家""市民文学"。早期在鸳蝴派刊物上现身过的叶圣陶、张天翼,一旦进入"新文学"的圈子,尽管他们两位长期所写的是江南市民,但也没有任何人会称呼他们是写"市民小说"的。他们好像把旧市民营垒看得分外清楚,反戈一击后开创了"新文学"中批判市民的传统。叶圣陶以批判城镇市民知识者的灰色人物著称,《饭》《潘先生在难中》都是他的名篇。张天翼几十年专注于讽刺市民阶层,他早期的《皮带》《包氏父子》,直至后来的《华威先生》等批判市民小私有者、小知识者的力作,影响是很大的。当老舍 1920 年代末期于文坛升起的时候,《老张的哲学》《赵子曰》等作品也是从批判市民社会入手,可见他的新文学特色和外在的批判眼光,开始是十分明显的。

但老舍与其他新文学者的区别,是他对老派市民的温情。这点与他苛刻地批判盲目趋新的市民、批判工商实利型市侩完全不同。批判他们时老舍是很旁观的,只是往他们的脸上涂白粉。而对老市民,他则有刻骨铭心的感受,批判他们的守旧、知足、萎缩、中庸,好似含着眼泪在批判自身,唱的是同体的悲歌,一直唱到《茶馆》也没有改变。《茶馆》闭幕前,王掌柜三位老人撒着纸钱为自己送葬,为旧时代送葬,没有一个观众会不为之感动,因为它充分融入了作者的温情,这温情也流淌进我们的心里。这时,他最精彩的作品在叹息老市民社会的衰亡的同时,将可怜的市民人物已经从边缘位置悄悄地转为历史的主角,正派市民自尊、自重的形象越来越以悲喜剧的色彩上场,像《断魂枪》里不传枪法的拳师、《月牙儿》中被生活逼迫沦为暗娼的女儿,《四世同堂》的钱诗人、韵梅,直到《正红旗下》的旗人油漆匠福海。这些当然都不是高大的时代英雄,而是小小的市民人物,但并不委琐。社会地位虽然低下,可腰板、脊梁骨是直的。

这种温情直接影响了老舍的批判、讽刺的风格。正因为他与下层贫苦市民有着血缘一般的关联,所以他说:"我要笑骂,而又不赶尽杀绝。我失了讽刺,而得到幽默。据说,幽默中是有同情的。我恨坏人,可是坏人也有好处;我爱好人,而好人也有缺点。'穷人的狡猾也是正义',还是我近来的发现;而在十年前我只知道一半恨一半笑的去看世界。"(《我怎样写〈老张的哲学〉》)其实"一半恨一半笑"是一种带泪的幽默,"穷人的狡猾也是正义"更是站在下层市民立场上的对严酷现实思索后的喜剧态度。所以老舍成了中国现代少有的幽默讽刺作家、风俗讽刺作家和人性讽刺作家。在经受了长期的"斗争哲学"熏陶,终于看到两极思维给我们带来的灾难问题之后,我们完全可以在不将战斗式的激进讽刺全盘否定的景况下,来欣赏这种由"穷人"出发而采用的对人世发出会心微笑的从容批评姿态。

我特别要指出的是由于穷苦市民出身,而给老舍带来的市民气质、品格、性情。他身上的北京市民性格十分鲜明,比如实在、本分、自尊、义气、诚信、礼貌、和悦、讲理等,一分也不缺少。他老早就解剖过自己:"我自幼贫穷,作事又很早,我的理想永远不和目前的事实相距很远。"(《我怎样写〈赵子曰〉》)"我自幼便是个穷人,在性格上又深受我母亲的影响——她是个楞挨饿也不肯求人的,同时对别人又是很义气的女人。穷,使我好骂世;刚强,使我容易以个人的感情与主张去判断别人;义气,使我对别人有点同情心。"(《我怎样写〈老张的哲学〉》)后来经过新式学堂的训练,有过留英赴美的经历,但是根据老北京文联的同事回忆(我读过的最好的回忆散文是葛翠琳写的),他仍然是满身的礼貌和气,尊重女性,乐于助人的脾气,是从来没有改变过的,是他的根性。应当说,他的根性就决定了他不可能是个自外于市民圈子的新文学作家,他有北京市民的真实身份。这使他的文学向"市民文学"有所移动。

以往,我们经常是把新文学作家和市民作家对峙。好像新文学作家对市民社会一定是操批判立场的,而市民作家却是苟同的,是沉瀣一气的。这样就将新文学简单化,又把市民和市民社会妖魔化了。以至于在现代文学史上,我们可以把乡土文学、农民文学的线索理得一清二楚,却把"市民文学"一股脑都按到了鸳鸯蝴蝶派的头上。当然,我不是说老舍是纯"市民文学作家"。他具有新文学和民间的双重性,而这两方面则都统一到他特有的"市民特质"上。两重性正是显示出他"横跨"的意义。这种新文学立场坚定,而现代市民性质也同样鲜明(要注意"市民性"随着二十世纪中国现代化的过程也在发生某种变动)的作家,后来并非老舍一人。就以京派最年轻的作家、西南联大出身的汪曾祺来说,他大部分的叙事作品都有浓厚的家乡高邮一带(苏北高邮湖流域)的市民性,如写市民绝顶劳动技艺的《戴车匠》《异秉》,质朴生死爱情的《大淖记事》,甚至把茶馆老板娘的词儿写得活灵活现的《沙家浜》。我们可以分出现代北京、上海、高邮的不同的市民特色,北京的拘古守旧却从容大气、上海的洋场摩登擅长吸纳、高邮的信天命而自爱,但在表现市民的物质文化、商业性活力及限制、自由开放追求方面,还有它们共同的文学想象空间。这一点,老舍是现代市民表现在前,南方的市民性文学反是在呼应着他。在认识老舍下层市民表现者与代言人身份的过程中,我们来领会老舍对现代中国深度的意义。

2009 年 2 月 10 日元宵后之工作日

周瘦鹃的务新求变与现代市民文学接受史
——在苏州《周瘦鹃文集》研讨会上的发言

能够参加这个会我觉得很难得。我自己没有专门研究过周瘦鹃,仅是从我的"海派文学"的角度窥探过他,向他投去一瞥。按照我的学术观点,海派是现代市民文学的一支,周瘦鹃等通俗作家也是现代市民文学的一支,而且先于海派。在国内,我是十分关注以范伯群先生为首的苏州大学学术群体对鸳蝴礼拜六作家几十年如一日孜孜矻矻的研究的。很长一个时段里,我们忽视了古代市民文学转换为现代市民文学之后所经历的复杂过程。我们抬高农民文学,满眼见到的是描写农民的乡土文学,却有意无意地贬低或无视现代市民文学。去年我完成并出版的《插图本中国现代文学发展史》,其中就包含了将现代市民文学潮流整个地梳理起来的用意和初步尝试。而"新文学"和现代市民文学的关系在文学史中应如何表达,正是我最关心的课题之一。

这四卷本的《周瘦鹃文集》在范伯群先生主持下今日得以面世,用大型文集的编纂给予鸳蝴礼拜六作家以他们应得的文学地位,(相信有一天终会给他们出全集),是个了不起的进步。过去我们读这些作家,好像经过淘洗千选万选能看到他们的几篇文字就已经不错了。现在的文集等于向整个文学史打开了一个精彩的窗口:让一头钻入"新文学"圈子里的人,可以更全面地领略现代市民文学的一个典范作家,他的身姿、他的风采,使得我们看待现代文学史的眼光可以更宽阔、更敏锐、更精准。《周瘦鹃文集》的出版对于认识多元共生的现代文学史是一件重要的基础工作。不是做得及时,而是做晚了,再不做就不对了。

我拿到《周瘦鹃文集》之后,先读翻译一卷。读了几篇译文后,再去读他创作的小说;读完几篇创作后再读几篇翻译;然后用他的"杂俎"来补充,来加深理解。比如《写在紫罗兰前头(二)》里有与刘半农的旧日交往,《写在紫罗兰前头(三)》里回忆如何结交张爱玲,都能加深对周瘦鹃本人的认识。昔日中华书局的同事刘半农"在新文化运动中创制了代表女性第三者的'她'字",周许久没有采纳,最后在编《紫罗兰》的时候不但不再改动别人稿子里的"她"字,且自己也破题第一遭用起了"她"来。这即是懂得时代的发展,从善如流的品格。所以周瘦鹃在这两篇"编前记"里一再申明"文学与科学合流","语体与文言齐收","小说虽重趣味,但也不能忘却意义"的编辑方针,他是不断务新求变的(一种逐渐地趋新)。即以他的小说论,从意义的追求看,第一,注重新闻体的现实性。像《我的爸爸呢》用孩子在得胜军队招摇过市的检阅中寻找牺牲父亲的角度,来反映军阀混战的残酷,是当年报纸上常见的素材。第二,言情体人物性格尽管扁平,人物命运却抓得住人,也有心理探索,如《千钧一发》里享受了老同学吃大餐听戏的亲近的女人仍爱失业之夫。《空墓》据说是模仿外国故事,大海遇险却把生还的可能让给所爱女人的丈夫。第三,主题趋向道德旨归,但含有新道德观。《旧约》《圣贼》《十年守寡》都是对如何做人的探讨。以上三点貌似偏旧,实际都包含了新的质素。至于全新的创作,从哪一方面看都不"旧"的,印象记如《脚》(都市有多少只脚,很巧);市民心态如《烛影摇红》(无路可走而忏悔的人一旦解脱又回到旧轨道);《亡国奴日记》《亡国奴家里的燕子》《汽车之怨》看题目就知有特殊的限制视角;《对邻的小楼》布下立体的多样的都市空间。这类作品就都闪现新型小说的曙光了!

不过,这样新旧混装的文学和一身新式披挂的"新文学"相遇的时候,就会发生冲撞。过去我们熟悉的"五四"都是叙述鲁迅、周作人、茅盾、郑振铎等如何批判"鸳蝴",这都是事实。从鲁迅和周瘦鹃的关系来看,如今大家耳熟能详的周氏兄弟盛赞《欧美名家短篇小说丛刊》的话,是对其翻译前驱性的肯定。事实是到了1930年代左翼提倡"文艺大众化"的时候,瞿秋白、茅盾就都看出白话旧小说仍然拥有大众,认识到旧小说如何被市民大众继续接受的经验有可能值得左翼文学借鉴。瞿秋白断言"五四"后形成的欧化白话对于大众是"新文言"(极重的判词)。茅盾1932年在《问题中的大众文艺》一文承认能读懂白话旧小说者有"测字先生那一流"识得一些字的群众,有受过"说书场教育"的市民,有读过几年蒙馆"识上了千把个字",可是"虚字不通"的人,他们在都市中仍占据不小的读书市场。而"五四"之后入新式小学"专读'新文言'"的新一代这时才十几岁。旧小说除了在白话一面有比新文学更多的"大众"外,茅盾称还有两大优势,一是"旧小说内所包含的宇宙观人生观本就为大众所固有",二是"旧小说的描写方法刚好合于大众的幼稚的理解力"。茅盾进一步说明这描写方法,主要不是"章回体"或"有头有尾的平铺直叙",而是指"合于大众口味的艺术的动作的描写"。在这里,往日批判鸳蝴的主将开始意识到旧派作家长久存在的真正原因,开始接受他们的艺术经验。到了1940年代，上海"孤岛"和各政治文化地域的分割的特殊条件，造成在新文学内部生长的市民文学与旧市民文学的大融和。张爱玲的出现，《万象》的编辑出版，海派戏剧的扩张，各种非海派背景的作家染上了市民色彩（杨绛写知识型的市民喜剧，师陀和柯灵搞外国文学改编剧供市民观看），就是标志。到1950年代后，表面上市民文学似乎陆沉，其实转入民间，张恨水、苏青写历史题材，《满意不满意》这样的民间喜剧不灭。而黄子平说的"革命历史小说"和金庸"新武侠"的流行，则代表市民叙述以雅俗合龙的方式"潜入"。这也是一种对市民文学的接受。最后到1980年代之后，经济改革，城市发展，海外启迪，我们对鸳蝴文学终于重新发现，对海派文学有了整体的认识。以上新文学对市民文学的接受历史，不仅可以启发我们对周瘦鹃这样的现代市民文学大家的深入研究，更可以站在一个高点上俯视我们曾经走过的充满坎坷和希望的文学之路。

2011年5月25日于小石居

丰子恺创作选本导言

在中国,真正能够持有现代市民的生活态度、立场和审美情趣,一生诚实用心地作文作画,于斗争硝烟逐渐远去之后越发能够得到各种读者喜爱的作家、艺术家,丰子恺应是最重要的一位吧。

我过去也曾编辑过他的散文集,这次能有机会再读,并从更大的范围来编选他的文字,自己的心灵既像受到了江南小桥流水的荡涤洗刷一般;又像是喝了杯碧绿生青的龙井,只觉眼前滚滚十丈红尘露出超脱的一角。这就是我们今天能够读出的丰子恺。

丰子恺是受江南市镇养育的。现在大家纷纷涌去看的茅盾故乡乌镇,属于浙江桐乡,与丰子恺的家乡石门湾同在一县,意思也差不多,都是江南水乡大镇的格局。我曾经多次去过这两个镇,有一次做浙江电视台的节目,甚至一日之内从乌镇到石门,再由石门到徐志摩的故乡硖石,傍晚时分赶到王国维故居所在的海宁,事先打个电话去请求故居迟一刻关门,可见太湖南岸(北岸亦如此)这一块宝地的文脉之盛。在石门,我没有找到丰子恺家的染坊,却在后来重修的缘缘堂看到被乡人从日军炸弹下夺回的那块焦门板,然后再读《还我缘缘堂》《告缘缘堂在天之灵》各文,感受就特别亲近了。江南的市镇气质,是基于相对富庶之后的平实、悠闲、从容、淡定,懂得享受生活,将日常物质生活艺术化。它的末流是商业利润追逐的铜臭,其高雅者竟可以产生丰子恺,产生丰子恺的老师弘一法师(李叔同原籍浙江平湖),朋辈的夏丏尊、叶圣陶、朱自清,产生诗圣、左翼巨匠和鸳鸯蝴蝶派小说大家。而白马湖派或日后聚汇成开明派的文人们,尤其得到这种江南市镇文化的熏陶,居"平屋"之檐下,用"平民"眼光打量着世界,发出"平和"的吟哦。这种声音如鲁迅评"采菊东篱下"的诗人有时也会有"金刚怒目"的时候一样,我们看丰子恺的散文,早期多写儿童本位、城乡之差、艺术人生,表明一种崇尚自然、率真或反虚伪的思想,到了全家逃难的抗战八年,他也就要在文章中抒愤懑,立志向,谈"壁上标语"的得失,发"口中剿匪"这样的治牙记的幽默了。而喜爱世界,从赞美儿童的无机心、聪慧有想象力,到喜爱动物(鸭猫),喜爱大自然,到喜爱平民的生活,写整日车水的"肉腿"的辛勤,街头剃头担的诚信方便,打棉线妇女劳作的不以为苦,家乡平常人的行状(《四轩柱》那里写的乡间女人可笑复可爱,可都是每家的顶梁柱),这种对俗人、俗生活的爱,是始终一贯的。它直捷地就化为丰子恺的血肉笔墨,化为一种艺术的宗教情结。

　　这就要说到本书特意选辑的艺术评论文字了。这些文章大半是讲演、讲课的长期积累,是丰子恺一辈子从事艺术教育的结晶。对于他来说,"艺术教育"目标宏大,绝非只是培养几个画家、音乐家的事情,而是每一个现代公民应有文明修养的重要组成部分。现代人的艺术修养直接穿透思想修养,其核心是独立自主。丰子恺认为,学科学、工商的人必须学点文艺,是为了开阔胸襟、面向世界、热爱生活。他将实用与美感区分,指出只有美感才与人的精神相关;他又将美感与实用联系,认为优良的工艺品可以兼顾,现代社会日益通过"工艺"将美感引入日常生活,人们到处可以感悟到美。美感与人的情感思想是相通的,艺术中的"乡愁"之所以美,是因为其中渗透着人的同情心,渗透着人道主义。艺术教育正是要培养每个现代人都应具有审美的眼睛和审美的头脑。而对于将来的艺术,丰子恺是时刻加以关注的,他对于建筑玻璃的运用、新写实主义的兴起,都极快地作出反应,给予积极的评价。他盯住未来艺术发展的每一个细节是为了更好地理解、使用、推进当代的艺术。我提请读者注意丰子恺的"艺术教育"思想,是和他的市民精神高度一致的:把艺术从云端拉下,拉到能食人间烟火的地方来。就像他那别具一格的漫画,是从高处走向民间的。

　　本书还适量地选编了一些书信、日记,是为了让读者可以从近处认识我们的这个熟人,一个人民作家。私人信件的真实性全在于写信人会与亲近者吐露真言。我把他的公事信、应酬信等一概删除,还是可以从中读到丰子恺部分的真正心思的。比如他致夏宗禹谈到"今后我们通信,请用白话"所列的理由,说"白话文学注重内容思想,不重字面装饰","这才真是有骨子的文章",是一个习惯使用文言的人的真知灼见。他与夏谈"做'造画机'味道真不好",自己嘲笑自己,一直谈到彼此的"人生观""大丈夫气"等,甚是投机。而另一组丰子恺与新加坡广洽法师半个世纪围绕着共同的老师弘一法师的话题,为给老师编书、修碑、建馆,完成《护生画集》第四集以后诸事,而遗留下来的近二百封丰子恺的信,真是个人间奇迹(我有幸在新加坡薝蔔院亲见过这些手泽,曾经想为一个青年志愿者提供研究此课题的方便,遗憾的是没能成功)。我读到丰子恺为纪念老师如何做"造画机",与广洽法师反复地交代捐款账目,纪念馆修建遇到阻挠又无法明言的苦衷。这之间还不缺乏私人的情谊,丰子恺得到广洽法师的多方照护,托购电石五六粒、十数粒,却收到足够用"五十余年"的一千粒。读至此,实不忍再读下去! 至于"文革"的情景,只要看他与小儿子新枚的通信,那种千回百转的"等待":等待结束隔离,等待名誉平反,等待恢复工资。那个等待着的人,整日端坐、饮酒、看书,自得其乐,已然是白了头发! 这个人在抗战的大后方,颠沛流离,坚持教书的情景,可读他的教师日记。节选部分也是个巧合,正好允许从桂林师范任教第一天始,直选到离职,全须全尾。这里可以看到他在战时从事美术教育的具体言行,以及他对战事发展的无限挂心。他看到中国军人的立姿,抬头鞠躬带着奴婢相,马上画下来警惕自己。他发现学生对别人身上发生的悲惨事情无动于衷,反而发笑,就在多篇日记里严肃地分析广西民风的优劣。他赞美民间器具的精美与民众的智慧,批评缺乏现代的人道主义的教育,缺乏同情心。这便是他的艺术教育活生生的实践了。

最后本选集选了《护生画集》的少量诗配画,这是丰子恺花大半生之力,千辛万苦完成的作品。初时 1927 年起意、1929 年出版的第一集是丰子恺画、弘一法师配诗并书写的。第二集基本也如此。但弘一法师提出编六集的设想(每 10 年出一集)得到弟子的响应后,他自己 1942 年却圆寂了。第三集就由丰子恺独立操持,闭门三月完成画稿,亲自赴港请叶恭绰题写(后来许多诗稿已是丰选、丰写的了)。1949 年出版时,丰子恺郑重写了第三集的序言,我把它附在这里,以说明画集的由来及出版后的反响。丰序针对当日社会上有人对他"护生"观念的曲解,辩解道"护生者护心也",说他的目的不是单纯保护一切动植物,并不拘泥于素食,不绝对戒杀(也不能说不反对杀生),只是要"去除残忍心,长养慈悲心"而已。他的"护生"是佛教哲理,不是今日的"环保"思想,但终极点都在"人"身上,倒是不谋而合的。之后的 4 至 6 集,就是丰子恺居士和广洽法师长期合作的结果了。到 1973 年出齐,整整 46 年完成全璧。越二年,丰子恺长逝。这马拉松式的岁月,个中的酸甜苦辣,只有他们俩知道。我这里所选诗画均为丰氏所作,可以印证他的参照佛理与西方艺术思想所形成的人道主义生活信条,可以诗画同时观赏、思考,不亦乐乎!

丰子恺艺术的完整性是显然的。不管后人如何理解他,他的文学、绘画、教育、宗教、哲学自成一统,互相贯通。他不是有多么深刻思想的作家,生前已是越写越画越平凡,稀奇的是我们今日却是越看越读越永远了。它们贴近自然,贴近人生,在对幼小、纤弱生命的呵护中体验自我的生命力量。活着是悲悯的,实际而庄重的,是美的,这即是他给予我们的无声的遗言。

2010 年 7 月 2 日草于小石居
同年 8 月 4 日修改

施蛰存创作选本导言

近三十年来，施蛰存应当是一位在文学史位置上发生较大变化的现代作家。不是因为他如何翻着筋斗上上下下，而是我们的评价标准发生了实质性的移动。原来我年轻的时代，只有王瑶先生的《中国新文学史稿》提到他，却是意味深长地放在了"历史小说"那节里，把对施的现实小说的评语也"巧妙"地归在一起说完。至于其他1950年代到1980年代之前的众多文学史，简直找不到他的身影。我本人知道施蛰存，是因鲁迅批评他提倡读《庄子》和《文选》引发争论，是因他被称为"洋场"作家。在那个年月，冠上"洋场"名义的人似乎是非"西崽"即"买办"了。直到我重读研究生时，施蛰存才得以"正名"。他的作品被选入了"新感觉派"的集子，他与历历可数的引进并尝试中国现代主义写作的前辈名字放在了一起，成了第一批吃螃蟹的人。加上他1930年代曾编辑大型《现代》杂志，对当年的文学推动力不小，被公认为是先锋编辑家，弄潮儿。如果从我这样1978年后方进入学术圈子的后辈看去，施蛰存的遭遇可谓波澜起伏。不过尽管大起大落，他都荣辱不惊。1982年我在上海初次拜见他，我独立介绍他《春阳》的文章刚刚在《十月》发表。记得在愚园路一家邮局楼上的施宅里，他在亭子间接待我，连抽水马桶盖都要用来当凳子坐。他絮絮道出前楼"文革"中被强占的过程。而到了本世纪初，他已是接近百岁的老人，德高望重。他因对"上海文化"的贡献而获奖，他自己的感觉如同在为别人得到某种他并不看重的称号似的。他是洒脱的、幸运的，光荣谢幕了。

终其一生，晚年的施蛰存对自己有很好的概括。这些话传播得很广，实事求是，不故意谦抑。他说他开了四扇窗子：一扇是文学创作，当然有小说、散文。一般不知道他写过诗歌，其实在《现代》上推出戴望舒现代诗的当儿，他提倡过西方意象诗，也尝试写了些意象诗。一扇是外国文学译介，时间跨度很大，但有特色。简单点说，便是上世纪五、六十年代译的皆应命之作，两头即二、三十年代和七十年代后的译作都与自己的文学浑然成为一体，可以互相参证。一扇是中国古典文学研究。我问过他在华东师范大学招古代文学博士生是招哪一段的，是先秦、魏晋、唐宋还是明清，他说哪段都招，听得我当即愣了几分钟。最后一扇是历代碑版整理研究，这似乎有点冷门，需由专家来评点,不容我辈置喙的。这四个方面的前两项,是本选集的编辑依据,也是一个出发点。我以往编过施蛰存的各种小说集,这次将散文、译文统编进去,就是为了把它作为施蛰存一个简明的现代文学创译兼收的浓缩体,为了给他的"四扇窗子论"提供部分的注脚。

本集所收的小说虽不算多,却能代表施蛰存前后小说创作的道路。除了他少年时代热心投稿给《礼拜六》《半月》等鸳鸯蝴蝶派文学刊物(这并不奇怪。类似的情况还可举出鲁迅、刘半农、叶圣陶、张天翼等,虽然每人的投稿动机和作品性质不尽相同),青年时代因短暂的左翼政治生涯造成他模仿苏联小说写过《追》等作品之外,他的小说起步于凄美的江南怀旧,便是从他自认为真正意义的第一部作品集《上元灯》里选出的《上元灯》《周夫人》等精致作品。这里对男女心理的刻画笔致之细腻,已经是他日后擅长两性描写的先导。从《梅雨之夕》《在巴黎大戏院》,到《鸠摩罗什》《石秀》《李师师》等,几乎如得神助,施蛰存在现实和历史两个层面,大规模地展开了他的现代心理分析小说(又称弗洛伊德性心理小说)的崭新创作时期。无论是写出都市的意识流文体,或者开辟出另一路的历史心理分析文体,都是施蛰存在文学史上所以是施蛰存的根本原因。而《春阳》《鸥》等将心理分析和写实描写两相结合,以及《黄心大师》这样有意将心理分析和传统叙事两相接轨的作品,其写作势头可惜受到抗战之火的遏制,而没有成为大的气候。所以,这小说写作的第三阶段还需依靠前一阶段来详加说明。这是我对他小说的基本理解。

关于施蛰存的散文是否为海派散文之翘楚,实无定论。我们读叶灵凤小品,感受他的都市色彩、女性色彩洋味十足,且洋得幽雅脱俗。而读予且、苏青的散文,正是不避饮食男女、酒色财气,显示了现代人的"日常"。张爱玲兼得,谈衣饰,说公寓,聊电影音乐,夸市声路景,桩桩件件都描画出上海风景,却一色是纯女性化的目光。与之相比,施蛰存的书卷气不免足了一点,松江的乡气也多了几分,这样才会有《绕室旅行记》《一人一书》这样的品头论足,才会有《我的家屋》式的依恋。而他怀人的文字多半写的是1930年代相友善的文人,冯雪峰、丁玲、沈从文,还有"震旦"一伙现代派、新感觉派气味相投者。文论中,《小说中的对话》真正是创作家的"论";《"管城三寸尚能雄"》是真正的诗学词学家对聂绀弩旧体诗的由衷之言;至于由他来谈"现代派",只能说访者真是所选得人、得体。施蛰存一向重视日记书信,认为"日记是美文中的一支","是纯粹的个人作品","日记是不能由作者当作文艺作品似地随时发表的","必须要作者死后,为人发现,被视为作者的文学遗产而印行之,它才显示了文艺的价值"。(见施蛰存《〈域外文人日记抄〉序》)这话自然也适用于书信。我现在勉力选出的《同仇日记》记录了"八一三"松江、上海战区的百姓生活实景。十七通私函每一封都有特别的意义,或者是离家离沪逃难一霎时表露的思绪感情;或者是研讨学问、学理;或者竟是人生的一声叹息,如识人不易,如不知要赶做的事情余生能否做完,诸如此类,都值得我们细细玩味。

译文的编辑是费了一番张罗的。长篇自然无法收进,便在陈子善兄提供的《老古董俱乐部》一书的基础上,结合以下三项标准来遴选。第一,收中篇小说《自杀以前》,这是奥地利显尼志勒(今译施尼茨勒)的作品。施蛰存曾经译过他的多部长篇小说如《多情的寡妇》《薄的戴丽莎》《爱尔赛之死》等,我们只要一旦读过这个被赞为弗洛伊德"双影人"的外国作家的意识流文字,就明白了《梅雨之夕》的资源之一是在哪里了。第二,注意他如何认真翻译北欧、中欧那些弱小民族国家的作品。这简直是鲁迅、文学研究会的传统呀,但并不妨碍我们看施蛰存,不,应当说更使我们可以认准施蛰存。《两孤儿》让我们想到《麦琪的礼物》,是短篇小说的结构精品,其他篇篇俱佳。第三,不可忽略"女体""喝茶"这类海派娴熟的小品材料,它们好像是中外都市漫游者共同习见的、喜好的天地。

我读施蛰存已经三十年了,至今尚未读厌。在许多地方我都曾不厌其烦地说过,他是我研究海派的出发地、原点。今天重编他的文集,我想补充一句,他还是一个可以不断被亲近、被发现的作家,希望有一代代喜欢他的读者在读他。

2009年5月7日于"五四"被纪念之后

萧红:《呼兰河传·小城三月》

天才的女性作家萧红的名声,这些年是与日俱增了。究其原因,文字的感觉之美是一点,大约稍稍一读就会被迷住;再就是她的身世让人同情,同情、爱怜之余便更想看看她的作品,于是就有了并非火爆但很持久的萧红热。

我就看过写萧红的电视剧,虽然不够精彩。钱钟书先生的名言是吃了那鸡蛋如觉得好就不必去看母鸡了,我是遵守的,一直坚持着没有去看萧红的家乡呼兰县。观了话剧《生死场》,应当是改编得不错的,但仍然觉得没有读萧红的原作那么过瘾。理解萧红,鲁迅先生的那几句话还是够分量,说她"叙事和写景,胜于人物的描写,然而北方人民的对于生的坚强,对于死的挣扎,却往往已经力透纸背;女性作者的细致的观察和越轨的笔致,又增加了不少明丽和新鲜"(《〈生死场〉序言》)。鲁迅没能读到以后写成的更成熟的《呼兰河传》,所以后来是由茅盾写了一篇这部小说的序。熟悉茅盾的人会惊奇于这序言文字饱含的激情,说"如果有使我愤怒也不是,悲痛也不是,沉甸甸地老压在心上,因而愿意忘却,但又不忍轻易忘却的,莫过于太早的死和寂寞的死"(《〈呼兰河传〉序》)。原来茅盾刚刚失去了爱女,他用这篇序言祭奠了女儿,也祭奠了年仅30岁就孤独辞世于香港的萧红。据说萧红的遗言是:"半生尽遭白眼冷遇,身先死,不甘,不甘","我将与蓝天碧水永处,留得那半部《红楼》给别人写了"。说得真痛!

仅从本书所选的作品看,萧红的左翼思想也是明显的。贫富差别,人与人的不公平,乡民自然地生、自然地死,阶级的和民族的压迫与欺辱,这些都经过作者寂寞童年的回忆性的文字尽兴表现出来。比如老胡家的小团圆媳妇之死,是《呼兰河传》中最使人揪心的情节。揪心的还在于致死的原因,是周围人们极度的愚昧和冷漠。《手》写有一双被染缸泡蓝泡黑的手的学生,如何受到学校师生的歧视和周围人的白眼。《牛车上》里的五云嫂叙述自己的丈夫如何被作为逃兵受到格杀。而《小城三月》差不多是用貌似平静的口气,来述说一个要强的翠姨怎样用默默的死来对抗不遂心愿的婚姻。这样看待萧红自然不能说错,就像说《生死场》是抗日小说也是可以的一样。但《生死场》里最震撼人心的是写北中国的农民动物一般生殖和死亡的人生,这是一种文化状况,你很难相信在民族战争到来之后这些纯朴的蛮性的人民会一夜间走向集体的反抗。同样的,《呼兰河传》的优美之处是那些传统风俗的描写,是关于王大姐死后她那不起眼的丈夫磨倌冯歪嘴子突然坚强地担起抚养两个孩子责任的描写,让其中闪出人性力量的光辉来。沙汀生前曾有一次与我谈起他自己的小说《凶手》,也是写枪杀逃兵的,他由衷赞美萧红的《牛车上》,劝我务必找来读读,说:同样是枪毙逃兵,可以写得像我似的剑拔弩张(哥哥被迫去执行枪决弟弟),可以写得凄美无比,充满抒情气息,却更扯动人的心灵。

抒情,是萧红的艺术个性,造成她那样个人化写作的基本元素之一。她与聂绀弩、骆宾基都谈过这样意思的话,说明她放弃成见、奔放无羁的艺术思路:"有一种小说学,小说有一定的写法,一定要具备某几种东西,一定写得像巴尔扎克或契诃甫的作品那样。我不相信这一套,有各式各样的作者,有各式各样的小说。若说一定要怎样才算小说,鲁迅的小说有些就不是小说,如《头发的故事》《一件小事》《鸭的喜剧》等等。"(聂绀弩:《〈萧红选集〉序》)这无疑于是打破一切小说已有模式(特别是 19 世纪以来由法国、俄罗斯的现实主义小说所规定死了的模式)的惊人宣言。无怪萧红的小说连长篇《呼兰河传》都没有中心情节和前后贯穿的人物刻画,一段一段的述说,被有意模糊了散文与小说的界限,理念的隐退带来的是文学直觉的充分还原,复沓的文句充满诗意和回溯之美。

已有的生平资料证明,萧红是"五四"的女儿。她最初的抗婚思想来源于新式学校的教育。与萧军的结合,是两人共同反抗旧世界的开始。不幸的是,她在以后的婚姻路途中还要寂寞地两面作战,去反抗男人的世界所加予她的重担。我们反过来再检点萧红的全部作品,能发现实际上她一直在替受到多重压迫的女性说话。《小城三月》里翠姨的悲剧故事说得何其明白,翠姨的家庭并不是不开明,但一个女性暗恋了自己的堂兄后是无处去诉说的,巨大的压力来自整个文化环境,她只有抑郁而死这一条绝路。

虽然篇幅紧张,我还是特别地要选入萧红的长篇散文《回忆鲁迅先生》。这里有数不尽的细节刻画,直觉的个性化的描写,完全是一个女性细微观察下的鲁迅,是萧红眼中的鲁迅。如开头写鲁迅谈论女人服装鞋袜的色彩图案的搭配,写鲁迅的走路"他刚抓起帽子来往头上一扣,同时左腿就伸出去了,仿佛不顾一切地走去";描写一夜劳作后鲁迅的睡眠是"鲁迅先生的书桌整整齐齐的,写好的文章压在书下边,毛笔在烧瓷的小龟背上站着。/一双拖鞋停在床下,鲁迅先生在枕头上边睡着了";写鲁迅的死是:"17日,一夜未眠。/18日,终日喘着。/19日,夜的下半夜,人衰弱到极点了。天将发白时,鲁迅先生就像他平日一样,工作完了,他休息了。"鲁迅逝世,萧红在日本,她并未在场,但她写得如在场一般。小说她写得如散文,散文她写得又如小说。自从我们失掉了鲁迅夫子之后,我们收获了多少怀念的好文章。但萧红的这一篇可说是空前的绝唱。

这就是萧红的感觉,萧红的思想,萧红的文字。记住,她只活了30岁。

2004年8月2日于小石居

莫言的"'铸剑'笔意"

《丛刊》和莫言曾有过一点关系,这是可以查实的。经过这条线索,我们可以或明或暗地推知他与现代文学的某种瓜葛。当然不必夸大这种关系,因为大家都知道莫言的文学想象力植根于他家乡的那块土地,又是被南美洲文学拍一猛掌惊醒过来,极其诡谲、多元、色彩斑斓。如果我们来讲他和中国作家的相承相斥,就要有些分寸,毕竟有创造性的作家不是蹩脚的盲目膜拜者。

1991年8月,莫言在《丛刊》这年的第3期上发表了一篇短论《谁是复仇者——〈铸剑〉解读》。这并不是他真正的投稿,却是我当年在北京各校兼课的自然结果。莫言此文和刘震云、雷建政、李平易、王连生各一文共计五篇都发在一个栏目上,他是首篇。栏目叫做"当代作家谈现代作家",名称现在看似陈旧了,"现代""当代"分得太清,但意思是明白的。我当时掌管《丛刊》编辑部,此期我又是责编,于是在第一次开辟的这栏目前特意加了《作家接受作为一种"读者效应"》的短文,权充"编者按"。开宗明义,便讲明这组稿件的来源:

去年,我在中国作家协会鲁迅文学院给一个作家研究生班上了一学期的现代文学专题课。作家研究生班这个名目听起来十分新奇,原来是指学员的成分个个皆青年作家,而学习的目标盖为取得研究生学位而已。作家中有在全国知名者,也有在地方知名者,有数位似乎在求学期间正由地方跃向全国。据说文艺观念上激进和传统者并存,听课态度按知名度大小呈降幂排列,这种现代青年风习且不去管它。班内作家大大小小,林林总总,四十四位。也可能不止这个数目,但我接触到的就这些位。课程由校方何镇邦同志排定,名"三十年代小说研究"。临末,让学员任取一个三十年代小说家进行分析,以作考核的依据。对于答卷,我初时暗想,他们的文句可能极为漂亮,论述的意思只要不离大格就成。可待到收上来一看,还是使我小小地受了点触动。①

这段话只要稍作注释,就能帮助我将当时的情况整理清楚。第一,既然要授予硕士学位,光靠"鲁院"不具资格,所以它的正式名称是"北师大与鲁院合办文学创作研究生班",两年制,1991年学成,其时正值在北师大答辩前后。第二,说起作家班,全国各名牌大学都办过,不稀奇。但这个班实在了得,班内我现在还能记得的知名作家便有莫言、刘震云、余华、迟子建、洪峰、毕淑敏、徐星、王宏甲、王树增、刘毅然等,几十年过去了,可能有遗漏。第三,对这样一些作家学员实行开卷考试是对头的,也是我和鲁院何镇邦共同决定的。之后选五篇在《丛刊》发表,就和我看卷子所受的"触动"有关了。我在上面那篇"代编者按"中直截地描述了这种触动:"有时这些作家读者比我这个专业工作者的眼力,更明快,更深邃",更富"创造性"。因为"他们有实践性很强的目的,要寻找对方的文学中最有活力的部分,与自己契合,也懂得文学创作的甘苦"。同时又"太要僭越作者,他们的主观性太强,恐怕很难要求全部'如实'。而且,什么叫'如实'呢?一个当代作家、两个当代作家歪曲了他的前辈作家,如果三个、四个至无数个也在'歪曲'着,可能这种'歪曲'本身已经是又一种的'如实'"。② 这种想法促使我在得到同意后,发表了莫言等的考卷。

莫言谈鲁迅历史小说《铸剑》的这份考卷,无论从哪个方面考察,无论是过去看还是现在看,都令人觉得无比新鲜。放在一大堆论文中,立时显得出挑、出格。

莫言在文中先谈谁是复仇者?眉间尺当然是,是个"稚气未脱、优柔、善良"的复仇者。在懂得了报杀父深仇才是自己"活在世上的唯一和最终的目的"之后,一夜成熟。虽无法独自担当,却能从容不迫地割下头颅托付给"一言相交"的人 。以上是一般人都会提到的,但剖析至一种"儿童"形象和"幼稚"心理的深处,结合强烈的阅读印象,说:"眉间尺挥剑斩下自己的头颅时,我的确大吃一惊,这孩子,如何这般轻信他人呢?他的这种敢于信任他人的

---

① 吴福辉:《作家接受作为一种"读者效应"(代编者按)》,载《中国现代文学研究丛刊》1991年第3期,第101页。

② 同上,第102~104页 。

精神,同样是泣天地动鬼神。超常的心灵,往往披着极其愚笨的外衣"。①读到这里,联想到莫言创作,忽然有豁然贯通的感觉,这就非常重要了。其次,黑衣人是报仇的执行人,当然是一个"冷酷如铁的复仇者"。莫言指出,他的特色是内心压抑着"深广的忧愤",是"一个能够憎恶自己的人",对替眉间尺报仇"一言既诺","正是一个久经磨练,灵气内藏,精光内敛的有高度涵养的战士形象"(注意这些对黑衣人的提示语,句句和鲁迅性格相合)。②而莫言进一步提出的第三位复仇者正是鲁迅。他毫不含糊地说道:"鲁迅是复仇者。每读《铸剑》,我急感到那黑衣人就是那满脸棱角、下巴突出、瞪着胡子的冷漠的鲁迅。""鲁迅是一个时时陷在绝望心境中的作家,希望对于他,只是无边的黑暗大海上的一线光明。"落实到《铸剑》(包括《野草》,包括一切杂文),莫言几乎将"复仇"和"鲁迅精神"并置,指出此中的头颅、青剑、人物都具有象征的"物外之意":是头是剑是人,又不是头不是剑不是人。其报仇方式即所谓"异术",绝对有"象征的意义"。鲁迅的感情融进小说的一切描写,"是一种黑色的冷冰的精神。是一种冷得发烫、或热得像寒冰一样的精神!这是一篇冷得发烫的小说。/而这种精神,恰恰就是鲁迅的一贯的精神,一种复仇的精神"。③

另一点,能让任何一位鲁迅研究者感到匪夷所思的是将《铸剑》和"武侠"连起来论述,还特别设了一节:"武侠小说因素"。但是真把莫言的话仔细琢磨一番,他是把武侠和反武侠都说到了,你会觉得很有深意。他谈武侠小说的正面是"迷人",富"传奇",故事有"悬念","使读者能把书读完"(《铸剑》色色具备),并能启发我们"思考所谓的'严肃'小说向武侠小说学习的问题"。武侠小说本来是同中国古代的"传奇"直接相通,但差的武侠"夸饰太过,没有分寸感,把小说本来应该具有的寓言、象征意义全部破坏了","糟蹋了中国的传奇小说中的最宝贵的素质:寓言性"。而好的武侠可以如《铸剑》,"取材于古代传奇,又加上了他自己的感情,全部投入,所以应视为全新的创造",其中被莫言看重的寓言象征意味论述得十分鲜明。在这个基础上,文末以"超越现实"一节收尾,提出"《铸剑》之所以具有如此撼人的艺术力量,得之于其与现实始终保持着一定距离,似幻亦真"。而《故事新编》里

---

① 莫言:《谁是复仇者?——〈铸剑〉解读》,载《中国现代文学研究丛刊》1991 年第 3 期,第 107、110 页。

② 同上,第 108、107 页。

③ 同上,第 109、110 页。/表示另起一自然段。

其他的篇目,莫言举出《补天》并引用鲁迅自己提出的"油滑"概念来进行批评,认为"一个古衣冠的小丈夫,在女娲的两腿之间出现",变成了"对顾颉刚先生的影视攻击,这无疑是败笔"。① 油滑地影射现实,看上去很"似幻亦真",但其实并不具备"寓言象征性",反倒是创作的大敌。由此,借了《铸剑》一篇杰作,莫言在二十多年前就从正负两方面提出了严肃文学和通俗大众文学如互相参照,可以达到的理想境界。黑色的冷得发烫的复仇精神——充满悬念、力度、传奇性质——寓言象征意义——超越现实,似幻亦真:即莫言归纳出来的《铸剑》美学意味,我们不妨称之为"'铸剑'笔意"。

按照莫言的说法,他接触《铸剑》的时间相当早:

> 我很小的时候,便从大哥的中学语文课本上读到了这篇小说。许多年后,还难忘记这篇奇特的作品对于一个"文学少年"的心灵产生的巨大震撼。尽管当时并不能看懂这故事,但依然感受到了这作品是一种对人生的重大启示。那冷如钢铁的黑衣人形象,今生大概难以忘怀。

他说得不错,《铸剑》在1960年代曾收入高三语文教材,我教过这篇课文。这篇莫言到1990年代仍认为是体现了"鲁迅精神"的黑色瑰丽作品,是他文学酝酿期间的珍贵库存,是一个文学少年的"童年记忆"。而童年印象,无论是故乡记忆、亲人记忆、阅读记忆,可以说是许多作家取之不尽、用之不竭的生命本源。特别是对于莫言这样一个重感觉情绪记忆(沈从文的生活细节记忆、画面色感记忆更好,但说到感觉情绪记忆,两人可以媲美)的人来说。而《铸剑》的对人生涵义的寓言象征般的启示,莫言说得够清楚,是集中在"黑衣人形象"身上的。等到他的成名作《透明的红萝卜》一问世,扑入人们眼帘,让所有读者最初是惊讶,然后发出惊叹的正是一个"小黑孩"形象。"小黑孩"仿佛是眉间尺和黑衣人的复合体:他有前者的年龄外貌,连外表有点"愚笨"都近似(所以一块去公社工地应差的小石匠觉得他已经被后娘打傻了),但同样有超常的心灵(能听到头发落地,能嗅到几年前的血腥气,能把菜地看成井畦,梦中的火车能够站立,一个别人吃剩的普通红萝卜看去会晶莹剔透,根须如金色羊毛,内里流淌着银色液体);后者"黑衣人"的黑色外

---

① 莫言:《谁是复仇者?——〈铸剑〉解读》,载《中国现代文学研究丛刊》1991年第3期,第110、111页。

表和黑色精神也灌注到"小黑孩"身上,沉默少语,自尊倔强,而且是反抗的、嘲讽的、超脱的。"小黑孩"是"文革"时期一个忍受饥饿的人物,一个小说中的具体人物,又是中国公社化时期一个高高的、悲悯的视点。这个视点的文化性质是明显的,它能看到、听到、感觉到进而好像思考到什么,模模糊糊,似是似不是,发挥出比一个"儿童视角"更加深远的象征体功用,成为全篇小说的"精魂"!自从莫言创造出"小黑孩"这一精魂之后,它就附在了他以后所有作品的身上(尤其是前期作品。也因此,莫言的前期作品有后来作品的不可代替性,前后承接的线迹当然是可寻觅的),成了被人称为"魔幻现实主义"的重要表征。它是作者的眼睛于是成为小说视角,是作者的嘴巴变作小说不知疲倦的叙述者,是作者的心因而演化成作品的灵魂。它由单纯到复杂。《红高粱家族》里的"我"是个离开高密东北乡十年后回乡调查自己家族史的后辈,"我"叙述父亲豆官,跟随亲生父亲("我爷爷",先前的轿夫,后来的传奇英雄余占鳌司令)、亲娘("我奶奶"戴凤莲)参与的墨水河畔战斗及其他事件。"我"还未出生,本是个有限制的叙述者,但是有了1939年14岁豆官这个孩子的眼光融解历史,伏击战便如亲临;日寇屠村时母亲和小舅舅被大人放在枯井三天三夜,豆官成了"我"也如亲临。就这样,有限制的叙述便演变成无限叙事了。《丰乳肥臀》也有个这样的豆官,那就是叙述一部围绕女性乡土史的"我",即母亲生了八个姐姐最后一个才出生的男孩上官金童,是书中的人物,也是个无所不在的全知全能的有限叙事人。在越来越复杂化的莫言小说叙事人的成长过程中,这个世界越发不可理解,饥饿的乡村童年和靠注水肉发达的屠宰村现实仿佛是世界的断裂,于是叙述也双重分裂。二重音调的发声者是《四十一炮》里的男孩子罗小通,十岁,天真倔强,面对严酷的生存世界发出嘲弄的目光。"我"能听到肉说话的声音,看到肉上长满的小手,感觉丰富。在没有肉吃的年代里,父亲的浪漫私奔、母亲的忍辱负重,讲述起来还是干净的,还能创造出苦难的少年时光;待到现时的吃肉年代来到,华美的叙述掩饰着颠倒的世界,功能变成"借小说中的主人公之口,再造少年岁月,与苍白的人生抗衡,与失败的奋斗抗衡,与流逝的时光抗衡"了。莫言在写完此书后曾说:"许多作家,终其一生,都是一个长不大的孩子,或者说是一个生怕长大的孩子。"[①]这稍稍道出一部分作者长久假

[①] 莫言:《诉说就是一切——〈四十一炮〉后记》,《四十一炮》,春风文艺出版社2003年版,第444页。

托童年叙事的用意。现在他还在更加复杂化的"讲故事"的道路上趋走,《生死疲劳》那种由被杀地主经六道轮回变成驴、牛、猪、狗、猴,来一一叙述土地改革以来五十年的中国农村历史,而最后转世成的是一个具有先天疾病的大脑袋婴儿(还是"长不大的孩子")。而我觉得这并不比《四十一炮》高明。我期待莫言有一天再返回起初的单纯性、明丽性,在更高的层次上创造出乡村叙事的"黑孩子"来。

谈到莫言这个新时期的乡村史作家,我觉得他的感情气质,以及将这种感情思想投入文学的美学创造方面,也是从《铸剑》走出来的:对待乡土的诸多感情中,复仇、痛恨的激情尤其引人注目。《红高粱家族》是这方面拔尖的成果,他在长篇的开头便说:"我曾经对高密东北乡极端热爱,曾经对高密东北乡极端仇恨。""高密东北乡无疑是地球上最美丽最丑陋、最超脱最世俗、最圣洁最龌龊、最英雄好汉最王八蛋、最能喝酒最能爱的地方。"①在此书的结尾,他用了个譬喻,让"可怜的、屡弱的、猜忌的、偏执的、被毒酒迷幻了灵魂的孩子"(应当包括自己,"黑衣人"就能憎恨自己。这也是鲁迅的"救救孩子")去寻找"一株纯种的红高粱"。而"杂种高粱好像永远都不会成熟","它们空有高粱的名称,但没有高粱挺拔的高杆;它们空有高粱的名称,但没有高粱辉煌的颜色。它们真正缺少的,是高粱的灵魂和风度"。于是他提出:"我痛恨杂种高粱。"②或许这种文化声明看起来好像违背莫言笔底的复杂状态。他迄今为止写出的乡土史的感情底色,是英雄主义的,也是荒唐的;是不避痛苦的悲剧,也是充满喜剧的反讽;其美丽特别显示在女性、母亲们的身上,而乡民内在的人性丑陋更是暴露无遗。所谓对乡土的"痛恨""仇恨",特别表现在不避其残酷性!民间的因素被他挖掘尽净:颠轿、野合、生育、殡葬、牛市、庙会、传教、用刑、庄稼、牲畜、人群与狗群,从中挖掘出生存的美丑。带批判性也带欣赏性地写出五百刀凌迟的过程,用五章详尽描摹施行檀香刑的前后③,暴力/性/饥饿,构成他文字画面的"酷烈"。这都根植于他对乡土的爱得"痛苦"。你要将这些酷烈/痛苦看成是高于现实的象征寓言体,它们是实在的生活图景,又不是真的生活画面——回到了《铸剑》的"亦幻亦真"。就像大战过后写人与狗的争斗:"有七条狗永远也爬不起来

---

① 莫言:《红高粱家族》,解放军文艺出版社1987年版,第2页。
② 同上,第452～453页。
③ 见莫言:《檀香刑》,作家出版社2001年版。

了,有十几条狗受了重伤,躺在战场上,嘤嘤地哀鸣着。战后,几乎所有的狗,都坐在河道上,伸出沾着含有消毒生肌唾液的红舌头,舔舐着自己的伤口。"①这是狗场还是人场?还有这些动物的描写:在奶奶将死的时候写鸽子,"奶奶飘然而起,跟着鸽子,划动着新生的羽翼,轻盈地旋转";在铁板会马队队长五乱子临死时写蜥蜴,"血濡染了蜥蜴灰白的粗糙身体,它的冷冷的眼睛里,射出了爬行动物特有的那种令人心悸的光芒";在二奶奶被鬼子糟蹋而死,人们给她换好新装时,"一只墨一样的黑猫在屋脊上徜徉着,并发出令人胆寒的凄厉叫声"。②包括对庄稼/植物的描写,尤其是在不同时段对红高粱的各种描写,都达到了生命在痛苦的极致中能迸发出全部炫丽的美的效果。这是莫言将美和残酷结合得最佳的篇章,让我们再一次回味到《铸剑》的黑色之魅。

近年来,莫言在写出《檀香刑》《生死疲劳》等大众历史传奇和大众现实传奇之后,显示出一种由深入乡土民间资源,经实验而企图摆脱"魔幻"的倾向。《檀香刑》的后记就说,修改时因觉得"明显地带着魔幻现实主义的味道,于是推倒重来,许多精彩的细节,因为很容易有魔幻气,也就舍弃不用"。目的是"为了保持比较多的民间气息,为了比较纯粹的中国风格"。③ 究竟应该如何分辨《铸剑》的"亦幻亦真"和赫尔博斯、马尔加斯的"魔幻"的区别,而发扬出从中国唐代传奇到现代文学的"高峰传统",让文字更加大气,叫叙事更形自然不着力,那就是摆在一个成熟作家面前的崇高目标了。

2013 年 1 月 3 日草于京城严冬
1 月 17 日改定于"四九"

---

①莫言:《红高粱家族》,解放军文艺出版社 1987 年版,第 254 页。
②同上,第 85、329、445 页。
③莫言:《檀香刑》后记,作家出版社 2001 年版,第 517 页。

现代作家新编二题

朱自清：散文图集《背影》

　　差不多一提起中国的现代散文，人们就会想及朱自清先生。差不多学习中国语文的人，都知道《背影》。我们不妨给予"背影"以三种含义，第一，它是朱自清写于1925年11月的一篇散文，那年他28岁。第二，它是朱自清自己编就的散文集子，1928年10月由开明书店出版，共收散文15篇，书前有序言一篇。第三，就是本书。是后人为他所编的散文集，收集了他最重要的抒情、叙事文章，借用它最出名的散文来冠名。

　　正因为朱自清的散文是上个世纪以来一代人接一代人的读物，经过各种渠道的交互作用，大家在系统阅读它之前会不知不觉地取得某种"前知识"，产生某种"阅读期待"。我们可以将这种"知识"和"期待"稍稍整理一下，就像一个进入阿里巴巴神秘洞穴的探索者，预先检点自己的行囊，看它还可以怎样装载宝物。关于朱自清的散文成就，公认的是：他的《背影》《荷塘月色》等一批作品，在现代中国最早证明了使用"白话"足以创造美文，而不是非用"文言"不可。它们标志了古典文学的结束和新文学的兴起，是"五四"文学的实绩之一。"五四"作家是现代汉语的开山者、先驱，这批最初的人物中有周氏兄弟鲁迅、周作人，有冰心、许地山、郁达夫，自然也有朱自清。而且朱自清的文字被认作最具散文味，易于作为范文来学习。大陆不必说了，在我接触过的港台学生中，朱自清知名之高，就因在中学的课本里无一不读过他的《背影》。这种适宜进入教科书的特性，说明他散文的纯正，反过来更大大加强了他对中国人的影响程度。

　　基于这种认知，如果进一步阅读本书，就会越发深切地了解到朱自清是怎样一个富有正义感、同情心和爱国情操的知识分子。《背影》里使人感动的那份经过克制压抑，仍压抑克制不住的对平凡父亲的亲情，是他做人的基本品格，现在可以扩大来理解他对人世、社会、国家、朋友的丰富感情。《阿河》《白采》《温州的踪迹》，对下层女性、穷困文人、七毛钱被出卖的五岁女孩子的同情心是那般深厚。《哀韦杰三君》《执政府大屠杀记》和《白种人——上帝的骄子》是直接涉及政治、国家的文字，透出他的家国情怀。读过鲁迅名文《记念刘和珍君》的人都很难忘怀在"三一八惨案"中倒下的那几位手无寸铁的爱国女学生,而朱自清当时就和清华的学生一起在血染的执政府门前!他对镇压学生的屠夫的愤恨,流露在这篇动了情的客观描述的散文中。朱自清散文按材料上分,一类是记述人物、寄托思念的,《背影》之外如《给亡妇》《择偶记》《房东太太》等;一类是描摹风物、触景生情的,《荷塘月色》之外像《桨声灯影里的秦淮河》《白马湖》《扬州的夏日》《西行通讯》等,内中都深含自己生命的律动。他在谈个人的散文时,强调"我意在表现自己"(《背影》序),这是散文的写作之道,也是理解朱自清散文的根本之道。

朱自清在《背影》序文里也谈到自己散文的两类,他把记写人物风情的放在一块,单提出旅行记、游记作为另一品种。但是实在说,他的游记写得要比郁达夫逊色。旅欧旅英的杂记,叙述甚详,处处与作者熟悉的中国风物进行比较(比如在《公园》一篇里,说自然地在野外给麻雀、鸽子、松鼠喂食,"似乎比提鸟笼有意思些"),但由于对外国事物的观察仅仅是开始,自然是极难动情的。要到写扬州,记南京,忆北京,文字中才会有真情实感的汩汩流动。所以写个人最熟知的事物,任何时候都是写作这门艺术的精髓,散文小品尤其是如此。我这次在重读朱自清散文的时候,觉得他的感情色泽、风格倒是也清楚地分作两类。一类是充分想象,自由挥洒,绚烂多彩的;一类是平实白描,情绪内敛,质朴无华的。《桨声灯影里的秦淮河》是典型的第一类作品,那里的情感寄寓在历史和现实的风物之间,铺排讲究,词藻华丽,但是读得长了,多了,会显出一点点矫情,觉得写得不够精致,有些冗长。这大概是他作诗时代感情表达方式的一种体现。每个人都有自己的诗的年纪,感情奔放跃动的年纪,那种情绪的跑马,或者称作情绪的浪费,是年轻的标记,年轻是没有罪过的。不过大部分的人,慢慢地,甚至当时就已经酝酿、孕育着散文式的感情,比较脚踏实地更真挚地表达自己。朱自清自述:"二十五岁以前,喜欢写诗;近几年诗情枯竭,搁笔已久。"(《背影》序)除去这些话语里的谦虚成分,应当说作者也道出了自己体验到的某种写作规律。当然,诗的年龄和散文的年龄并无不可逾越的界线,有的具备特殊天才的人更有突破这些界线的经历。就朱自清的情况来说,他的散文里面到处有诗。《背影》的好处便是感情的浓缩、凝练,文字越朴素,内在的韵味似越发容易感受到。《给亡妇》是朱自清被公认的另一篇著名的散文,从开头一句"谦,日子真快,一眨眼你已经死了三个年头了",整篇都是这样老老实实地一句顶一句地写下去,质朴而有情。到后期,他这一类的散文越来越占优势,《我是扬州人》《回来杂记》就都又朴实又有情味。这代表了他的主流风格,证明他不但能用白话写美文,而且是能用质朴无华的白话作美文。这不禁让我想起某些文学青年和大中学生,总以为可通过掌握相当数量的"高级词汇"来学会写作的错误观念。也想起老舍、赵树理等人生前曾谈过想只用常用汉字词汇来写作漂亮的小说、剧本的欲望,而且他们真的实现了这种理想。朱自清的散文应当说也给我们上了这么一课。

给朱自清写传记的人都明白,他的日常风格便是凝练、少语的。写回忆录的好友说他诚朴,不擅长交际。他的清华的、西南联大的学生没有人说他的课堂是生龙活虎的,充满诗情画意的。所以《背影》文如其人,质朴真挚是符合他个性的文字风格,这都不假。但是,事物的复杂性常常是我们臆测不到的。朱自清内心对"女性"的感受便出乎我们的意料之外,他并非"干面包"一块。读《女人》,你会吃惊于这样的话居然是老夫子一般的人说得出来的,如"远远的有女人来了,我的眼睛便像蜜蜂们嗅着花香一般,直攫过去","我所喜欢的腰呀,简直和苏州的牛皮糖一样,使我满舌头的甜,满牙齿的软呀"。《阿河》写乡村女佣对自身畸形婚姻的觉醒和最后的妥协悲剧,是与对农妇青春美的礼赞紧密结合的。其中写阿河的好看,简直是《女人》的姐妹篇,如"我发现我的眼将老跟着她的影子!她的影子真好。"接着写阿河的走路、软腰、皮肤、两颊的曲线。但是你再读下去,就像《女人》里说的,他是在把女人当作"艺术"看待,是把村女当作自身有独立价值的人来爱惜,而喜欢女人,鉴赏女人,实是一种生命的活跃姿态!这种生命状态对朱自清散文来说是始终存在的,早期写《女人》《阿河》时是显,以后只是隐蔽了而已。这也是理解朱自清的一把钥匙。

读朱自清还需特别关注他的散文文字。谈论他的文学成就,离不开他对现代白话文学语言的贡献。按照朱自清对现代白话形成过程的分析,他自己走的是"欧化"一路,却是较早摆脱"欧化"羁绊的。像他爱用的"好"字句,形容北京潭柘寺殿角上的琉璃瓦鸱吻,"为的是大得好,在太阳里嫩黄得好,闪亮得好;那拴着的四条黄铜链子也映衬得好"。(《潭柘寺 戒坛寺》)说松堂白皮松,"多得好,你挤着我我挤着你也不算奇,疏得好,要像住宅的院子里,四角上各来上一棵,疏不是?谁爱看?这儿就是院子大得好,就是四方八面都来得好"。(《松堂游记》)欧化的句法里已经渗进了口语。"香山汽车也搭过一两次,可真够瞧的,两条腿有时简直无放处,恨不得不是自己的。"(《初到清华记》)几乎接近后来老舍的句子了。配合着日趋平实的文风,他的句子也变得短促、干脆、利落。这得力于他久居北京,像"到了儿捧着肚子走出"(《说扬州》)、"说出来真寒尘死人"(《买书》)、"是个将就局儿"(《重庆行记》)、"别的还差不离儿"(《回来杂记》),一个道地的江浙人运用北方的带儿化的口语这么流利畅快,可以看出朱自清锤炼现代白话的苦心。

  本书作为朱自清另一种散文集,最大的特点自然是文图并茂。今日是读图的时代,配图的《背影》应当有便于大众阅读的一面,但通俗不等于媚俗,这是我寻访图的过程时时警惕的。选文的原则,我自订了几条:尽量地保留朱自清自编集子的名称,共五种,其他则置于"集外"。议论文一般不选(唯一选的一篇是因为它是《背影》序),只选记叙、抒情文,也是从配图本的整齐划一出发的。将表现思想变迁的议论文如《那里走》,还有大量谈中国语文的议论文统统割爱,当然是个损失,但这也是议论文无从配图的一种无奈的选择。议论文真正加图,只能是原创性的,如裘沙、王伟君夫妇所画的破解鲁迅杂文世界的图画,那是呕心沥血的再创作,绝不是一般的配图所能在短期内完成的。至于何为记叙,何为小说,有时确实难以辨别。我注意到许多选本都将《阿河》落选,大概认为该篇是个故事而非散文的缘故。而我的尺度是凡作者没有像《笑的历史》《别》那样直接宣布为"小说"者,便一律视为散文。《阿河》的虚构性很弱,是明显的。而纪念闻一多的文字,不选标题颇像怀念文字的《中国学术的大损失——悼闻一多先生》,反选了题目很论文化的《〈闻一多全集〉编后记》,因为这两篇文章的外观正好是个假象,前者枯燥发论,后者的记叙偏偏多而精彩,讲闻一多专注学术研究一时被人加上"何妨一下楼斋主人"的别号,仿佛就要走下来似的栩栩如生。所以世事真不能皮相视之,凡事讲究诚实,这方面,朱自清先生也正是我们的楷模。

  感谢本书,令我由师从谱系上更加走近朱自清先生。这是我的幸运。

2005 年 5 月 2 日

冯至:诗歌小说合集《绿衣人·伍子胥》

冯至先生是棵文学的常青树。我青年时代开始只知道他是一位德国文学的研究家、翻译家,那时我在东北一个城市冷清的书店里买过他的《德国文学史》。后来接触现代文学,知道他写诗,知道鲁迅在谈"五四"浅草社的众作家时,曾称赞他是"中国最为杰出的抒情诗人";朱自清在编《中国新文学大系》的诗集时选了他11首诗。到了最近的二十年,眼看许多人的作品和他们的名字已被时间侵蚀得"淡出"文学史了,但冯至的诗《十四行集》和中篇小说《伍子胥》却声名日隆。研究他与存在主义关系的著作不断出版,在大学里攻读《伍子胥》者可以拿到博士学位。他的文学生命足以鼓舞一切正直、不歇地进行创作的人们。就像书籍有畅销书与长效书之别一样,你不必为有些畅销书作家一时不知道北的言行深深悲哀,倒是可以从冯至身上汲取一个真正学者兼诗人的智慧和原动力。

冯至的诗绪皆来自生活的感念。或一件现实景象(这在他并不多,如报童在大街喊卖"晚报、晚报、晚报"的音响感觉,如北游所见所闻,如在西安邂逅徐迟),或一丝纠缠不清的情感(譬如爱情诗),或一团赶不走化不开的哲思(越到后来这类诗越纷至沓来),都是从自己生命里蒸发出来的,有独特想象的。冯至为诗不在多,往往是经过一段时日的沉潜,酝酿、揣摩良久,一遇机会,便不可收拾地"喷涌"而出。每一次的"喷涌"是短暂的,但几乎都有时代的与个人的线迹可寻。1921年写第一首诗《绿衣人》,是一个16岁的少年在傍晚的北京家家门户紧闭的胡同里,遭遇对面走来身着绿色制服的邮差,而引发的幻觉,才写出"他小小的手中,/拿了些梦中人的运命"的句子。1927年大学毕业后,冯至孤身一人到哈尔滨第一中学教书,很长时间写不出一句诗,却在1928年新年的三天假期里废寝忘食,在一本练习簿上把半年积蓄的块垒倾吐个干净,以至于满页的风雪、落叶、泥泞、寒江、黄昏,于是就有了组诗《北游》。在那些"阴沉"的日子,他发出"上帝呀给了我这样艰难的工作"的呼号(《艰难的工作》),做出书桌的文具背叛主人、对哲学爱怨交加的奇想(《夜半》令人想到风格内涵都不同的闻一多的《闻一多先生的书桌》)。等到从德国留学5年至1935年返回,抗战爆发,挈妇抱女流亡后方,1939年始任教于昆明西南联大外文系。这时候的冯至已经完成了一次精神的"蜕皮",经过对尼采、克尔凯郭尔的介绍和译述,在海德堡大学听雅斯贝斯的课,熟读里尔克,受到存在主义哲学、文学的深刻影响,而将他从自身出发的生命体验与战争时代体验大大提升了。然后在一个冬日的下午,他在昆明郊外杨家山林场的田埂山径上,"望着几架银色的飞机在蓝得像结晶体一般的天空里飞翔,想到古人的鹏鸟梦"就信口吟出一首变体的十四行诗,即后来入集的第8首《一个旧日的梦想》(《〈十四行集〉序》)。这种长期积累而突发的写作方式,有起有伏,有高潮有跌落,便将冯至的诗自然划分成四段:上世纪二十年代初的《昨日之歌》时期,二十年代中晚期的《北游及其他》时期,四十年代初的《十四行集》时期,及以八十年代为主的新时期。本书便据此编排了他诗歌的次序,并借以道出他文学的肌理与脉络。

鲁迅逝世得太早,他对冯至的评价虽高,却仅能概括他"五四"期的诗作。实际上冯至在几十年间,经历了由浪漫抒情诗人向现代主义哲理诗人转化的路程。他与李金发、戴望舒、卞之琳同代,随后在抗战时期成为重要的现代主义诗人与小说家。他融入了西南联大作家群体,是后继者穆旦等九叶诗人的师长。我们看他《昨日之歌》里的抒情诗,都是心里焚烧过的话,像《蛇》:"它月光一般轻轻地,/从你那儿潜潜走过;/为我把你的梦境衔了来,/像一只绯红的花朵。"青年人炽烈的情感如鲁迅暗喻的"冰火"。《吹箫人》等几首叙事诗充满对人命运的探求、敬畏,意境凄婉,被人认为"开风气之先","堪称独步"。这些初期的作品,充满诗的哲思,体式自由且有规矩,文字自然,略带涩味,包含了他终生持有的诗质。《北游及其他》是他的过渡期。资料表明,1926年秋作为北京大学德文系学生的冯至就已经读了奥地利现代主义诗人里尔克的名作《旗手里尔克的爱与死之歌》,当时如电石撞击,给他以极深的影响。这一现代主义的感应,在《北游》便是对现代畸形文明的批判,把繁华的殖民城市视若"荒原"。而唯美的诗思掺杂其间,照样美丽。

四十年代他进入创作的黄金时代,写出《十四行集》《伍子胥》是此时,开始研究歌德和杜甫也是此时。"十四行"本是外国诗体,许多人都尝试写过。它对诗的段、行、韵在格律上的限制,难不倒饱受古典律诗绝句训练的中国诗人,反倒能在一定体式内锻造自己纯熟的诗情。正如第27首《从一片泛滥无形的水里》所言,诗体像有形的瓶对于无形之水,"把住些把不住的事体"。冯至概括其十四行诗时说:"凡是和我的生命发生深切的关联,对于每件事物我都写出一首诗。"(《〈十四行集〉再版序言》)这是体验之诗。一般读者满可不听学者们对这些诗与存在主义繁复关系的考察,你们凭自己的经验去体悟蔡元培、鲁迅、歌德、杜甫、凡·高和普通村妇孩童小狗的生命现象,从一株树、一棵草、一只虫、一座城,去领会其中"死与生"的主题才是要紧:"我们赞颂那些小昆虫,/它们经过了一次交媾/或是抵御了一次危险,/便结束它们美妙的一生。"(第1首《我们准备着》)将死亡纳入生命进程之中理解。"铜炉在向往深山的矿苗,/瓷壶在向往江边的陶泥,/它们都像风雨中的飞鸟/各自东西。"(第21首《我们听着狂风里的暴雨》)生命的占有感、归属感与空虚无主可说是同存共生。"不要觉得一切都已熟悉,/到死时抚摸自己的发肤/生了疑问:这是谁的身体?"(第26首《我们天天走着一条小路》)是经典的现代派的发问:你是谁?你从哪里来?等等,等等。

至于八十年代的诗,是彻悟,是反省,是总结自己一生。比如这首《重读〈女神〉》毋宁是对一个"五四"老诗人的拷问。他肯定自己应当肯定的,并发出质疑的口气:"你继续问我,是否还想陪伴你/对那些被称为'匪徒'的/人类进步的推动者/连呼'万岁'?/我回答说,我不喊'万岁',/却说他们永垂不朽。"天道轮回,一以贯之,冯至诗的思索精神始终紧张不懈,保持着他的魅力。

我们不妨把冯至的《伍子胥》看作是他《十四行诗》的扩大与延长。关于伍子胥流亡与复仇的故事,在中国的典籍、民间与戏剧舞台上千百年来流传不息。冯至青年时在心中就萦回不去,发愿想写也有十几年的时间,从读里尔克始,中经友人梁遇春猝死的刺激(见《给几个死去的朋友》,后抽出其中的一、三节改成《给亡友梁遇春二首》)、抗战期间自己在内地颠沛流离的刺激,到重读卞之琳改订里尔克《旗手》译稿,终于引来了《伍子胥》的完成。这是冯至的伍子胥,而且是中年冯至的伍子胥。如果是青年冯至所写,恐怕江上渔夫和溧水浣纱女赠饭的故事还不是要写成浪漫的诗剧?《伍子胥》不是讽刺故事,虽然包含鲁迅《故事新编》式的借古讽今,如太子建的出卖与囤积,给敌国提供军务的陈国司巫,镇守昭关被视同草芥的楚兵,吴市上靠传播历史、礼乐以骗取钱财的教授,暗喻了抗战的国情。也不是心理小说,叙述者没有将解剖过的人物心理一一陈示,而是把伍子胥的一路漂泊(人人都会经验过的生命处于"抛掷"的过程),于危难中抉择,于停留中坚持,于陨落中克服的高峰体验,尽情倾泻。这是诗,是诗的小说。所以昭关一夜熬白伍子胥的头,在这里不是惊险题材,而是写出主人公怎样如一条脱开"旧皮"的蚕,获得新生!《伍子胥》和《十四行集》一样,呈无限开放的态势。它本身的含义是多样的，你也只能按照自身的体验去感受，去呼应。

冯至诗文的阅读对象，在中国现时怕还只能是知识读者。在我选择完诗篇和历史故事之后，对于版本的取舍曾感觉棘手。冯至先生后来对旧作的改动颇大，多半是大家都知道的社会原因，也有的是为了配合大众阅读的需要。依我看，许多词语的通俗化修改是并非必需的。一些诗的结尾将悲剧气氛扫除，代以光明，更造成历史感和一个真实冯至的消失。因而，我倾向于恢复初版、初刊的文字。当然，也不能刻板地执行，如《北游》初版遗漏的《雨》，是要补上的；《十四行诗》27首原本无题，后来冯至先生为中国读者理解方便补加了题目，也应予保留。至于一部分新题是按诗的第一句话拟就的，如初版第一句与改订第一句相异，便宁愿加注，以告诉读者历史上的真相。或许对于现在这样一种普及的选本，像我这样烦琐地去考订版本之类，无疑是作茧自缚也不一定。那就只管耕耘，不论其他了。

我期望这个选本会让熟稔冯至的读者读了，倍感亲切。更有益于对冯至文学创作不够熟悉的青年一代，使他们第一次揭开书页，便如拂春风。

2006 年 4 月 4 日

为一个诚实生活的人画像

商金林治叶圣陶研究有年,几乎包写了有关他的评论、传记、年谱各个方面。现在人民教育出版社又出版了这本"年谱长编"第一、二卷(自 1894 年出生至 1949 年),待全书出齐将有四卷 200 万字的规模,以一人之力完成,真是不小的"工程"。我过去检索过台湾胡颂平编撰的《胡适之先生年谱长编初稿》,虽叫"初稿"却有整整十大本,也是这般浩浩荡荡。当时便想,一个人的生平工作能如此按天逐日地写来,可以那么长,那么细,就不能不肃然起敬了。现代人被列成"年谱长编",可不是件易事。手中有部不错的工具书《中国年谱辞典》,古今名人皆收,时间截止到 1993 年为止,其中,有长谱的现代作家仅仅是鲁迅等三四人。鲁迅是四卷本,其余是三卷两卷的不等。它仿佛在说明这些作家文学史地位的稳固与巨大。当然,我们很难人为地规定标准,说什么什么样的人才可以编年谱长编,或举出例子说还有什么什么人更有必要编成长谱,但叶圣陶的年谱长编没有天才作家成长史的那种咄咄逼人的气味,它令人温暖,它很有用,这是确实的。

我过去写过一篇短文《海上升"开明"》,称赞开明派又称立达派、白马湖派的作家处身在现代上海的商业环境气氛中,却保有严谨、正直、不偏激的气质,就像是"海"中的京派。他们中心的人文品质是:诚实。叶圣陶便是这个开明派的核心人物。但是我们一篇篇地读叶圣陶的小说散文精品来体会他的笃实是一回事,一天天地数着他当小学教师、中学教师、大学教师、书店编辑、小说家、散文家、教科书编辑人、成千上万册发行的学生杂志的主编的经历,还能觉得他待人待事诚厚,平易出于天性,那又是一回事。后者就是读年谱的结果,能让你更加完整地摩挲到一个文人的所作所为,品行脾胃。从叶圣陶人称美男(郑振铎文中说他是"一个美秀的男性"),从他的喝酒(八九岁开始喝绍兴酒,后来的酒量是一斤半至二斤)和经常醉酒,从他当小学教师的艰难及长时间的"厌教",从入商务和入开明,从与顾颉刚、夏丏尊、朱自清、茅盾、丰子恺始终如一的友谊,与章锡琛等半世纪的交情却并非如一但也不是不真挚的友谊,从他抗战胜利全家乘木船出川的决心,一直到他的思想脉络:辛亥革命前对清末政府的不信任,"五四""五卅"的爱国义愤,接触无政府主义、社会主义、民主主义等思潮,加入国民党左派和差一点就举行加入共产党的宣誓,一贯地追随进步和最终跨出奔赴解放区的一步——上个世纪前半叶成长的一部分人的思想轨迹,仿佛历历在目。长谱的好处是记录的事无巨细,不然,我们很难相信这个一生献身于中小学语文教育的叶圣陶,怎会在任苏州言子庙小学他第一个教席的时候讨厌上课(见 1912 年 6 月 13 日、7 月 4 日、11 月 18 日和 1913 年 6 月 1 日、9 月 10 日的日记)。虽然他在他称作第二故乡的甪直镇教小学时,这种不擅长组织学生,夸张的"见诸生如见鬼魔,能早一日去此则出地狱矣"的情绪已经好多了,他的长谱径直引用的当年日记,还是为人们揭示了一个优秀的教育设计者,起初并非一定是优秀的教育实践者的形象。这可能更贴近叶圣陶本人一些。

我们可以看到日记的引用在年谱中的作用。日记书信和著作系年这两项,是任何一部"年谱长编"的基础。如果没有日记,按天记载的长编几乎是无法想象的。这部长谱的特色更是多本日记的交叉使用。除了谱主的日记,还有少年时代的朋友、长期在商务、开明共事的王伯祥的日记,在新式小学中学的同学、后来成为历史学家的顾颉刚的笔述,还使用了青年时代后长相往来的朱自清的日记等等。这些日记的引述,指示了一大圈子人的活动,他们是叶圣陶的环境和天地,传达给我们整整一代人的生活。此外,日记的运用可以纠正许多史实记忆的错误。比如鲁迅离北京南下至沪,1926 年 8 月 30 日晚赴宴,按郑振铎年谱所记是"郑振铎今日在消闲别墅设宴为鲁迅洗尘,同时请了……作陪",似乎是郑请的客,作陪的人里面也没有朱自清。由于许多人是在这次邀请中第一次与鲁迅见面的,郑振铎担当了出面人的身份,一般年谱都突出了郑的作用。而按这本长谱所引王伯祥日记,实是郑连同其他 12 人"公宴鲁迅于消闲别墅,兼为佩弦钱行。佩弦昨由白马湖来,明后日将北行也"。"公宴"二字道出了鲁迅经上海赴闽粤,上海的"文学研究会"诸位倾巢出动欢迎他的美意。查鲁迅年谱点明了朱自清的出席,列席原因自是王伯祥日记所载才合理。再如茅盾 1927 年初自沪去武汉的时间,按茅盾回忆和所有茅盾年谱的记载,元旦这天已在赴汉的江船之上。可本谱采用王伯祥日记,该年 1 月 12 日叶、王两人去餐馆为文学研究会同人聚餐定座,"兼为沈雁冰钱行",因"沈雁冰将有事赴汉皋"。次日就记十二时在"晋隆"饭馆有包括"雁冰"在内的 11 人的聚餐。说明至少到 1 月 13 日中午为止,茅盾应当还在上海。

本谱引用涉及面既广,所记自然细腻周到,表现出作者扎实的现代文学研究功底及对叶圣陶资料的熟稔程度。这往往是发掘谱主和他的朋友新材料的好机会。本年谱确实不辜负读者的这一期待。我们可以完整知道 1925 年五卅运动期间叶圣陶在上海与人创办《公理日报》所发表的全部文章,有的社论是从未收集的。可以查到 1926 年 6 月 21 日茅盾在上海香山路仁余里 28 号叶圣陶寓所召开共产党闸北区党团会议所记的记录。这类会议叶圣陶本人并不参加,他不是共产党员,但他把住房提供给共产党员的朋友使用已经习以为常。这个记录材料 1927 年 "四一二" 期间被国民党的 "清党委员会" 查获,作为 "破坏革命" 的证据刊登于 1927 年 8 月 14 日的《申报》。如此公开的资料,一向为茅盾研究者忽略,没有出现在任何一部茅盾年谱上。此外,还可以侧面查到朱自清与陈竹隐 1932 年 8 月 4 日的婚礼状况。朱自清自己在日记里也语焉不详,而本谱中则记载着朋友们如何与他一起去福州路订婚宴地点杏花楼酒家;在望平街接洽印请柬,友人帮发请柬;喜宴当晚朋友们如何来贺,还有从南京、杭州赶来者;女宾甚多,大概都是陈家亲友;宾客劝酒甚勤,朱自清大醉狂吐,幸亏连忙扶归旅社,才太平了。朱自清如此奇特的婚宴经历,实在够引起人们的想象。到了抗战期间,叶圣陶在乐山武汉大学几处任教,年谱告诉我们他不安心大学教席,后来还是编中小学的国文教科书为生。这期间见了许多作家朋友,年谱里几句话记录他初见人的印象往往生动,如 "老舍忠贞热忱,大可钦佩"、"老舍出语无不妙,人人笑乐";沙汀来访,"其人甚诚笃"、"渠不日将归家乡,此来仅两面,觉其人深可爱";认识周恩来是 "偕叶以群吴组缃二位至曾家岩,应周恩来之招宴。闻周之名已久,见面尚是初次。其人有英爽之气,颇不凡俗"。读的是叶圣陶一人的长谱,得的是叶圣陶和他的同时代人的群英谱。

"年谱长编" 类同一种人物的小型百科全书,各种读者可以抱着各种目的来阅读它。如果要探索 20 世纪中国人走过的道路,选择叶圣陶这样出生在 19 世纪末或 20 世纪初、生命维持近一个世纪的长寿作家(还可举出冰心、夏衍、欧阳山、施蛰存、臧克家、苏雪林、柯灵、楼适夷、俞平伯、钟敬文许多人,而健在的 100 岁巴金老人就更不必说了)来切入就非常适宜。他们就像一棵大树横贯上下,枝枝丫丫伸向各个地方,达到你想知道的历史角落。如要了解现代市民小说,了解开明书店,了解中国语文教育这样一些专题,翻检叶圣陶长谱的某些部分,也绝不会空手而回。一般情况下,使用年谱不大可能是一字一字阅读的,"年谱长编" 尤其如此。也正因是供翻检之用,它本身就越发要长,要全。比如本谱全文记录的叶圣陶一生所编各类国文读本的目录,看似琐碎,对于语文工作者就极其有用,甚至今日的家长也可参考它来买学生的课外书。

记得在80年代初我跟随《茅盾全集》的全体编辑人员,到东四八条71号去拜见叶圣陶先生,使我有幸见过他一面。那是夏日的一个下午,我们在客厅等待叶圣老午睡后慢慢起来,叶至善先生过来热情招呼。我们的访问自然从他的老朋友茅盾开始,问答的具体内容已经从记忆中渐渐淡出了,只余下叶圣老长长的白寿眉毛,厚道,诚挚的模样,还有望去花木扶疏的院子,以及院子深处不知哪里传来的钢琴声……与读这部"年谱长编"一样,让人始终感觉着一位令人敬重的文学前辈,所能传诉给你的一床老棉絮般的温暖。

2004年12月26日下午于京城小石居

突破·调适·推进
——读严家炎主编的三卷本《二十世纪中国文学史》

读了严家炎先生主编的这套文学史(执笔的主力大半为学术功底深厚的中年学者),觉得大气,且精细异常。就像小说创作中的茅盾,眼光宏阔远大,笔法却是缜密细腻精准的。这部多卷本的百年中国文学史,理所当然地能够成为自提出"二十世纪中国文学"概念以来能将这一概念具体化的标志性成果。

一、总体印象

此书无论是从整体结构设计上,还是某些局部的典型文学现象的分析上,都能引向学术前沿。这包括对于文学史的时间和空间所构成的叙述的宽度、纵深度,均有新的开拓,新的合成;包括对各个时期文学的特征,各流派社团、作家作品、文体方法的发展线迹,都有新的认知和概括。但是,如果把它与以往及近几年来所出版的各样现代文学史(在名称上甚至有同名的"二十世纪中国文学史")相互参照,应当说本书并不以全新的文学史叙述结构、视角、图景为自己的鲜明特色,它的文学史构架是偏于稳定的,积淀式的,持续生长型的。它并没有打出任何一面"文学史新观念新方法"的旗帜来招摇,却处处能够触摸、嗅闻到它的崭新气象。这套文学史从材料到思想文化,都占据了一个高点,却不张扬,不追求表面的形式,学术锐气内含很深。

如果作为一种预定的教科书来看,它比起过去任何一种文学史教学用书来自有它大力改进的地方。比如它对每一文学时代的大体情况、作家的简要生平、代表性作品的文学史地位等,即文学史的基本知识,都有明晰的介绍;从文学史的常识,到对某一文学阶段和某一典型作家的最新学术观点,都注意逐步加强,互相比较,懂得文学历史与现状的纵横交错的复杂性、纠结性;在不断得以巩固、上升的知识基础上,为读者形成相对系统的文学史认知充当了引路的向导。概括起来,本书做到了"交代清楚,循序渐进,前后照应,体式完整"十六个字。不过,我曾经写过关于"教科书型文学史"的专文(收入我的集子《多棱镜下》),我的意思是这类文学史应该是普及型文学史的精品,却绝对不是学术含量偏低的文学史,更不是公式化、概念化、简单化文学史的代名词。它们并不好写,甚至时至今日,我们也不能说已经有了这种在学科专业和教育科学两方面学术性兼有且达到了比较合意程度的文学史。所以如从教材型文学史的角度来论及,我们的问题还很大,这不是本文所能担负的论题,只能一带而过。

至于对本书的评价,我采用的方法是想就本书引出大家业已熟悉的概念,稍加规定,以便来谈一本貌似革新性不大的文学史的贡献。比如"突破性"的概念,是指能造成对整个文学史格局,或一个重要的局部(足以影响全体的局部,可以小促大的局部,像一个重要时期的文学史、一种典型文体的发展阶段史),重新加以理解的,是对"什么是中国现代文学""什么是一个时代的文学""什么是现代小说或现代诗歌"这样问题的整体回答的。而"调适性",是指拥有了新材料、新见解,在以往学术结论的基础上对个别文学现象、个别作家作品进行新的梳理、重组,进行微调,是能够回答"这段文学史可做进一步的理解吗""这种文体到这个时期究竟怎样了"等问题的。而将"突破"和"调适"这"两相乘除"(沈从文谈文化历史的积累发展时喜用的词汇,见《长河》"题记",这里是借用),所获的结果,即是本文学史所达到的境地:一种学术的长足"推进"。

二、突破性所在

在现代文学学界纷纷向"五四"之前寻找现代性发端的今日,一种以"现代性"为贯串主线的文学史,自然要从晚清开始叙述了(如果有人运用周作人在《中国新文学的源流》里的观点,从"明末的新文学运动"讲起,把公安派、竟陵派"言志"的文学主张和诗文看作是"五四"文学的起源,只要能将明末到清末的这段文学史的现代性曲折脉络勾画清楚,当然也可存一说)。晚清从何说起,目前有滔滔的各种说法,严老师主编的这套文学史是"晚清说"的又一支,将时间确定在19世纪80年代末到90年代初之间。表面上,这样一个时间,肯定是与提出陈季同早期在巴黎出版的法文长篇小说《黄衫客传奇》为"中国作家写的第一部现代意义上的小说作品"[①]相关的,是有可能遭来不同意见的。但如果平心静气地来读此文学史上卷的第一章,就可以发现此书的开创性正在于它对文学史时空的独特处理方式上。它并不黏滞于一事一人,而是一种综合:不仅强调"开端"的标志性作品的时间,如陈季同

[①] 严家炎主编:《二十世纪中国文学史(上册)》,北京高等教育出版社2010年版,第10页。

《黄衫客传奇》出版的 1890 年,韩邦庆《海上花列传》连载的 1892 年,还提出中国文人依据世界现代语文的通则而主张"言文合一"的观点,最早出现在黄遵宪 1887 年定稿的《日本国志》(比胡适的《文学改良刍议》早 30 年),而真正进行中外文学交流的有陈季同和他的学生写《孽海花》的曾朴等等。这样就构成了一个并非单一的,而是由"观念革新""中外交流""开端作品"三者组成的综合性时空。正是这样与"世界的文学"息息相通的现代时空,才造成了开放的面向世界的中国现代文学出现!

关于文学"时空"的问题,我们还可从小处着眼对本书试做些分析,但它们绝对不是真的"小处"。我在一次抗战文学的研讨会上曾提出,过去的文学史无一例外都对 1937 年以后的文学标示出"抗战文学"的字样,如:王瑶《中国新文学史稿》章节名称里有"在民族解放的旗帜下""抗战文艺的动向"等题目;丁易的《中国现代文学史略》用"抗战文学的理论进展和斗争";刘绶松的《中国新文学史初稿》使用了"抗日战争时期的文学"的标题。可到了本文学史里却一律采用"抗战及四十年代"的字样,而且在众多章节都不厌其烦地反复使用,将"战争时代的文学"与"抗战文学",将"抗战文学"与"四十年代文学"的相合又相错位的复杂关系标示出来,这就暗示了更加宽大的文学空间。再如在处理大陆文学和港台文学的时空上,从 1950 年代起就把海峡两岸对峙的"两个文学战线"同时提出:包括将台湾原住民作家和外来作家,将大陆杨朔的散文和台湾余光中的散文"共时"地加以叙述;把五六十年代台湾现代诗从与香港、大陆四十年代现代诗的遥相呼应中"历时"地叙述下来。这些都是利用文学时空的重组而做出的对历史接近"原生态"的一种立体表达。

本书既然仍以各时期的作家作品为文学史的主体,那么我们只要从章节的安排,尤其是从章节中作家名字出现的状态,就能大体领略各作家在文学史上的地位。至于这种文学史范式是否应该打破,打破之后应建立起别的什么可行的方式,那是另外的话题了。至少此文学史还是采用了这种传统方法来安置章节的,我们集中透视于此,就能体会这种方法对整个文学史布局的影响在哪里。而这影响显然是事关全局的。在第一梯级的"章"名中,共有梁启超、鲁迅等 14 人进入。而显示文学史评价起伏较大者,是郭沫若、赵树理的隐退,及李劼人、冯至、白先勇、陈映真、汪曾祺、王蒙的升格。这里我并不想评价个别作家升降的合理性与否(要挑出小疵并不困难),我只想指出在一种权威性显著的世纪文学史里,这样一个规模的变动,其中隐含着的是对文学与政治关系的大胆突破！文学独立性既然已是二十世纪中国文学"现代性"的重要因素之一，用符合历史本体的、与政治文化并非绝缘的独立标准来衡量一个世纪在文学艺术上贡献杰出的作家，是再自然不过，最理直气壮的事情了。14 人中，计有小说家 10 人，诗人 2 人，散文家 2 人（鲁迅又是小说家，这里重复计算），剧作家 1 人，这个世纪的文学业绩中小说的成就压倒一切也就分外清楚了。如果不嫌啰唆，我们不妨再细算一下第二梯级"节"里的作家入名状况（上述 14 位除外，虽然有的在"节"里又提到了）：晚清 11 人，"五四"13 人，1930 年代 15 人，1940 年代 8 人（郭沫若在"五四"诗歌里提到，在此历史剧成就里再次提到），1950、60 年代 23 人，"文革"1 人，1980 年代 15 人，1990 年代 2 人。这个名单总计 88 人（加上"章"里的 14 人，合成大体"百年百人"的数量）。88 人还可分成小说家 48 人，诗人 22 人，散文家 10 人，剧作家 6 人，翻译家 1 人，美学家 1 人。这种作家名字进入"节"里的情况，大约时间越靠后的争议性会越大，但此书并不回避，至少它提出了自己的一说，可供文学史经典化过程来参考（有没有这种经典化？它们与文学经典化的关联在何处？似也可一问）。"文革"之后的重要作家，复出的偏多，新起的较少。这一方面是因年轻的作家究竟沉淀的时间还不够，另一方面"重放的鲜花"作家们既然能够造成创作的又一高峰，也确乎不易。许多成名青年作家往往如茅盾所说，"一个已经发表过若干作品的作家的困难问题也就是怎样使自己不至于粘滞在自己所铸成的既定的模型中"①，他很难不模仿自己，很难在漫长的写作生涯中形成第二高潮。如果能形成，像艾青、姚雪垠、王蒙、高晓声、张贤亮、宗璞这批人既能进入 1950 年代的文学史，又能进入 1980 年代后的文学史，正是他们的特出之处。另外，近几十年来的散文家、剧作家被擢升为大作家的，也比较少。除了政治的原因外，主要也在此。至于胡适没有进入"五四文学"的章节，大约是他不偏于创作的缘故，但在"文学革命""五四新诗"等节里，还是大量地讲述了他的开创功绩的。总之，这些作家的提出，在很大程度上代表了这三十年来学术界对中国现代文学的总体认识，也是广而细，且有一定的理论根据的。

所谓"理论根据"，如大家读后普遍觉得写得扎实而有新意的鲁迅部分（第六章），就以贯串始终的与现实主义结合的象征主义、表现主义，来阐释他的社会小说、散文诗和历史小说。这种用"创作方法"作为一个衡定文体

---

① 茅盾：《〈宿莽〉弁言》，《茅盾全集(19 卷)》，北京人民文学出版社 1991 年版，第 226 页。

形式的标准,最早是从欧洲和苏联的文学史理论和实践中学得的,而且曾片面地发展到"独尊写实主义"的畸形程度。此书"引论"中明确提到"创作方法"还是识别各类现代作家创作的一条线索,现在还可用,只是不能僵硬地使用了,结论是:"文学的'现代化'或'现代性'既不会被写实主义所独占,也不可能被现代主义所包办。"①注意各种创作方法的渗透,注意具有悠久"象征"传统的中国文学到了现代自然会对"象征主义"情有独钟。这种建筑在"创作方法互补"基石上的文学史论述,正是"独尊"时代过去之后才会具备的立场。在本书就不单单是解析鲁迅如此,它还深入到许多作家流派的文学史定位过程中去,成了突破某些作家定论的一种方法。但分析作家的"创作方法"并不是研究文体唯一的、万能的途径。在本书,经常是在适用的作家身上运用。而要开拓老舍、林语堂这些大作家的阐发空间,采用的就是另外的"文化冲突理论"。是把他们作品本身体现的精英文化和民间文化,启蒙文化和市民文化的互动关系,作为这些作家一个特别的开口,切入进去观察思考的。关于老舍,文学史早就形成了他与北京市民社会契合的观点,但本书辟出了新的思路,道出写《老张的哲学》《赵子曰》的初期老舍与北京市民文化相依相生的实际情况("五四新文化运动对老舍没有太大的影响,老舍的创作资源来自于民国初到三十年代的民间社会的文化形态"②);而到写作《猫城记》《骆驼祥子》的时节,正是老舍向精英启蒙写作靠拢的一个新起点("小市民的乐天知命的人生观念被知识分子的启蒙精神所取代"③)。批判老市民的传统文化心理,批判国民性,老舍审视祥子的立场便形成了。在祥子和虎妞两人的关系上,此书在虎妞也是造成祥子悲剧原因之一的近年研究成果之外,更提出"性虐"说。我记得樊骏是较早提出虎妞对于祥子,是"腐蚀他的生活意志,打破他的生活愿望,从奋发有为到怀疑自己,进而自甘堕落"④的重要社会因素的,所持的是"性格压迫"说。现在的分析更突出了"旧市民文学中的'色戒'意识"对写作《骆驼祥子》潜在的作用,"虎妞成了他命中的邪恶的诱惑"⑤。这显然是更多从"人性"角度对祥子故事所做的

---

①严家炎主编:《二十世纪中国文学史(上册)》,北京高等教育出版社2010年版,第4页。
②同上,第367页。
③同上,第371页。
④樊骏:《论〈骆驼祥子〉的现实主义》,《中国现代文学论集(下)》,北京人民文学出版社2006年版,第571页。
⑤严家炎主编:《二十世纪中国文学史(上册)》,北京高等教育出版社2010年版,第374页。

新发挥、新解释。再看林语堂的部分。大凡文学史写林语堂,都是点到他的杂文为止,而且是偏于《剪拂集》的语丝时期。到《论语》以后就用鲁迅《〈论语〉一年》《小品文的危机》的话来简单地盖棺论定。现在这本文学史引入他的全部创作(杂文、学术文、小说、传记,囊括英文写作),正面论述他的小品文,加上编辑《论语》《人世间》《宇宙风》等杂志对提倡散文的特别功绩。文化分析正是此书中林语堂部分的思路:到参加中国民权保障同盟的时候为止,林语堂反对专制统治的意思仍是明确的;只是因本来就有的自由主义精英政治文化和市民式消闲文化的内在冲突,当杨杏佛被暗杀之后,使"他萌生退意,对自我的生存策略和言说方式做出了适时的调整"[①]了。最终认为林语堂是"以'非政治化'的具有'合法性'的话语方式,寻求并实行自由主义知识分子的政治性抗争";"文学资源则是西方表现主义和晚明公安派'独抒性灵,不拘格套'的融合";幽默闲适小品算不得他的主要成就,"而是创造了另一种文体风格的杂文——闲谈式、娓语体杂文"。[②] 以上老舍、林语堂的解读,为我们树立了一种与鲁迅不尽相同的作家分析方式。多样的分析为这本文学史全面地突破作家评价层面,提供了坚实的基础。

关于本书对于"一个时期文体"的突破性论述,可以用"抗战及四十年代的新诗潮"(第十五章),"抗战及四十年代的小说"(第十七章)为例。在以往的文学史里,"五四文学"和"三十年代文学"的叙述都呈强势,"抗战和四十年代文学"相对是比较薄弱的。但是本书由于对此段文学的精心研究,有所发现,便成了很有创见的论述了。在诗歌方面,四种趋向中"抗战诗歌"是无流派性的;"左翼诗派"和"现代主义诗潮的'新生代'"这两种由1930年代迤逦走来的诗歌旧派,到了1940年代都克服了自我封闭性而达成熟的境地;特殊的是"富有新感觉气息的新古典主义诗潮",属于作者新开发的诗域。在以往只在谈华北沦陷区诗歌的时候"挖"出过一个吴兴华来,现在却是合南北两个学院派诗歌创作群体,展现了一道全新的诗歌图景。南方学院诗人以南京原中央大学、金陵大学等校出身为主的汪铭竹、常任侠、沈祖棻等组成。北方学院诗人有北京燕京大学的师生陆志韦、吴兴华、汪玉岑等。只要看到这些颇为陌生的名字,就可感受到这些诗派的新鲜性。他们实际都是将"现代诗"与"传统诗","新感觉"与"新古典","化欧"与"化古"两相结

---

① 严家炎主编:《二十世纪中国文学史(中册)》,北京高等教育出版社2010年版,第86页。
② 同上,第86、87、91页。

合,又都在战争的环境下破除了个人的小天地,而与现实结合的。他们也有和左翼诗人多次联合的经历。这些都与从西南联大师生扩大而成的现代派"新生代"诗人彼此呼应,只是所处的文学时空不同,诗歌的主张多了个"新古典主义"罢了。至于小说,并不从新人新派的挖掘入手,作家的名字都是熟知的,却重新梳理过了。沙汀和路翎,各代表了左翼小说在抗战和四十年代向"社会分析""心理分析"两途所做的新的努力。钱钟书、冯至、卞之琳、汪曾祺、李拓之的学院派小说则在象征主义和写实主义之间游荡。而师陀被冠以"反田园诗乡土叙事"的名称,他来自乡村,反观都市,得到了全新的解释。这样构成的"抗战及四十年代文学"的场景和作家长轴,在我们面前就变得既熟悉又陌生,呈一副新兴面孔了。这也应当是一部新的文学史可以达到的境界:在熟悉的土地上深耕细作,开辟出自己的园地。这也是一代一代人可以"重写文学史"的缘故。

三、调适而不是颠覆

一部保持稳定结构的文学史,在"重写"的时候应该更多采取"调适"的策略。历史的发展有急有缓,在遇上巨大转折关头的时候,历史的叙述就会动荡不安,人物事件的评价也会起伏不定。在一般情况下,新思想的传播,观念的改变,总是用温和的方式对既定的"秩序"进行悄悄"革命"的。文学史写作最经常的变动就是对文学现象的重新估定,如果不关全局,那种对于作家作品评价升降的微调,也会带给文学史以新鲜感。这种局部变化在严老师主编的文学史中随处可见。比如在晚清文学将《孽海花》从四大"谴责小说"中提出,打破由鲁迅长久建立的概念,把它归到"历史小说"门类作为代表性作品予以阐述。又提升《洪秀全演义》的地位,提升民初文言小说的地位,专列"短篇小说的发展"一节,积极进行评价,就使晚清小说显示出"现代性"的渐进状态。再如"五四文学",整体的评价变动不大,但白话新诗在主要诗人刘半农、刘大白之外又添加沈玄庐,小诗在冰心、宗白华之外又列出何植三、吴雨铭;对初期散文作家徐志摩指出他的自然观积极进取,并非是逃避现实;吸收了国外研究的成果将叶绍钧小说过去不大为人注意的《马铃瓜》专门提出,还提出值得一读的废名早年小说《小五放牛》,认为后来遭到严厉批评的三角恋爱小说家张资平的短篇实胜于长篇等;在话剧方面,提到南开新剧团张彭春(南开校长张伯苓之胞弟)编导的五幕剧《新村正》的演出,要比胡适的《终身大事》早发表五个月。以上这些作品地位的重新排列,就足以扩大对这一段文学的视野了。

还有一种调整,是消除过去文学思潮的剧烈对峙性,淡化文学社团在社会竞争中表现出的严重冲突。比如在介绍文学研究会的时候特意指出其部分作家"浓重的理想主义成分",发现他们的翻译倾向在《小说月报》的"改革宣言"中早就标示出了,"非写实的文学亦应充其量输入,以为进一层之预备"。① 而介绍创造社时则在理清其强调自我内心表现的同时,指出在提倡革命文学的道路上后期创造社又和"文学研究会一部分成员"殊途同归了。② 刚刚指认了胡适为新文学设定的"写实主义"的目标,又引经据典证明他与意象主义相通。陈独秀也提倡"写实",却在《文学革命论》篇末透露的欧洲可学习作家的名单里,实际上倡导了浪漫主义、唯美主义、自然主义等。我们再看从来就被文学史描写为发生激烈论争的"三十年代文学思潮",在本书虽仍有专节叙述,但首先在论争名称上已有小小的变化:"与'新月派'的斗争",在这部文学史上被命名为"关于'文学基于普遍人性'的论争";昔日称为"与'自由人''第三种人'斗争"的,这里简捷地名之为"关于'文艺自由'的论争"。两种称呼,过去是突出人和人群的(自由人,第三种人和新月社),现在是针对思想或观点的(文学基于普遍人性和文艺自由论)。论争既然是对事不对人的,所谓敌对阶级开战的硝烟弥漫气就降低了,讨论思想的对错就可以放在历史的长河中去,接受长久的检验了。现在这本文学史对"论争"的裁判,就回到比以往任何时候都客观的立场上去。"普遍人性"的论战,除了阐述鲁迅的文学阶级性和人性之间关系的基本观点外,对梁实秋的人性论和天才论是既讲其片面性,又讲"理论上的某些合理性"的。③ 在批评胡秋原、苏汶"为了强调文艺独立性和真实性的重要,却一般地否定了文艺和政治的关系"的同时,也肯定了两人击中了"左联"作家宗派主义、关门主义以及"对文学和政治关系的片面理解"的要害。④ 把讨论的"问题"摆在前头,而不是先看是谁高举什么名目的"主义"大旗,实事求是,是此书大气度所在。

所以,这并不是为了迎合社会上这些年来淡化左翼文学的"时尚",故意

---

① 严家炎主编:《二十世纪中国文学史(上册)》,北京高等教育出版社 2010 年版,第 164~165 页。
② 同上,第 165 页。
③ 同上,第 308 页。
④ 同上,第 311 页。

寻找的平衡。文学史应该坚持以文学为主的标准,兼顾每一个文学时代独特的政治文化和经济生活环境给人带来的影响,拿捏好这个缴了多少"学费"才得到的尺度。这本文学史在把握"五四"新文学的写实主义、浪漫主义、现代主义(尤其是象征主义)的多方位引进、渗透、创造之后,导入三十年代的左翼作家、民主主义作家、自由主义作家和左翼文学、京派文学、海派作家这样三足鼎立的格局,对于每一"足"都是细心梳理,贯串到以后年代的文学发展中。三十年代产生"新感觉派"小说,到四十年代有"新古典主义"里的"新感觉"。三十年代有强大的"左翼文学",到四十年代历史剧就仔细辨识左翼在此中的优势何在。文学史是一条大河,有主流就有次流、副流,有明流就有暗流、伏流、潜流,它们可以流来流去,你中有我,我中有你,可以各按其道,改道入海,最终融和。这套文学史让人看到的是如此图景的民族国家的现代史实。

四、一点余音

二十世纪已逝去十年,对于上一世纪文学的总结已经揭幕。这套文学史当然是一个有力的推进,但这只是一种写法,它只能启发我们思考而不是终止我们的探索。伴随着二十世纪文学经典化的过程,同步的也应有文学史经典化的足迹留下。其中对世纪性作家作品的遴选,恐怕不会停止。我想有这一百位作家做基础,可以不断地检验他们的经典性如何,包括是否可以补充施蛰存、废名、林斤澜(以上为了小说)、丰子恺、梁实秋、梁遇春(以上为了散文)等人,1980年代后的入史作家是否可再看看等等,都不要僵化。再像此书说的,"后现代"不能开辟出一个独立的时代,只能从属于"现代",此言如发金属声,但也要看看历史怎样往下滚动。

作为一部完整体的文学史,集体编写的方式难免不给它带来某种局限。比如全书的理论立场是否能保持一致?因为每个执笔者都是非常强的,有自己的理论个性的。我察觉用理性的启蒙观点来写"五四"前后的文学,包括鲁迅的文学,像是理所应当。而到了该书的中下册,某些地方就露出不谐来。如在沈从文的章节里,论者是从他不同于鲁迅的"启蒙到革命"的分歧点来立论的,这自然抓住了沈从文的要害。但等到出现了"沈从文没有就此滑入'精神悲剧/等待启蒙'的模式,他没有高高在上持道德批判与理性启蒙的立场"①的句子,就露出立论者在鲁迅和沈从文之间做一抉择的叙述角度来,全书显得并不一致。还如全书对"现代主义"创作方法给予比过去任何时候都要大的宽容,而且基本贯串下来,但到给"新感觉派小说"做小结的时候,却离开了现代派创作方法的本体,去说此流派的"历史唯心主义倾向"②;在论戴望舒、卞之琳的现代派诗时,也有个别文句离开创作方法本身,而反复强调"他们都不能直面惨淡痛苦的人生","无力反抗,因此转向了艺术追求以安顿自己的灵魂","差不多把写诗当成了自己灵魂的遁逃薮"③,回到用政治思想代替艺术分析的老路去了。至于引用西方文论展开论证,引用的有疏有密,每个执笔者的行文风格不一致,这在统稿中并不难解决,我就不一一指出了。

当下是现代文学史写作的收获季节。据我所知,便有数种酝酿已久、体例各异、写法不同的文学史正在书写中。在这样一个多元的文学史写作大潮下,严老师主编的这套三卷本《二十世纪中国文学史》,会更显出它的分量和不同凡响来。

2011年6月16日草就
6月23日改定,京城时有雷雨

---

① 严家炎主编:《二十世纪中国文学史(中册)》,北京高等教育出版社2010年版,第19页。
② 同上,第55页。
③ 同上,第72页。

・長短新声

从留发、剪辫说到明日之学界

今年是"辛亥"的大日子,也是鲁迅诞生"逢十"的纪念日。两件事赶到了一起,这不禁令我忆及鲁迅是怎样纪念"辛亥"的来了。他是整三十岁已从日本回国正在绍兴府中学堂教书的时候,亲历了"辛亥革命"的。后来每提到"双十节",他发的感慨议论都颇为独特,涉及最多的话题便是"头发"。比如辛亥九周年的 1920 年 10 月前夕,他给上海《时事新报》副刊《学灯》写了篇纪念文字,因为有感于中国人的善于忘却(这也是他翻来覆去讲的一个话题),有感于当年的北平(京)到了那一天会"各家大半懒洋洋的踱出一个国民来",挂那幅当晚或许忘记收回便一直挂到第二天上午的"斑驳陆离"国旗,感受其景其情的冷漠,便写下了《头发的故事》。这篇短小怪异的"故事"后来收入《呐喊》,如果叫现今懂得各种方法论的学者们阐释起来,足够写成潇洒漂亮的宏文。而我印象当中较深的只是这样两点:第一,提醒我们不要忘却"头发是我们中国人的宝贝和冤家,古今来多少人在这上头吃些毫无价值的苦"。尤其不能忘却"辛亥"前后为了"剪辫",甚或追溯到清初为了"留发"("全留着头发"之简称,指未剃额发蓄辫子前的明朝人发式)而发生过怎样的历史。"留发"抗清的"扬州十日"、"嘉定屠城"已经淡去了,而"剪辫"后写了《革命军》最后死在上海西牢的邹容先烈以及自己"断发"所受的遭遇(鲁迅是 1903 年 3 月在东京弘文学院江南班第一个剪去辫子,并拍了断发照片。当即受到学监申斥差点取消官费遣返回国。见许寿裳《亡友鲁迅印象记》"剪辫"一节),总仍在眼前。后来鲁迅在《病后杂谈之余——关于"舒愤懑"》一文讲了更长的辫子的故事,随后说:"假如有人要我颂革命功德,以'舒愤懑',那么,我首先要说的就是剪辫子。"(着重号为原有)第二,告诉我们,中国人为了头顶上的那些毛发究竟能不能由自己做主,曾处在极其可笑的境遇之下。最尴尬的处境是老"祖母"回忆的:历史好像只剩下留辫后能做稳奴隶的时代或剪了辫子仍做不稳奴隶的时代了,叫做不蓄辫子的要遭官兵杀,仍留着辫子的要被"长毛"杀!

之后鲁迅还从"头发"说到了"胡须",从"胡须"又说到了"牙齿",都有文章在。"胡须"和"牙齿"的涵义也堪称丰富,这里姑且不论。而按照鲁迅从头发往"下"说的逻辑,自然即我们每个人最为宝贵的"头颅"了。留发还是留辫,是一个"臣服"或"不臣服"的标志,最终是能不能自由地、独立地保住你的脑袋!而对于无论如何管不住自己头发、也保不住自己头的年代,当然也就是人身不能自主、思想不得自由,牢笼、藩篱充斥,争斗不息的利剑高悬于人们头顶,放不下一张平静书桌的年代了。

我们是不是应该庆幸,昨天许多人还在文章里倾诉以其一生追求一个小小书房却不可得的往昔,今日对于许多教授而言,有房有车有书斋的环境几乎是轰然而至。但是不知为何,物质条件的改进似乎反而给我们带来一张不安的书桌,我们周边的学术环境仿佛更差了,以至让我对未来的学界担忧。

我想说的学术浮躁的状况,不是指那些极端的腐败例子,不是指极个别人的道德偏离所造成的怪象。虽然这类事例也有它存在的社会根源,但那是应该由法庭或至少是道德法庭去管辖的。我要讲的是目前司空见惯而又极为普遍的事情,是生活在大学与科研机构里的每个人都会碰上甚至你不想碰它它都会来碰你的,是包括我自己在内也不由自主正被包围着的一种学术浊气。比如,大家天天都在拼论文、争职称、跑项目,已成常态。当然,论文是应该写的,没有职称和项目就很难生存。我的学生毕业时,我经常提出的希望是最好能够守住专业,将来做个教授。但这个专业从研究生入校那天起就变了味道。研究生的竞争已经从片面追求发表论文的数量开始了。到进入大学的评价体系,更是一级二级的刊物多少篇啦,省级、国家级的项目多少个啦,互相比着。仅凭教课优秀而无一定数量的论文论著,就不要想捞到职称。"一本书主义"或"两本书主义"的学者将要消失了,写《修辞学发凡》的陈望道在今日就无处存身,几十年磨一剑写《谈艺录》和《管锥编》的钱钟书如何填年度科研报表呢?将来我们的人才只能是学术生产机器了。至于"跑项目"的这个"跑",比起"跑警报"的"跑"字来简直还要传神,因为项目的争取很可能不是学术比拼,却是要看谁会搞学术人情关系。而且一旦卷进这种竞争,你就保不住自己的头发和头了。你很可能一边厌恶着,一边身不由己,随波逐流,整日为自己论文的被摘登、被复印、被评奖而奔波。于是我们中国的大学出现了世界上少有的怪事:一个院系教研室里,教授、副教授的数目大大高于讲师,而且已经没有听说谁在当助教。因为研究生宽进宽出,学位也是宽进宽出,连原先的"严进宽出"都不是。如果外文通得过,专业考试已经较容易。学位论文就很少有不通过的。当今的博士论文水平已经降到过去硕士论文的那一格,硕士论文就不知降到哪个爪哇国去了。大学的教研室里大家彼此彼此都是博士，仅余下他们的老师可能倒是硕士或学士。在这样的情势下，加上还要"扩招"，大家心里都明白，研究生的生源是王小二过年，一年不如一年。数量胜于质量的浊流真是滚滚而来呀。

还有相应的，学术会议之滥日益严重。过去是没有钱办会议，现在是到年底愁开会的费用要上缴。哪里都有了点物质基础，一年开一两个学术研讨会，以中国之大，便成灾难。我自己的例子，每年可收到十多个会的请柬。如表示不能参加，就有朋友或学生一再坚邀。于是难乎为情，写了个发言提纲去出席。等发了言回来，会议主人以要出会议文集为名的热情电话跟着来了，要求将发言记录妙笔生花转化为论文。于是再进行扩写，如同将短篇叙事文拉成中篇小说。这样的论文连我也觉得掺了水分，这样的论文集印出来有谁要看呢？久而久之想，这是我正常的学术生活吗？但我也很无奈，做不得主。这是一场学术大赛跑啊，你只能拼命往前，只怕跑慢了被大潮甩下。现今的学术书籍的出版只要有资助，就很容易了。像我的第一个集子发稿四年都印不出来，以至写了序言好几年的导师在病榻上还垂问我何时出书的情景，已成永恒的回忆。我本来是无资格写序言也曾回绝过的，现在是学生一本接一本地出书，也就一个连一个地写序。学术成果像制造肥皂水那样，一吹就有一连串的泡泡，这样，学术明星频频出镜就不奇怪了。我这里不是指那些认真做学术通俗化工作的人，而是指那些坐不下来读书写作，却热心参加各种讲演、媒体展示活动，说的又不是自己真正的研究成果而是些莫名其妙东西的有捷才、富急智的学者。你很难相信经常上电视的科学家，能有时间把"两弹一星"送到天上去。在如此的风气之下，最"聪明"的学者纷纷走捷径，以最小的成本走最容易的路，而艰难的短时段内不见多少成效的课题便成了烫手的山芋。整个学术界充斥着一种速成的空气，一种不必坐冷板凳苦读书只求快出成绩的空气。可怕的是我们这些人明明知道，却改变不了，或者说缺乏鲁迅说的清初留发、清末剪辫所需要的那份勇气。那么假以时日，再过若干年，我们将眼睁睁地看到整体下滑的学术颓势。千里之堤，溃于蚁穴，更何况我们已然百孔千疮了呢！

应该静下来问一句：我们到底出了什么问题？为什么我们已经能摆得下一张书桌，却不平静。我相信绝大部分学者都不满意目前的状况。大环境是如此，市场经济的价值不可能不向任何领域渗透。但我们总还应该能留得住自己的"头发"和"头"，在尚能"自主"的那一部分空间里，想一想我们学界的精神物质关系应以何为度?

　　追求学术速成的隐含原因,是精神对物质的某种退让。经过论文写作发表自己的研究成果,具备与学术能力相应的职称,管理需要经费的项目研究,本来都是无可厚非的事。需要一定的物质条件,本来也是我们这些年来争取得到的。改革开放以来这方面的改善,也经过了一个曲折过程。曾经一度流行的几句口号如"造导弹的不如卖茶叶蛋的""教授教授,越教越瘦"等,这几年已听不见了。代之而起的是追求高讲课费、高项目费、兼职高薪等。对于有的人活着是为了学术,对于有的人搞学术是为了活着。"为学术而学术"就像"为艺术而艺术"不再是批判的对象,而已经变成很难企及的目标了。学者之间,每个人的情况、条件不同,有的人只要有一小块能耕作的田地就会下力气,有的人要生活得富余些才好舒展他的才能,这种区别是正常的,我们应当承认,不求一律。界限只有一个:以具备一定的物质条件到能保障你自主、独立地从事学术为度。比如萧乾是一种情况。他1957年起当"右派分子",之前写了10几本书,20多年被迫停笔后直到1980年代才恢复,虽然仍是个没有书房的作家,住着用门廊搭成的屋子就心满意足地开始写了。到逝世前又出了30多本著译的书。我认识他的时候,已经搬到复兴门外大街木樨地的房子,有了自己的书屋,这有他的《搬家史》《我的书房史》为证。这房子是两个小二居合并的,他非常满足。当了中央文史馆的馆长之后据说能住部长级的大房子,他宣布不搬了,用他对我说的话是"再搬就搬死了"。这是他的限度。他依据自己的年龄、身体、所需的物质条件,去与他晚年所订的写作目标衡量,得出了就这两个小二居对他已经尽够。他与文洁若,已经各有各的书房。他的书房是天下奇观,极其混乱,书物相杂,束之高阁的书稿与隧道作业一般拉开的抽屉并举,但极其好用。据他说他伸手就能摸到需用的一切,包括几分钟内找出全世界与他联系的作家学者的地址。他就在这样的房子里享用着,听西方古典音乐,听相声盘子,养不需太大精力的绿毛乌龟,与夫人合作翻译了号称"天书"的80万字的《尤利西斯》!他自称是"一对老人,两个车间",干了好几百万字的活儿。这"车间"便是他的归宿。再看杨绛的例子,她选择简朴、低调的生活方式,今年已经过完100岁的日子。她好像不问世事,实际是通过写作,通过知识,来与世界沟通,并保持自己心灵的那块净土。她的选择也是将物质保持在能使自己获得"自主"写作的条件即可,再无他求。从干校回来,过去的房子被人占了就住在狭小的办公室里,因为头脑已经是属于自己的了,便日以继夜地完成

"文革"前就开始的从西班牙文直接翻译《堂·吉诃德》的工作。钱钟书、杨绛夫妇都是为学术而生的人,只要能让他们做学问,便不用任何多余精力去浪费在物欲上。三里河南沙沟在当时是很高级的房子,他们也搬进去住了,但他们的"底线"不变。我没有去打扰过,但看过照片,读过探访者的描写,他们真是把高级住宅住成了家徒四壁一般。到晚年,杨绛把800万的稿费及著作权都交给清华大学托管。从抗战到"文革",再艰苦再荒唐的日子,她都能用"含忍"来保住自己的精神盔甲。她说:"细细想来,我这也忍,那也忍,无非是为了保持内心的自由,内心的平静。""我今年一百岁,已经走到了人生的边缘,我无法确知自己还能往前走多远,寿命是不由自主的,但我很清楚我快'回家'了。我得洗净这一百年沾染的污秽回家。"说得何等从容。这即一个百岁老人在她称之为"物质至上潮流的时代",在一生"做做学问"的理想中获得的愉悦。

  杨绛、萧乾都不是我们所能轻易学的,甚至不可能也不必要照猫画虎地去学。但尖端的例子里面必然包含了普遍的法则,以及能提醒人们注意此法则的放大镜功能。我记得梁遇春的《春醪集》里有篇题目别致的散文叫《还我头来》及其他,是借了三国关羽关云长临终的一句呐喊,来讲"头"应当永远长在自己脖子上的道理。学术是一种文化积累,学者是社会的思想者和良知,我们总不能连自身的头颅都危在旦夕了,还麻木不仁吧。借了纪念辛亥革命的机会,我们还不该想一想明天我们的书桌如何能放平的事情吗?

2011年10月13日夜于小石居
10月16日修改于香山

关于文学"转捩点"涵义的辨析[①]

转捩点的讨论,在文学史研究当中是个老问题,也是个新问题。从来的文学史叙述都是极其注重历史发展的转折关头的。"五四"文学是个转变的大契机。从上个世纪一十年代的"文学革命"到二十年代的"革命文学",又是一个小的转折。无论是哪一种转捩,文学史在描写其中的各种动因以及新型作家、作品的涌现的时候,历来都不惜笔墨。新时期以来的三十年间,几次讨论中国近代文学史、现代文学史的分期问题,主要也关涉到转捩点的确定。比如按传统的古代文学、近代文学、现代文学和当代文学的四分法,分界应该在哪里?是仍然保持原来的近代文学从鸦片战争的1840年到五四运动的1919年为止的旧分期,还是将戊戌政变的1898年看成现代文学的起始年份,或把新世纪的1900年当作起始年份;而这种现代文学的变动,势必造成近代文学的起始也相应地大大提前,或从明嘉靖年(16世纪上半叶)算起,或自清嘉庆、道光年间(19世纪初叶)算起。至于当代文学是否从四十年代解放区文学甚至三十年代左翼文学开始计算,意见也是纷纭多样的。这里都有着孕育期和转捩点的理论考量在内。到了最近这些年,当文学的"现代性"俨然成为人们的中心议题之后,便引出了王德威"没有晚清,何来五四"的命题[②]。晚清文学的"现代性"转型的时间,便成了一个大的关节。而单纯以政治事件、历史思潮作为文学转捩点的简单立场,也越来越多地受到学术界的质疑。在一个时期里,根据中国现代文学与生俱来的政治性、革命性的特点,除了单独的文体阐释需要对"形式"的足够热情以外,大家很简便地就走上了用文化思想分析来取代文学分析之途。难道文学史需要永远依附在政治史和社会史的肌体之上?一部浩浩荡荡的百年或百年以上的文学史,就找不出真正的文学转捩点来了吗?

回答说:还真非易事。

[①] 此文是作者于2006年9月24日在开封"史料问题与百年中国文学转捩点学术研讨会"上的发言。后略作整理。
[②] 见王德威《被压抑的现代性——晚清小说新论》导论"没有晚清,何来五四?",宋伟杰译,北京大学出版社2005年版,第1页。

我们先要对"转捩点"有一个共识。我认为文学转捩点的涵义,至少有如下几点:第一,它是文学求新求变的巨大契机,是文学重大的转折时刻。历史上,这种转折的基本模式是"由旧到新"。但仔细考察起来,还有"衰旧→革新""较新→更新""停滞→貌旧实新"等各种变式。最后这种变式在中国文学史的发展轨迹中是屡见不鲜的,什么"古文运动",什么"中兴",有的就是打着复古的旗帜在偷售着改变现实的"天火"。转折有不同的层次,但所谓"文学转捩点"的转折,不能小于一个文学史和思潮史的阶段,或一种文体的重大演变阶段。左翼文学的产生可以寻找到转捩点,剧场话剧如何站稳脚跟在大城市生存也可以找到关键性的年代,再小就缺乏"史"的价值了。第二,要以一种有震撼力的文学现象和文学事件为标志。这种"标志",应当是一个文学时代或一个文学时期的突出点。所谓"震撼",是表明这种文学从诞生伊始便充满生命力,是引起各方关注的,是对周边其他文学现象和事物发生推动的。它不会是隐秘不宣,不会是那种在以往的文学史迹中曾经发生过的情景:文学现象、文学事件的意义在当时遭到湮没,是由后人在一定条件下重新发现,加以追认的。就以现代文学观念的改变为例,王国维对西方美学的传入最为今人看重,但如果寻找一个改变的关节点,还是要从严复、梁启超的身上着手。因后者的影响很大。梁启超把历来属"小道"的小说提升到治国平天下的高度,才可能压迫传统诗文使之成为"无用"。哪怕在理论上与"文以载道"关系暧昧,他摧毁旧观念的力量仍是"显"的;而王国维是"隐"的,是事后深远而当时不显著的。我认为,转捩点应当即时表现出它的转折作用来。第三,在这个文学时代逝去后,仍然保有它持久的影响力。这种影响的延续性有的虽然渐行渐远,但作为一种潜在的因素是不可逾越的,就像茅盾的创作模式尽管后来因为被官方化而变成了当代小说发展的某种不利条件,但如果你要谈中国现代长篇小说的兴起与变化,就无法越过他,文学史、小说史不能无视他。有的转捩点所包含的文学现象和事件,可能随着时光的流逝越发显示出它深远的影响力,如海派文学、商业性通俗小说之于今日就是。

文学转捩点不是指整整一个转折时期。我们说晚清是现代文学的转折年代,却不等于说整个晚清是转捩点。王德威说:"我们应重识晚清时期的重要,及其先于甚或超过'五四'的开创性。""我所谓的晚清文学,指的是太平天国前后,以至宣统逊位的六十年","晚清文学的发展,当然以百日维新

(1898)到辛亥革命(1911)为高潮。"①他始终没有以一种文学事件为标志,来说明晚清文学的现代性究竟是在哪一转捩点上开始的。可能他的论述的着眼点本来就不在此,他要强调的是一个文学开创时期业已存在。

文学转捩点也不同于一个转折后产生的文学重要时期。现在我们不管对"五四"前的晚清文学时代的历史地位抱何种观点,说晚清是一文学的转折时期应当不会有太大的分歧。谢冕主编的《百年中国文学总系》是一套精选文学典型年份来叙述的文学史,它从1898年开头,由主编亲自执笔写了第一本。这一年有严复的《天演论》出版,有"百日维新",有京师大学堂成立,有《清议报》在日本创办,有林纾与人合译小仲马《巴黎茶花女遗事》(却是第二年出版)。计算下来,文学的事情不多,所以绪论性质的一章题为"1898:并非文学生长的季节"。而书后年表竟是从1892年编起的,这是光绪十八年,该年更无重大的文学事件可言。② 可见作者虽然认定1898这一年重要,但并没有把它看作是"转捩点"。实际上,晚清文学年代中比较重要的一年是1903年。《百年中国文学总系》的第二本选择的即1903年,是经过慎重考虑、论证的。这一年除了梁启超、王国维、严复等都有文学活动外,鲁迅该年在日本剪去辫子写了"我以我血荐轩辕"(《自题小像》)的诗,还译述了历史小说《斯巴达之魂》、科幻小说《月界旅行》《地底旅行》等;李伯元的《官场现形记》《文明小史》,吴趼人的《二十年目睹之怪现状》《痛史》,刘鹗的《老残游记》,金松岑的《孽海花》(前六回,后由曾朴改续成书),孙玉声的《海上繁华梦》这些重要小说的代表作品,都是在这一年或出版,或在报刊上连载的。这一年还发生了著名的"苏报案",邹容所著的《革命军》由章太炎作序出版,风行海内外,两人为此事被捕入狱,声名远播。③ 但"苏报案"是民主革命的重要案件,无法担当文学现代转捩点的重任。众多的谴责小说中并没有确定能辐射出文学现代化功能的转捩作品。1903年是晚清文学比较成熟的一年,但成熟的文学时期并不等于是文学的转捩点。

现在,范伯群和他的学生栾梅健等人在写作《中国现代通俗文学史》的过程中,更仔细地接触了第一手材料,思考文学现代性的发生,在今年提出了韩邦庆的《海上花列传》的发表与出版,是现代通俗文学和现代文学之始

---

① 王德威:《被压抑的现代性——晚清小说新论》,宋伟杰译,北京大学出版社2005年版,第1~2页。
② 谢冕:《1898:百年忧患》,山东教育出版社1998年版。
③ 程文超:《1903:前夜的涌动》,山东教育出版社1998年版。

的观点。①《海上花列传》1892年2月起连载于韩邦庆自办的刊物《海上奇书》，1894年出版全书。《海上花列传》能启示早期中国文学现代性的各个方面。此书从胡适、鲁迅、茅盾到张爱玲的纷纷看重并详加阐释，已有两文介绍，无须我来饶舌。应当说，这是一个重要的文学现象和事件，基本符合文学转捩点的条件。1892年和1894年两个时间很容易确定1892年，因一方面此年在前，另一方面1892年创办的《海上奇书》实际上可说是中国现代小说期刊之第一声，后来的晚清四大小说期刊《新小说》《绣像小说》《月月小说》《小说林》都出在其后，差不多要间隔十年以上的样子。持续的影响也是明显的。但是《海上花列传》的发表，如真要作为中国现代文学与古代文学之间的转捩点，还需作深入的研究工作。目前仅仅是叠加式地证明此书具有多少条符合"文学现代化"的标准，那是不够的。《海上花列传》的现代性，如何与整个晚清文学现代化的过程相通相连，需要严密论证，此为一。上面我所列举的"转捩点"三要素，其中《海上花列传》与第一条、第三条都相符合，只是第二条即它发表当时的"震撼力"显然还很不够，此为二。或许在进一步的研究中，还可有新的发现。毕竟在此之前，《海上花列传》一直是作为近代文学的第二流水平的作品来对待的，所有的章节都不见此书书名，只是在"狎邪小说"名义下来论述它。我们还有许多工作要做，并不急于下结论。

关于"转捩点"的概念主要指向"爆发时期"，而不是"成熟时期"，如果用"五四"文学的历史时段来举例，因学术界的意见比较一致，反可以看得格外清晰。本来，《狂人日记》是发表于1918年的，《新青年》全刊采用白话也是在1918年，但历来大家都以1917年《新青年》连续发表胡适的《文学改良刍议》和陈独秀的《文学革命论》为标志。为什么？就因为1917年作为文学"转捩点"的三个条件，色色具备。胡适在《文学改良刍议》之前，1916年先期于《新青年》上发表与陈独秀的通信，已经提出了"今日欲言文学革命，须从八事入手"②。"八事"的内容与《文学改良刍议》所论相同，次序上有所调整而已。但人们不取1916年，是看到那个"通信"没有提出白话文学是中国文学正宗的思想，没有发生"一石激起千层浪"的作用。我们大可不必因为

---

①见范伯群《海上花列传：现代通俗小说开山之作》，载《中国现代文学研究丛刊》2006年第3期。栾梅健：《〈海上花列传〉的现代性特征》，载2006年5月2日《文汇报》。

②胡适：《致独秀》（见"通信"栏），载1916年10月1日《新青年》第2卷第2号。

胡适本人后来的不断自我叙述(《逼上梁山》《口述自传》之类)而废其言,《文学改良刍议》在当年确乎振聋发聩,影响远大。连地处偏僻的四川作家巴金、沙汀、艾芜等青年时都是在成都劝业场的"华阳书报流通处"买《新青年》阅读而受到胡适思想鼓动、激励的。1917年成为转捩点的道理正在于此。而1921年无疑是文学革命的成熟年。那一年,新文学最早的两大社团文学研究会、创造社都先后成立,茅盾改革了原先被鸳鸯蝴蝶派掌控的老牌商务印书馆杂志《小说月报》,鲁迅发表了《故乡》,开始在报上连载《阿Q正传》,周作人发表《美文》,郭沫若的诗集《女神》和郁达夫的小说集《沉沦》在上海出版拔了头筹,而鸳鸯蝴蝶派杂志《半月》创刊,《礼拜六》复刊出版后面的100期(辛亥前有前100期),《晨报副刊》开始独立发行也都在此年。这些文学事实足以支持1921年成为重要的文学年,但是,它并不构成文学"转捩点"的因素。

简单地回顾一下,文学史的发展有线迹可寻。当然这线迹并不是直线的,在大面积的收获以前,总有反反复复的准备时期。只有处于准备期与成熟期临界上的爆发期,才有可能出现文学的转捩点。"横空出世"的转捩点也不是不可能出现,但那也只是准备期过于隐蔽罢了。我们如果细细分析鲁迅的道路,他前行的每一步伐也都是有来由的。

"转捩点"的研究,对文学史的深入探讨有不同寻常的意义。"重写文学史"作为当今摆在中国现代文学研究面前的一项重大课题,便是要在新的材料和新的眼光之下,寻找各种文学现象之间合纵连横的联系,以确立我们的起点,确立由古代文学折向现代文学的转捩点。这种确定只能产生于整个研究历程之中,或之末,而绝不能在研究之前。

2006年12月19日于冬初京城小石居

"抗战文艺"概念正在文学史中悄悄延展

很显然,"抗战文艺"是重庆一地文学研究的优势课题,所以这里会有与此相配的研究中心,会有专门的刊物,今天也才会借沙坪坝、北碚这样的抗战纪念地来开这个会。"抗战文艺"研究史,是与它的研究对象伴生的。同时期的评论文字不必说,连综合型的断代文学史在抗战结束不久也随即产生了。1947年蓝海(田仲济)的《中国抗战文艺史》出版(2010年9月有台湾的繁体字本面世),八万字虽仅仅描述了一个文学时段的轮廓,却铺下了半个世纪以来抗战文艺研究的学术基石。后来的"抗战文艺"的概念,从此书延续下来,包括1937年前的东北沦亡文学、流亡文学,淞沪战争的文学,"战争及与战争相关的文学"自然一直都在专家的视野之内。而我们今日所面临的,是中青年一代的学者都不具备抗战经历,甚至已没有了一切战争的亲历。他们主要是依靠历史的资料来辨别历史的真面目的。一方面,抗战文艺研究的深化有待于资料的进一步挖掘与整理,有待于对它们的认识的加深、加宽;另一方面,"抗战文艺"概念自身在经过长时期检验之后发生了微妙的变化,也在提醒着我们注意新的研究态势。

这种变化可以拿各种现代文学史中关于1940年代文学所拟的标题为例,作一简略统计。在1990年代以前,一般的文学史都用"抗战文艺"来整个概括1940年代的文学。比如1950年到1952年出版的王瑶《中国新文学史稿》上下册,第三编的总标题为"在民族解放的旗帜下",此编首当其冲的章节题目是"抗战文艺的动向"(十一章);1956年出版的丁易《中国现代文学史略》,其第三章有个长长的标题,是"左翼文学运动(下)——文艺界抗日民族统一战线及抗战文学的理论进展和斗争",第十章是"抗战文学作品";1957年出版的刘绶松《中国新文学史初稿》上下册,第四编的题目就直捷地标为"抗日战争时期的文学";而到新时期初的1979年至1980年出齐的唐弢、严家炎主编的三卷本《中国现代文学史》,其第十二章题目为"抗战开始后的文艺运动",第十三、十四章的题目是"在民族解放旗帜下的文学创作"(一)和(二),所受王瑶文学史的影响显见。唐、严文学史的前两卷写成于1964年,后一卷因原稿在"文革"中丢失,是在"文革"刚结束的时候重新编写的,它的前后衔接性质十分明显。这些文学史基本强调"抗战""抗日民族解放战争"的文学即是 1940 年代的文学,两者几乎是一回事。

时至今日,情况有了不大不小的变化。"抗战文学"仍是文学史标题经常会出现的用词,但是已经有些不同。比如,如今已很少将它用到相当于"编"的第一层次的标题里去了。在我和钱理群、温儒敏三人合写的 1998 年出版的《中国现代文学三十年(修订本)》里,"编"的题目将历史教科书的分期痕迹彻底扫除,只是平淡客观地用"第一个十年""第三个十年"来代替。在第二十一章"文学思潮与运动(三)"的下面,第一节用了"战争制约下不同政治地域的文学分割并存"这样的题目,显然包含了力图淡化政治对文学主导性的过分干预。2007 年程光炜等五人合写的《中国现代文学史(第二版)》出版,章节标题里同样消失了历史分期的惯用名称,第十五章原来可用"抗战文艺""抗战文学"的地方,用的是"战争时代文学的书写和选择",比较接近《中国现代文学三十年》的用词。再看 2010 年出版严家炎主编的《二十世纪中国文学史》上中下册,第十五、十七、十八章的标题用来对应此章所论"新诗""小说"和"话剧与散文"的,一律是相同的"抗战及四十年代"的字样。它袭用了"抗战"的名称,又意味深长、不厌其烦地缀上了"四十年代",明显是为了暗示"抗战文学"和"四十年代文学"相合又相错位的复杂关系。

通过以上文学史的举例,我们可以看到用"抗战文艺"来概括一个时代的文学的倾向,似乎正在减弱。这当然不等于是"贬低",而是要"如实"反映文学现象。文学史标题的这种不声不响的位移,就像暗流涌动,处处显露出河道内的实质性演变。这里有两点值得再强调一下。第一,"抗战文学"有被"战争制约下的文学""战争时代的文学"代替之势。"抗战"与"战争"一字之差,实际上是将"抗战"放在二次大战更广阔的战争环境下,范畴缩小了,含义却更扩展延伸了,意义加深了。单说"抗战文学"很容易只想到抗战的题材、抗战的生活画面、抗战的主旨等等,而无意中制造出一个"非抗战文学",扩大出一个"非抗战文艺"的范围来。就以抗战历史题材的创作为例,过去对左翼以《屈原》为代表的历史剧,包括明亡故事的晚明戏、太平天国失败教训的戏,因为它们的作者从一开始写作目的便是再清楚不过的——是针对抗战中的"分裂",统一战线中的"不团结",批判"内讧",号召凝聚抗日力量,一致对外——所以理所当然地把这些历史剧置于"抗战文学"之内。但是对于非左翼的作家,如冯至的历史小说《伍子胥》便会完全忽视,认为与抗战无关。实际上《伍子胥》里的伍子胥这一小说中的虚构人物,是在逃亡吴国的道路上充分体验到人的生命在极度"漂泊""抛掷"当中的焦虑失落、动荡不定、等待企盼,再掀起坚持和奋斗的欲望的,是与长期战争环境制约下人们普遍感悟体验到的心理感情相呼应的。冯至当年创作《伍子胥》的动因,包括十四行诗的写作契机,都是在云南一隅,在飞机盘旋的顿悟之下产生的。这也拥有"战争"的大背景,当然也是"抗战文学"的一个组成部分。讲到这里,一定意义上也让我们对抗战当事人关于写与抗战"有关"或"无关"的那场著名的讨论,有了更客观的后人之立场。第二,"抗战"与"四十年代"的关系并存了,互相包容了。"抗战文学"与"四十年代文学"又联系,又区别,表面上似乎缩小了"抗战"的涵义,实质上也是将"抗战"置于"四十年代"更宏大的时代环境中去观察、立论。整个四十年代可以让"抗战文学"的视野更宽广,包含的作品更丰富。如左翼不仅有前线文学、战场文学、后方兵役讽刺文学,还有"七月派"的诗歌,路翎写矿工、士兵、妇女、知识者的小说,《财主底儿女们》对四十年代全方位的时代表现都是惊人的。另外作为西南联大师生作家群体的后期京派,从冯至到卞之琳、穆旦等,其现代诗对四十年代战争的表现也很阔大。通俗、先锋两栖的海派作家张爱玲的《封锁》,徐訏的《风萧萧》,无名氏的《野兽野兽野兽》《海艳》,对沦陷区、国统区四十年代人们战争心理的剖析很深入。通俗作家张恨水、刘云若的言情作品,北派武侠尤其是还珠楼主的超级长篇《蜀山剑侠传》上天入地的争斗所蕴含的现代人的危机意识,这些都构成了与大抗战气味息息相通的四十年代文学。由用一部分文学来代表一个文学阶段,到用各个部分的文学来代表整个时代的文学阶段,四十年代的战争体验文学如从二十世纪的全景去看待,就会分外感觉到所谓"抗战与四十年代"这一文学史标题的深远性。

跟着"抗战文学"概念的拓展,我们打量四十年代文学的眼光也应随之发生相应的变化,如看待四十年代区别于三十年代文学的各个制高点,就不能完全执拗于过去只偏重于战争因素这一来源,而将思路壅塞,狭窄化。四十年代文学的成就,既有战争酿成的独特条件,也有战争之外的渊源可供追溯。我这里指出三点,其一是中长篇小说的高潮。我们分析四十年代的突出成果中长篇小说创作的时候,一般会归功于抗战后期人们对持久战争形成的稳定心情和回忆容易出土的作家中年心态。但是我们一旦将四十年代战争环境下产生的中长篇小说梳理成一长编,问题就变得各式各样了。以下是这一时期28部重要中长篇的目录:萧乾《梦之谷》(1938)、端木蕻良《科尔沁旗草原》(第一部、第二部1939—1943)、张恨水《八十一梦》(1939)、林语堂《京华烟云》(中译本1940)、萧红《呼兰河传》(1941)、师陀《无望村的馆主》(1941)、茅盾《腐蚀》(1941)、路翎《饥饿的郭素娥》(1943)、沙汀《淘金记》(1943)、茅盾《霜叶红似二月花》(1943)、吴组缃《鸭嘴涝》(又名《山洪》,1943)、赵树理《李有才板话》(1943)、巴金《憩园》(1944)、骆宾基《幼年》(1944)、路翎《财主底儿女们》(1945—1948)、沈从文《长河》(第一卷1945)、老舍《四世同堂》(前两部《惶惑》《偷生》1946)、赵树理《李家庄的变迁》(1946)、冯至《伍子胥》(1946)、巴金《寒夜》(1946)、徐讦《风萧萧》(1946)、马烽、西戎《吕梁英雄传》(1946)、无名氏《野兽野兽野兽》(1946)、钱钟书《围城》(1947)、黄谷柳《虾球传》(1947)、姚雪垠《长夜》(1947)、周立波《暴风骤雨》(1948—1949)、丁玲《太阳照在桑干河上》(1948)。经典中长篇的收获丰硕,是无疑的。但回忆类并不多,仅有《呼兰河传》、《科尔沁旗草原》(第二部)、《幼年》(又名《姜步畏家史》第一部、又名《混沌》)、《憩园》《长夜》等不过五部左右。而真正写抗日战争的仅有五六部,也只占少数。1943年开始,现在成为经典的长篇显著增加,到1946年剧增,该年可称为"长篇年"。其中最鲜明的特点,应数时代小说的成功!《科尔沁旗草原》《京华烟云》《霜叶红似二月花》《财主底儿女们》《四世同堂》……有十几部以上都是结构恢宏的长篇巨制。这里的原因就不能都归在战争身上,三十年代《子夜》《死水微澜》《家》的传统承续作用十分明显,是可以仔细辨认的。其二,是市民文学和农民文学的齐头并进,达到了从未有过的水平。任何一个时代的文学都要以自己所能达到的高峰为标尺,抗战与四十年代造成的两个大家,市民文学的大家张爱玲,农民文学的大家赵树理,即是两座高峰。他们的代表作品张爱玲的《金锁记》,赵树理的《小二黑结婚》《李有才板话》,通俗而不媚俗、不低俗,是写给现代市民和革命农民读的,很具雅俗高度结合的现代性。究其原因,抗日战争的大文学环境确实有力地支持了品位较高的市民、农民通俗文学的出现:如果没有孤岛和沦陷上海的市民读书市场的转型,怎么会有张爱玲?如果没有解放区农民政治地位和文化需求的提高,又如何会有赵树理?但是,战争只是市民文学、农民文学达到四十年代水准的外部因子,从市民文学看,张恨水小说是张爱玲中学时期熟悉的读物,新感觉派滋养过她,都市小报连载小说和外国文学是她文学天空的上下边界,是她的土壤;而三十年代左翼成熟的乡土文学,二十年代以鲁迅为首的乡土文学,左翼大众化文学的提倡,才是赵树理的根。所以,解释这个时期通俗文学与五四新文学的关联,仍然是个关键。其三,现代派文学的深入影响,终于结出了形神兼备的中国作品。在诗歌方面,抗战与四十年代有后期京派现代诗,有后来被称为"九叶诗派"的现代诗,有华北沦陷区吴兴华的现代诗。在小说方面,有胡风派的"七月""希望"小说,还有路翎,有袁犀、爵青,都程度不同地带有现代派色彩。这当然是30年消化现代派文学的积极成果,又为个人体验战争找到了全新的发散渠道。总之,是战争锻铸了四十年代文学的基本品性,是晚清以来60年现代文学积累至此形成的全新特征。当我们把"抗战文学"的眼界进一步拓宽,放开看去,就能对现代文学史的观察达到前所未有的一个高点。

2011年1月4日于不落雪的京城

"平津文坛"漫议

"平津文坛"的概念,按理顺着"平津"的说法天然就是成立的。而且这概念内在地包含着时与空的两面。空间不用说了,时间方面即现代以来"北京"改称"北平"有多么久,这个当年的中国北方文坛存在的时间便有多长——大致从1928年到1949年的北平、天津两地的文学圈子和作家群体、报刊及出版物的文学生存状况等就都涵盖在里面了。1930年代上海是全国的文学中心,北方则主要有京派文学等。京派活动的范围包括天津,最明显的例子便是作为"京派重镇"的《大公报》"文艺"副刊由沈从文在北平编,报纸却是在天津出的。到了1940年代,平津均沦于日寇铁蹄之下,现在谈北方的"沦陷区文学"一般是指东北沦陷区、平津沦陷区和上海沦陷区这样三块。这些都不会有什么争议,只是人们历来不大重视而已。

不重视将平、津文坛合一,往往与人们的视线被"中心现象"遮蔽,来不及将其他地方细化有关。比如一论到"五四"文学,北京是发祥地,北京大学中文系、《新青年》作家群是焦点;一说到1930年以后的文学,中心转移到了上海,"左联"在上海,海派文学在上海,自然眼睛都盯在那儿。本来从晚清的政治地图看,北京是京畿重地,天津卫是保护京畿的门户,京津两个城市一体,并有合理分工(一个是政治城市,一个是商业城市;一个大陆城市,一个沿海城市)。到了全国的政治、经济、文化中心都南移之后,平津地区便一起失落了。旧的文坛打散后重新聚集,就变成了自备一格的文学环境。

1. 京派—北方左联—北派通俗:文学形态多样的文坛

京派形成了能自立于强大的上海左翼文学之外的"纯文学",是平津文坛最显著的特色。那时在中国任何地区都不可能养成如此的纯文学的创作条件。这已经有了许多研究。不过京派的纯文学并没有那么"纯"。中国没有真正的形式主义写作,京派作品大部具有温和的社会性。纯文学创作是没有普通市民读者市场的,靠的是校园的依托。从校园精英文化生长出来,还基本由校园读者来消费,循环不已。所以当年的京派作家是由北京大学、清华大学、燕京大学、北京师范大学、辅仁大学等校的师生组成,他们多半不等着稿酬买米下锅,可以较从容地写作。1933年沈从文辞去青岛大学教职到北京参与杨振声编辑教科书的班子,与张兆和结婚,接编天津《大公报》"文艺"副刊,三事联办,到10月就在自己编的副刊上发表《文学者的态度》,批判"玩票白相"的上海文人,引发了"京海论争"。第一个在上海写文章回应北方发难的苏汶(杜衡),在《文人在上海》里就认为一味指责海派"爱钱,商业化"是不公平的,因为上海文人"不容易找到副业(也许应该说'正业'),不但教授没份,甚至再起码的事情都不容易找",结果是"急迫的要钱","一完稿便急于送出,没有闲暇搁在抽斗里横一遍竖一遍的修改"。① 暗指京派作家大部分在大学任教,不像海派作家需牢牢依靠稿费活着的状态。这对于一定的写作态度、作品品质、工作方式,对于写什么和怎样写,确实有举足轻重的影响。这一点杜衡说的倒是真话。

我们还可以举话剧在平津的情况来补充说明之。作为北方话剧运动中心的天津南开学校,早在晚清就由校长张伯苓带头发动,1914年成立南开新剧团,几十年坚持演出,其宗旨"练习演说,改良社会"以提高学生素质为主,张彭春在美国学成戏剧归来后更对新剧团作大力推进。到1930年新剧团演出高尔斯华绥(英)《争强》;1934年重排保留节目《新村正》;1935年隆重推出莫里哀(法)《财狂》(即《悭吝人》),曹禺任主演,林徽因任舞台美术设计。但这些都是依托校园的,与处于话剧中心地上海的话剧演出团体不同。有趣的是,1935年曹禺的《雷雨》在国内和日本首演,到第二年职业性"中国旅行剧团"终于在上海卡尔登大戏院连演三个月,场场爆满,标志了中国话剧商业演出的成功。几乎同步的,曹禺本人在参加母校南开新剧团的演出,不是校庆游艺,便是慈善赈灾,票价一般2角起(对本校游艺演出经常是免票的),实际不计成本(如竟规定"视线不周之座位,均行划出,概不售票"②)。南开新剧团排练一部戏的成本可从曾被当局明令停演的易卜生名剧《刚愎的医生》(即《国民公敌》)剧组1928年确切记下的"赔了六百多元而不能公演"③中透露出来。而如在校外演出,剧票贵者甚至可卖到1元、2元。1929年新剧团和南开大学女同学会在天津法租界明星大戏院联合演出《少奶奶的扇子》《可怜的斐迦》两剧,便是这个高票价,有明确的账目:"共售票得洋1076元,除广告、印刷、租金及其他用费360元外,下余716元。"这里没有列

---

① 苏汶(杜衡):《文人在上海》,载1933年12月1日《现代》4卷2期。
② 见《南开话剧编演纪事(1909—1949)》,收《中国话剧先行者张伯苓张彭春》,人民出版社2009年版,第478页。
③ 同上,第407页。

出制作的成本,只有演出成本,故低于600元(估计前后都在演此剧目,无需专置布景服装)。这余钱716元后来"以一半捐入天津联合筹赈会,以一半归入校友楼(科学馆)捐款"。① 这就是非商业性话剧依托校园而存在的南开新剧团经济状况:它不等着给演职人员发工资,它能找到学校或资助人来做布景服装,即便有了困难也是暂时的(大不了不演。南开新剧团几次不运作的时候校内的话剧演出照样活跃),显示了与京派文坛一样"不差钱"的特点。

平津文坛也有左翼,那才是穷困的文学。除了平津那么多中学、大学里有左翼的文学结社,有校园的左翼文学刊物、文学墙报、油印出版物外,最重要的是存在于1930年至1936年间的"北方左联"和短期的"天津左联"。北方左联又称为"中国左翼作家联盟北方部",也有称为"北方左翼作家联盟"的,似乎名称也难统一。主要的人物有潘训(漠华)、谢冰莹、杨刚、陈沂、台静农等。因为是地下活动,究竟有多少盟员,领导层如何,是隶属上海左联总盟还是独立自成系统,目前研究界尚有不同看法。但它有过几个机关刊物,确实有左翼作品在发表,这一点无疑。如1933年王志之、潘训编辑的《文学杂志》,出版四期(三、四期合刊),发表过鲁迅、茅盾、丁玲、张天翼、艾芜、宋之的、王志之、孙席珍等的作品。同年还有张盘石、陈北鸥主编的《文艺月报》,仅出版3期即遭查禁,登载过茅盾、吴组缃、穆木天、金丁、陈北鸥、张我军等的作品。北方的左翼文学,它为什么没有沪地兴盛?原因有两点:一是离政治热点远了。国民党的政治中心在南京,共产党的领导机关曾经在上海,都不在北平。不是政治压迫严重的地方左翼被压得抬不起头,而是恰巧相反,越是压迫重的地区反抗的力量就越大。所以第一线的上海喊声四起,刀光剑影,激烈异常,北方则相对沉寂。二是左翼文学也离不开出版市场。印刷业、书局、发行渠道自来集中在上海,到了1930年代,上海进入现代繁荣期后就越发如此。除老牌的商务印书馆、中华书局之外,1920年代中后期成立的良友图书公司、开明书店、现代书局,都敢出左翼的书刊:"良友"在丁玲被捕后迅速推出《母亲》;"开明"出《子夜》;"现代"出左联机关刊物《拓荒者》,被封后虽然不得不出国民党民族主义文学的《前锋》杂志,但其主要经营的施蛰存主编《现代》月刊,仍是既登新感觉派小说、象征派诗,也登

---

① 见《南开话剧编演纪事(1909—1949)》,收《中国话剧先行者张伯苓张彭春》,人民出版社2009年版,第424页。

鲁迅杂文。所以能推动左翼蒋光慈名声大噪的,当然是上海的出版界。而北平就没有这样的出版力量,连原先与新文学关系不一般的北新书局在1927年也把总店迁往上海,余下的几个书局平社、星云堂书店等便十分可怜。左翼文学不能在贫瘠的出版环境下生存,所以它并不因北方当局控制薄弱,天津也有租界可用以庇护,政治迂回空间大而能作强势的发展。

平津虽非左翼文学生长的理想之地,却是北方市民文学的福地。平津原来的传统市民社会到了近代发展缓慢,但天津的部分现代化发展却使它如同上海的压缩版,而有了一些例外。天津与上海一样连着海运贸易,租界里有万国的金融银行,街市发达,现代商业文化和北方传统文化相混杂,就有了品味与南派读者不同的市民读者群体。这是北派通俗文学生存的基础。较早的张恨水是安徽南部人(地理位置也属江南),他北漂到北京后因参与《世界晚报》的创刊并连载《春明外史》而走红。但后来,渐渐有了以天津为依托的津籍通俗作家,远远超过了北平。写言情巨作《红杏出墙记》的刘云若是天津人氏,最初的《春风回梦记》在津地《天风报》连载出名,后来的作品都连载于津门的副刊、画报。而上承平江不肖生,下启金庸的武侠大家还珠楼主的代表作《蜀山剑侠传》,从抗战前连载到抗战后,最初也是在天津《天风报》跨出连载第一步的。至于所谓"北派武侠四大家"的宫白羽、郑证因都是天津人,朱贞木虽是绍兴人,却在天津电报局当课员,与还珠楼主是同事,受其影响才走上写武侠之路的。宫白羽少年时代起在北京接受教育,先受新文学刺激,所以自当北京邮员始,就写信向鲁迅、周作人求教。鲁迅指导他到公共图书馆自修,所写文字经鲁迅推荐发表多篇。但等到他回天津入报社,写出的却是用"白羽"为笔名的社会武侠小说《十二金钱镖》。天津作为通俗文学的北方基地,在市民社会、市民读者的特殊性上值得我们注意。

这就可以看出当年平津文坛的独特了。这里生长的文学,形态多样。左翼虽薄弱,但它是作为京派根源的中国学院文化的现代营垒(包括一部中国现代大学的发展史),是京派的栖息地,又拥有现代市民社会的丰富土壤,是后来居上的北派通俗文学发祥之所。

2. 外来作家—学院派作家—新老市民读者:超出地域范畴的文坛

研究香港文学时有一个"南来作家"的概念,我们观察平津文坛可注意"北来作家"。平津文坛主要的作家群是"京派",如果我们去检点一下文学史,那么能占据一定历史地位的平津作家其中大概七八成都是"京派"。我们不妨取钱钟书小说里的一段话来做根据(注意那并非正襟危坐的"京派论",而是用调侃口吻说的,反倒更见得真切),来看京派作家的来源:

> 北京虽然改名北平,他们不自称"平派"。京派差不多是南方人。那些南方人对于他们侨居的北平的得意,仿佛犹太人爱他们入籍归化的国家,不住的挂在口头上。①

所谓"南方人",一般是对长江以南包括长江流域人的统称。"京派差不多是南方人",属于作者的感觉和印象,但真是准确无误的。我现在来给钱钟书的话试做注脚,取比较狭义的 27 位京派作家(如新月、语丝诸身份比较复杂者便先行割爱)来统计,结果是原籍和出生地都属南方的有周作人(浙)、废名(鄂)、俞平伯(浙)、沈启无(苏)、丁西林(苏)、沈从文(湘)、卞之琳(苏)、梁遇春(闽)、朱自清(浙)、朱光潜(皖)、林徽因(闽)、孙毓棠(苏)、何其芳(川)、梁宗岱(粤)、汪曾祺(苏)等 15 人;原籍本为南方由父辈或祖父辈迁京津者,按照中国习惯仍应算南人的是曹禺(鄂人生于津)、凌叔华(粤人生于京)、林庚(闽人生于京)、焦菊隐(浙人生于津)、江绍原(皖人生于京)共 5 人;纯平津籍和北方籍的有萧乾(京)、冯至(冀)、李广田(鲁)、李健吾(晋)、师陀(豫)、杨振声(鲁)、李长之(鲁)计 7 人。这样初步统计,京派之中的南籍与北籍的比例是 20:7。平津籍的作家主要未统计在内的是老舍,还有刘云若等几位市民作家,而属于南籍却不能算入"京派"的平津作家,至少有胡适(皖)、徐志摩(浙)、闻一多(鄂)、冰心(闽)、梁实秋(浙人生于京)、张恨水(皖)等,且都是大家。所以这个"北来作家"的名单并不完全,而外来的文人占了大多数,平津籍本身很少,是没有疑义的。这与晋宋两朝南渡,长江流域经济逐渐超过北方后南方的发达有关。由文化而及政治,元明清三代科举取士南方更优于北方,北迁的官僚阶层文化积累的优势,当然就造成这种平津文人多南人的现象。

这种南人优势便是文化优势。以上统计过的 27 名京派作家,如果再从是否属于大学师生背景或有无受过大学教育来调查,就更加彰显。因如沈从文这样仅有小学不完整学历的作家,因胡适的推荐开始在中国公学教书,

---

① 钱钟书:《猫》,《人·兽·鬼》,福建人民出版社 1983 年版,第 21 页。

继而在青岛、北平、昆明的大学任教后,他也具有"大学师生背景"了,那么27人中就只有一人即师陀,和大学无缘。而26名与大学有关的京派作家如按是否出国留学或访学来统计,15人是具国外留学访学经历的,11人没有,前者超过一半,这个比例也相当惊人,便晓得京派的知识精英比例有多高了。

南人北来,又是高学历,这种学院文化的创作会带来哪些特色,我们将在下一节集中讨论。但是在平津,一方面原来以中原为基础的北方传统文化必然要受到南方文化的冲击,一方面学院能够伸向世界文化的触角必然是绵长、灵敏的,所以平津文坛的地域特点就会受到消解。它与其他各地文坛固守地方的文化就不尽相同,更呈多元性。京派的写作几乎没有北京天津味,都留给了老舍,留给了通俗文学,于是纯文学这一块就显得开放超然得多。

老舍创作给我们的启发之一,是如何来看待平津的市民读者。在老舍的《离婚》《骆驼祥子》《四世同堂》里面,老派的市民安分守己,朴素信实,衰败、妥协、封闭。为什么老舍写老派市民充满同情?写洋学生出身的人物就带嘲笑、揶揄?因为平津地区在清朝覆灭、民国北洋政府垮台这两次历史大变故中,沉淀下无数的老派市民。老舍的满族身份使得他视野之内充满这些旧派市民。老舍师范毕业只受过中等的新式教育,如果不是到英国教书,他的淡漠"五四"、淡漠新文化的态度不知何时能够改变。所以他的母亲(还可延伸到鲁迅的母亲)所构成的市民社会,必然不是读"京派文学"的洋学生,而只能是读通俗文学的旧市民读者。平津读者至少有这样的分野。

这样的平津文坛,高可悬于古城洋场之上,低即沉于市井里巷之间。为什么北方好的大众画报如老牌的《北洋画报》,还有《147画报》《369画报》都在天津?为什么从事纯文学的作家都不往天津去?而宫白羽在北京时想搞新文学,搞通俗文学的时节就回到天津?是因为津门这地方才有商业文学的气息。而在北平,就会出现林徽因东总布胡同的"太太的客厅",以文学谈吐的高雅、前卫和女主人亲做的西式点心出色而闻名。还有一个古色古香的文学沙龙,是敌伪时期北平八道湾周作人的"苦雨斋",在那里周的友人和四大弟子拥有的是象牙塔里的文明批评及得半日之闲于瓦屋纸窗下的清茶一杯。这与上海文坛比较,就容易避俗。平津文坛因它的文化结构,终成为一个并非世外桃源,却带点超然性的文化地带。

平津文坛还是个互渗、互补的文坛。纯文学以北平为主,俗文学以天津为主,是自然的分工。但这不是说北平的俗文化的底子就不厚。如果不厚,怎么能产生张恨水,产生老舍?也不是天津出不了大作家,而是出了作家就自然流到北平去了,像曹禺、李霁野、焦菊隐。五四时期北京有著名的晨报副刊、京报副刊,到了北平时期,好的副刊在北平编,却都在天津出版了,如《大公报》的"文艺"副刊,《益世报》的"文学周刊"就都是如此。平津文坛的辐射力虽然遍布全国,但与它最能互补互渗的要数东北文坛——这是一个好题目,可以研究关永吉、李克异、梅娘等三类东北乡土的、现代派的、通俗的作家,是如何流向平津的。至于延安文学、华北解放区文坛和平津的关系,更是个新课题。比如我听跟着贺龙到过冀中根据地的沙汀说过,他很惊奇于华北的农民有观看露天剧场、广场话剧的喜好。如果说这和河北定县熊佛西的"农民戏剧实验"有关,那么熊佛西是"燕京"出身,从美国留学回来也是一直在北平各大学任教的,便也涉及平津文坛。这对于我们认识这个文坛的超越性,都不无关联。

3. 旅居催动回忆—书斋前卫—民间阳刚:于文学中心之外的文坛

我们来初步探讨一下,这样的独立于文学中心以外的文坛,会给创作带来些什么特质。

既然很大一部分的作家是"外来"的、"北来的",那么,他们在平津这块文化土壤上就不是本土作家,而是"旅居作家"。这种"旅居性"所带来的是"回忆性"写作。这一点,鲁迅在总结"五四"时期北京的"乡土文学"时,就已经充分注意到了。他说起蹇先艾、裴文中、许钦文等人来是:

> 凡在北京用笔写出他的胸臆来的人们,无论他自称为用主观或客观,其实往往是乡土文学,从北京这方面说,则是侨寓文学的作者。……不过在还未开手来写乡土文学之前,他却已被故乡所放逐,生活驱逐他到异地去了,他只好回忆"父亲的花园",而且是已不存在的花园。①

这里使用的"侨寓"一词就是"旅居"的意思。而旅居者容易产生的是"乡土文学"。他们因为生活被从故乡"放逐",便只好"回忆",鲁迅说得很是清楚明白。《父亲的花园》是许钦文一篇小说的名字,你可以说凡回忆乡

---

① 鲁迅:《〈中国新文学大系〉小说二集序》,《鲁迅全集》第6卷,人民文学出版社1981年版,第247页。

土的写作都是在重返"父亲"带给你的那个童年百草园。这类乡土回忆在"五四"作家手中侧重于对封建乡土的"暴露",而在"京派"文人笔下则是诗化般的再造重铸,及对现代社会的反思。我们看沈从文《边城》的题目,他已经是站在中国首善之区、中心之地来看待自己遥远的故乡土地了。在他的《从文自传》里,《我所生长的地方》《我上许多课仍不放下那一本大书》《学历史的地方》这些题目在时序上都是回述的。而《湘行散记》这部散文集子本身就是作者回乡探母病的"湘行"记录。沈从文的湘西辰河上下仍是明丽,但现代的"侵入"已是无可避免。这鲁迅《故乡》式的返乡叙事,就是沈从文的回忆写作。废名的《浣衣母》《竹林的故事》《桃园》《河上柳》也是对湖北黄梅家乡逝去的人物、人情的回溯。《桥》的开篇《万寿宫》写祠堂壁上漫漶的文字,"请看,这里有名字,'程小林之水壶不要动'",就引你发童年之幻想了。在这方面沈从文起初是学废名的。师陀是倒叙的里手,《无望村的馆主》《果园城》这种名目及内在弥漫的忆旧的气息是如此浓厚,《落日光》《里门拾记》这些散篇仿佛在低吟着衰败的乡土,如烟,如泣。而萧乾的第一个小说集名为《篱下集》,述说他少年时代在京城寄人篱下的日子,他的幼年情结无处不在。京派"最后一个作家",并未真正在平津写作却最得老师沈从文真传的汪曾祺,借故乡高邮写乡土社会"最后一个"用木车床劳作的《戴车匠》,"最后一个"孵鸡赶鸭出神入化的《鸡鸭名家》,他的继承性的突出之点,也在这里。正像我们如果要继续寻找京派回忆性写作的精品,剖析每一个京派个性鲜明的回忆性写作的特点,是举不胜举的。这是"旅居"带给作家的恩物,造成了现代中国乡土文学奇峰迭起的不凡景象。

此外,平津文坛既然拥有众多文化教养很高的作家,就必然给写作带来书卷气,带来书斋文化的气味。那么多大学教授组成的作家队伍,很多人是文学创作与学术研究兼任的。周作人教中国文学、西方文学,兼通现代人类学、民俗学、心理学、社会学等。江绍原本来的专业是宗教学,又心仪民俗学而与周作人不断切磋、请益。像闻一多、朱自清、俞平伯都一边写诗、写散文,一边研究古代学术。废名在北大教国文、英文、古典诗歌研究(开陶渊明、李义山的课),还讲《孟子》《论语》;他研究古典哲学、佛学,与熊十力观点不一,争论时竟如交手打架一般;发表小说《莫须有先生坐飞机以后》的同期,还在佛学刊物上发表论文《佛教有宗说因果》,1940年代写成佛学著作《阿赖耶识论》。平津作家中甚至有的文学仅是副业,比如林徽因的主业是古建筑,长诗《宝马》的作者孙毓棠是清华大学历史教授,中国独幕剧、轻喜剧的重要作家丁西林在英国学的是物理、数学,而且始终在国内是以著名物理学家主持研究所的。这样的一群作家,他们文学创作的知性特点便十分明显。连与乡民联系紧密无隙的沈从文,都有对《法苑珠林》佛经故事改写小说的兴趣,写成了《被刖刑者的爱》《扇陀》等。京派剧作家有一部分充满睿智,剧本适合于书房阅读甚于剧场演出的,如李健吾的代表作《这不过是春天》书面性就非常强烈。"苦雨斋"的闲话小品,从题目看多序跋、书简、学术随笔,文题多忆旧、读书记,谈古论今,舒展平淡。俞平伯的小品多历史记游、学术文,喜写梦,为重刊《陶庵梦忆》写跋,写过《芝田留梦记》《梦游》《梦记》诸文,百则笔记总名《古槐梦遇》,真是书斋说梦不止。周作人借谈俞平伯的文字,总结这一派崇尚自然的絮语文的好处,是"有知识与趣味的两重的统制"①,强调了"知识"。他说的"趣味"多半也是文人的,所谓涩味、简单味,从书本来,到书本去的味。

　　平津学院派的文学会有先锋意味,是它与世界文学进程保持同步的一个明证。沈从文的"本色乡土"内含的现代性叙述,要到昆明时期才使前卫性尽显;林徽因的小说却从一开始就被刘西渭说像英国现代体;废名的先锋性无论诗歌小说都很显著,再添加上东方的"禅意";何其芳获《大公报》文艺奖的散文集《画梦录》被公认颇具实验价值。我们再看京派诗歌,内含了中国现代主义实验诗的一大系统(当然左翼诗歌里如后期创造社也有象征诗),从最早的"抒情诗人"冯至到年轻的"汉园诗人"之一卞之琳,从早期象征诗到后来成熟的十四行诗和现代诗,都是平津文坛生长出来的硕果,直到沦陷前后还产生出陆志韦、吴兴华等学院派诗人。因为华北沦陷区既有乡土写作、通俗写作,小说方面还有袁犀(李克异)的《贝壳》《绝色》《手杖》的现代派创作,现代主义的引入是很全面的。假若从李金发最初的现代主义诗集都是在北新书局出版算起,先锋文学持久地在风沙漫天的北方徘徊,究其因,是个值得探讨的课题。

　　最后还应提到平津作家的民间趋向。平津文坛再超越,它毕竟是中国北方的文坛,它不可能不受到平津地方文化的浸染。鲁迅引过黎锦明的话来说,"在北京生活的人们,如其有灵魂,他们的灵魂恐怕未有不染遍了灰色

---

①周作人:《〈燕知草〉跋》,《永日集》,岳麓书社1988年版,第78页。

罢"①。这包含了四合院的灰墙、街市的灰土和沙尘蔽日的天空,却并不是全然颓废的"灰",而是胡同文化的淳朴、传统、守旧、安分守己、吃喝拉撒睡的"灰",是小民的有活气、也易混吃等死的"灰"。我们读老舍、老向(王向辰)的文字,老舍从小羊圈胡同贫民区出发的叙事,老向的小说集《黄土泥》《民间集》,从河北黄土泥写到北京胡同的黄土地,两人都熟知北地的民俗,如婚丧、问巫、玩耍、杂艺,从中了解民性。焦菊隐能将"北京人艺"最后带入表现北京平民最普通的社会人生的境地去,这不是一日之功。"平民意识"成为平津作家普遍的思想倾向,不论是在东直门城墙根长大的萧乾,还是名门闺秀出身的冰心、林徽因都有。萧乾写《邓山东》《印子车的命运》很自然,冰心会写《分》,林徽因写《窗子以外》《文珍》《绣绣》,将劳动人民摄入自己眼底也不为怪。林庚在诗里不还将北京的街头写入了吗?所以,北平、天津的民间营养丰厚,一定会进入文学。如果北平的胡同大杂院可以进入老舍笔下,高门深院可以在张恨水的《金粉世家》里得到表现,那么北平天津的风格也会迂回曲折地进入北方技击派的武侠小说之中,如郑证因他熟悉北平武门(曾在北平国术馆学太极拳),又熟悉津门帮会仪式和黑社会内幕,其武侠小说的"阳刚"之气正是北派苍茫、阔大的一个代表,并对以后硬派技击小说的发展发生着影响。民间血液流淌在平津文坛之间,与文人传统一旦拍合,必是北方的优势。

于是,我们看到北方文坛执了两头:南人占多数的北方文人圈子必然令南北融和,纯文学和政治文学、消费文学的兼有,同样也会使三者相互掺杂。它如果永远离开"中心文坛",就可以长久地不归并到一统的文学模式中去,那会有怎样的前程呢?可惜这仅是假想。

2011 年 8 月 9 日草成
8 月 24 日改于京城小石居

---

① 鲁迅:《〈中国新文学大系〉小说二集序》,《鲁迅全集》第 6 卷,人民文学出版社 1981 年版,第 249 页。

强调基本的语文材料和自主读写

我的青少年时代几乎经历了新中国中小学语文"学"与"教"的全过程。起初是在小学接受苏联的"红领巾教学";到中专后读过"文学""汉语"分家的四册《文学》课本,从《诗经》到《暴风骤雨》纯是中国的,体式上却抄袭苏联达到极致,以后就抛弃了。后来教了近二十年的中学语文,正赶上从压顶一般的政治思想教育向"双基"教育微妙过渡的时候。中国是个善于利用汉字简称来演化成干脆的、也是奇妙的口号的地方,这个"双基"现在自然需要注释了,它是指"语文基础知识教学和基本技能训练"。它的理论基础是"工具论",即人类的"语言文字"是个工具,只看谁去使用。它并没有说"语文"(可解释为"语言文章")无阶级性,没有说不需要政治思想教育。所以现在有的人批判旧的语文教育,说完全是进行工具性的字词句篇的语法训练,倒也有些不符事实。问题是再二十年之后,当我已经长期脱离语文教育实践,一问之下,才知道过去那种单纯为某条路线、某种政策服务的政治思想教育理所当然地已遭到了排斥,可是"工具"训练却大行其道,且愈演愈烈。以至于在目前商业潮流汹涌澎湃的世态风气下,我们的孩子们还在那些枯燥、乏味、狭窄、非经典的语文课本里深陷,拔不出脚来。这太可悲了。

于是,我就生出了一个理想,想使语文回到人文精神的耳濡目染和好的语感、好的读写能力共生的道路上来。想要让孩子们一代代恒定地阅读人类进步文化迄今为止给我们留下的经典语文,要让孩子在阅读中成为现代的大写的"人",成为有思想,有知识,有开阔视野,有独立品格,文理交融,能读会写中国语文的"人"。这个目标说起来也无所谓新,只是旧的因循势力太大了,不得不用点力量来突破一下,呐喊一声。

我觉得基本的语文材料是很重要的。我小时候读过《白雪公主》《灰姑娘》《爱丽丝漫游奇境记》,那都是世界童话名著,后来又读了许多无用的东西,浪费生命。如果你让你的学生从小就读《独立宣言》《人权和公民权宣言》和《共产党宣言》,读安徒生、叶圣陶童话和伊索寓言,读《安妮日记》《昆虫记》,读泰戈尔和冰心的小诗、日本俳句、唐人绝句,读鲁迅、爱因斯坦的短文,读柏拉图和马丁·路德·金的著名讲演,读孔子、孟子、庄子、老子、普希金、雨果、李白、杜甫、塞万提斯、惠特曼、莎士比亚、托尔斯泰、苏东坡、海明威、陀思妥耶夫斯基、荷马、但丁、屈原、陶渊明、歌德、老舍、沈从文、巴金等等,等等,那么,他们会了解一个怎样的世界,会循着什么样的路走他们的人生,并发出自己的声音(语言和语文),相信他们自会选择。

现在的问题是我们能否给孩子们创造一种无拘束的自由读写,平等地与大师"对话",进行心灵和语文交流的环境。这就是"自主"的学习原则,和老师启发、调动学生"自主"学习的教育原则。一切均围绕"自主"读写语文而进行,凡能够达到"自主"的,就是好的。比如提倡高声朗读、背诵、复述、转述经典语文,并不是强调背诵等传统方法中所包含的强制、灌输的因素,而是认为它们与沉浸在一个融会的境界里去用生命来体验语文的古往今来的经验(包括现代的经验)相吻合。简简单单的背诵一事,也有旧的理解和全新的体会之区分。每个语文老师要反省一下自己的语文学习得失,把个人化的"自主"读写经验转化成你的教学现场,这就是我们为什么还需要一个一个语文教师来"教"的缘故。

2003 年 8 月 14 日改于京城小石居

为大学语文写的知识短文四则

现代散文概述

一

　　中国现代散文不过百年的历史。如果从准备期算起,一般以梁启超的"新民体"为代表。梁启超在《新民丛刊》《时务报》上鼓吹变法维新思想所写的时论,其汪洋恣肆的笔法,可谓"纵笔所至,略不检束","笔锋常带感情",运用松动易读的文言文体,处处显出向白话文过渡的色彩。到了"五四"时期,现代白话文正式走上文学舞台,周氏兄弟可以作为标志。以后,鲁迅的社会批评杂文和周作人的冲淡言志小品,正划时代地指出了散文发展的两大途径。而在"五四文学革命"同一营垒里的作家们,因为诗歌、小说、戏剧的改革都要更多借助于外来的文体形式,现代散文写作却可顺着汉语有效变革的道路前进,有更深厚的传统做后援,一时的创作就显得十分绚丽。鲁迅在综论古今散文的几度转折轨迹时,便说过:"到五四运动的时候,才又来了一个展开,散文小品的成功,几乎在小说戏曲和诗歌之上。"(《小品文的危机》)"几乎"一词虽含有不确定性,虽暗示了散文的超出并不是那么大,但毕竟在一般人以五四小说成功为主的结论前面,提出了使人耳目一新的见解。一直到今日,现代散文活跃在报刊杂志上,最贴近我们的日常生活,依然是多姿多彩的一种文学样式。

　　散文的概念有广义、狭义之分。在广义上,除韵文、骈文之外的一切散行铺写的文字,都是散文。如按这种概念来涵盖,小说也属"散文"。在狭义上,按照通常文学作品的"四分法",即与诗歌、小说、戏剧并存的那个门类,皆为散文。我们这里用的便是后者,是文学性散文的概念。

　　对现代散文形成的渊源,历来有不同说法。归并起来,不外乎是两大种。一种是认为虽然散文在新文学内部是受外来影响最小的,但英国随笔对中国散文的调整意义不可低估。比如鲁迅就承认"因为常常取法于英国的随笔(Essay),所以也带一点幽默和雍容"(《小品文的危机》)。我们读不同思想类别的散文,如文学研究会的朱自清,《语丝》时期和《论语》时期的林语堂,《现代评论》和《新月》时期的徐志摩、陈西滢,特别是醉心于兰姆"伊利亚随笔"的梁遇春,不难看出英国絮语小品对于他们的渗透都是很明显的。即便是鲁迅,他经过日本厨川白村而接触到西方的"文明批评"和"社会批评",1925年翻译的《出了象牙之塔》里就有对英国随笔的专门评述,可见他自然也是熟悉并领会到那种随笔的精神的。至于另一种提法,认为主要是中国自身传统的影响,那就很显然了,或追溯到太史公《史记》的笔法,或追溯到魏晋风度,或追溯到明的公安派、竟陵派散文。后者的提倡者是周作人、林语堂等。林语堂由明人小品揭出"性灵"的大旗,周作人从传统的"载道"和"言志"的两途来强调公安竟陵的文艺复兴运动对现代散文的作用。尽管各方的意见都有出入,但大体能看清楚现代散文从一开始就做出的中西融会的努力,这点是没有疑义的。

真正的区别来源于不同作家在思想文化上的差异。我们可以看到,仅仅是上世纪二、三、四十年代所发生的各种散文文学思潮,就一直是在强调散文的社会性功能还是偏于散文的个人审美感悟两者之间做激烈振荡。如"新青年"团体的"随感录"写作,鲁迅等对"语丝文体"的讨论,与陈西滢"闲话体"和徐志摩唯美体的对峙;有左翼的《太白》和林语堂的《论语》《人间世》《宇宙风》围绕着"小品文"产生的争论;有"左联"对及时反映社会现实的报告文学的倡导和纯艺术散文《画梦录》的出现;加上持续不断的关于鲁迅式杂文到底要不要继续写下去的论争,1934年"杂文价值"的讨论,1938年"鲁迅风"的讨论,1940年"重振杂文"的讨论等。这之间自然牵扯到政治和意识形态,但就其冲突的内在性来看,也时时关系到散文的性质问题。

现代散文的流变,还离不开现代白话的变迁历史。我们读陈独秀、李大钊、鲁迅的文字会有古今文白相杂的感觉,那是现代白话运用的过渡期。朱自清在《论白话——读〈南北极〉与〈小彼得〉的感想》里说清末新派的书面语是"旧小说,文言,语录体夹杂在一块儿"的。他把周作人称作是第二代的"新白话",即"'欧化'的白话文","中文里掺进西文的语法",以后还有点"日(本)化"。待到老舍的文字一出,采用活的北京话去调和欧化白话的倾向,便渐渐显出了实绩。从此,口语化和欧化两者之间的关系,就一直成为中国作家尤其是散文家关注的焦点。徐志摩、梁遇春便有些欧化。萧红将口语融入书面语似要比张天翼、沙汀还来得不露痕迹。废名的试验是把还能利用的古典句式巧妙加入,造成简约的、涩味的诗意。而梁实秋、汪曾祺的平实幽默文字,更让现代白话出落得纯净、纯白、纯美。这是我们在今日每天的报章杂志阅读中继续可以观察到的现象,即时代推动现代汉语的发展,因而丰富了多样的散文创作;而散文语言的实践,反过来又会推动现代白话的进步。比如当前中国市场经济的发展,促进了台语、港语、粤语对普通话(国语)的影响力,全球化的进程会造成新的欧化语袭入的机会,这些,都会对散文的演变发生潜在作用的。

二

现代散文理论的发展相对滞后。一般认为散文的构成要素是:议论、叙事(写景)、抒情、说明。作者的情感和知识,能将这四者搭配起来,如串珠的线索,或结合的黏剂。它们复杂的互相搭配方式,可以形成各种各样的散文体式和类型。

在百年的现代散文形成过程中,相继出现的重要阐述文字有:周作人的《美文》(1921)引入外国文学的概念,将文学散文定名为"美文"。鲁迅在1925年翻译了日本厨川白村《出了象牙之塔》,其中介绍了英国的小品随笔和"文明批评""社会批评"的文艺主张。这是现代散文开创期间最重要的文献。到"五四"散文时期刚一结束,便有总结性的文章出现,如朱自清的《论现代中国的小品散文》(1928)、周作人的《〈中国新文学大系·散文一集〉导言》(1935)、郁达夫的《〈中国新文学大系·散文二集〉导言》(1935)。朱自清文引用胡适《五十年来中国之文学》所说"(小品散文)这一类作品的成功,就可彻底打破那'美文不能用白话'的迷信了",提高散文对建立现代文学地位的历史作用。下面这段话经常被用来证明当时散文成绩的丰富,也出自此文:"就散文论散文,这三四年的发展确是绚烂极了:有种种的样式,种种的流派,表现着、批评着、解释着人生的各面,迂流曼衍,日新月异;有中国名士风,有外国绅士风,有隐士,有叛徒,在思想上是如此。或描写,或讽刺,或委曲,或缜密,或劲健,或绮丽,或洗练,或流动,或含蓄,在表现上是如此。"周作人的"导言"梳理了晚明以来中国散文的生成史,表明他的散文观。他对散文语言的想法也从自己的喜好出发:"以口语为基本,再加上欧化语,古文,方言等分子,杂糅调和,适宜地或吝啬地安排起来,有知识与趣味的两重的统制",很可参考。郁达夫"导言"概括了现代散文的四个特征,其中"最大特征,是每一个作家的每一篇散文里所表现的个性,比从前的任何散文都来得强"。在散文的品性方面,鲁迅的《小品文的危机》(1933)和林语堂的《〈人间世〉发刊词》(1934)正相对峙。鲁迅主张"生存的小品文,必须是匕首,是投枪",林语堂主张小品文"以自我为中心,以闲适为格调"。梁遇春的三篇序:《〈英国小品文选〉译者序》(1928)、《〈小品文选〉序》(1929)和《〈小品文续选〉序》(1930),谈英国式的小品都很到位。瞿秋白的《〈鲁迅杂感选集〉序言》(1933)是典范地运用马克思主义文论分析鲁迅杂文的文字。胡风的《关于速写》(1935)、茅盾的《关于"报告文学"》(1937)论述当时新出现的叙事散文文体,非常及时。而比较少见的是专门论述散文内部特质的文章,朱光潜的《散文的声音节奏》(1943)就算是凤毛麟角了。当时曾出版过几部散文研究专著,如石苇的《小品文讲话》(1932)、李素伯的《小品文研究》(1932)、叶圣陶的《文章例话》(1937),后者因面对中学生,影响较大。

但更多的还是散文家自己谈散文写作心得的各种零散文字,也有一定理论价值。而且偏于经验性的文论范畴,包括散文的笔法、文眼、剪裁、谋篇、炼字、造境、风格、神韵等等,是富有中国特色的谈法,可以借鉴。

三

现代散文经过长期的实践与时间筛选,有八种类型相对成熟,它们是:杂文、絮语小品、人物记、报告文学、序跋、游记、诗散文、科学小品。

杂文。以鲁迅为代表。杂文能在文学散文中得以确立,多半也是依靠了鲁迅的成就。这一路的杂文家加上鲁迅逝世后延续下来的,有瞿秋白、徐懋庸、唐弢、巴人、聂绀弩、秦似等。其他派别的杂文家有陈西滢、林语堂、夏丏尊等。杂文属于议论性的批评文体,它的篇幅短小,取材广泛,形式活泼多样,如随感、时评、对话、语录、书信、日记、序跋、论文、演讲等,几乎连记叙类都可部分地进入,所以有个"杂"字。本课文选了鲁迅的《灯下漫笔》《论睁了眼看》《春末闲谈》,都是他的早期名篇。单以鲁迅的杂文来总结,这一文体的主要特征是:富有思想锋芒,擅长谈论历史经验,并对各种社会现象进行文学的"典型化"。所谓"论时事不留面子,砭锢弊常取类型",著名的"落水狗""二丑""西崽""做戏的虚无党""挂着铃铎的山羊",都是他在杂文中创造出来的形象,现在还可当作社会上的"普通名词"来读。另一点是议论的诗化,包括感情的植入,抒情气质,理趣,幽默感,讽刺的运用等。

絮语小品。这是指吸取外国随笔发展而来的散文,主要作家有周作人、林语堂、丰子恺、梁遇春等。丰子恺的《手指》,梁遇春的《春朝一刻值千金》,都是这类优秀的小品文。它的特点一是生活化,举凡身边能感受到的大大小小事件,尤其是读书消闲、鱼虫花鸟等琐屑事情均能入题。二是有知识和情理的两重协调趣味。三是拉闲扯散,亲切、率真,如冬日炉边闲话,娓娓不倦。如果在社会斗争激烈的时期人们想从杂文中吸收思想力量的话,那么在生活稳定的和平时期大家需要学习和娱情,此类小品文便会发达。

人物记。这是记叙类散文的一种,记写人物,或回忆人物。许多小说家兼散文家的人,都写出过杰出的人物记。如鲁迅的《藤野先生》、萧红的《回忆鲁迅先生》、沈从文的《记丁玲》都是脍炙人口的力作。朱自清的《背影》写父亲为自己送行时留下的"背影",情感真挚隽永,流传极广,也可归入此类。

报告文学。这是文学和新闻相结合的散文体,讲究新闻的真实性、及时性和文学的描述性,受外国"报告文学"("特写""速写")的启发而在战乱环境下得到大力发展。最早的作者往往是记者出身的,以记事记场面为主,如任《晨报》记者的瞿秋白赴苏联采访发表的《饿乡纪程》和《赤都心史》,任《大公报》记者的萧乾所写报导灾荒的《鲁西流民图》和报导二战战场的《银风筝下的伦敦》,也是《大公报》记者的范长江写《中国的西北角》等。后来作家写这种文体有名的,如剧作家夏衍的《包身工》,小说家沙汀的《随军散记》,都很有影响。当前有一种"纪实散文",大体属于同类。

序跋。这是属于应用性的散文,在中国古代极为多见。一般不具文学性的序文跋语,我们可以将它看作应用文。本书所选胡适、郭沫若、黄仁宇的序跋都是历史考证学科的文章,就是这一类的。顾颉刚的《古史辨》的自序就比较复杂,有学术话语,也有自传内容。但我们读鲁迅的《〈呐喊〉自序》,看到那段著名的关于"铁屋子"的对话,就被带进了"五四"前后的氛围中去,如读记事散文一样。他的《〈野草〉题辞》简直就是一篇诗。

游记。在古代散文中,这种文体向来发达。现代作家中,朱自清和俞平伯两位所写同名的《桨声灯影里的秦淮河》,是文坛佳话。原写小说的郁达夫在三十年代开始发表游记,集有《屐痕处处》。沈从文两次重返故乡而写的《湘行散记》《湘西》,记录了三四十年代真实的中国边地风光。其他如吴组缃的《泰山风光》、废名的《五祖庙》,都是现代游记的代表性作品。游记虽然以写风景为主,讲究的却是写者要融入景物,有个人对风光的独特发现。

诗散文。也称散文诗。很明显是介于散文和诗歌之间的文体。这是受外国文学影响而在现代兴起的新体裁。鲁迅的《野草》因解剖自己之深切,是很难逾越的杰构。许地山的《空山灵雨》蕴涵宗教情怀。特别是何其芳的《画梦录》,开创了中国象征体与现代独语相衔接的诗散文体式。顾名思义,诗散文的外表是散行文字,但包含浓厚的诗的情趣和意境,将散文的抒情功能提高到极致。

科学小品。我们本还可以谈谈日记(如鲁迅的《马上日记》)、书信(鲁迅、许广平的《两地书》,徐志摩的《爱眉小札》等)、传记(胡适的《胡适自传》,沈从文的《从文自传》)、读书笔记(梁实秋的读书札记)等散文文体,但因本书是专为理工科学生编的,相信介绍一下科学小品会使大家感觉亲切。一般认为,中国的科学小品写作也始于鲁迅,他1903年发表的《说鈤》介绍了放射性元素"镭",不过是用文言写的。较早提出这个概念并开辟栏目提倡写"科学小品"的,是1934年的《太白》半月刊。主要有周建人(克士)写生物学小品,后出版《花鸟虫鱼》集;还有贾祖璋的《鸟与文学》,刘薰宇的《数学趣味》,顾均正的《科学趣味》等。后起的高士其于1935年开始写科学小品文,以微生物为题材出版了《细菌与人》《细菌的大菜馆》等书。董纯才写有《动物漫话》。科学小品后来发展为科普读物,以少年儿童为主要读者对象,有远大前途。只是中国有条件写这种小品的人不多,而最优秀的散文家愿意写科学小品的确实也少见。

现代诗歌概述

一

中国现代诗歌又称"新诗"。"新诗"的概念至少包含了这样两点,一是使用白话,不使用文言,二是打破原来近体诗森严的格律,实现了诗体的解放。由于中国在古代是一个诗歌的国度,诗歌为古典文学之正宗,伟大诗人辈出,经典诗作车载斗量,传统的力量十分强大,所以,新诗作为从古代形态向现代形态转型的诗,作为反叛"旧诗"的诗,就成了"五四"文学革命最早的突破口。早期白话诗如果从《新青年》2卷6号登载的"白话诗八首"算起,那一年是1917年。胡适的《尝试集》作为最早的新诗集,出版于1920年3月,也要比最早的现代短篇小说集1921年10月出版的郁达夫《沉沦》早一年多。但是,新诗虽已经存在近百年了,它的经历却又是最为艰难的。这同样是中国旧诗太过于辉煌,对新诗产生"压迫"的缘故。当人们站在21世纪初的门槛之上,来总结新诗迄今为止的成绩,试掂一掂千年前的"床前明月光,疑是地上霜""月落乌啼霜满天,江枫渔火对愁眠"的句子,就会觉得一时难以张口。无论是学术界或民间,要谈新诗是否真正"成功",都不会不引起分歧的意见。好在它是我们民族的现代诗,是通向世界的诗,它并没有终结,未来的时间是无限的,这些仍是新诗的优势所在。

新诗的根源,也与现代小说、话剧和散文略有不同。散文在中国古代根底极深。小说、话剧基本是西洋文体的移植。而新诗的"诗形"受外国诗歌的影响虽然明显,不过"诗的语言"只能从汉语发展的历史往前推进,"诗思""诗情"最终无法脱离本土。旧体诗不是在一天衰微下去的,新诗的酝酿要从清末戊戌维新时期的"诗界革命"说起。"诗界革命"的倡导者是梁启超,代表性作家是黄遵宪,除了"诗体"未能跳出旧圈子外,已能将现代事物入诗,将外国词汇入诗,并提出"我手写我口"的主张,就是说在旧诗中尽力容纳了将来新诗的成分。胡适认为自己的白话诗也是受到宋诗"作诗如作文"的启发的。这都说明,要想理解新诗,从一开始就不能仅仅考虑西方诗歌(原诗和译诗)的单方面的渗透力,而要注意"传统"的复杂转换过程。

如要简明地勾勒出现代中国新诗的发展轨迹,可用以下六位诗人作为标志。那就是胡适、郭沫若、徐志摩、戴望舒、艾青、穆旦。一、胡适是"五四"白话诗的第一人。他的诗最能体现新旧过渡的色彩,就像裹成的小脚再来放大。比如《鸽子》:"云淡天高,/好一片晚秋天气!/有一群鸽子,/在空中游戏。/看他们三三两两,/回环来往,/夷犹如意,——/忽地里,翻身映日,/白羽衬青天,/鲜明无比!"文字意境已经够直白舒展的了,但不仅夹杂"夷犹如意"这样的文言词汇,细细揣摩,其中还有说不尽的旧词令的况味。二、写《女神》的郭沫若,是真正确立了现代诗体的人。他的叛逆精神和大胆想象,如"我是一条天狗呀!/我把月来吞了,/我把日来吞了,/我把一切的星球来吞了,/我把全宇宙来吞了,/我便是我了!"(《天狗》)与"五四"狂飙突进的时代和个性解放精神完全合拍。他的诗摧枯拉朽般地洗刷掉了旧诗的痕迹。三、徐志摩(也可包括闻一多)规范了新诗。本书所选的徐志摩《再别康桥》,闻一多《死水》,是公认的新诗典范。四、戴望舒树起了中国现代诗歌的新旗帜。本书所选《我的记忆》一诗的发表,被普遍认为是现代诗派的起点。他使得中国新诗与世界同步。五、艾青是现代中国诗歌集大成者。本书所选他《我爱这土地》等诗,是民族性和现代性兼有、中西诗学高度融和的诗。六、穆旦的诗是当时中国表现得最前卫的诗,并没有脱离中国,却是指向未来。

要问:近百年过去了,为什么时至今日许多提倡新诗的人还会大量写作旧体诗,甚至连鲁迅、茅盾、郭沫若、钱钟书都不例外?还有,假若能写出部分容纳现代人思想感情的旧体诗,那么它是否能属于新文学的范畴？这不是一些容易回答的问题。正因为旧体诗到今天还有那么多的作者和读者,因此一些人提出应把旧体诗写入新文学史。同时,又遭到许多人的反对,认为旧体诗归根结底不是现代诗,顶多只能作为新文学对峙的一面来写。我们应当历史地看到旧体诗在"五四"时代的非进步性,它曾发生过的扯后腿作用。到现在仅仅是聊备一格。因为它的格律有束缚思想的一面,也有符合汉语形式美的一面。但写入现代文学史时应当谨慎。毛泽东、聂绀弩是两位旧体诗创作的卓越诗人,毛泽东的旧体诗是文人化的、政治化的,聂绀弩的旧体诗是口语化的、个人化的。当然,今日的现代人已经没有时间来掌握那么复杂的旧诗平仄声律了,所以对于大部分的人来说,与其那么费力地写作去糟蹋它,不如把主要精力放在阅读、欣赏中国唐宋以来那些绚烂的经典旧体诗作上。

二

新诗自来有两条大的发展线索,一条是时代化的倾向,千方百计要扩大诗歌表现社会的功能;一条是主张个人化的探求诗歌自身的艺术路途,甚至提出"纯诗"的概念。在过去,身处其中的诗人也好,后来的评论家、文学史家也好,往往把这两方面认作是绝对对立的。现在我们已经有条件看清楚,这两者虽然有许多不同的侧面,但在不懈地追求诗歌的民族情感、民族精神的现代重塑方面,在追求现代中国人的现代生活、现代情绪如何与现代诗体合拍方面,还是有相通之处的。

"时代化"的诗歌主要是现实主义诗。这类诗着重于描摹社会的场景事件,并在此基础上发挥诗人的感情和想象。其中包括的诗派不少。早期白话诗由胡适开风气,后来有刘大白、刘半农等接着写的,都偏于写实,只要看他们的诗题《人力车夫》《学徒苦》《冬夜之公园》《卖布谣》,就能领略其基本风格。以蒋光慈为代表的"普罗"诗,则把个人情感的高扬转化为对集体理想的赞颂,开创了以后政治抒情诗的路子。蒋光慈的代表作有《新梦》集等。1932年成立的中国诗歌会是"左联"领导下的诗歌团体,主要诗人有蒲风等。以及时反映社会重大事件（如殷夫《1929年5月1日》这种劳动节游行题材,蒲风《六月流火》的农民运动题材）、富有壮阔宏大的革命激情和鼓动性为特色。中国诗歌会提出"诗的意识形态化"的理论主张,有正负两方面的作用。抗战时期的写实诗歌有《泥土的歌》的作者臧克家的诗,有写作了《给天真的乐观主义者们》的绿原、胡风的七月派诗，他们正视现实又强调诗的主观个性，稍稍纠正了革命现实主义诗歌内部的不足。延安诗歌是敌后抗日根据地的创作产物，反映并面向农民、士兵，个人抒情性的减弱，民间性的加强，是它的共同色彩。其中的《王贵与李香香》《漳河水》等大众民谣风的诗曾经作为一种"方向"来宣扬，现在我们更重视以艾青为代表的延安文人诗歌的成就。艾青的诗固然是时代化的，却也不排斥个人化。他从欧罗巴带回他那支五彩芦笛吹响在中国大地之上，将象征主义带来的感觉，化为中国现实的光影和色调。他的《大堰河——我的保姆》《向太阳》《雪落在中国的土地上》等诗，深深地扎根于广大土地，提炼和深化印象，表现出"艾青式"的对人民生活的独特观察和思索。一句"为什么我的眼里常含泪水？因为我对这土地爱得深沉……"（《我爱这土地》）打动了几代读者的心灵。艾青之后的革命抒情诗人，尽管有郭小川等杰出的代表出现，但已经不能超出他。艾青是现实主义诗歌深化的一个高峰。

"个人化"的诗歌在现代中国主要指浪漫主义的诗和现代主义的诗。浪漫主义诗歌强调诗的本质是抒情，往往在诗中创造"自我"的形象，想象、比喻、象征、复沓等的运用都服从于直抒胸臆、自由表达的需要。创造社郭沫若的浪漫主义已如前述，他的"抒情主人公"是"大我"，是一个爆炸的"时代"，这是一切带有革命理想的浪漫歌吟者的共同诗性。"新月"派是现代最重要的浪漫主义文学团体。闻一多收入《红烛》《死水》的诗，其"抒情主人公"是个感受到东西方文化深重冲突的"爱国者"。徐志摩是新月派的灵魂，这只要看他飞机失事逝世后该派即迅速衰落，便可证明。徐志摩乐观或幻灭的情感，都出自一个极具才华的、诚实又放荡不羁的、全身心追求诗美的"小我"。《再别康桥》中的别愁，能抒发得如此柔丽、澄清，感情已经得到调理。这是新月派"理性节制情感"诗学原则的体现。中国浪漫主义诗人借鉴的是西方十九世纪的浪漫主义，而现代主义诗歌从西方传入是由学习美术的李金发从二十世纪初法国象征主义诗人那里受到启发而做成的。后来有后期创造社青年诗人的象征派诗，有以戴望舒为首的现代派诗。中国的现代派原与浪漫派没有绝对的鸿沟，戴望舒和汉园三诗人（卞之琳、何其芳、李广田）都是从新月诗反叛而来。他们不满足于浪漫主义诗歌的一味抒情，现代生活让诗人的"主观"充分领会到刺激感官的现代意象，利用"知性"组合起来的"意象群"带来的暗示、隐喻，产生了新的诗境。被称为《雨巷》诗人的戴望舒，所写《雨巷》："撑着油纸伞，独自／彷徨在悠长，悠长／又寂寥的雨巷,/我希望逢着/一个丁香一样地/结着愁怨的姑娘。"梦幻般惆怅的丁香姑娘意象,还比较单一。到写作《断指》《乐园鸟》的时期,意象变得繁复,着力开发感觉,将感觉上升为现代人对世界的一种"经验":"飞着,飞着,春,夏,秋,冬,/昼,夜,没有休止,/华羽的乐园鸟,/这是幸福的云游呢,/还是永恒的苦役?"(《乐园鸟》)意象与经验在诗中打成了一片。而穆旦是后来称为"九叶诗人"的代表。穆旦诗中已不是徐志摩、戴望舒式的感伤和自恋的"自我",而是破碎、分裂的反省的"自我"。这是更贴近"现代"的诗,是有中国社会生活作背景的"抽象的抒情":"你底眼睛看见这一场火灾,/你看不见我,虽然我为你点燃;/唉,那燃烧着的不过是成熟的年代,/你底,我底。我们相隔如重山!"(《诗八首》)这是情诗,也是时代之诗,意义是复杂、多层次的。我们可以说,到了穆旦,现代主义的诗歌深化了。

三

从现代的诗体来看,自由诗和格律诗是基本的两个类型。诗的内在发展规律中,"自由"和"格律",是基本的矛盾。每当新的自由体诗出现的时候,大的突破或许就降临了。而新的格律诗人的诞生,往往是诗歌民族化规范的到来。

格律诗是指在诗律上,诗的容量如每诗的节数,每节的行数,每行的字数,诗的节奏如行与行的顿数,行中的顿数(又称"音尺"),诗的音韵如句中的平仄和押韵以及句尾的韵等等,都有相对固定的规律可循。自由诗就较少束缚,诗的节、行、字可多可少,押韵不押韵也比较随意。但不是说自由诗就不讲诗律。无论是现代格律诗或自由诗,都要讲究诗律的和谐,同时在这之中求新求变。文学艺术"陌生化"的追求,总是永恒的。

在现代,早期白话诗打破了旧诗的格律,试验了最初的现代长短句。刘半农的《相隔一层纸》:"屋子里拢着炉火,/老爷分付开窗买水果,/说'天气不冷火太热,/别任它烤坏了我。'/屋子外躺着一个叫花子,/咬紧了牙齿对着北风喊'要死'!/可怜屋外与屋里,/相隔只有一层薄纸!"文字的长短已经服从着内容的需要。后来一直是写自由诗的大作家多些,如郭沫若、艾青、戴望舒、穆旦,创作方法属于四种流派,写的却都是自由体诗。自由体不是不注意音节,卞之琳就是特别讲究的一个:"家驮在身上像一只蜗牛,/弓了背,弓了手杖,弓了腿,/倦行人挨近来问树下人/(闲看流水里流云的):/'请教北安村打哪儿走?'"(《道旁》)自由诗但音节特别匀称。

格律诗的现代试验者主要是新月派的闻一多和徐志摩。闻一多鉴于五四自由诗的散漫无边,提出诗的再格律化问题,主张诗要有音乐美、绘画美、建筑美,要戴着镣铐跳舞。他的《死水》共5节,每节4行,每行9字,整齐如"豆腐块"。徐志摩重要的诗作不少是稍有变化的"方块诗",如《雪花的快乐》《再别康桥》《我不知道风是在哪一个方向吹》等。不过徐志摩后期也写自由诗。京派诗人是另一支试验写格律诗的力量。前面提到的卞之琳后期写自由体,"汉园三剑客"初期他写格律诗(《群鸦》《胡琴》)。他特别重视诗的节奏概念,认为诗行之间的"顿数"的匀称与否,比"字数"更重要。《酸梅汤》就是九、十言夹杂着,但每行都是四顿的半格律诗:"可不是,你这几杯酸梅汤/只怕没有人要喝了,我想","今年再喝一杯酸梅汤,/最后一杯了。……啊哟,好凉!"另一位当年的京派诗人林庚在写了一段自由诗后,曾大幅度地回到格律诗来,有意探寻现代汉语节奏与现代生活对诗的关系。他的七言诗已经不是旧诗的七言三顿,却是七言二顿:"雨丝儿落在山下/山前的路被泥埋/西北风明日吹起/路人呢回不回来"(《雨丝》)。而《秋深》是十五言三顿的:"北平的秋来故园的梦寐轻轻像帐纱/边城的寂寞渐少了朋友远留下风沙/月做古城上情人之梦吧夜半角声里/吹不起乡愁吹不尽旅思吹遍了人家"。他后来提倡九言五四体(九字前五后四即二顿),虽然这种新格律不被人们普遍接受,说明自由体在现代社会还占着优势,但那种探求中国诗歌现代形式的精神是可佩的。

格律诗的写作中有一种外国的"十四行诗",在中国颇受到特殊的青睐。可能是这种起于欧洲16世纪的古老诗体与我们旧律诗的起承转合相似,现代诗人由此找到了中西诗学的契合点。先是闻一多引入,将它翻译成"商籁体"。后来是前后新月派的诗人纷纷仿做。到抗战大后方的冯至,提供出由27首充满生命高峰体验的诗组成的《十四行集》,使得这外国诗体真正在中国落地扎根。27首的最末一首简直就是现代格律诗创造者的宣言:"从一片泛滥无形的水里,/取水人取来椭圆的一瓶,/这点水就得到一个定形;/看,在秋风里飘扬的风旗"。

在现代诗歌的历史里,抒情诗之外,叙事诗也有相当的地位,如蒲风的《六月流火》、孙毓棠的《宝马》、力扬的《射虎者及其家族》、艾青的《雪里钻》等都是叙事长诗。长诗外,有短诗,特别有小诗,如冰心的哲理小诗《繁星》。抗战期间流行过朗诵诗,如高兰的广场朗诵诗,马凡陀(袁水拍)的讽刺歌谣诗《马凡陀山歌》。

诗歌理论的专著,可以举出的有艾青的《诗论》、朱光潜的同名《诗论》、废名《谈新诗》、李广田《诗的艺术》、朱自清《新诗杂谈》等。所用的诗歌理论概念,有诗的"散文美""形式美""纯诗""时代精神""民族化""群众化""民间化"等等。一个民族的诗歌,对这个民族的思维和语言的发展,能起到改造和调整的作用,这点是不容忽视的。

现代话剧概述

一

话剧完全是近代以来从外国移植的结果。这个移植,包括剧本写作和它的表演形式。因为话剧一般称为"综合艺术",它不单指书面语言的书写,而且要有场地,要利用布景、灯光、道具、服饰、化装等进行演出。这都是从外国同时借鉴来的。演出的形式固然可以化简或革新,但剧本(不管是有形还是隐形)、演员、场地三者是再少也不可缺少的因素。从文学本身来谈话剧,自然主要涉及剧本,但由于"演出"的介入,剧本与读者(观众)的关系就显得特别重要。所谓话剧的职业化、大众化、剧场化、民间化等问题,中国话剧史上发生过的"爱美剧""小剧场运动""农民戏剧""广场剧"这些概念和事件,都与此有关。

话剧的发展大约可以分成近代的文明戏时期、"五四"的批判旧剧和提倡新剧的时期、剧场话剧的确立时期,以及后来的民间化和民族化的时期。

"文明新戏"的演出,过去一般以1907年中国留日学生组成的"春柳社"在东京上演《茶花女》(部分)、《黑奴吁天录》为起始。实际上在19世纪末的中国城市里就已经有教会学校学生的演出活动了。据清末看过"文明戏"的人回忆,这种初期的话剧没有后来先行写出的剧本,只是实行"幕表制",写出场次,每场大概是哪些情节,有哪几个人物上场,排好一个名单,其余都是靠演员临场即兴表演。剧情多半是从中外小说里借来,后也有原创的。女角由男演员扮演。里面还有一种特殊的角色叫"言论正生",他总是适时地出来发一通慷慨激昂的演讲,借题发挥大谈国家时势或进行道德说教,博得观众的掌声,很有鼓动效果。它初期是得到市民群众的欢迎的,因此有了买票看剧的都市观众,有了商业性职业演出的可能,但后来由于流入市民的封建意识和低级趣味,加上一部分有名的文明戏演员的堕落腐化,名声大跌,渐渐走向衰落。

对变质的"文明戏"的抵制,便有了"爱美剧"(业余剧,"爱美"是英文Amateur的译音)的推行。演出都由"校园剧团"担当,学校开恳亲会、毕业会、游艺会,都是演剧成风。我们读鲁迅等先驱经常就校园演出写出的文章,就是这个时候。它为"五四"引进易卜生等的外国社会剧,后来自写社会问题剧(小说有"问题小说"互相呼应)的新剧创作,准备了条件。社会问题剧留下的剧本有:胡适的《终身大事》、陈大悲的《幽兰女士》等。这是实行"易卜生主义"的写实剧。另一条线索是前期新月派的演剧活动,主要演外国浪漫剧。其他带了唯美主义色彩的是欧阳予倩的《潘金莲》。象征主义剧有陶晶孙的《黑衣人》。而一开始便颇复杂的是创造社的田汉,他几乎具有浪漫、写实和现代主义的多方面气质,如《获虎之夜》《名优之死》。以后田汉"左"倾,却仍不失自己的抒情个性。我们可以看到,现实主义、浪漫主义、现代主义三种创作方法对中国现代文学的影响渗透到了任何一个文体内部。

话剧真正成熟的标志是1934年曹禺的《雷雨》的问世。这个剧本曾在北平《文学季刊》编辑部的抽屉里放了一段时间,经巴金、靳以之手这一年在该杂志发表。那时曹禺还是清华大学的学生。可《雷雨》一出现,立即受到重视。它既关注社会现实,观察点又高于现实。它刻画人物之深刻,结构戏剧冲突之高超,对话之精巧,全剧诗意之浓厚,在当时人的眼中,甚至今日看来,都是令人惊叹的天才作品。1936年在上海等城市大剧场上演,一年竟达五六百场之多。艺术水准被各界观众普遍接受,票房价值得到市场的公认。这是剧场话剧的真正确立。

话剧的深化表现在曹禺后来的经典性剧作迭出,如《日出》《原野》《北京人》《家》等的连续发表。在他之后,进一步巩固剧场剧地位的有夏衍等重要剧作家,夏衍的剧作主要有《上海屋檐下》《法西斯细菌》《芳草天涯》。曹禺、夏衍越到四十年代的作品,越摆脱对外国剧作的模仿痕迹,融和中西,提供出中国式的现代剧样本。而连续不断的革命和战争又要求话剧走向大众和民间,冲击着刚刚建立起来的剧场剧的根基。

二

话剧类型有各种分法。有悲剧、喜剧、正剧;有社会剧、家庭剧、历史剧;有广场剧和剧场剧;有独幕剧和多幕剧等。根据我们现代文学中话剧创作的实际成就,来略谈一下广场剧、剧场剧、喜剧(讽刺剧)、历史剧这样四种。

广场剧和剧场剧,虽然表面上看只是一个演出场地的问题,其实包含了中国话剧发生、发展中的多种矛盾。如话剧与社会的关系,广场剧更直接贴近社会些,剧场剧则保持一定距离,但更深入经久。再如话剧与观众,话剧与戏剧艺术,要说发挥普及大众的功用,那数得上广场剧;若是讲艺术创新,要提高,仍要依靠剧场剧的创作。在现代历史上,广场剧有数次兴起的机会。三十年代左翼在根据地开展红色戏剧运动;在河北定县有熊佛西主持的农村戏剧实验:这是不同政治倾向却都是面向农民的演剧活动。抗战初期有广泛的街头剧运动,流传一句口号叫"好一计鞭子",包括三个剧目《三江好》《最后一计》《放下你的鞭子》,后者尤其著名。延安的戏剧发端于广场秧歌剧,虽不是话剧,却对1949年后的话剧产生了深远的影响。40年代在大后方救亡运动中,学生游行经常演出的时事活报剧,也是属于广场性质的。这一次次的走出剧场,使得现代话剧的群众基础日益广泛,据材料介绍,当年冀中根据地的农民有看野台子话剧的习惯。当然这种与宣传结合的话剧剧本多是仓促间形成的,短剧多,戏剧人物和结构比较粗糙,能沉淀为精品的就很少。而以曹禺、夏衍为代表的剧场剧,几十年间也有多次的成长契机,如"五四"时的"小剧场运动",三十年代随着上海成为国际大都市而兴起的"大剧场"演出,到抗战时期在"孤岛"上海和大后方重庆、桂林举行的"雾季演出""戏剧节"等,竟有几十部的剧本和上百场次演出的规模。其中产生的剧作,在"暴露"社会造成人性的沉沦和"颂扬"在艰难时世中人民(以知识分子为代表)的尊严方面,都有不能小看的佳绩。曹禺、夏衍之外,还有宋之的的《雾重庆》、吴祖光的《风雪夜归人》、陈白尘的《岁寒图》、袁俊的《万世师表》等优秀作品出现。

喜剧也围绕着戏剧观念的不同,分成幽默剧和讽刺剧两大品种。幽默剧来自英国和欧洲的轻喜剧、通俗剧,主题一般比较轻松,从日常生活场景发现可笑的人性缺陷,调侃也包含自嘲,对话机智俏皮,戏剧矛盾充满误会、荒诞和隐喻性。本书选其剧本的丁西林是中国西洋式喜剧的开拓者,原为物理学家,写喜剧的历史很长,1923年发表《一只马蜂》,1926年发表《压迫》,到1939年、1941年分别出版了《三块钱国币》和《妙峰山》。王文显是清华大学外国语文系主任,所作喜剧《委曲求全》1929年曾以英语在耶鲁大学剧院演出,1935年始做首次华语演出。作为西洋戏剧教育家的王文显,所教的学生除洪深、曹禺之外,还有石华父(陈麟瑞)、李健吾、杨绛等都是喜剧作家,自然是有师承的。杨绛的喜剧《称心如意》《弄假成真》也为人称道。

现代喜剧在中国并没有成为大众消费品，倒是学院文化的产物，这是个很有意思的现象。幽默剧只在知识者圈子里流行，而讽刺剧由于它的锋芒毕露，和对旧社会、旧事物的批判力量，另有它鼓舞大众、打击敌人的作用。中国的现代讽刺剧作家学习的是俄国果戈理的《钦差大臣》式的剧作，注意刻画人物，让戏剧矛盾紧张，揭露丑恶，高潮迭起，剧场效果十分生动。它是粗线条的，暴露的，很难进入细微的心理层面，引发的笑声往往也是爆炸性的，不是会心的嬉笑。重要的讽刺剧作有老舍的《面子问题》《归去来兮》，陈白尘的《升官图》，宋之的的《群猴》等。

  历史剧在现代的繁荣有复杂的背景，到今天在我们的电视屏幕上还占着一定的地位。如果是借了古人之口说今人之话，隐蔽地说也罢，痛快淋漓地倾泻也罢，就成为政治性很强的讽喻剧。抗战时期有张扬民族气节的《正气歌》(吴祖光)、《桃花扇》(欧阳予倩)、《大明英烈传》(于伶)，总结历史教训的《天国春秋》(阳翰笙)、《碧血花》(阿英)，以及反抗强暴政治的《屈原》《虎符》(郭沫若)等，一般借了战国纷争史、晚明痛亡史和太平天国内讧史来做文章，它的好处是痛说国史，发人深省，用语也是警策动人，剧场效果强烈。其中的郭沫若的历史剧，因其融入鲜明的个性，有澎湃的浪漫抒情气息，感染力是很大的。只是此类历史剧往往也因影射的目标太过明确，容易失去长久的艺术魅力。另一类可说是海派历史剧，是偏于娱情的。多采用清史加以改编，如《清宫外史》(杨村彬)、《清宫怨》(姚克)，把变法维新的史实作为情节的表皮，而更突出帝妃"言情"之中人与人的感情纠葛，仿佛帝王的衣袍颓然脱落，露出了人间的矛盾气象。市民们能从这样的剧中找到自己。《清宫怨》1942年在上海演出，连演三月不衰，非常轰动。后演变为电影《清宫秘史》。拿海派历史剧当作政治家阴谋讨论的什么"卖国主义"还是"爱国主义"的靶子，实在与原意相去甚远。倒是今天市场经济条件下，《戏说乾隆》式的泛滥成灾，让我们注意到此派历史剧的媚俗局限还不能低估。

文章概述

一

  在各种文体的概述之后，又增添本篇知识短文，主要是考虑到这个读本的读者大部分学习"语文"的目的并不是为了从事"文学创作"，而只为在今后读"文章"、写"文章"。文学作品,可以看成是创造性运用语言文字的产物,它能给我们以使用语文的启发,规范的作用有之,突破原有语言樊笼的作用也有之,甚至更大。但文学并不能代表一切文字写作。所以,我们选了少量非文学的文字进入读本,统称为"文章"。

文章的概念,在中国历来是多义的。它可以指文采,这与文学类的诗文比较接近,也指非文学的文字的文辞斐然。其次是指散文(古文),包括文学与非文学的,比如过去影响很大的《古文辞类纂》里所收的文章计分论辩、序跋、奏议、书说、赠序、诏令、传状、碑志、杂记、箴铭、颂赞、辞赋、哀祭共十三类,从今日的观点看去,不免驳杂,但已经可以悟到,非文学的无韵文无疑是主体。那么最后,我们可以将一切用文字组成的、独立成篇的东西,都看作是文章。过去发一封电报是文章,今天在手机上发个稍长些的、较为完整的信息,自然也是文章。学作文者,即学写文章之谓也。

现在被称为文章的,一般是指议论文、说明文、应用文等。本读本里所选的多半是哲学(美学)、文化、历史、科技的议论文。这里的文学和非文学的区别,有时好像难于画出一个截然的线来,比如序跋可以像胡适的《跋〈红楼梦考证〉》,完全是一篇考证文字;也有人会把序跋写成美文。不过序跋主要还是属于文章。科技论文当然是文章,但个别的科技文字如含浓厚的文学性,就成了"科学小品"。林徽因比梁思成更具文学家的气质,所以他们俩合作的《平郊建筑杂录》一文里面就混杂了"游记"的味道。下定义往往挂一漏万,但有了一定的阅读写作经验之后,辨别起来并不十分困难。

学习语文如过于轻视文章,而只重文学作品,以至于连文学的语言和文章的语言在实践上都分不大清楚了,是一大弊病。等于是自己画地为牢,把语文的学习范围缩小。这种情况,在上一世纪中叶已经引起朱自清、叶圣陶等这些对中国语文特别留心的大作家的关注。叶圣陶在《对于国文教学的两种基本观念》中指出,"曾经接到过几个学生的白话信,景物的描绘与心情的抒写完全像小说,却与写信的目的全不相干"。朱自清在《论教本与写作》一文特别地引用了这个例子,然后说:"欣赏文学的兴趣和能力自然是该培养的。但是到处滥用文学的调子并不能算欣赏文学。这种兴趣是不正确的。这些学生既然不大能辨别文学和非文学的界限,他们的欣赏能力也就靠不住。"他甚至说,"滥用文学的调子只是费话而已"。这里说的都是使用语文的基本规律,就是字眼、词汇、句子是没有高级、低级之分的,一切要看你用在什么场合,在什么上下文中,要达到什么目的。如果要达到的是非文学的目的,那么,简洁、清楚就是最好的文字,不必绕着圈子乱用比喻、排比、象征之类。所以我们要明白,"国文所包的范围很宽广,文学只是其中一个较小的范围。文学之外,同样被包在国文的大范围里头的,还有非文学的文字,就是普通文字"。而一个学习语文的学生将来"要应付生活,阅读与写作的训练,就不能不在文学之外同时以这种普通文为对象"(叶圣陶语,也见《对于国文教学的两种基本观念》)。

二

普通的文章怎样来写,并无定法。有的是一些基本原理。

应用性的文章主要是格式,其他的文理与议论性文章是一致的。封建时代给我们遗留下来的应用套语,本来不少,书信、公文里面都有,很幸运,"五四"一来扫除得差不多了。现在留下的也就是"此致敬礼""即询文安"一类。说明性的文章倒是比较别致,讲清楚一件物品的外在色彩线条形状,内在的结构功用,也并不容易。状物有时比议论还要考验我们的文字功夫。我们读今日的各种电器的说明书,有时真的如堕五里雾中。有道是你不说我还有点明白,你越说我倒越糊涂了。但毕竟,议论文字是构成文章的基础文字之一,我们的选文又是以议论文为主的,所以,下面把它的写作作为文章的原理来谈。希望大家能举一反三,不要把它看死了。

做文章的旧时理论,数清代姚鼐所述有代表性。他提出的六个字,叫做:义理,文章,考证(见《复秦小岘书》),一直是颇有影响力的。这里的"文章",就是指章句的富于文采。"考证"是讲究考据的工夫。姚鼐是桐城派的中坚作家,他的"义理"概念,原是指讲究经义,探求名理,当然都是渗透着儒家理学的系统思想的。我们不妨加以调整、扬弃、改造,来说明习文的几个要点。

写文章要言之有物,不能无病呻吟。如果自己不想说什么,生生地要憋出一篇文章来,那不是活见鬼吗?说的问题,要经过自己的研究性思考,或者是受生活触动,有感而发;或者是能引入新观点、新思想,有自己的独特发见。这样的文章一读之下便觉得有深味,有深意。

辞章要符合文章的目的。该简约就简约,该繁复即繁复。准确的前提下才追求鲜明,准确、鲜明的基础之上方可讲究生动,谓之有文采。从口头语文和书面语文的关系看,"语"要学习"文"的清晰准确,"文"需补充"语"的活泼生动。文章属于书面语文,所以洗练、畅达、明白如话是重要的。中国现代文学的作家里,有一路是写有涩味、耐咀嚼的文字的,这非有十足的文字功底不可,不能随意模仿,东施效颦。

举例、引用或来自经典著作,或来自社会生活,都要可靠有据。普及性质的文章也不要误以为可以随意挥洒,下笔千言。也要有学理的根底,通俗化而不是低俗化。要符合逻辑,讲述道理的过程有长有短,但过程显示的合理与圆润是一篇说理文章的关键所在。

文章千变万化,丰富多彩,讲如何写文章就总显得苍白了。好在这短文本来就是配合性的东西,读了有启发就读下去,读了无味就赶快去看栏目里的选文,那是无论如何不会使你失望的。

2002 年 8 月 14 日

我们这一拨儿人

复旦大学出版社以极大的魄力来出版这套丛书,我忝列其中遂有《春润集》,成了这整整一代学人队列里的一员,不免感到骄傲。此丛书所选作者似乎下不封底,到现在已达四十人之多。它定会受到人们注意的一点,便是这批人的学术生涯无一例外是从三十年前开始的,故名之曰"三十年集":是个朴素、有味道的、名实相副的称谓。

但实际上这是两代人。却因时代的缘故,历史的巧合,风云际会,将我们生生地"压"成了一代。这拨儿人清一色是中国大陆1978届的研究生,和1977、1978届的本科生,年龄相差颇大。最小的,因手头资料不足我无法确认,但相信出生日期不会小于1958年。上山下乡的"知青"是77、78两届考大学的绝对主力,他们的岁数在我家里就有确凿根据:我二妹、四妹和弟弟都是"老三届"。二妹读高中时曾响应号召去支援小学教育两年,等回过头来复读,到1966年春正值高三,已赴沈阳的艺术院校先期应试,马上就要参加统一高考,却猛然爆发了不要文化的"文化大革命"。她生于1945年。我小弟那年读初二,他生在1951年。借此推断,"老三届"今日已普遍超60岁。这套书里鼎鼎大名的学者不少可称是资格偏低的"知青",他们也下乡了,下厂(矿)了,但不是"老三届",而是文革"复课闹革命"之后进入中学的学生,多半生于1950年代中期,也都不小,50岁以上了。至于年龄长者,一般生于1940年代,可以肯定最大不超过1938年。因为1978届研究生初时公布只招到35岁(生于1943年之后),是在考前两个月突然宣布扩招到40岁的(1938年末顶了天了)。这是我永世不会忘记的一条新闻。其时我在外地做教师进修讲课,消息闭塞,没有在第一时间听到,是靠别人口耳相传直至找到《光明日报》才确认自己可以应考,而且不问出身,没有政治表现限制,不怕单位留难。那真是让人欣喜到无法形容的地步,否则哪里还会有我和钱理群(也是此丛书作者)等辈读研究生的机会呢?从1938到1958,这批"老学生"彼此相距整二十年,恰是传统概念里的"两代",而我们却同时拥进了大学之门,在一个饭堂排队买粥喝(北方玉米面糊糊也),在一个阶梯教室抢座位坐。这样奇特的景象也只有现代中国才会发生吧,说到底,只因为有了一个史无前例的"无产阶级文化大革命"。

而我们在这套丛书里聚拢,终于明白了,在学术年齿上我们是同龄人,是同代人。

我们"同"在什么地方?这种"同"将给我们的学术带来什么优势、长处和局限?这一代学者在中国大地的存在,会给他们自己带来什么样的位置,给学术史带来什么样的特点?而且有一天,他们会不会相"异"呢?

单从生平上看,我们这批人统属于"红领巾一代"。如果连我这样年纪的都戴过红领巾(再大几岁就戴不着了),那么这批学人里便不会再有没戴过红领巾的了。共和国建立那年我十岁。我生于抗战,在沦陷区见过骄横的日本兵和日本装甲车,后来又见到民国政府从大陆溃退的乱象,在上海解放的第二天清晨目睹过抱枪睡在街头的解放军。我1950年加入"少先队",辅导员给我戴的红领巾是我自己去商店买的,洗得发白了,直戴到1953年入团为止(当时叫"新民主主义青年团")。"反右斗争"前出生的人,经历过共和国阳光最为明媚、充足的日子,所以会有"阳光的性格"。记得我住宿的学校每礼拜只两顿午餐名为"改善",就是吃细粮有肉,余下便是粗粮素菜,但盼着每个星期二与星期五的中午到来,我很快活。全校会集合起来浩浩荡荡近千人走到火车站附近去看电影,中午在路边啃干粮,下午再开到另一区的电影院看,片名叫作《伟大的公民》(上)(下)集,写苏联"契卡"领导人捷尔任斯基,火与剑的交战,当时也看得快活。这就是"红领巾一代"都能体悟到的时代的"亮色"。

"红领巾"们的另外一点,是在具有"中国特色"的马列主义教育下生长起来:先学刘胡兰、黄继光,再学王崇伦"走在时间前面",再学外国的尤里乌斯·伏契克,学文学人物保尔·柯察金,以后需学的英雄多得数不清;至于"要求进步"写入团入党申请书是日常之事,这引你早早思索"人生的意义",把个人价值置入国家、民族的利益之中;文科好的学生课余读的是《实践论》《矛盾论》《共产党宣言》《辩证唯物主义和历史唯物主义》,颇像人人要做哲学家的样子(有个口号:将哲学从哲学家的课堂上解放出来);社会所讲的道德是热爱集体,热爱公共财物,毫不利己专门利人,却很少受到"做人底线"的教育——对"敌人"不讲人道,运动来了第一要事是与谁谁(包括父母老师)划清界限;还有一脑子闭关锁国造成的思想,像愚公移山,人定胜天,多少年超英赶美,人道主义便是人性论,拒腐蚀、永不沾,打退资产阶级糖衣炮弹,等等,等等。"红领巾一代"所受的思想教育、政治教育很纯洁,很爱国,也很乌托邦,它们是"单色"的。这些当日的文化景象今日貌似已被抛弃,但作为童年记忆,那是挥之不去的。它变了形状、改了模样,还会在我们的灵魂深处,在我们的学术工作旮旯里隐藏下来。"亮色"加上"单色",是我们"红领巾记忆"的基本色调。

而更重要的,是我们这批人都完整地经历了"文化大革命"!这一点分外突出,甚至以此为界,可以将我们以后的新生代学者径直呼为"后文革"一代。"后文革"学者研究共和国历史主要的根据将是书面材料,我们则可加上个人体验,如我们在"文化大革命"中的处境微妙。"文化大革命"要革的本是党内外旧知识分子的命,"红领巾一代"其时可分作"革命动力"和"革命对象"两类,但即使是作为"革命对象",触及灵魂也比老一代为轻。比如我在1966年"文化大革命"风暴初起时,在已工作了7年的中学就被当做"反动学术权威"批判。可我算得什么"权威"啊?不过是"矬子里拔大个儿",充靶子罢了。最初的"牛鬼蛇神"也不是谁都可以当的,是要经执行"资产阶级反动路线"(刘少奇路线)的县团级上司批准才能算数的。我顶多是"半个牛鬼蛇神"。待等"文化大革命"由单位走向社会,一个市的人民群众都齐心合力来抓全城最大"走资派"的时候,我就无事了。至于我们这拨儿人里属于革命小将身份的,转眼间使用的价值一贬,不听招呼的就抓了,大部就到广阔天地去接受贫下中农再教育了。然而无论是哪一种,均受过革命的"洗礼",经风雨见世面,在生活熔炉里,搅和着热水、冰水、泪水、血水、碱水煎熬一番,有了上下、左右、正反多方面的经验,略分稻稗菽麦,晓得人情世故,于是,就比从学校到学校的人成熟多了,也复杂多了。如我就教过农民子弟,结交工人当朋友(缘于文学爱好),多了行为的实践性质,增添了看事物的下层立场和民间立场(这对于人文学者尤其重要)。原来的知识空挡,缺传统知识,缺实际知识,缺世界知识,现在用知道的一点点中国事情补上,用人生的历练补上。因为知道自己的知识结构是有缺欠的,到了老年,他们还大半具有再学习的兴趣,保持着因探索知识而长久快乐的人格特征。而在共和国的历次挫折中,他们也开始质疑,开始思考了,"单色"变为"杂色","红色记忆"转为"文革记忆"。这种共同的"文革记忆"是日后这些人反激出独立人格进行"反思"的宝贵土壤。比如他们可以对"中国现代性"有不一样的看法,但都对"反人道""反人性"高度敏感,这不能不说是严酷历史留在他们身上的一种烙痕。

这一代人此后的学术生命,就从这里举步。我们既然是"文化大革命"结束后第一批成长的学人,是与改革开放新时期同步的当代学者,很快,社会上就发现了这些人既是学术开放的受益者,又是1949年以后中国学术的反思者这样双重的身份。我记得,就在1970年代末80年代初的大学里,青年人文学者经历阵痛,酝酿着在政治思想、学术思想的前沿"重新估价一切"的变革。人文学科研究生显然是最早得风气者,是最早发起转向的人们。第一步,恢复"五四"民主的、理性的、提倡个性自由的启蒙思想,第二步,在思想和方法上,大量引进欧美的西方现代精神,与本土的遗产比较,从过去的僵硬模式中挣脱出来。第三步,面对开放后的启蒙、后启蒙,现代、后现代、反现代在中国并存的奇景,进行再思考。在我们的现代文学专业里,就是突破历来评价作家的标准,重新评价鲁迅、周作人、胡适、老舍、徐志摩,重新评价"两个口号论争"、评价"第三种人和自由人",提出"京派文学""诗体小说""风俗讽刺"的概念,引进"现代派""比较文学""心理分析""原型批评""接受美学""女权主义""传播学",甚至尝试运用"信息论""符号学""结构主义"等,一时热闹非凡。像我的文学思想、文学史观念也在发生剧变,单纯一种主义的思想崩溃了,社会民主主义的思想加了进来,自由主义思想也部分地被接纳,并与现代主义混杂;将历史研究同审美结合,有限地但也是积极地吸收世界文学的精华;尊重历史上发生的众多文学现象,给予理解,试图综合各种文学流派和形式以"整合"成宏大文学史系统的想法,都在禁不住地涌动。我们这套丛书中,许多人给自己的书起名为《反思的年代》《沉思与反抗》《新旧之变》《文明就是讲道理》《另一种理想主义》,皆能透露当年"重写历史"的巨大热情,显示出转型时代学人们共同的叛逆、进取、担当的活跃身姿。

还有一个比较趋同的方向。便是不管各个人文学者的专业如何不同,最后,无论是治中国文学的,外国文学的,比较文学的,历史学的,地理学的,古典文献的,政治史的,城市学的,都在自己的专业取得突破性成绩后,逐渐地程度不同地往思想史、文化史和现代知识分子研究的场域挺进。这一现象可能有多方面的原因。思想文化史当然是个热点,富有吸力,且需要人文知识的综合积累,才能从事,所以它必然是成功学人"收官"阶段的事业。自然,不甘寂寞的研究心态,也是我们可以检讨的,因彼此相似课题的拥挤状况原可避免,前辈们坐冷板凳做出出色成绩的往事并不久远,不应遗忘。但是有一个更贴近的理由,是由我们这批学者的独特经历决定的。即个人对现实的强烈关怀,使命感的澎湃,是我们的过往生活教会我们的。生活养成了我们理论结合实际的特性,指示了我们的学术路径。

大概可以在一个特定意义下使用这句话,这拨儿学人是"成也文革,败也文革"。"成"的方面,当然是如没有"文化大革命"的结束也就没有这样一批学者。正是"文化大革命"的大破坏带来大复兴,他们才有了再学习的机会,仿佛进入了人生的加油站。紧接着,学术转折时代不期而至,给了他们"爆发"的契机。他们多年储备的一定的学术传承能力、批判力和再创造能力,突然有了用武之地,才使他们终于成为新时期学术担纲的主力。丛书作者们差不多每位都在专业领域取得相当的成功,确立了自己坚实的学术地位。但是"败"的一面如影相随,也给他们带来限制。知识结构的缺欠已如前述。长久的教育空白造成的某种荒芜,现在要来重新开垦、建树,仍不免留下斑斑痕迹。"文化大革命"的反思资源自有它的限止性,有边界,况且它也无法代替现代学者应有的多元的知识系统。像我们读中国文学的人,与上一代文人相较,青少年时代未读过"经"(不仅是儒家的经典,还有老庄,还有佛经),少读"史",外文有几人能看原著,中西有几人敢说已经汇通?像茅盾,读完北大预科(等于还是高中)已涉猎过"十三经注疏""二十四史""汉魏六朝百三家集""昭明文选";英文可读原作,20岁到商务印书馆的第一个工作是在编译所英文部,此部的规矩是上班时间只能用英语说话。我们只能望尘莫及。由此推及,"后文革"时代怎会轻易出现大师级的学者呢?而"文革后遗症"更发生在市场经济的特殊环境里。面对商业的侵蚀,社会世俗价值的改换升浮,"主义""信仰"真空之后,人们一时失语,给学术带来崭新天地,也带来种种弊病。不用说别的,便是一个科研项目的争夺,都成了日常的学术风景。现实推动下应时的学术机会,你抓不抓得住?干扰你排除不排除得了?加上老年成名学者跳不出自己筑下的窠巢,定型的重复研究势必造成学术的某种停滞,又该如何打破?在中国的学术建设进入宏大的融化、整合时期的今天,仅仅用理想主义的火花,能否点燃、照亮新的学术前景?而我们这代人的年龄差别,决定了我们有的还可能再有一个"三十年",有的就没有第二个"三十年"了,"文化大革命"促成的奇特学术年龄的畸形状态,终归要回到正常。

当然,分化也是必然的。中国的现实,就像是两种"没有钱的人",一种是暴发户(他曾经是没有钱的),一种是贫困户(至今仍没有钱的),突然一下子直面铺天盖地汹涌而来的物质世界所显露出的恐慌与手足无措。这样的社会实际每天摆在面前,人文学者首当其冲。因思想文化批判立场的相异,身在既得利益体制之中(真正体制外的自由撰稿人极少)却有向心和离心的差别,有利益立足点和超脱能力的差别,还有处于漩涡中心和边缘的差别。对传统和现实的认识不同而追溯不同的思想资源,择取不同的研究方法和工具,折射到我们的这批人中必会引起分化。比如一个"五四"大题目,我们至今没有做完,而且已经做得不一样了。"五四"在中国的近现代历史上是否造成与传统的大决裂,这是不是一百年来中国现代化工程的巨大伤口,大家已有不同的阐释。还有一个孔子像,是否可以放置在国家博物馆的大门前,所引发的争议和举棋不定的处理方式,也充分表明中国现代学者对孔子评价这个大题目,远没有回答清楚,也可能是避免回答。

前不久,一个偶尔的空隙,我在晨读时翻阅了《百年孤独》的作者加西亚·马尔克斯的新作,讲演录《我不是来演讲的》。这位民族主义立场鲜明的健在的拉丁美洲作家,世界眼光一丝不缺乏。他谈到"理想主义"时,说了一句让我吃惊的话。他是在21世纪到来的前夕纵论20世纪文化时说的:"在这一百年里,我们还丧失了十九世纪最可贵的美德:狂热的理想主义和对感情的重视,对爱的恐惧。"(《致新千禧年》)好嘛,我们这一代日日夜夜守望着的年轻时的理想主义,其实才不过50年;而马尔克斯认为100年以前的理想主义更令人神往,是一远胜今日的高峰。他论述的19世纪和我们心目中的19世纪有多大的区别姑且不论,他的理由是否牢靠也暂可不计,但对于这一代人,19世纪的伟大文学是我们敬仰的,群星璀璨的19世纪文学大师们歌德、泰戈尔、巴尔扎克、雨果、狄更斯、安徒生、易卜生、惠特曼、马克·吐温、陀思妥耶夫斯基、列夫·托尔斯泰的理想是高尚到无可比拟的。对此我坚信不疑。如果我承认了马尔克斯的话,承认了19世纪的理想主义不可逾越,高于20世纪,那么,鲁迅夫子笔下的九斤老太太就应该适度"平反"了。她老人家在乡场上宣言的"一代不如一代"的哲学,起码部分是正确的了。再过细想一想,"一代不如一代"的命题也不总是正确,比方说每一代人又都"活着",社会倒退之后还会前行,一代比一代强的事也仿佛成立。所以我们也要复杂些。单说"理想主义",几乎每一代的人都会认为自己已逝年华所持的理想是最纯洁、真诚的,而视当下人们的追求为浮躁。更别说时至今日,离婚率飙高、街舞狂动、通俗唱法嘟嘟囔囔、网上游戏害青少年不浅,但是它们照样存在着,并在等待历史的承认!另一方面,似乎好的"理想"确乎不少消失在逝去的时光里,说不清,道不明。也能举出实例,说好的"理想"即在脚下,但人们陷入了盲区,视而不见。1930年代的中国作家不是总在讨论"伟大的作品何时产生"吗,后来我们发现在他们话音刚落的时刻,伟大的现代中长篇小说《阿Q正传》《子夜》《边城》《家》《骆驼祥子》《呼兰河传》《科尔沁旗草原》《围城》实际已经诞生。可见伟大的学术成就和大师,不是同代人能够完全认定,是要到后世才能评判的。只要每一代人坚持住自己的"理想主义",追溯先辈的光荣也好,指认同代人的浅陋也罢,放开眼量,我们何须过于悲观呢。

2012年9月25日草于小石居
越二日改订

给《丛刊》带来品格精魂

樊骏走得好静,至少在我看来是无声而有尊严的。三个多月前,在北大中文系百年系庆的自助晚餐席上,大家见王信陪樊骏同来。他的行动虽仍滞缓,不能像以往一句一顿那样以手势助说话,但人瞧上去正是大病后的平、贴、稳,白净面皮挂着木木的甜笑(原来的笑也很安逸,却是更属于他的文质彬彬的一丝哂笑,或曰气度很高的"微讽"),现今是了无牵挂,走在桌子间像一条静静滑行的船。他从随身带来的纸袋里抽出一张早已准备好的照片送给我,是 2009 年末在文学馆开的《丛刊》30 周年研讨会的留影。足见他看重那次聚会。我想起他曾写过分量不轻的概括总结《丛刊》创刊 10 周年、20 周年的长文,如今 30 周年他写不动了。这张照片无奈地、无言地传达出他对刊物几十年如一日用生命呼应的那份感念。

《丛刊》是创办五年后 1985 年由北京出版社转出,自改为文学馆与现代文学研究会联手合办始,我即参与其中直至今日。编辑部虽然设在馆内,一部分的事务由北京学界的非专职人员业余兼任,但樊骏始终是主要人物之一(王瑶先生、严家炎与樊骏构成刊物长期的铁三角)。我配合着一起工作了四分之一世纪,虽不是天天见面,每个月也总要通通消息,一年总要开那么几次的编委会,耳濡目染,受教太多。樊骏是个天分高,有个性,却又比较内敛不张扬,身上没有"戏"的人。他不善应酬,生疏的朋友会不免觉得他有些"枯燥"。我最初见他是听他到北大讲课,后来是答辩,精细、周严、深透,大家传说着他的"严格""扣理论字眼""写得精因而眼界高"等等,都有些怵他。可后来接触多了,知道他只对"现代文学"有无穷看法,而对同行,对人事关系,应对起来却是单纯得很,不大设防的。听说他中学就在教会学校读,先验地觉得他会有"贵族气"。及至在《丛刊》编辑过程经长期相处,觉得他讲话耿直,平易,无架子。收到他从劲松寓所、安贞桥外寓所寄出的工作信,信封信纸用得一点都不讲究(甚至有些寒碜),平时穿戴也普普通通,只从行文的语气和穿着的干净劲儿上,能透出那么一点不凡。心里想,这就是改造过的"贵族"剩下的"残余势力"了。

樊骏在《丛刊》无论是任主编还是不任主编,并没有什么区别,他都是用"全力"在做别人不见得认为该用全部力量去做的事。刊物创始,他做的工作我不清楚,只知道每时每刻都有他的存在。他那么有主意,王瑶先生又欣赏他,他一定给《丛刊》出过各种点子。不过他出完了也就甘在人后、幕后了。他的注意力总是放在《丛刊》与"学科重建"的关系上!大凡与此相关的课题、栏目设置,现代文学史研究的格局和版面,如何研究现代作家、社团思潮、文体、历史分期,如何厘清创新的学术生长点,如何培养新生的研究力量等等,这些,他究竟总计提出过哪些建议,真是可以车载斗量。恐怕冷丁地听他讲过一次的人,反而能够回忆起来,如我般的是常常听,一时竟会不知从何谈起。突破近现代、现当代分期的僵硬界限,他谈过;加强四十年代研究的薄弱环节,他说过;史料学与发挥文学馆的优势他更不是说了一次两次。我们看他八万字连载的史料学宏文,下工夫搜集材料,反复修订补充,厚积薄发,对于《丛刊》如何加强史料研究他会不一再提醒吗?这里,就包含了他对学术刊物主旨的想法,对《丛刊》的严谨、科学、开放、独立的刊物性质的定位。学术主要是依靠"积累"的("飞跃"是积累后的必然),循着10周年的时候唐弢先生为《丛刊》概括的"持重"二字方针,他提醒我们在解放思想、促进学术的前提下,不赶时髦,不赶浪头,扎实办刊。30年来刊物的方向在各种风浪中没有迷失,编辑制度、程序的逐步建立并形成特色,都有他的功劳。比如几代学人的顺利交接,从王瑶一代到他和杨犁一代,采取轮流责任编辑制;到钱理群、王富仁、刘纳和我一代用固定责编与编委会结合的制度;到一度我们四人各带一个年轻编委编刊,再到现在的更年轻的一代编辑:这套交替的办法,樊骏肯定是献计的核心人物。记得1989年王瑶先生突然逝世,严家炎老师以学会会长不再兼《丛刊》主编为由,提议樊骏任主编;樊骏一定要求文学馆第一任馆长杨犁与他共同担任(自此才有后来的双主编制,钱理群与我任过,温儒敏与我也任过,是樊骏开的先例);杨犁逝世他才单独做。前后十年,像一个担子,他挑在中间。《丛刊》的办刊方针的基石铺得稳固、深厚,这才有30年后的今日。

我数了一下,每当《丛刊》工作的关键处或发生困难时,樊骏都出面担当,就不躲了。第一,一个学术刊物最主要的就是要有好论文。在"二十世纪中国文学"和"重写文学史"提出的日子里,他这个1950年代最早研究茅盾的学者便曾推动组稿重评《子夜》,在社科院内又请卞之琳先生执笔写介绍北平沦陷区现代诗人的文章《吴兴华的诗与译诗》等。我被樊骏组过"笔谈"的稿子,那是更早他推动两次创新座谈会的日子。我写了主张文学史应当多有私人著述的短文,后来他几次当面提起此事,到我自己单独写出《中国现代文学发展史(插图本)》并送他之后,虽然已经听不到他的详尽、严格的意见了,我也仿佛完成了一件他认可的事而松了口气。我手中有他和丁景唐先生的信,是围绕请丁先生写"大百科现代文学卷的错误"一题的。要知道,大百科现代文学卷是樊骏出力最多、经他仔细审读的一本书,局外人大概都不晓得,这个《丛刊》的绝佳选题,实际上是要求别人狠狠批评自己。第二,而每当《丛刊》开编委会期间,提意见最多最细的,是樊骏。我们讨论每一期的"目录未定稿"时,樊骏如事先得到"目录",就会做系统发言,有讲话稿,写在随随便便的纸头上,用他挤挤挨挨极难辨认的"蝌蚪文"体(在别的场合比如谈刊物制度,他也都有发言稿)。如果稿子的情况比较复杂,编委会一时难以确定取舍,往往就交给樊骏拿回家去把关再审。不久,他就会送来审读意见,一篇书面的密密麻麻蝌蚪文。现在我手中还有几件偶然留下的他的终审意见书,包括一位海外学人的文章如何处理。还有一封六页的信件,是审读最熟悉的学人的两篇谈"二十世纪中国文学"和"胡秋原再认识"的,他都客观、严格地提出看法和建议。这封信没有信封,估计是传过来的,用300字稿纸却没有按格子书写,每一个字犟头倔脑露在格子外(居然与他性格相反地"野"),全文两千五百字左右。我当时就套了个信封,写上"樊骏来信请保存"七个字,留下了。第三,《丛刊》创刊以来经历的经济危机,王瑶先生戏称为"心肌梗塞"者,大概有四五次左右,都十分凶险,但最终都度过了。因为详述费文字,又令人心酸,就允许我省略不说也罢。这都是在前二十年,樊骏当政年代发生的,他自然感受极深。所以他捐出亲属遗留给他的二百万元给学会和文学所各半,学会是做"王瑶基金",其使用条例的第一款是发学术奖金,第二款便是资助《丛刊》。虽然后来《丛刊》的经费由文学馆解决,并没有动用过这笔后备金。

樊骏确有他的人格魅力,这魅力之于《丛刊》,因他是灵魂人物,久而久之必定影响到刊物。自然这影响还有别人,是个合力,是个漫长的过程,但樊骏绝不能少。"持重",前面说过是唐弢先生赐予的,樊骏也是"持重"的行家里手。他写作、审稿的谨严、过细,无以复加。他好像有挥洒之才而不用,心细如丝都用在推敲的功夫上。一篇论文他写了又写,大家看他两卷本《中国现代文学论集》各篇文章的落款,看它们初写的时间和以后几稿的时间,便明白了。在刊物会上审查目录,他是"文字专家",专门抠每一个文章标题与栏目的名称,看准确不准确,通顺不通顺。在这方面他是古板的"苦吟诗人",多少貌似漂亮的题目都败在他的口下。所以待他退休不参加编委会后,我总担心我们的目录会不会出问题。幸好现在公认高远东是这方面樊骏的"接班人",挑剔题目,成了《丛刊》的一个传统。此外,樊骏独有的风格是对现代文学学科的"全视角",这成为《丛刊》的品格当然也不意外。当年在总结《丛刊》第二个十年的时节,他就提出文学的文化研究时代会来到,现在看我们刊物上媒体、出版、传播、教育、宗教、女性、地域等的研究和文学穿插同行,已成显学。他有整体性俯瞰现代文学学科的眼光和敏感性,他有一篇文章的题目经常被人们提及,那就是《我们的学科:已经不再年轻,正在走向成熟》。像一句口号,现已变作学界的共识。严家炎老师在樊骏集子的序言里,对他在"学科的总体建设方面"所下的定评,可以代表大家的心声。而作为樊骏个性的另外一些特质,比如刚正,本真,不作假,不取巧,原来就应是学术的正道、正格。这在商业大潮冲刷学术领域,既带来学术及其传播的特殊空间(想一想出书的容易,出国交流的频繁),也带来恶俗浅薄风气的当下,就更加弥足珍贵了。《丛刊》是现在全国极少数不卖(或变相出卖)版面的学术刊物,我们岂能不警惕这围城之势,岂能不兢兢业业保持节操?樊骏生前与我生过两次气,都与刊物相关。一次是编辑出了事故,他在信里少有地发了火;一次是我参加编委会迟到,让大家等我多时,后者是当面进行的。为了工作樊骏很气,词语便毫不客气,弄得我下不了台。这是樊骏留给我最深的印象,我很难忘怀。

现在他走了,我和《丛刊》到哪里去找能够如此无机心地严格批评我们的人呢?平时樊骏的笑是很节制的,他与我亲切谈心的时刻我大半能记住。在读了我的海派研究文字后,他说:"你发现的予且,我知道。我读中学的时候,上海杂志里每期都有予且,是个很红的市民作家。"他谈了几句他的少年时代。樊骏与我有多"同":即同籍贯,同出生地,同校友,同行。但我们没有套过近乎。他有一次对我分外亲切地说(少有的):"我这个人没有用。你看比如我已经买好了去上海的火车票,要走的那天忽然发现屋子里有老鼠,我想来想去怎么能把家留给这只老鼠?就把票退了。"如果不是他亲口对我讲,我简直不敢相信这个身上没"戏"、没"故事"的人,会有这样一个故事。这是我亲见过的最大一位"完美主义者"!《丛刊》自然不必这么"完美",但有一天我们如果在追求刊物(包括人生)的"完美"方面稍稍懈怠,原宥自己,想偷懒,那么要记着,樊骏可带了微微嘲弄的笑意就站在你的身后呢。

2011年2月19日于小石居,当日"雨水"

李欧梵的文学与都市:其书其人

在我的书架上,除原有的李欧梵著作《铁屋中的呐喊》《徘徊在现代和后现代之间》《上海摩登》外,新近又添置了江苏教育出版社配成系列重印的一批他的书,像《我的哈佛岁月》《我的音乐往事》《中西文学的徊想》等。此前的书,其中有几册是他送我的,但我的意思倒不像外交家似的硬要把见过几面的朋友暗示为熟友。知道李欧梵的大名似乎很久了,最迟总在上世纪90年代初期吧。先是听到他在鲁迅研究界发的一声喊,震级虽不算强,也足够让大陆的我们吃一惊。后来是提倡读米兰·昆德拉。起码在我的印象中,这件事是与他相关的,于是那本《生命中不能承受之轻》风行一时,连同书名,连同这书名的句式。再后来,便是毛尖翻译了他的《上海摩登》,此书有一个长长的副题"一种新都市文化在中国1930—1945",开创了文化史与文学与都市贯通研究的范式,并引起对重绘上海文化地图的争议。

记得有一次与钱理群在毛尖、王为松家里作客,突然门外进来李玉莹、李欧梵夫妇(仿毛尖夫妇体例排列出场男女先后,免得出问题)。正在看的《活着》也不看了,宾主立刻打成一片,欢谈不已。李欧梵平时谈话和学术演讲,多半是兴致勃勃的,话锋健朗、机智,调皮起来反讽自嘲分不清路数,像个"坏小子",但句句话都见赤诚。他自述参加鲁迅学术会议的经历,设计好《鲁迅与现代艺术意识》一文揭示鲁迅的"阴暗面"(就是鲁迅说过的"鬼气")、"颓废面",预备引起批评。后来果然来了反响,他偷偷乐了。这看起来也颇像"坏小子"的行为,而他的鲁迅观点倒是十分严肃的。此人就是这样,让你初次见面便会被他吸引。他有魅力,兴趣广泛,艺术修养丰富,没有架子,喜谈闲文。那天不知怎的论起齿序来,李欧梵与钱、我三人竟是同岁。同龄的中国文学研究者,尽管在教育背景上有隔着海洋的距离,但还是能找出许多共同点来。比如阐释文学"现代性"的时节,面前已横亘了一个巨大的"五四"传统,无法逾越绕行;比如面对纷纭复杂的西方现代和后现代的理论,中西古今间一时不知如何自处。我读李欧梵的书,觉得他的意义是能够启示我们同代人的,有的地方也正合我心。他对"五四"的反思,结论不一定和我相同,但反思的心情、理路、力度和期望值,都足够我参考。他对西方理论烂熟于心,底子厚实,至少他能读原作呀,但他从不搞大的、完整的系统,甚至私心里正想解构这些庞大的各自为政的系统。他不服膺于任何一种理论，同时取任何一种可用的理论而用之：用心理学解释鲁迅，用弗洛伊德和厨川白村解释《补天》，用哈贝马斯解释 30 年代的上海公共空间，都到了得心应手的地步。他的理论视界，理论观察的出发点，基本受到后现代主义的浸染，但他并不跟着任何一种理论走，相信没有一种理论可以包打天下。他"恨"洛杉矶（只想念一家中餐馆），喜好古典音乐，看老的好莱坞片子过瘾，著文笔下带了感情，这都叫我们这些同代人觉得亲切。他自称是个中外杂家，他开辟了狐狸式的研究格局。他的学术小品，他的这里一点，那里一点，散点式的理论话语，流畅行文中处处含藏锋的写法，真是游刃有余。横跨，或横站，岂不是我们这代人文学者面对世界最聪明的姿态吗？

我们提起海外学者，一般都称赞他们视野宽阔，以及远观、旁观的"距离效果"。接下来又会觉得自己仍占据着中国文学、中国文化的基本材料，而他们对历史情况总是隔膜的。李欧梵治中国现代文学，治上海文化，粗看似乎也是如此。资料上的毛病挑得出来，比如《上海摩登》将 24 层的国际饭店和 22 层的四行储蓄会说成是两幢摩天大厦，实际上却是一回事。2001 年他送我《狐狸洞呓语》一书，记得是在上海大学开会。会后参观"东方明珠"下面的老上海民俗历史陈列馆。那天与李欧梵前后看着，发现《上海摩登》的作者对许多上海事物并不很熟，便自作聪明由我这半吊子给他充当讲解。当时也留下了海外学者究竟原始资料掌握不够的印象。其实即便是材料，他也有他的优势。他解释上海都市文化，能抓住典型事物，什么摩天大楼、百货商店、咖啡馆、舞厅、公园、跑马场、电影院、广告、月份牌（月份牌的阐释可谓经典），引用的材料，除了曾朴、曾虚白父子，"新感觉派"作家和张若谷，还有施蛰存、徐迟的口述，以及许多当年殖民者的回忆，而且外国人作为"他者"看上海的材料绝不在少数，仅"外滩建筑"一节里就有苔斯·约翰逊的《最后一眼：老上海的西洋建筑》、詹·黑伯尔的《上海外滩建筑》、赖德林的《从上海公共租界看中国近代建筑制度》、伊东忠太的《上海都市建筑》这些书的引用，还不计为与上海比较而引述的外国人讨论纽约、印度和南非首都建筑的书。你可以说这些材料我们也是隔膜的。而这种引用便将上海置于了一个世界的"十字架"中（李欧梵喜欢的比喻，指将文学现象作纵向横向的定位观察）。我们双方对上海获得"现代性"的认识自然不同，我就强调晚清以降这是"阴影下的学步"，李欧梵则指出老上海殖民色彩里面的"世界主义"。这是源于李欧梵本人的"世界人"的文化立场。对于他，《申报》副刊"自由谈"的批评空间，令他思索到它能否转化为现代公民社会的基础，而我们只是想到它对当年社会制度的一种颠覆破坏。但李欧梵没有从"公民社会"进一步讲到中国的市民社会,这往往是他的局限。只差一步之遥就要讲到真正的中国问题的时候,他猛然止步了。他是不是为了让更熟知路径的别人走进去呢?

李欧梵本质上是个散文诗人。他自己说在20世纪的文学和都市"漫游",写不出抒情诗来。依我看,他写的是散文诗。他看世界的方式是散文的——关心食、住、行、娱(我看他对"衣"的感受比我还差,所以给他改动了一个字。虽然他可能熟读张爱玲的《更衣记》)的日常生活,那是一种流连式的观察与自由摄入。他表达起来也是专栏小品、影评乐评、回忆序跋,十八般武艺样样都来,驳杂。半路里还杀出一部小说《范柳原忏情录》(我得到的"麦田"版是他1998年6月在香港中文大学会上赠我的),这是他钱钟书式的书斋思绪的延长,可用的却是书信体,外加资料补遗、访问记录体。《上海摩登》是他十数年构筑的一本学术大书,但如按大陆标准看来,显然还不够"大"。可是他的思考,仿佛是理论的"诗化",是他夸赞友人所说的一手资料、一手理论、一手批评——三只手的写作。他引人们进入中国现代文学的领域,进入20世纪中国现代都市文化的领域,靠的是文本、历史与诗相互结合贯通的学术方式。他的反思,他的质疑精神,他对现代、后现代所持的一种保留性、焦虑状、融入型的立场,使他能够天马行空,游走于自己心仪的学术天地间。他是一个都市的"游手好闲者"(本雅明语),一个文学和文化的"漫游者"。他的学术是和快乐、好奇,及他自称的克服各种"失败危机"紧紧相连的。

其实,有了陈建华、季进和李欧梵的对话(都留下了整本的著作),我的这些支离破碎的感受,纯粹是蛇足。陈建华说李欧梵的学术人生在中西文化之间"始终流露出一种无根的漂泊感","一个'徘徊'的主调却升起,萦回不息",是对他的确评。似乎也是说他在诗与散文境界之中。茅盾早期有一个短篇小说《诗与散文》,这题目包含了人生的、文学的基本模式,现在还可以增添一个:学术模式。学术、文学的某种"散文化""边缘化"几乎是李欧梵自觉追求的现代性质。如果没有了"边缘者"的身份,他就会失语,失了揭示现代文学、现代都市反思话语的可能。如果我们大陆的学者都整天忙着购车购房(不是说不能购),忙着几子登科,一心把自己卷入有产阶级、成功人士的中心位置去,那离丧失反思话语能力也就不远了。甘愿作文化边缘人,可算是李欧梵话题可以留给我们的一点余音。

2006年7月21日于京城小石居

弄堂深处是吾"家"

我出生在上海。虽然现今我这个人无论从外看到里,都像是标准的北方汉子,但我对于江南的童年记忆仍然很深。十岁以前看到的1940年代上海市民日常的样子,他们的生活方式、思维方式,都深深地印入了我的灵魂,刻骨铭心。其中,就与我家先后住过的三条弄堂相关。而说来也奇,它们竟最后通向了我从事的现代文学专业。

上海人所说的弄堂,里衖,即胡同之意。好像"胡同"一词是元人带过来的,起初是进口货,后来渐渐融入中华文化。我幼时所住的第一条弄堂,位于静安寺附近的北京西路,当时叫爱文义路四寿邨。上海的外文路名,当然是租界的产物,与西方侵华史有联系,但取消的过程却是相当漫长(不要以为用中国省和城市为上海的南北、东西马路命名是"国货",最初也是租界当局确定的)。我1944年五岁上学,学校原为工部局西区小学,非常出名。到抗战结束我家搬去虹口为止,整个上海的孤岛、沦陷时期都是住在爱文义路的。其时,家父在几家报关行(替商人履行向海关报税手续的机构,是私营的)做职员,收入颇丰,才能在被称为"上只角"的沪西静安寺地区,租住如此的新石库门房子。80年代中期我有一次去上海访问现代老作家,住在延安西路美丽园,离静安寺很近,中午便寻到该处房子,发现它竟完好如初。前几年我又领着学现代文学的学生去看过,附近的老房子拆迁到我们那条弄堂就停住了,想必是尚可使用。四寿邨呈L型,很短,每家独户居住,联排的三层单开无厢房的石库门,一条死弄堂里仅住七八户人家而已。石库门是近代上海最有特色的市民用房,真正有钱的人住的是单栋洋房,洋人大班与华人巨富甚至住花园洋房,其次是欧美风格的公寓如张爱玲所住有热水汀(暖气)和煤气,此外的新式里弄房子和石库门也要选地段、择新旧。石库门在上海的历史从清同治年间开始,到1940年代大概一半以上的沪人都生于斯、居于斯。它有老式与新式之别,我们这算是新式的。石头的门框、门楣和对开的黑漆木门,上有门环,为石库门房子所必备。大门照例不开,都走后门。我记得有一年七月十五过中元节俗称鬼节,大门忽开,为的是外面有泥地可遍插香火,小孩们守岁一般熬夜等着收捡香棍玩呢(这个节在香港现在仍保留着,我碰到过)。进得大门是一天井,家里当时租过骆驼祥子拉的包车,就停在那里;父亲的朋友领来过一只狼狗,拴在那儿狂吠,我们小孩子又怕听又想听。然后经过传统的落地门扇便是客堂,为吃饭会客之所。后面是灶间、后门。灶间与客堂之间是楼梯,很陡很暗的木楼梯。一上去便是亭子间,它处在灶间之上、晒台之下,一般做佣人房或堆杂物,我家是做洗浴间。因为是阴面的房子,下热上凉,单独出租较为便宜,所以深得初来上海滩的青年夫妇或左翼贫困作家们的青睐,久而久之便酿造出一种"亭子间文学"和"亭子间文化"了。从亭子间折弯,沿楼梯再登上去,便是二楼正房。如果没有三楼,便是典型的"一楼一底"。三楼有的是利用屋顶空隙搭的,叫假三层,大的阁楼置放双人床、柜子都没有问题。阁楼在屋顶开出的窗户便是"老虎窗"。这种楼房如一家独住是挺舒服的,住户应该以中产阶级居多,比如四寿邨我们对面的一家是工厂主,家里装着电话,客堂里挂着当红的绍兴戏(越剧)名演员照片,不知是傅全香还是徐玉兰。旁邻一家的客堂里,摆着贵重的紫檀木棋桌,小时候觉得颇神秘。家长们都忙,互相客客气气,并无多少往来。而"小康"市民家庭温饱之余,一是过节气氛浓厚,春节元旦端午中秋几个大节外,清明、中元、双十都过;二是业余生活多样,家父每日上班情景我见不到,回来应酬繁多是明显的。家里经常有朋友来吃饭,吃饭的理由主要有欢迎新同事、过生日、婴儿满月、亲友聚散、搬家等。城市里都是租房住,为"乔迁之喜"而吃的搬场酒便格外多,借口也最容易。出去的应酬主要是婚丧嫁娶,中式结婚吃酒席,西式结婚吃糕点,如果家里有孩子被邀去做男女傧相,就分外热闹。饭后一般打麻将,八圈十六圈算是卫生麻将,通宵的雀战亦是常事。所以我从小在咖啡豆的气味中看懂麻将,便不奇怪了。还有看戏(看电影是以后的事),家父喜欢京剧,女亲眷们喜欢越剧。叫"祥生"的出租车到大舞台、天蟾舞台、共舞台看戏,是让孩子们兴奋的大事。我记得的海派连本戏有《血滴子》,有《西游记》。戏园子中西合璧,卖冰糖葫芦,甩手巾把子,烟雾缭绕,偌大的二道幕拉起来上面是"美丽牌香烟"的巨型广告。还有跟着大人去"荡马路",也是上海人的一课。最高兴到南京路大新公司的地下铺面去乘阶梯式电梯,到三阳南货店去买宁波吃食,最近处也有静安寺的商业区可逛,因而养成了我一个男生却并不讨厌遛街的习惯。长大后,家里每月给点零花钱,主要用来坐电车,静安寺到四川北路的一路电车整日在我家门前"带根辫子"绕圈开着。过年必穿新衣,去参加婚礼要穿新衣、穿皮鞋,这小皮鞋平时不穿,单等拜年、作客时穿,往往小了紧了,并不舒服,好像是专为大人而穿似的。上学之后,我的兴奋点就集中在我的新闸路小学(西区小学,即后来的静安区第一中心小学)上面了。这学校主楼三层,上音乐课、手工课还有专门的教室。走廊里龙头的水是可以饮用的,中间休息时排队喝牛奶。礼堂能容纳全校师生开会,还有演出。我第一次接触的世界文学名著是《阿丽思梦幻奇游记》,就因在学校礼堂看了大型提线木偶戏《阿丽思的梦》,所以第一次读沈从文的《阿丽思中国游记》,就觉得读过似的。我最早读的读物还有《格林童话》,是因为看了卡通片(即动画片)《白雪公主》。中国小说看的则是"水浒""三国"的连环画(后叫小人书)。就这样,我在如此环境下完成了我的早期生活教育。我有理由把上海中等市民的生活水准和内地富庶地区如四川成都平原的一般地主家庭作一比较,衣食住行,文化娱乐,除"食"一项互有伯仲外,其余上海都远远胜出。这是中国现代发展过程中,城与乡、东部与西部不平衡性的显著表现。

  不过,这样的日子在我家里没有维持太久。三、四年后,随着父亲离开报关行去从事不适于他的商业,我们家就开始走下坡路了。先是搬家,从沪西搬到了虹口的狄思威路,今之溧阳路。虹口在上海是个中间发达地带,它位于苏州河北(旧地图标吴淞江),自然比南部的中心区差;但它又夹在闸北和杨树浦(今简称杨浦区)这两个工业区之间,还不能算"下只角"。特别是一条四川北路贯通了昔日的美租界和日侨聚居区,它拥有仅次于南京路、霞飞路(淮海路)的商业街市。我家搬过去的是狄思威路一条新式弄堂,并非石库门,而同鲁迅大陆新邨的格局类似,只是举架较低,门前的短栅和庭院几乎是微型而已。最主要的是我们只能租住二楼的两间房子了。两间里我住的那间还是骑楼(上海人叫"过街楼")。弄堂里没有活动的空间。我能记得在爱文义路弄堂玩滚铜板、弹玻璃球、看人跳格子的情景,可在狄思威路弄堂里玩过什么却一点也没有印象,仅记得一个春雨连绵的季节,有只鸟雀突然误撞入我两面带窗的屋子,被我视同宝贝一般养了好几天,最后放生时还依依不舍。

  这条弄堂叫什么"坊",现在已记不住了。我的台湾三妹生于此。1992年我陪她寻找出生地,是凭弄口路对面那家西式小菜场来辨认的。与此弄堂有关的比较风光的事情有二:一是我考上了附近的新陆师范附小。这也是座比较有名的学校,查上海辞典它创办于浦东,抗战初期遭炸毁,光复后在虹口恢复。名校的标志便是转学也需考试,不乱收学生。这个第二母校位于九龙路和武进路夹缝的地块上,对面的市立传染病院现在叫第一人民医院,学校所在原是块空地,老地图上标着"瓦筒堆场"这样奇特的名字,现为虹口中学。它三层楼的校房十分宽大,礼堂、草坪、球场、游泳池、假山,一应俱全。我后来带学生去"瞻仰"过,他们都为这么好的小学校舍咋舌。风光之二,是家父此间因赴青岛、南昌各地曾坐过飞机。这在同学中是可以炫耀的。我当时并不晓得父亲的经商实际已处于失败局面,只觉得他带回的航空食品足够我在小朋友中的位置升高了。父亲还带回庐山的手杖,景德镇的瓷器,那些瓷碗上烧得有"少吃多滋味"的字样,瓷像是依父亲青年时代着西装照定制的(现仍存),这些都让小孩子感觉新鲜。

新陆师范附小的延长线,是与我的文化维系。由校门口武进路西行,经一家著名的救火会(许多上海老照片集都有这家消防队的红门高塔身影),便进入了海宁路。这是四川北路中段的一个文化娱乐区,电影院、剧场、书店、商铺林立。我在这里自买的第一本书,说来有点不好意思,那并非文学名著,而是本鬼故事。这里的虹口影戏院是上海最早的电影放映地,后来我在这里看过名噪一时的《一江春水向东流》。还有国际电影院,在胜利电影院戴了椅背上的"译音风"便可以很便宜地看外国原版片。从海宁路折进四川北路走过横浜桥到丰乐里,是我祖母和大叔的住地。它在新辟的多伦路(旧称窦乐安路)文化区之内,今日被呼为左翼作家的大本营:左翼作家联盟诞生地原中华艺术大学在这里,鲁迅、茅盾、柔石等住过的景云里在这里,沙汀、艾芜住过的德恩里在这里,彼此只有几分钟的路程。窦乐安路对面是内山书店,处在施高塔路路口(今山阴路),折入便是鲁迅最后居住的大陆新邨了。在附近同四川北路相接的,还有鲁迅用内山书店店员镰田诚一的名义租下的狄思威路1359号二楼的一间20平方米的屋子,来放他大陆新邨住房放不下的六千册图书。这间藏书室曾经被夸大为鲁迅秘密阅读马克思主义书籍的地方。而不远处的狄思威路1269号便是抗战胜利后郭沫若住过两年的英国式住宅房。这些当然都是我有了现代文学专业知识后才知道的,但当年因与自己家和祖母家邻近,我曾常去那里。像虹口公园(今鲁迅公园)常使我难于启齿,是因小时候顽皮掉进过它的一个池塘里。你可以想象,这里几乎是我少年时代天天走过的再熟悉不过的地方了。

但我家的日子却越过越艰难,终于连狄思威路的房子也难以为继,就乘我姑母全家迁移台湾的机会,搬到了他们原住的东余杭路春阳里去。此地因离新陆师范附小的路程与狄思威路一般远,所以我并没有转学校,一直在那里读到六年级我们离开上海北上为止。

2002年10月我在上海九龙宾馆参加胡风研讨会,晚上陈子善到我房间来,我们对着窗外万家灯火聊天。我突然说,下面这一片低矮黑漆漆的房子是我住过的。陈子善很感兴趣地问,难道你住在东余杭路?我点头。陈子善说出令我意外的话,他说他也住过。于是这夜我们结伴做东余杭路游。九龙宾馆就在狄思威路上,隔了虹河(应当是"虹口"名字的来源吧)可以望到新陆师范原址,沿河才是九龙路。我俩由鸭绿江路进春阳里弄底,穿过长长的弄堂,然后抵达弄口的东余杭路。我少年时觉这条老式石库门弄堂其长无比,中间有近十排横弄。我家窗下即东余杭路,是铺面房,所以大门就没有了;从后门进,灶间改住了一家人,前面是四开间的荣昌祥南货店;上楼亭子间住一家人,到二楼是两家,我们分住一个前房、一个阁楼。亭子间上面的晒台是公共场所,撑满了万国旗一样的晒衣竿子,通晒台的楼梯下放置了一排煤球炉子。如果不是被南货店分割,应当有七八家住在这近似爱文义路一户的空间里,我们过的就更像是"72家房客"的拥挤无厨房无马桶间(卫生间)的石库门生活了!

不过陈子善目测了我的石库门房子后,却说还好,至少不比他家差。我不知道搬来后父母的真切感觉,他们一定是大窘,不然不会在1950年初不顾所有亲友的反对,力排众议,在春节前毅然离开上海。但我当年住在这里感觉很快活,因这里同爱文义路最大的区别是有生气,满弄堂都是人,日子是鲜活鲜活的。我放学回来可以在弄堂徜徉,看大人们如何斗嘴,见少年郎学脚踏车穿梭其间,听爆米花炉子嘣的一声带出粮食的香味,而大变活人的戏法就在街上进行,真让我生怕箱子把人变成零了。一利一弊,虽然街市的分贝很高,但市民的生活就像开水沸腾一样。早上的弄堂奇景之一是刷马桶。天刚蒙蒙亮,家家后门的马桶就已排成队了。粪车进得每条横弄好像有铃声,马桶倒后用清水洗净,长竹篾条扎成的刷子的沙沙沙声音就响彻满世界。之二是生炉子,分炭风炉和煤球炉子两种。前者是要顿顿饭生的(所以上海人都吃大饼油条粢饭团的现成早餐,或用开水泡隔夜饭,不生或少生炉子),这之间弄堂里响起哗啦哗啦的搧扇声,不久便见到各家门后的缕缕青烟。生炉子要准备纸媒引柴和煤炭,要算计好做饭炒菜和冲热水瓶的用量,可是饭偶尔还能用点心充当,洗脸洗脚的热水却是不能没有的,所以上海市民在节约的前提下就有了奇景之三的上老虎灶。记得春阳里的老虎灶颇远,热水瓶带着一个横梁,有时我也帮母亲去买过提过。那是当街一个大斜面的特殊炉灶,几口大锅,用水勺往热水瓶里注水就像川人添茶那样要有一身技艺。这种老式石库门房都无现代化的厕所、厨房,春阳里让我见识了爱文义路和狄思威路都没有的下层市民生活。但如果习惯了便会觉得方便,像每日必需的买菜,路口便有各色菜摊,六时开市,八时即散,假使要买更多更好的荤素菜可穿过一条狭弄到达汉阳路,不远就是全市闻名的三角地大菜场。生火对面就是煤球厂,买零食就在楼下南货店,理发照相都不用走出几十步路,看武侠的书摊就在窗下,有时吊个篮子就能把书吊上楼来。市民的生活杂乱无章,却生气勃勃,充满了人间气息。我据此可以懂得夏衍的名作《上海屋檐下》了。

  与陈子善夜游的时候,报上已发表过宋庆龄可能是在东余杭路出生的消息。那是在此路 530 号发现的宋氏老宅,为宋庆龄父宋耀如致富后于 1890 年在沪地所建。两层楼的石库门房,前后天井,用木楼梯连接两个院子,现虽破旧但基本结构仍然完好。宋庆龄究竟是生于浦东还是虹口,目前存两说:有人以宋庆龄说浦东口音的上海话为据,但接着就有人指出老上海话就是带浦东味的;有人出示老地图证明 1890 年东余杭路是河滩地,哪里有宅子,但接着就有人指出老地图未标有路而实际已有房的情况多了。不过宋氏三姐妹都是从这里出发而去美国求学的,这点没有疑问;孙中山先生 1894 年结识宋父得到极大支持,曾在此宅住过,甚至在此计划过广州起义,也无异议。那真是我们的光荣。

  我自然热望宋庆龄先生生于此地,但那毕竟只有其中的一个答案。我也不知道这场出生地的学术讨论究竟如何落幕的,但我相信东余杭路人有福了,上海市民得福了。

2014 年 3 月 14 日于小石居

怀想王瑶先生
——以此纪念他的百年诞辰

王瑶先生与家父同年,属虎,今年正好是他们诞辰一百周年的日子。对于我来说,想到父亲即会联想起先生,想及先生也便闪过父亲的身影,是毫不奇怪的。

第一次见到先生,是在北京大学文史楼。这我绝不会记错,因为那是1978年7月15日我参加研究生复试口试的地方。我对先生的最初印象便从此开始。它像钉子一样楔入我的记忆中,怎么可能忘怀呢?虽然复试的笔试是在前一天举行的,但那日两位招生的导师王瑶先生和严家炎老师并未露面,"主考官"记得是当年系里的中青年古文字专家裘锡圭。第二天口试,我排在第一位,事先准备了各种假想的专业题目,甚至凌晨还在未名湖边抓紧最后的时间快读自制的文艺理论卡片,结果都未用上。当时我进入二楼小房间,没有辅助人员,无需抽签选题,便见到了满头白发,面色红润,操一口山西方音的先生,所提的三个问题却是再简单没有:一问有些什么作品?二问准备考试时看过些什么书?三问对现代文学研究有什么想法、志愿?这更像是随意发问,闲谈。我现在已不记得当日如何回答的了,只是一下子放松了心情,说话也大胆起来。待等我谈起曾经读过的文学史著作,读过的鲁迅作品时,先生突然插话,问我对目前的文学史研究有什么见解,对鲁迅研究有什么看法,一直追问下去,我这才明白,这"聊天"也不是白给的,是隐藏深度的。我事后将北大的两次笔试和这次口试联系起来一想,脑中不由浮现出"博大气象"四个字来。

当年北大现代文学研究生入学考试题,便由先生主持确定,核心题还是他亲自拟就的。其中的大题,综合性强,对考生的起点要求很高,恰又切入时代的学术前沿,焦点打在急切需要思考的一些问题上;小题看似琐碎、细巧、宽泛,却直指我们学科的基本知识范畴,及与临近学科的跨界渊源关系(它并不理会"文革"造成的知识创伤,照直坚持自己的出题标准。后听说其风格同"文革"前并无二致。加上仅一个月备考时间,据说有一位青年诗人答这种题仅得了几分)。这些题目大气,颇具深广度,你在初次接触时简直会被惊住。我当年在考场两次从信封抽出试题,都不禁倒抽一口冷气,后脊梁发凉,很长时间(复试时超过二十分钟)竟没有下笔,因不知该如何回答。这考题让我第一次从学风上闻到了北大之所以为北大的气息,感受到先生的治学特点。我过去在文章里曾透露过这两次笔试的部分题目,现在借这篇回忆文的篇幅,完整公布如下:

1978 年北京大学中文系研究生现代文学初试考题

1. 对于中国现代文学史的分期你有何看法,试从历史、文学、社会的角度讲清你分期的理由。2. 鲁迅关于《呐喊》《彷徨》有不同的特色曾说过一些话,请按此举出作品实例来谈谈这两个集子在思想、艺术上有何不同。3. 鲁迅说五四时期的文学"散文小品的成功,几乎在小说戏曲和诗歌之上",你认为如何,并举创作实践加以说明。4. 解释以下概念,并说明其出现于现代文学史上哪一个时期:"第三种人";"国防诗歌";"新歌剧";"社会主义现实主义";"辩证唯物主义创作方法";"乡土文学";"爱美剧";"商籁体"。(根据笔者同年 5 月 17 日日记整理,文字上或许有小的出入。另第四题应有 10 个小题,目前缺二)

1978 年北京大学中文系研究生现代文学复试考题

1. 具体联系二十年代和三十年代有关"五四"文学革命性质问题的流行见解,从"五四"新文学实际出发,论述《新民主主义论》对中国现代文学史研究的指导意义。2. 试以三名非左联成员的作家作品为例,综合说明三十年代左联以外进步文学创作的面貌和思想特色。3. 列举事实说明十九世纪末、二十世纪初中国小说、戏剧观念的变化,并以"五四"以前小说戏剧的实际发展,阐述发生这种变化的原因。4. 说明下列作家的国籍,举出一种作品,它介绍到中国的大致时期,对哪些作家和文学社团发生过影响。(1)尼采 (2)罗曼·罗兰 (3)高尔基 (4)易卜生 (5)王尔德 (6)奥尼尔 (7)歌德 (8)显克微支 (9)泰戈尔 (10)爱伦·坡 (据凌宇当年抄录稿)

不要说我们还要专门考一张中国古代文学卷子,且这里所牵涉的现代文学性质、分期,晚清文学与五四文学的关系,现代中国文学与外国文学的关系,左翼文学与非左翼文学的关系,鲁迅等人对现代文学史的已有看法可遵循也可不遵循等等,有了这样的笔试,就难怪口试只需"聊天"了。而且一旦进校学习,我对先生阔大不羁的印象就越发深刻。前不久我因某个会议去北大,到得早些,便信步走向先生的旧住地镜春园凭吊一番。石桥仍在,石狮依然,但斑驳的大门、围墙、屋脊都已粉刷一新,门口增设的"保卫"竟不许我进去,不禁感慨哲人已萎,这里已掩去了年久日深的味道。恍惚间仿佛看见从镜春园到五院中文系,一个满头白发的老人骑着自行车来往驱驰,灵活上下的影子在我眼前闪过。这车技在老先生级的教授群中是少有能与之匹敌的。先生那篇为清华校庆纪念刊所撰的《自我介绍》称"时乘单车横冲直撞",加上烟茶如命,"华发满颠,齿转黄黑,颇符'颠倒黑白'之讥;而浓茗时啜,烟斗常衔,亦谙'水深火热'之味",这些不免流露得意之色的老天真的文字,最显他的本色。他夜读昼寝的起居习惯,最初我并不知道,第一次到镜春园76号拜见他,上午十时敲门,保姆告先生还在休息,但不幸已将他吵醒。自此才遵守下午去见先生的惯例。他身上保持着许多乡土原色,均有线迹可寻:乡音不改是其一;穿着虽没到"不修边幅"的程度,但确实不讲究,衣襟沾上油星也不予理睬是其二;在上海病危时插管失声,只能写字,写过"我想死在76号"的话,他对自己的归宿会在沿海大都市没有准备,无法认同,而医院里的医生他独独信任某位说沪地郊县话的大夫是其三。他的独立不倚,随处可见。

更加大气的,是他的谈吐。这种谈吐,多在非正式场合,小的见面场合。我们很快发现,这甚至比他的学术讲演,比他在报刊上形诸笔墨的文章更加睿智、机敏、生动(所以不能给先生编出一本书斋语录,实在是后人的损失)。最初的印象往往最深,入校不久一次六研究生听先生做安排学习的散谈,以及后来在他的书斋、在五院的教研室里,多次"亲承音旨"(先生称受教朱自清先生的用语),让我们如醍醐灌顶,大开眼界,让人不禁联想到徐志摩说的学问是从烟斗、从下午茶里薰出的话来。比如先生说:文学史不是文学批评,也不是文学理论。一篇作家作品的批评文章不能剪下来直接放进文学史。文学史精心挑选文学现象,是通过叙述表现规律,体现那个发展过程的,而现象要比规律更丰富。(以下先生的话都依据笔者当年记录。不加引号因很难说一定是原话)又说,学习文学史要看原来的杂志报刊,闻一闻气味也好,可知道作品发表时的社会环境,能了解作家后来修改过的作品的原先面貌和最初的写作动机。要积累历史资料,要积累研究动态,造成"专业敏感"。就像看一件毛衣,我们不懂的人只觉得好看不好看,懂行的人能看出上七针、下八针的织法来。现在研究界提倡读旧期刊,好尽快进入文学的原生状态,王先生提出得最早。专业敏感性是做学术研究的人必备的素质,先生提出其中的一个标志便是:读书要让脑子里有问题,是在接触许多材料中形成的问题,那就有希望了,如果老是要别人提问题那就糟了。这些问题只嫌其多,不嫌其少,乱七八糟也不怕。你们到舞台的前后台看过没有?前台的干净利落、炉火纯青的表演,是由杂乱无章丰富多彩的后台支持的。这个比喻,后来成了我轻易不给研究生出题目,只鼓励他们提高读书质量的一个依据。研究生学习的方法除了自学,先生还安排了讲座与讨论。他说,主要是你们讲,一个人讲,大家自由讨论,大胆思考。讲一小时,然后讨论一两个小时。讲的人是用材料说明观点,最好有创见,可训练研究问题的方法,即便是从选题也能看出水平。讲的人如以观点为主,那就像放唱片,转着圈子唱一个主调;如果以叙述为主,就像织毛衣、织围巾搞成一片,这当然也是需要的,但还是以前一种方法为好。这个譬喻先生不止讲过一次,文字有点小差别罢了。先生强调历史主义,也强调当代立场,两者并行不悖。谈论文学史是历史科学的时候,他说对历史的认识也是在不断深化的。有的材料没有古代现代之分,如作家的生年籍贯。有的早就混入了人们的认识,如《新民主主义论》发表之前,没有人认为"五四"是无产阶级领导的,在三十年代前包括孙中山、鲁迅,也不会认为义和团是农民运动。但在讲到我们不能妄自菲薄,要有学术自信的时候,他又说,历史往往是没有参加过这段历史的人写的!不要认为局外人就一定比局内人差,实际上当局者都健在的那段历史反而复杂难梳理。当局者经验丰富,对历史充满感情,但囿于自身的利益和眼界,态度不一定科学,而历史谜团往往需要时间才能看清楚。这种如何对待历史资料的话,他说得特别多,而且一般都是举例子。如说"自然主义"在"五四"不是坏名称。说"五四"时候在大学讲小说,就像侯宝林入作家协会那样稀奇。这都能锻炼我们复杂看待历史的眼光。他也经常谈鲁迅,把鲁迅看成是我们学术的根基之一。他说鲁迅有三个高峰:思想理论、文学艺术、科技意识。鲁迅的文化时代目前还处在开始阶段。还鼓励说,鲁迅写《中国小说史略》,三言二拍都还没有看到,我们如果没有写出新的小说史是因为我们没有出息,不是没有可能。也不要鲁迅写《阿Q正传》,我们便写《阿部正传》,模仿不是研究。至于方法论也是常谈的,比如说,西医对人是一部分一部分研究,中医是从人的整体来研究,我们要各取其长做综合研究,要从历史的上下左右来研究。宏观世界易空疏,微观世界易繁琐,我主张折中。这些谈话声声入耳,它浓缩了先生几十年学术研究的心得。精彩的话语无从一一历数,我记得的是当时的心情,就如同一个跋涉者见到路途了,由此窥得学术研究的一个角落了。这是先生大学问家风范的集中体现,多少年过去了,却令我终生难忘。

在收我们做学生的 1970 年代末到 1980 年代之初,正值先生又一个学术高潮期。我们无缘看到先生 1940 年代写作《中古文学史论》时的风采,也没有赶上见着先生 1950 年代日夜兼程赶写《中国新文学史稿》那时的奋发状态。这两本书奠定了他作为中古文学研究的现代开拓者和现代文学研究的重要开创者的学术基石。而在新时期,我们还是幸运,能目睹先生重整"现代文学"山河的全部过程。这自然不是他一人所能做到的,却是他学术生涯最后十年的全部用力之处。

其时,先生安排我们的学习计划,提出要我们重听系里中年教师新开的现代文学史课程。我觉得他已经意识到,一个崭新的文学研究阶段业已开始,他要求他自己和他的学生都投入到这个历史漩流中去。从 1980 年 7 月在包头召开的中国现代文学研究会首届年会他所做的主旨报告算起,加上其他的各类频繁的讲演、授课,十年中先生经修改相继发表了《关于中国现代文学研究工作的随想》《中国现代文学和民族传统的关系》《中国现代文学与外国文学的关系》《中国现代文学与古典文学的历史联系》《中国现代文学研究的历史与现状》等系列文章。仅仅从这类比较严肃的系列化、学院化的论题里,就可看出先生自觉意识到的他本人的历史使命。他推动我们这个学科重新起步,重新厘定"中国现代文学研究"的学科性质、范畴、分期等概念,建立起"中国现代文学史"写作的基本理论、方法的必要系统。他修订再版了他代表作之一的《中国新文学史稿》,我们同学受邀参与了此书全部引语的校勘工作,因而在出版后获得先生签名赠送的上下两册书籍,成为我们永远珍藏的纪念物。这十年里他还非常突出地认真从事文学研究的领导工作。他的心思我们懂得,这也是责任,虽然有时他还用称别人为"伟大的组织家"来幽默一下。但他为此献出了晚年的宝贵时光,创办全国性的"中国现代文学研究会",创建本学科在全国唯一的纯学术刊物《中国现代文学研究丛刊》,建立并壮大、提高研究队伍,规划未来。而先生自己出身清华(因爆发抗日战争,他 1935 年进入清华中国文学系直到 1943 年才在西南联大的清华毕业,同年考入清华研究院到 1946 年以论文《魏晋文学思想与文人生活》毕业再留校任教),研究古代文学受朱自清先生、闻一多先生影响,得鲁迅《中国小说史略》《汉文学史纲要》《魏晋风度及文章与药及酒之关系》诸作的启发;研究并教授现代文学得朱自清先生 1929 年始在北京各校开设的新文学研究课程的引领,1952年院系调整后被安排到北大担任"中国新文学史"的课程。他的学术根基有赖于清华北大。先生终生研究文学史,着重强调社会环境、社会文化思潮对文学和文人的影响力。当然也是因对文学社会性、时代性的强调,造成了他对沈从文、路翎、钱钟书等人评价的某种保留,既成为他的局限也属于他的特色。他的文学史写作注意抓取典型的文学现象(如魏晋的"酒药女佛",如五四社团和刊物偏爱"青年"一词),以联系到每一时代的文学、文人和文化过程。这样,王瑶先生遂成为清华—北大文学史研究学派的重要一员,承前启后,泽被未来!

先生最后的"学术十年",我有幸近距离观察到的大约就是这样的三事。第一是领导学会,包括指导我参与部分学会工作。他的领导艺术是"抓大放小",张弛有致。所谓"大"即是推进学术,无论是年会、理事会、纪念会,一概都是学术研讨会。他遇事请教同辈学者,发挥全国著名的中年学者的力量,以形成学会的核心。应当说由于他的学术威望,和树立民主商议的传统,现代文学的学会在全国一直是统一的,团结的,老中青结合欣欣向荣的。他自己过了七十岁就一再提出交班,但众望所归,大家一直不允,迫使他1989年在苏州理事会闭幕式讲话中公开声明他将最后一次履行会长责任,但不幸一语成谶。第二是主管刊物。《中国现代文学研究丛刊》创办时的筚路蓝缕,因我尚在读书期间仅有耳闻,但自1985年现代文学馆第一任馆长杨犁和我到镜春园与先生谈妥和学会合编后,编辑部从北京出版社移至由我负责,我便与此刊结下不解之缘。我听到先生几次提出辞去学会会长职务,却从没有见他要辞去主编,可见他对《丛刊》的看重。《丛刊》每年四次的编委会,我参加了整整四年,他一次没有缺席过。在编委会上他批评选题、修改题目、纵论现代文学界形势和学术动向,甚至提出重要的选题方向,发言是不惜长短的。他建立编委会为第三审的编辑制度,并完成了刊物具体编辑从他们一代向我们这代(钱理群、王富仁、刘纳和我四人)的过渡。刊物资金每发生危机,按先生说法叫"心肌梗塞",他比任何人都焦急,几次提出要自己垫付每年所缺的一万元钱(那可是有"万元户"称呼的1985年)但被大家劝住。刊物创办十周年,他写下《蹒跚十年》的纪念文字就像给自己的孩子庆生。我记得在临去苏州开会前(再也没有回来),他已读过这年第4期(总40期纪念号)的样书,对唐弢先生纪念文字里称丛刊的品质是"持重"两字,表示异常欣慰。他是亲自见到丛刊十周岁才走的。第三是培育青年学人。先生学习鲁迅自己肩了沉重的闸门,放青年一代到光明的地方去,自然是身体力行。学会两次在他支持下召开全国创新座谈会是为尽快培养新人。他不知给多少青年学者看过稿子,写了序言。他对待后学,首先是严格,甚至严苛,但他是冰中之火,我们都知道越是他看重的学生他批评起来越是毫不留情,真要是疏远的人他反倒客客气气。我本人进校写的第一篇论"五四"小说批评的文字,遭他轻轻一句"你就是《小说月报》翻得熟些",激起了我日后的努力,毕业论文终于得到他的首肯(乐黛云老师将先生评语兴高采烈地传给了我,并让我抄录)。《陕西教育》向他约稿写连载文学史,他把它转给了我们(还没有毕业),即《中国现代文学三十年》的前身,现在此书的修订本已印行百万册了。我毕业的第一次分配方案是在中央机关,被我婉拒,是先生鼓励我坚持专业,并给罗荪写信推荐我到现代文学馆工作的。我的第一本论文集由他写了序言,但直到他病重住进了上海的医院,还未出版。有一天在大病房由我值班看护,先生突然垂询起此书来,此情此景,如同就在昨日一般。

所谓严厉或严苛,是我就学期间中文系大家对他的定评。比如系里传说他讨论学位论文的字数时,说最多两万字,写多了谁看?我们同学做讲座最好的应数钱理群、赵园,但翻记录批评得最厉害也是他俩。他问钱理群,你把鲁迅前期思想分成五个阶段,分得太细,"世界由愚人组成"的思想是他在厦门时的特征,北京时期他不就谈过聪明人和傻子和奴才了吗?"世界无止境"的思想,他也是很早就有。赵园的讲座题目是鲁迅与俄罗斯文学。听完,他第一句话便说,这样来研究外国文学的影响有问题!你讲外国作家如何如何,鲁迅如何如何,但为什么能影响,这中间缺个"桥",你要在"桥"上做文章。他的严厉即便在家里也是如此,因为那是他更亲近的人。所以三年中我们都战战兢兢。但先生平时并不板着脸,他特殊的笑声是见过他一面的人都会记得的。而且经常是他说着说着,自己倒抽着气便爆发一样大笑起来,快活的眼光里藏着热诚,通达,聪慧,有时确乎也存一丝狡黠(原谅我用词不当,但一时无词可以代替)。他的真性情如吴组缃先生所述是"坦荡真率若童婴";连吴先生这样的鲠直之士,都能接受他外露的"精通强记"、"敏捷勤奋"的品性,说明这些特质在先生那里并不危及旁人(见《哭昭琛》)。林庚先生记住了他的通脱,谈起他们一起遭受"文化大革命"时侮辱人格的待遇,被勒令在楼前扫地,"只有他是最能泰然处之的"(《怀念昭琛兄》)。所以先生研究魏晋隐逸放达的文人,说他们骨子里是颇关怀世情的人,表面玩世不恭,出语多谐,实际重感情,讲正义,先生的性格魅力似也正在于此。所以，他是报纸最精细的读者，是最能从新闻字里行间读出弦外之音来的时事评论家。他的书斋放言，除了学术如上所引，还有社会形势，还有人生哲理。传得极广的那个"不说白不说，说了也白说，白说还要说"的三句诀，是笑谈真理的典范。他的长寿秘诀是"不戒烟，不戒酒，不锻炼"。他说一个人和母校的关系有两种：如果学生的名气比学校大，就输送名气给学校使之成名校；如果学校名气大，就反过来输送给学生成名人。这类睿智的话语出自先生哈哧哈哧的笑声中，你会觉得他真是将冷与热、孤傲与通达，系于一身了。1988年先生给女儿新居题字，其词便曰："胆欲大而心欲小，智欲圆而行欲方"。活脱是夫子自道，是先生自己的人格写照。

谁曾想命运竟让先生1989年年底客逝于上海，而当他的病在一个特殊的时间猛然袭来的时刻我竟就在他的身畔。关于先生的上海青浦首届巴金国际研讨会之行，是如何转为他的殉现代文学之途的，我曾写有《最后的和最初的日子》一文，这里就不赘述了（重复一遍简直就如下地狱一次）。我现在留有两件极简朴的只对于我有意义的纪念物：一是只废旧信封，本是旁人给先生的信，却在我们到达上海后临时由先生装进了全国政协委员证、身份证和450元钱，写明了要我买11月30日两张软卧车票，同他一起回京。先生做事仔细，并不像我原来想象的心粗。信封上留下先生的笔迹，大而工整，明确无误。其时，他，师母，大家谁也没想到这票是买不成的了！他年谱中写：那年"11月13日，先生与杜琇同日到达苏州住苏州大学招待所"。这不错，但两位不是同日离京。之前，我受先生之托提前陪师母作扬州之游，然后到南京会合（记得12日大家还一起去看了钱理群家的老屋），才一起至苏州的。病表面上起于苏州虎丘，感了风寒，实际上半年以来先生早已心力交瘁。20日上午我们从上海车站北口出来，复旦的车子已在那里等候，先生只拎一只公文包都走不到头。他有三次救自己的机会，但都被他放弃了：先是在贾植芳先生家里，医生查出他肺部杂音很重却不留诊；当夜青浦中心医院确诊为肺炎，他仍未住院；21日巴金研讨会开幕，他坚持出席。最后是由我从主席台上将他扶下，送进青浦中医院。他22日早被用救护车送往上海华东医院时，坚决拒绝躺在担架上，而要抱着氧气袋靠坐。他不承认得了大病，记着答应与会者在会议后期还要来作发言的话。另一纪念物，是华东医院的挂号收据，写明时间是11月22日，费用是两角。我记得救护车到了医院，虽然院方已知王先生的名望，王元化先生也数次联系过，但我去办手续的当口，挂号洞里问我先生是什么级别时，我还是一时噤住。后回答是政协委员、教授,于是住进大病房,而挂的医生也只要这样的挂号费用。从此,插管挂呼吸机、吸痰、输流食、切开气管,发烧退了再发烧,往复发生。先生始终清醒。他的肺叶太糟了,他的头脑和肺腑却是两回事,清醒异常,思维运作不息,一切表现在他最后的写作上(指插管失声后写在纸上的话),如:研究巴金"是学术工作,不是大批判","人情要记住","我苦于太清醒","原谅我过去一切的不好","你们不必让我痛苦的多活几天,何必"等等,等等。对于我,这张挂号票便是先生在我的出生地走向他最后一日的命符!

大幕落下,可以论定了。王瑶先生,山西平遥人氏(此县古城近年来已享誉世界),自幼聪慧,早年为进步学生,向往于革命,两次身陷囹圄,后献身学界。经历了战争,经历了"文化大革命",在火焰、冰窟、脏水、碱水中熬过来。从政治到学术,由革命者到文人,流连于魏晋至现代中国之间。一生心仪鲁迅,内心坚韧,行事却能通脱灵活(外圆内方是也)。对于曾经批判过他的人,晚年均予原谅。本是严厉持家的家长,临终对妻儿不论是在身边还是在身外的,都深表忏悔。一个人能否彻悟生命,真正融入于天地宇宙间并与之同寿,凭我的修养还不足于说得明白,但先生笑含烟斗在76号书斋侃侃而谈的样子是永远定格了。

2014年2月10日于北京今冬第一场雪后
3月5日改毕